Bio-Basics
Nutzgarten

Alles, was man wissen muss

MARIE-LUISE KREUTER

blv

Was Sie in diesem Buch finden

Einführung   8

Die Grundlagen   14

Biologisch, organisch, natürlich – was heißt das?   14

Unsere Erde   15
Der Boden, auf dem ein Garten entsteht   17
Humus – das Traumziel des Gärtners   19

Lebenselemente der Pflanzen   26
Pflanzenleben in der Erde – wunderbare Welt der Wurzeln   29
Das »Gehirn« im Boden   30
Pflanzenleben über der Erde – grüne Blattfabrik mit Sonnenmotoren   31

Kein Krieg im Garten   36
Aus Schädlingen wird man klug   36
Starke Pflanzen überleben   37
Unkraut – ein großes Missverständnis   38
Der grüne Zeigefinger   38
Gartenleben – möglichst – ohne Gift   39

Gärtnern mit der Natur   40
Am Anfang steht das Umdenken   40
Wenn der Garten »ausflippt«   40
Wenn der liebe Nachbar spritzt   41
Das Ziel heißt: biologisches Gleichgewicht   41

Das Ergebnis   42
Ein Garten ohne Ängste   42
Die Früchte der naturgemäßen Methodet   43

Die Praxis   48

Der Kompost   48
Eine Brutstätte neuen Lebens   48
Was geschieht beim Kompostieren?   48
»Kohlen« für die Stickstoffverwertung   50
So wird Kompost komponiert   51
Der Aufbau einer Kompostmiete   54
Kompost auf kleinstem Raum   56
Spezialkomposte   56
Kompostverwendung im Garten   57
Alltagsfragen aus der Praxis   58

Mulchen und Flächenkompostierung   61

Nie mehr umgraben   66

Die Düngung im naturgemäßen Garten   68
Pflanzennahrung – Bodennahrung   68
Bodensäure und pH-Werte   71
Nützliche Bodenanalyse   72
Die wichtigsten Düngemittel für den biologischen Garten   73
Jauche – flüssige Düngung   76
Bodenverbesserungsmittel   80

Fruchtwechsel und Mischkulturen   84
Damit die Erde nicht müde wird   84
Naturgemäßer Fruchtwechsel: die Mischkultur   85
Signale durch Wurzeln und Düfte   86
Bunte Mischung – gut durchdacht   86
Gute Nachbarn – schlechte Nachbarn   88
Bewährte Mischkulturen zum Ausprobieren   90

Fruchtbare Hügelbeete   93
Hügelbeet-Pioniere in Ost und West   93
Der Bau eines Hügelbeetes   94
Die Bepflanzung des Hügels   95
Funktion und Lebensdauer des Hügels   96

INHALT

Tiere als Helfer im Garten 98
Erkennen – beobachten – schützen 98
Der Regenwurm oder die unterirdische Kuhherde 104

Pflanzen als Helfer im Garten 106
Phytonzide – rätselhafte Pflanzenstoffe 106
Die Zeichensprache der Pflanzen 109

Biologische Mittel zur Schädlingsabwehr 110
Die »Schädlinge« 110
Hilfsmittel in der Not 113
Mechanische Abwehrmittel 117
Biologische Pflanzenschutzpräparate im Handel 119
Biologische Maßnahmen gegen weit verbreitete Plagegeister 120
Der große Überblick 127

Vorbeugen ist besser als spritzen 138

Der integrierte Pflanzenschutz 140

Biologisch für Fortgeschrittene 141
Säen und Pflanzen im Zeichen des Mondes 141
Keine Hexerei: Kompostkräuter selbst gemixt 142
Im Kreis gärtnern 143

Verschiedene biologische Methoden 145

Der Nutzgarten 150

Allgemeine Praxis 152
Hilfreiche Ordnung 152
Warme Füße für den Frühling: Anzucht unter Glas und Folien 154
Aussaat im Freiland 157
Pflanzen und pflegen 158
Ernten und konservieren 159

Salate und Gemüse 163
Salate rund um das ganze Gartenjahr 163
Grün und gesund: Blattgemüse 167
Hülsenfrüchte in Hülle und Fülle 169
Zwiebelgemüse – die heilkräftigen Scharfmacher 172
Wurzelgemüse – die Vorratskammern der Natur 175
Kohl mit Köpfchen – Deftiges und Feines zur Wahl 180

Saftige Delikatessen aus der Kürbisfamilie 184
Kartoffeln – die braunen Äpfel aus der Erde 187
Tomaten – Liebesäpfel und Indianerfrüchte 188
Delikatessen aus dem eigenen Gemüsegarten 191
Nachtisch aus dem Gemüsegarten 195

Der Kräutergarten 196
Ein- und zweijährige Kräuter 197
Ausdauernde Kräuter 202
Die Wildkräuter-Ecke 207

Der Obstgarten 209
Erdbeeren – süß wie der Sommer 209
Beeren von Sträuchern und Ranken 212
Obstbäume – Paradiesfreuden 220
Kernobst 228
Steinobst 232
Schalenobst 235

Anhang 236

Adressen, die Ihnen weiterhelfen 236
Stichwortverzeichnis 237
Über die Autorin/Impressum 240

Vorwort

VORWORT

Heute gehört es wieder zum guten Ton, über ein Leben weitab von Geld, Gier und Geiz nachzudenken. Das naturgemäße Gärtnern und die Selbstversorgung aus dem eigenen Garten sind »in aller Munde«. Dieses Buch schwimmt aber nicht auf der Woge des Augenblicks. Es ist auf lange und langsam gewachsenem Grund entstanden. Seit Jahrzehnten beschäftige ich mich in Gedanken und in der Praxis meines Gartens mit den Problemen des biologischen Anbaus.

Im Februar 1981 erschien die 1. Auflage des Biogartens, heute liegt die 25. Auflage vor Ihnen. Seither sind über 30 Jahre verstrichen, und in dieser Zeit ist viel geschehen. Der Klimawandel ist bereits deutlich spürbar geworden, die Weltbevölkerung hat die 7-Milliarden-Marke überschritten, die Situation auf unserem Planeten wird immer bedrohlicher. In unseren Gärten aber können wir mithelfen, gegenzusteuern. Jeder an seinem Platz. Jeder auf dem Stück Erde, das ihm anvertraut ist. So wurde dieses Buch in den letzten 30 Jahren für Hunderttausende von Gärtnern zum Wegbegleiter in einen gesunden Garten »ohne Ängste«.

Der Biogarten will Ihnen fundierte Antworten auf alle wichtigen Fragen des naturgemäßen Gartens geben – vom Gemüseanbau bis zum Ziergarten. Es ist mir wichtig, nicht nur die Probleme der Praxis umfassend darzustellen – die naturwissenschaftlichen Grundlagen sind von ebenso großer Bedeutung. Biogärtner sollten nicht nur wissen, »wie man es macht«, sie sollten vor allem auch erkennen, »warum es funktioniert«. Deshalb beginnt dieses Buch mit der Beschreibung der Grundlagen. Wenn Sie sich die Mühe machen, sie zu lesen, werden Sie feststellen, dass informierte Biogärtner nicht im sektiererischen Abseits stehen, sondern dass sie sich innerhalb einer Entwicklung bewegen, die alte Erfahrungen und modernste wissenschaftliche Erkenntnisse umsetzt in ein verantwortungsbewusstes Handeln.

Im praktischen Teil des Buches mache ich Ihnen »auf einen Blick« zugänglich, was im Gartenalltag besonders wichtig ist: Da gibt es zum Beispiel die große Tabelle der biologischen Schädlingsabwehr, eine Übersicht über die biologischen Handelspräparate, eine Darstellung der verschiedenen natürlichen Düngemöglichkeiten und zahlreiche Tipps zur Mischkultur.

Die Sorten der Nutzgarten-Kapitel werden unter naturgemäßen Gesichtspunkten empfohlen. Bewährte, widerstandsfähige Züchtungen und neue, krankheitsresistente Sorten erhalten den Vorzug vor sensationellen Neuheiten, die auf »riesige Prachtexemplare« getrimmt sind. Viele traditionsreiche Sorten hebe ich hervor, weil sie in der Praxis immer noch erfolgreich sind und weil sie wertvolles gärtnerisches Kulturgut erhalten. Das haben auch zahlreiche Samen- und Pflanzenanbieter erkannt, die »alte Schätzchen« wieder vermehren und ins Sortiment aufnehmen.

Im Ziergarten empfehle ich besonders Staudenzüchtungen, die sich in der Erprobung durch den »Arbeitskreis Stauden« im Sichtungsgarten Weihenstephan bewährt haben. Maßstäbe wie Standfestigkeit, Blütenfülle, gute Form und klare Farben spielen eine wichtige Rolle bei der Qualitätsbeurteilung. Die Hinweise auf naturgemäße Nachbarschaften und auf die hervorragenden Züchtungen des großen Gärtners Karl Foerster sollen Ihnen helfen, auch im Blumengarten eine ebenso reizvolle wie lebensstarke Auswahl zu treffen.

Bei der Zusammenstellung der Blütengehölze stehen die Schönheit des Erscheinungsbildes und Fragen der Ökologie im Vordergrund. Ein weiteres Kapitel soll Ihnen Anregungen bieten, wie Sie noch mehr Natur im Garten verwirklichen können – mit einer Teichanlage, mit Kletterpflanzen, Wildsträucher-Hecken und Schmetterlingswiesen.

Allen, die mir bei der Entstehung dieses Buches mit ihrem Wissen und mit tatkräftiger Hilfe zur Seite standen, möchte ich an dieser Stelle herzlich danken: den Fachleuten für viele Stunden informativer Gespräche und den Biogärtnern für ihre Bereitwilligkeit, mit der sie mir und den Lesern ihre Erfahrungen zugänglich machten.

Mein besonderer Dank gilt dem BLV-Verlag, der ein Biogarten-Buch in diesem Umfang seit über 30 Jahren auf den Weg bringt und es so großzügig ausstattet. »Meine Weggefährten« beim Verlag tragen durch ihre Sachkenntnis, ihre unerschütterliche Zuverlässigkeit und durch eine stets freundliche Atmosphäre der Verständigung viel dazu bei, dass der Biogarten nach wie vor zu den beliebtesten Gartenbüchern in unserem Land zählt und in 13 verschiedene Sprachen übersetzt werden konnte.

Ich möchte Ihnen Mut machen, das naturgemäße Gärtnern in Ihrem eigenen Garten zu versuchen. Fangen Sie gleich morgen an. Bauen Sie gesundes Gemüse und Obst an, freuen Sie sich an üppiger Blütenpracht. Gärtnern Sie biologisch für sich, für Ihre Familie und für unsere Umwelt. Schauen Sie alles, was in Ihrem Garten wächst und lebt, mit Liebe und Verständnis an. Denn alles Lebendige ist eine Einheit.

Einführung

Ein Garten ist ein letzter irdischer Abglanz vom verlorenen Paradies. Er umschließt eine kleine friedliche Welt von bunten Blumen und duftenden Kräutern, von Gemüsebeeten, Sträuchern und Obstbäumen. Auf begrenztem Raum verwirklicht der Mensch hier seine Träume vom Leben mit der Natur: Er findet Geborgenheit hinter schützenden Hecken, kann sich ausruhen und seinem Spieltrieb freien Lauf lassen. Blumen und Bäume stillen seinen Durst nach natürlicher Schönheit; mit Salaten und Äpfeln aus eigenem Anbau bringt er gesunde Delikatessen auf seinen Tisch.

Im sagenumwobenen Garten Eden lebten Menschen, Tiere und Pflanzen in ungestörter Harmonie. Nach der Vertreibung züngelten überall auf der Erde die Flammen von Missgunst und Feindschaft hoch. Aus dem ursprünglichen Miteinander wurde erbittertes Gegeneinander.

Es blieb unserem Jahrhundert vorbehalten, diesen unaufhörlichen Krieg bis in die Gärten zu tragen. Der allgemeine Sprachgebrauch macht deutlich, was geschieht: Pflanzen und Tiere werden eingeteilt in »nützlich« und »schädlich«. Unkraut und Läuse müssen »bekämpft« und »ausgerottet« werden. Kohlweißlinge im Gemüsegarten und Gänseblümchen im Rasen werden »vernichtet«, Pilze radikal »abgetötet«. Man nennt das Pflanzen-Schutz.

Aber es ist ein ungeheures Gemetzel, eine Mordmaschinerie ohnegleichen, die Schädlinge und Unschuldige gleichermaßen trifft. Nur: Die milliardenfachen Opfer von Insektiziden, Fungiziden und Herbiziden sind meist so winzig, dass niemand ihren Todeskampf sieht – oder mit ansehen muss… Dieser lautlose und weitgehend unsichtbare Tod hat vielleicht dazu beigetragen, dass chemische Schädlingsbekämpfung einige Jahrzehnte lang so überzeugt und ruhigen Gewissens ausgeübt wurde. Inzwischen bekommen wir die Folgen des verborgenen Trauerspiels immer deutlicher zu spüren: zerstörte Böden, verschmutztes Grundwasser, anfällige Kulturpflanzen, minderwertige Früchte und neue Schäd-

■ Die bunte, gesunde Mischung der bäuerlichen Gartentradition war Vorbild für den Biogarten.

EINFÜHRUNG

lingsrassen, die stärker und resistenter sind als je zuvor.

Immer mehr Menschen fragen sich deshalb: Kann ich nicht wenigstens in meinem eigenen kleinen grünen Reich eine Oase des Friedens und der Harmonie schaffen? Ist es möglich, Blumen, Kräuter, Gemüse und Obst auf natürliche Weise ohne Giftkrieg anzupflanzen und großzuziehen? Vorab die Antwort: Es ist möglich! Und jeder Gartenfreund, der bereit ist, ein wenig umzudenken, kann mit Erfolg einen »biologischen Garten« anlegen. Wie dieses Unternehmen in der Theorie und in der Praxis aussieht, soll in diesem Buch gezeigt werden.

An dieser Stelle möchte ich auch gleich die Grenzen abstecken. In einem privaten Garten sind biologische Methoden sehr viel leichter in die »grüne Tat« umzusetzen als in der Landwirtschaft. Die Gartenbeete sind überschaubar. Man kann zum Beispiel ohne große Schwierigkeiten Raupen und Schnecken von Hand ablesen. Ein Freizeitgärtner muss seine Kulturmaßnahmen auch nicht nach wirtschaftlichen Gesichtspunkten ausrichten. Er muss mit dem Anbau von Obst und Gemüse nicht seinen Lebensunterhalt verdienen. Er braucht keine zusätzlichen Arbeitskräfte und fast keine Maschinen. Ihm geht es um farbenfrohe Blumen und um gesundes Obst und Gemüse, das frisch vom Garten in die Küche gelangt. Es kommt ihm, da Hobby und Arbeit sich im Garten verbinden, nicht auf eine Stunde mehr oder weniger an. Handarbeit und häufiges Bücken zählen zum »gesunden körperlichen Training«, das als Ausgleich zum oft »unbeweglichen« Beruf gern am Feierabend praktiziert wird. Ich hüte mich aus all diesen Gründen sehr, die Möglichkeiten und Methoden, die für den biologischen Garten gefunden und erprobt wurden, einfach auf die Landwirtschaft zu übertragen. Und Sie, die Leser und zukünftigen Biogärtner, sollten dies auch nicht tun. Ackerbau ist keine Freizeitbeschäftigung. Für einen Bauern gelten zwar die gleichen Grundgesetze des naturgemäßen Anbaus, aber die »Übersetzung« in die Praxis folgt anderen Gesichtspunkten.

Ein Blick zurück in unsere »grüne Vergangenheit« macht deutlich, wie die heutige Situation entstanden ist und wohin neue, alternative Wege führen können. Von den Früchten und Tieren der Erde lebten bereits unsere Vorfahren in grauer Frühzeit. Aber die wandernden Jäger sammelten nur wilde Pflanzen, Wurzeln und Beeren, wo sie diese gerade fanden. Dann zogen sie weiter. Ihr Eingriff in den Haushalt der Natur war kaum wahrnehmbar. Er regenerierte sich von selbst. Was der Nomade »erntete«, wuchs schnell wieder nach.

Eine ungeheure Revolution fand erst statt, als die wilden Sammler in der Jungsteinzeit sesshaft wurden und anfingen, Äcker und Gärten anzulegen. Schriftliche Zeugnisse gibt es über diese ersten Versuche nicht. Vermutlich begannen die Bauern der Jungsteinzeit und der folgenden Bronzezeit aber mit Brandrodungen, so wie sie noch jahrtausendelang bei vielen Naturvölkern der Welt üblich waren. Sie nutzten die gewonnenen Felder so lange, bis sie vollkommen erschöpft waren. Dann zogen sie einfach weiter und machten neue, fruchtbare Gebiete urbar. Solange es nur wenige Menschen und reichlich jungfräuliches Land gab, war dieser frühe Ackerbau möglich. Die ausgelaugten Böden blieben bei dieser Methode der

■ Dieses Schild steht am Eingang zu meinem Garten. Es hat schon viele Menschen nachdenklich gemacht.

Einführung

Natur überlassen, die sie auf ihre Weise wieder ins Gleichgewicht brachte. Sie hatte dazu ja reichlich Zeit. Damals vor rund 5000 Jahren.

Bereits aus germanischer Zeit ist ein Übergang zu überlegterer Nutzung der Erde bekannt. Die Bauern erfanden die Zweifelderwirtschaft. Sie wechselten zwischen Getreidebau und Brache ab. Oder sie schalteten eine längere Zeit begrünter Brache ein, ehe sie ein Feld erneut bestellten. So konnte die Natur die verbrauchten Nahrungsreserven der Erde wieder auffüllen. Die zusätzliche Düngung kam erst um 800 n. Chr. in unseren mitteleuropäischen Regionen hinzu. Wie fast immer in der Menschheitsgeschichte war es die Not, die neue Entwicklungen in Gang brachte. Die Bevölkerung hatte sich vermehrt. Wenn die Menschen nicht verhungern wollten, mussten sie bessere und sicherere Methoden der Nahrungsproduktion finden. Das Ergebnis dieser Bemühungen war die Dreifelderwirtschaft. Nach zwei Jahren der Frucht folgte ein Jahr der Brache. Außerdem wurden von dieser Zeit an Stalldünger und Dünger aus organischen Abfällen auf die Felder gebracht. Er steigerte die Ernteerträge und erneuerte die verbrauchten Nährstoffe. Von nun an bildeten Erde, Menschen, Pflanzen und Haustiere einen geschlossenen Kreislauf. Fast 1000 Jahre lang funktionierte dieses System, von dem alle leben konnten, ohne dass die bewohnten Lebensräume bedrohlich belastet wurden.

Die nächste umwälzende Änderung trat erst mit dem Beginn des industriellen Zeitalters ein. Mineraldünger lösten den tierischen Dünger, landwirtschaftliche Maschinen den Pflug ab. Von der Dreifelderwirtschaft ging man zunächst zu einem jährlichen Fruchtwechsel über, dann folgten die Zusammenlegung der Felder und riesige Monokulturen. Eine einseitige Nutzung, die nur durch hohe synthetische Düngergaben und unaufhörlichen Schädlingskampf durchgehalten werden konnte. Wie lange noch?

Eine neue Zeit des Umbruchs ist gekommen. Die Begeisterung für die Errungenschaften der Moderne ist Ernüchterung und Furcht gewichen, weil die Nachteile mit weltweiten Folgen sichtbar wurden. Dies bedeutet nicht – wie viele im Übereifer meinen –, dass Chemie und Technik Erfindungen des Teufels sind.

■ Paradiesische Fülle und Vielfalt säumt den Weg ins naturgemäße Gartenglück. Pflanzen, Tiere und Menschen genießen es gemeinsam.

EINFÜHRUNG

Im Gegenteil: Beide sind großartige Beispiele für die Möglichkeiten, die menschlicher Geist zu erschließen vermag. Der Fehler lag in der Maßlosigkeit, mit der die Vertreter der Naturwissenschaften sich weite Bereiche des Lebens rigoros untertan machten. In vernünftigen Grenzen bedeuten Chemie und Technik sicher einen Segen für die Menschheit. Dies sollte auch ein überzeugter Biogärtner bedenken. Je mehr sachliche Gespräche es zwischen den »Biologischen« und den »Chemischen« gibt, desto besser für die Erde und die Menschen! Denn durch Feindschaft und Intoleranz entstehen niemals positive Veränderungen.

Veränderungen aber sind auf beiden Feldern nötig. Die wichtigsten Mittel des Ackerbaus wurden immer auch auf die Gärten übertragen. Im Bauerngarten früherer Jahrhunderte benutzte man den gleichen tierischen Dünger, der auch auf die Felder gefahren wurde. In den Gärten unseres Jahrhunderts werden seit rund 60 Jahren mit der gleichen Selbstverständlichkeit die Mineraldünger und chemischen Spritzmittel verwendet, die für die Großkulturen des Ackerbaus entwickelt wurden. Wir wissen heute, dass Erde, Pflanzen und Tiere unter dieser Behandlung leiden. Die Umwelt ist – nicht nur durch die Landwirtschaft – bedrohlich aus dem Gleichgewicht geraten. Im Gegensatz zu früheren Epochen haben wir aber weder Zeit noch Raum, um die Regenerierung der Natur überlassen zu können. Diesmal ist die Natur auf die wachsende Vernunft der Menschen angewiesen.

Die Landwirtschaft wird neue – oder alte erneuerte – Anbaumethoden finden müssen, die die Fruchtbarkeit der Erde bewahren. Und die Gärtner müssen dies auch versuchen. Sie haben es leichter, denn sie können von heute auf morgen mit der Erprobung naturgemäßer Arbeitsweisen beginnen. Es gibt bereits unzählige nach biologischen Methoden bearbeitete Gärten, die beweisen, wie erfolgreich eine solche Umstellung ist. Jeder kann biologisch gärtnern, und jeder kann auf diese Weise auf einem kleinen Stück Erde dazu beitragen, die Welt, in der wir leben, ein wenig gesünder und friedlicher zu gestalten.

Immer noch sind Gärten ein Stück vom Paradies – wir sollten alles tun, um es zu bewahren.

■ Es ist ein Genuss, selbst angebautes Gemüse und Kräuter frisch zu ernten. Immer mehr Menschen suchen heute nach diesem Gartenglück.

Die Grundlagen

Seite 14 → **Biologisch, organisch, natürlich – was heißt das?**

Seite 15 → **Unsere Erde**

Seite 26 → **Lebenselemente der Pflanzen**

Seite 36 → **Kein Krieg im Garten**

Seite 40 → **Gärtnern mit der Natur**

Seite 42 → **Das Ergebnis**

Die Grundlagen

BIOLOGISCH, ORGANISCH, NATÜRLICH – WAS HEISST DAS?

Biologisch – dieses Wort ist zu einem Schlagwort geworden, das aus der Diskussion um die Alternativen für eine gesündere Welt nicht mehr wegzudenken ist. »Biologisch« wird angewendet auf Gärten, Nahrungsmittel, Pflanzenschutzmittel und Weltanschauungen, ein gut gemeinter, aber meist sehr schillernder Begriff. Deshalb wollen wir gleich zu Anfang versuchen, ihn fest zu umreißen. Gärtner stehen immer mit beiden Füßen auf der Erde, deshalb müssen auch die Worte, mit denen sie umgehen, »Hand und Fuß« haben.

Biologie ist nach Auskunft des Neuen Brockhaus »die Wissenschaft vom Lebendigen«. In dem »Neuen Großen Gartenlexikon« von Georg. E. Siebeneicher findet sich unter dem Begriff »Biologischer Landbau« die Definition: »Gesamtheit naturgemäßer = biologisch begründeter Verfahren im Land- und Gartenbau ... Biologischer Landbau (auch als lebensgesetzlicher, naturgemäßer, organischer oder organisch-biologischer Landbau bezeichnet) ist entstanden als Reaktion auf das Überhandnehmen chemischer Verfahren, speziell in Düngung und Pflanzenschutz.«

Daraus wird schon deutlich, dass es nicht nur die biologische Methode, sondern verschiedene biologische Richtungen gibt. Mögen die Details auch unterschiedlich sein, die Grundprinzipien sind allen, die biologisch gärtnern, gemeinsam. Albert von Haller beschreibt sie in seinem Buch »Die Wurzeln der gesunden Welt« so: »Im biologischen Gartenbau gilt es, die vielfältigen Beziehungen der Kulturpflanzen zu den Lebewesen des Bodens, zu Luft und Wasser, zu Klima und Kleinklima zu berücksichtigen und jede Kulturmaßnahme auf ihre Wirkung auf das Ganze zu prüfen.« Und weiter: »Im biologischen Anbau geht es daher nicht nur um den Einsatz von organischen Stoffen, sondern auch um ihre Qualität. Düngung mit Mist besagt noch nicht, dass es sich um eine biologische Methode handelt. Um hohe Qualität zu erreichen, ist im biologischen Gartenbau die Kompostierung von ausschlaggebender Bedeutung.«

Auch zu der Bezeichnung »natürlich« muss noch ein klärendes Wort gesagt werden. Nach natürlichen Methoden gärtnern bedeutet nicht, der Natur einfach ihren Lauf zu lassen. Seit Jahrtausenden haben die Menschen in ihren Gärten Pflanzen in »Kultur« genommen. Sie versuchten auf verschiedene Weise, höhere Erträge zu gewinnen. Nur so konnte eine wachsende Menschheit ernährt werden. Wer dicke Kohlköpfe ernten will, der muss »künstlich« eingreifen mit Pflanzennahrung aus Menschenhand. Was die Natur wild wachsen lässt, wird ihm nie genügen. Auch der biologische Gärtner ist in diesem Sinn ein »kultivierter« Gärtner. Er bemüht sich allerdings, seine Eingriffe ins natürliche Gefüge so zu gestalten, dass keine Störungen entstehen. Er versucht, in der künstlichen Welt seines Gartens ein neues Gleichgewicht zu schaffen – in Übereinstimmung mit der Natur. Natürlich heißt hier: der Natur gemäß.

Die Idee der Gemeinschaft

Ein Biogärtner handelt nicht als Herrscher in seinem Garten: Tiere und Pflanzen sind seine Brüder. Dies ist keine weltfremde Romantik. Auch unsere westliche Wissenschaft beginnt langsam zu erkennen, was die großen Philosophen des Ostens und viele Naturvölker schon lange intuitiv wussten: Alles Leben auf der Welt ist in komplizierten Kreisläufen miteinander verbunden. Das am höchsten entwickelte Wesen ist deshalb abhängig davon, dass die einfachsten Lebensformen funktionieren. Wenn die winzigen Bakterien im Boden zugrunde gehen, so läuten sie auch den Untergang für Pflanzen, Tiere und Menschen ein.

■ Auch ein Biogärtner muss seinen Garten pflegen und kultivieren, wenn er gesunde Ernten erreichen möchte. Er handelt aber immer im Einklang mit der Natur.

UNSERE ERDE

Schon 350 v. Chr. erkannte der taoistische Philosoph Dschuang Dsi: »Nun ist das, was man die Welt nennt, die Einheit aller Geschöpfe.« Über 2000 Jahre später meinte der Anthropologe Claude Lévi-Strauss, dass es höchste Zeit sei für die Kulturen des Westens »zu lernen, dass der Mensch letzten Endes nur ein Lebewesen unter anderen ist, das nur unter der Voraussetzung weiterleben kann, dass es diese anderen respektiert«. Albert Schweitzer nannte diesen Respekt »die Ehrfurcht vor dem Leben«.

Nach diesem Leitmotiv sollten alle handeln, die biologisch gärtnern. Es klingt altmodisch, aber es ist nur so alt und so jung wie das Leben. Die Gesetze des Lebens sind nicht von Menschen gemacht. Die Menschen können nur mit diesen Gesetzen leben. Handeln sie dagegen, so sind sie auf Dauer immer die Verlierer.

So war die Wüste Sahara einmal die Kornkammer Nordafrikas. Römische Misswirtschaft richtete sie zugrunde. Die Indianer Nordamerikas lebten jahrtausendelang im Einklang mit einer intakten Natur. 200 Jahre weißer Herrschaft genügten bereits, um weite Regionen des Kontinents in unfruchtbare Steppen zu verwandeln. Maßlosigkeit und Profitgier ließen die Menschen vergessen, dass die Reserven der Erde nicht unerschöpflich sind. Aber es gibt auch ein uraltes Gegenbeispiel: China. 1943 schrieb Sir Albert Howard in seinem landwirtschaftlichen Testament: »Der Kleinbesitz in China, zum Beispiel, liefert noch einen stetigen Ertrag, und trotz einer 4 Jahrtausende dauernden Bewirtschaftung ist die Bodenfruchtbarkeit nicht verringert worden.«

In chinesischen Gärten und Häusern gibt es keine gedankenlos weggeworfenen Abfälle. Alles organische Material wird zu Kompost und Dünger weiterverarbeitet. Für die westliche Wegwerfgesellschaft müsste die 4000-jährige Fruchtbarkeit chinesischer Böden zumindest ein Grund zum Nachdenken sein. »Wir besticken unser Land« – sagen chinesische Gärtner noch heute. Roland Rainer, der China 1973 durchreiste, meint, dass in diesem poetischen Bild eine Grundeinstellung deutlich wird: »die Bereitschaft zu liebevoller, arbeitsintensiver, gärtnerischer Pflege des ganzen Lebensraumes mit allen Konsequenzen«. Dies könnte die Beschreibung einer Landschaft sein, in der es nur biologische Gärten gibt!

Seit der Öffnung Chinas zum Westen und der immer schnelleren Umwandlung einer Agrargesellschaft in eine Industrienation hat auch hier der einfühlsame, nicht nur am Profit orientierte Umgang mit der Erde eine negative Veränderung erfahren. Die zerstörerischen Konsequenzen setzen später ein als in der westlichen Welt. Aber die Folgen könnten angesichts der Bevölkerungsdichte im »Reich der Mitte« noch katastrophaler werden als in Europa oder Amerika.

Noch einmal zum Schluss die Frage: Was heißt also biologisch gärtnern? Es bedeutet, ganz einfach gesagt: mit der Natur arbeiten, nie gegen sie. Dies setzt voraus, dass ein Gärtner die wichtigsten Gesetze dieser Natur kennt und dass er ständig selber mit wachen Augen beobachtet, was in seinem Garten geschieht. Dieses »zurück zur Natur« darf aber niemals ein Rückschritt in veraltete Techniken sein. Biologische Methoden sind – auf uralten Grundlagen – Entwicklungen, die in die Zukunft weisen. Auch sie bedienen sich der wissenschaftlichen und technischen Errungenschaften unserer Zeit. Aber sie tun es behutsam.

Deshalb sind biologisch arbeitende Gärtner auch keine weltfremden Träumer, sondern Realisten, die ihre Träume vom Garten in die Wirklichkeit umsetzen. Sie alle könnten sich den Satz des großen Gärtners Karl Foerster ans Gartentor schreiben: »Wer Träume verwirklichen will, muß wacher sein und tiefer träumen als andere.«

UNSERE ERDE

Die Erde ist die braune Haut, die unseren Planeten umgibt. Es ist jene mehr oder weniger krümelige Masse, in der die Pflanzenwurzeln gedeihen. Der »gewachsene Boden« kann mehrere Meter dick oder nur wenige Zentimeter dünn sein. Aber nur die obere, 10–30 cm starke Schicht besteht aus fruchtbarem Humus. Wir verwenden für diese zwei Handbreit Boden noch heute die ehrfürchtige Bezeichnung unserer Vorfahren »Muttererde«. Und sie ist es wirklich: die »Mutter Erde«, die Pflanzen, Tiere und Menschen ernährt. Wenn der Erde eines Tages die Erde ausgehen sollte, dann wird unsere kleine Welt wieder zu einem toten Stern.

Rund 12 600 km Durchmesser hat unser Planet. Die Humusschicht ist nur eine hauchdünne Decke, die über diesen Riesenball ausgebreitet ist. An vielen Stellen hat sie große Löcher – dort dehnen sich die Wasserweiten der Meere, ewiges Eis, nackte Riesengebirge oder Wüsten aus. Rund 3,2 Milliarden Hektar wären theoretisch landwirtschaftlich nutzbar. Aber nur die Hälfte davon wird bebaut und ernährt alle Menschen, die auf dieser Welt leben.

■ Dünn und kostbar ist die braune Haut der Erde, die nur Teile des Planeten bedeckt.

Die Grundlagen

Die andere Hälfte wäre nur unter großem Aufwand zu kultivieren. Der riesige Rest kann landwirtschaftlich nicht genutzt werden. Theoretisch stand noch 1980 für einen Erdbewohner etwa 1 ha Land zur Verfügung. 1994 waren es nur noch 0,25 ha. Jährlich gehen 5–10 Mio. ha Ackerland verloren. Wüsten und Steppen wachsen in atemberaubendem Tempo.

Acker- und Gartenerde ist also überall auf der Welt eine Kostbarkeit. Sie ist im wahrsten Sinn des Wortes eine der Grundlagen des Lebens. Entstanden ist dieses inhaltsreiche, lebendige Material in Jahrmillionen. Die Erde mit ihren verschiedenen Schichten setzt sich zusammen aus mineralischen und organischen Bestandteilen. Im Laufe der unermesslichen Zeiträumen, in denen sich das Leben auf unserem Planeten entwickelte, mahlten die Elemente die Urgebirge zu Staub. Stürme und Wasser, Hitze und Kälte zerkleinerten sie durch die Jahrtausende. Langsam lagerte sich dieser Steinstaub ab und bildete Schichten. Noch heute bekommen wir einen Eindruck von diesem riesigen, geduldigen Mahlwerk der Natur in den großen Stromtälern der Welt – dort, wo sie noch nicht reguliert wurden. In Ägypten zum Beispiel brachten – bis zum Bau des Assuanstaudammes – alljährlich die Wasser des Nils den fruchtbaren Schlamm, den sie aus den Gebirgen Äthiopiens auswuschen, mit in die Ebenen. Wo er am Ufer abgelagert wurde, da blieben, wenn das Wasser abzog, gedüngte, fruchtbare Äcker zurück. Denn der auf mechanisch-physikalische Weise entstandene feine Sand aus den Gebirgen enthält Mineralstoffe und Spurenelemente.

Die Zusammensetzung dieser wichtigen Nährstoffe ist überall auf der Welt verschieden, je nachdem, aus welchem Gestein der Boden entstand. Es gibt die so genannten Urgesteine, die durch urweltliche Vulkanausbrüche entstanden. Zu ihnen gehören unter anderem Granit, Basalt und Porphyr. Die Sedimentgesteine haben sich im Laufe der Erdgeschichte sedimentiert, das heißt abgelagert. Dazu gehören zum Beispiel Sandstein, Kies und

■ Jahrmillionen haben die Elemente gebraucht, um Gesteine zu Staub zu zermahlen. Aus Steinmehl entstand fruchtbare Erde, bizarre Felsenformationen blieben zurück.

UNSERE ERDE

Moränengestein. Die Metamorphite sind Gesteinsarten, die durch ungeheuren Druck bei Verschiebungen in der Erdkruste oder durch starke Hitzeeinwirkungen umgestaltet wurden. Dieser Metamorphose waren zum Beispiel Schiefer und Gneis ausgesetzt. Schließlich gibt es noch die Kalkgesteine, die meist durch Ablagerungen urweltlicher Tiere und Pflanzen entstanden. Dazu gehören Dolomit und Jura.

Sie alle bildeten durch ihre Verwitterungsprodukte die Grundlagen der Erde. Daraus wuchs langsam in Jahrmillionen der Boden. Er war so verschieden wie die Gebirge der Kontinente. Zu den lokalen Schichten kam an manchen Orten feiner Gesteinsstaub hinzu, der über Tausende von Kilometern mit dem Wind um den Erdball wanderte – der Löss zum Beispiel. Wo er sich niederließ, entstand besonders fruchtbarer lehmiger Ackerboden. Chinas berühmte »gelbe Erde«, aber auch die Magdeburger Börde sind Beispiele dafür.

Doch es waren nicht die Gesteine allein, die Erde schufen. Auch die Pflanzen und Tiere, die in späteren Zeiträumen unsere Welt bevölkerten, trugen mit dazu bei, neue Erde zu bilden. Aus ihren organischen Abfallprodukten entstand und entsteht stets aufs Neue jene kostbare oberste Schicht, die wir Humus nennen. Dieser wunderbare Umwandlungsprozess begann bei den ersten Flechten und Moosen, die sich in Felsspalten auf winzigen Mengen verwitterten Gesteins ansiedelten. Wenn sie abstarben, zersetzten sie sich und bauten ganz langsam eine neue Erdschicht auf. Das vollendete Beispiel dieser natürlichen Humusbildung ist der Mischwaldboden. Ohne jeden Eingriff von außen erneuert hier die Natur in einem ständig geschlossenen Kreislauf den Bestand an »lebendiger Erde« und die Nährstoffe im Boden.

Zwischen diesen verschiedenen Arten der »Erschaffung der Erde« liegen viele Millionen Jahre. Die Bodenarten, die dabei entstanden, sind sehr unterschiedlich. Es gibt braune, schwarze, rote und gelbe Erde. Neben trockenem Wüstensand entstand feuchter, fruchtbarer Lehm. Es gibt saure, torfhaltige Moorböden, leichte Sandböden und schwere, undurchlässige Tonböden. Dazwischen findet man alle möglichen Mischungsverhältnisse. Für Bauern und Gärtner ist die Unterteilung in folgende Bodenarten von praktischer Bedeutung: Sandboden, lehmiger Sand, sandiger Lehm, Lehmboden, toniger Lehm und Ton. Dies ist aber keine starre Einteilung. Die verschiedenen Substanzen sind von Ort zu Ort unterschiedlich gemischt.

Für die Entstehung dieser Erdarten hat die Natur unendlich lange Zeiträume gebraucht. Dieser Prozess dauert noch heute an. Immer noch verwittert Felsgestein, entsteht aus organischen Abfällen neue Erde. Der Humus gehört also zu denjenigen »Bodenschätzen«, die nachwachsen, die sich regenerieren können. Dies geschieht aber nur dort, wo die uralten Regeln der Natur eingehalten werden. Andernfalls ist es durchaus möglich, innerhalb kurzer Zeit fruchtbares Land in Wüsten zu verwandeln. Oft unwiederbringlich. Sinkender Grundwasserstand, Versteppung und Bodenerosion sind Symptome solcher Verwüstungen, die durch menschliche Fehlleistungen entstehen. Die Natur präsentiert unweigerlich ihre Rechnung, wenn ihre Gesetze missachtet werden. Viel Einsicht ist nötig, damit nicht ein Wort von Chateaubriand Wirklichkeit wird: »Die Wälder waren vor den Menschen da – die Wüsten folgen ihnen nach.«

Der Boden, auf dem ein Garten entsteht

Der Grundstoff, mit dem ein Gärtner umgeht, ist die Erde. Wo immer jemand einen Garten pachtet oder als Eigentum erwirbt, hat die Natur bereits die grundlegenden Voraussetzungen geschaffen, mit denen der Gärtner fortan leben und arbeiten muss. Er muss seine Pflege- und Düngemaßnahmen danach einrichten, ob er mageren Sand, fetten Lehm oder sauren Moorboden vorfindet. Über die wichtigsten Eigenschaften dieser Böden muss ein Gartenfreund Bescheid wissen, ehe er zu

■ Verwüstete Erde – trocken und aufgerissen ist sie Wind und Sonne schutzlos ausgeliefert.

■ Gepflegter Humus ist krümelig und feucht, er wird nach dem Bearbeiten mit Mulch zugedeckt.

Die Grundlagen

- Oben: Tonboden ist schwer und undurchlässig; er bildet zähe Klumpen, die fest »zusammengebacken« sind.
- Mitte: Leicht dringt der Spaten in lockeren Humus; die Erde ist krümelig und locker.
- Unten: Sand rieselt auseinander; er ist leicht zu bearbeiten, kann aber weder Wasser noch Nährstoffe halten.

Hacke und Düngersack greift. Das bedeutet in der Praxis die Unterscheidung der folgenden Merkmale:

Sandböden

Sie sind luft- und wasserdurchlässig; sie erwärmen sich leicht, kühlen aber auch schnell aus. Der Nährstoffgehalt dieser Böden ist gering. Sie sind immer in Gefahr, »vom Winde verweht« zu werden. Ihr Vorteil: mühelose mechanische Bearbeitung.

Ein kurzer Blick in die physikalischen und chemischen »Geheimnisse« der Natur macht deutlich, warum Sandböden in der eben beschriebenen Weise reagieren. Sandkörner haben physikalisch gesehen eine Kugelstruktur. Aus diesem Grund können sie nicht dicht aufeinander gepackt werden. Sie rollen auseinander, und so bilden sich in Sandböden die milliardenfachen Zwischenräume, durch die zum Beispiel das Regenwasser hindurchrinnt wie durch ein Sieb. Die Wissenschaftler sagen: Der Porenraum ist groß in diesem Bodentyp. Die Luft, mit Luftstickstoff und Sauerstoff, ist dagegen reichlich vorhanden. Aus chemischer Sicht betrachtet, haben Sandböden einen hohen Anteil an Quarzkörnern; andere Mineralstoffe, die für die Pflanzenernährung so wichtig sind, fehlen dagegen. Quarz (chemisch Kieselsäure) trägt zur Erwärmung des Bodens bei und spielt eine Rolle bei der gesunden Strukturbildung der Pflanzen. Sandböden kommen sowohl als reine Sandböden als auch in unterschiedlicher Mischung mit mehr oder weniger Lehmanteil vor.

Erkennungsmerkmal: Sand rieselt durch die Finger, wenn man eine Bodenprobe aufnimmt.

Wichtig für den Gärtner ist auf solchen Böden die Vermehrung des Humusanteils und der organischen Substanz. Dadurch wird die anfangs zu durchlässige Erde bindiger. Steinund Tonmehl, lehmhaltiger Kompost und ständige Bodenbedeckung gehören zu den wichtigsten Kulturmaßnahmen.

Lehmböden

Dies sind humusreiche Böden, die Wärme, Wasser, Luft und Nährstoffe gut zu speichern vermögen. Sie enthalten auch Kalk. Physikalisch betrachtet besteht die Struktur dieser guten, fruchtbaren Erde aus Plättchen, die mehr oder weniger dicht aufeinander gelagert sind. Das Bild der aufgeschichteten Plättchen macht anschaulich deutlich, dass diese Struktur viel »engmaschiger« sein muss als diejenige der Sandböden. Für die Nährstofflagerung und die Arbeit der Bodenlebewesen sind die Voraussetzungen in lehmhaltiger Erde sehr günstig. Es gibt auch hier verschiedene Abstufungen zwischen tonig-schweren, sandig-leichten und sehr humusreichen Lehmböden.

Erkennungsmerkmal: Humusreicher Lehm zerbröckelt zwischen den Fingern zu weichen Krümeln. Diese haften zusammen, ohne zu kleben.

Wichtig für den Gärtner ist auf solchen guten Gartenböden die »normale« biologische Bodenpflege. Kompost, Bodenbedeckung und Fruchtwechsel erhalten und vermehren die Fruchtbarkeit der lehmigen Erde.

Tonböden

Sie sind von Natur aus schwer, undurchlässig für Luft und Wasser und erwärmen sich nur langsam. Bei diesen Böden ist die Struktur des Lehms bis zum negativen Extrem ausgebildet. Die physikalische Schichtung ist sehr dicht. Tonböden neigen dazu, bei Trockenheit sehr hart zusammenzubacken. Sie reißen dann wie geplatzte Ziegelsteine auseinander. Bei nassem Wetter klebt die Tonerde zusammen. Tonböden haben zwar die Fähigkeit, Nährstoffe zu lagern, aber sie lassen sich nur schwer bearbeiten und lockern.

UNSERE ERDE

Erkennungsmerkmal: Ton lässt sich in der Hand zusammendrücken zu einem zähen Klumpen, der Ähnlichkeit mit »Plastilin« hat. Man könnte Plastiken daraus formen!

Wichtig für den Gärtner: Tonböden müssen mit Hilfe von Sand und regelmäßiger Kompostversorgung gelockert werden. Bodenbedeckung fördert die Bildung der Gare. Tief wurzelnde Gründüngung lockert den Untergrund. In schwierigen Fällen muss dräniert werden. Tonböden sind fruchtbar, wenn es gelingt, ihre Struktur zu verbessern.

Moorböden

Sie sind aus organischen Ablagerungen aufgebaut. Hochmoorerde ist sauer, nährstoffarm und stark wasserhaltig.

Erkennungsmerkmal: Eine Bodenprobe lässt sich leicht zusammendrücken wie ein Schwamm, sie ist stark torfhaltig.

Wichtig für den Gärtner: Hochmoorerde braucht zur Aufbesserung Sand, Lehm (Gesteinsmehl), Kalk und Kompost. Bei guter Pflege kann durchaus ein lockerer, nährstoffreicher Gartenboden entstehen.

Niedermoorböden, die sich in flachen Gewässern entwickelten, haben dagegen genügend Kalkgehalt; sie sind neutral bis schwach alkalisch.

Humus – das Traumziel des Gärtners

Alle Aufmerksamkeit und alle Sorgfalt des Biogärtners gelten der obersten, etwa 10–30 cm dicken Erdschicht in seinem Garten: Dies ist die Humusschicht. Sie wimmelt von Leben, ist ständig im Auf- und Abbau begriffen, verändert sich zum Guten oder zum Schlechten. Diese Mutterbodenschicht hat den intensivsten Einfluss auf Wachstum und Gesundheit der Pflanzen. Wo diese zwei Handbreit Humus in gutem Zustand sind, da ist der Garten fruchtbar!

Die Humusschicht kann der Gärtner direkt durch seine »biologischen« Kulturmaßnahmen beeinflussen. Er kann sie pflegen, ernähren und vermehren. Sie steht im Mittelpunkt all seiner Bemühungen. Warmer, lockerer, nährstoffreicher Humus – das ist das Traumziel jeden Gärtners. Wie dieser ideale Zustand zu erreichen ist, wird im praktischen Teil dieses Buches ausführlich beschrieben.

Vorerst müssen wir uns einmal klarmachen, was dieses Zauberwort bedeutet. Was ist das für ein Stoff, aus dem die fruchtbare Erde gemacht ist? Zunächst einmal: Humus ist mehr als die Summe seiner physikalischen, chemischen und biologischen Eigenschaften. Er ist ein lebendiger Organismus – und damit, wie alles Lebendige, letzten Endes unberechenbar. Das ist einer der Gründe, warum ein guter Biogärtner nicht nur eine Menge Sachverstand braucht, sondern auch ein warmes Herz und wache Augen, die ebenso liebevoll wie genau beobachten können.

Eine unendliche Generationenreihe von Gärtnern und Bauern hat durch die Jahrtausende hindurch die Erde bearbeitet, beobachtet und ihre gesammelten Erfahrungen an die Kinder und Kindeskinder weitergegeben. Diese Kette reicht bis in unsere Zeit. Deshalb möchte ich an dieser Stelle einige prominente »Zeugen« zitieren, die ihre Erkenntnisse über die Erde bereits an die Nachwelt weitergereicht haben. Dr. Fritz Caspari schreibt über den unterirdischen Lebensraum: »Boden: Das ist weder totes Erdreich noch leblose Dunkelheit und weit mehr als nur Speicherstätte pflanzlicher Nährstoffe. Denn der Boden lebt! Nimm es, wie du willst: Er bewegt sich, schichtet sich um, verwandelt seine Materie, verteilt die Nachbarelemente Luft und Wasser in seinen Adern, bietet einer Fülle von Lebewesen Existenz, Schutz und Nahrung, dem Tier so gut wie der Pflanze, – er lebt genauso wie die Luft, der Wald, dein Körper oder das Meer! Immer und überall, auch wo nie der Mensch den Spaten ansetzte, bildet er für sich einen lebendigen, in sich geschlossenen Organismus, eine Welt mit ausgeprägtem Eigenleben. Du freilich nimmst nur eine einzelne, letzte Auswirkung von alledem wahr: das Phänomen der Fruchtbarkeit als sichtbares Zusammenspiel von Bodenleben und Pflanzenleben.«

Die besonderen Eigenschaften des Humus beschreibt Caspari so: »Was Humus chemisch ist, das entzieht sich unseren Kenntnissen. In einer umweltgebundenen Stoffwechselbeziehung zu einer Unzahl tierischer und pflanzlicher Organismen stehend, ist er die Grundlage für den Ernährungskreislauf zwischen Boden, Pflanze, Tier und Mensch. Anwesenheit und Eigenart des Humus bestimmen den physikalischen Zustand der Böden (Garezustand). Dem hohen Kohlenstoffgehalt des Humus entnimmt die Pflanze Energie und Aufbaustoffe in Form von Zucker, Eiweiß oder stickstoffhaltigen Zwischenprodukten. Humus färbt den Boden dunkel und macht ihn damit zum Wärmespeicher.

Humoses Bodengefüge zieht stark aufsaugende Pflanzennährstoffe, Luft und Wasser speichernd, in sich hinein (Sorption). Einem Schwamm vergleichbar, der mit dem Boden verwachsen ist, schützt dieses Humusgefüge als lebendige Bodendecke die Landschaften der Berge und Ebenen vor jeder Erosion durch Wasser (Verschlämmung) und Wind (Verstauben).«

Sehr klar und treffend charakterisiert Albert von Haller den »Wundervollen« Zustand der Humusschicht: »Was verleiht dieser dünnen Schicht jene Fruchtbarkeit, die eine unerschöpfliche Fülle lebender Gestalten hervorbringt? Fruchtbarkeit kann weder chemisch noch physikalisch definiert werden, sondern

Die Grundlagen

ist ein ökologisches Zusammenspiel zwischen Lebewesen (Mensch, Pflanze, Tier) und dem Boden mit seinen organischen und anorganischen Bestandteilen.«

Jeder, der in seinem Leben mit der Erde arbeitete oder besser mit ihr zusammenarbeitete, machte seine eigenen Erfahrungen, gelangte zu persönlich gefärbten Einsichten. Dennoch gleichen sich die grundlegenden Gedanken auf erstaunliche Weise. Sir Albert Howard zitiert auf die Frage »Was ist Humus?« den Bakteriologen S. Waksman:
»Eine komplexe Anhäufung von braun bis dunkel gefärbten, amorphen Stoffen, die während der Zersetzung von pflanzlichen und tierischen Rückständen durch Kleinlebewesen unter aeroben (luftreichen) oder anaeroben (luftarmen) Bedingungen gewöhnlich in Böden, Komposthaufen, Torfmooren und Wasserbehältern gebildet werden. … Humus ist ein natürliches Gebilde; er ist ebenso wie pflanzliche, tierische und mikrobische Substanzen eine zusammengesetzte Einheit; er ist, chemisch betrachtet, sogar noch komplexer, da alle diese Stoffe zu seiner Bildung beisteuern. Humus besitzt eigenartige physikalische, chemische und biologische Eigenschaften, die ihn von anderen natürlichen, organischen Stoffen unterscheiden. Humus bildet in sich oder durch Wechselwirkung mit bestimmten anorganischen Bestandteilen des Bodens ein komplexes, kolloidales (Kolloid = fein verteilte Stoffe) System, dessen verschiedene Bestandteile durch Oberflächenkräfte zusammengehalten werden …«

Und dann fügt Howard eine wichtige eigene Schlussfolgerung an: »Vom Standpunkt der Chemie und Physik betrachtet, ist daher

■ Ein vollendetes Beispiel natürlicher Humusbildung ist der Mischwald. In einem geschlossenen Kreislauf erneuert die Natur hier aus den Abfällen der Pflanzen und Tiere immer wieder ihren Bestand an fruchtbarer Erde.

Humus kein einfacher Stoff; er wird aus einer Gruppe von sehr komplexen organischen Verbindungen gebildet, die von der Natur des ihn bildenden Rückstandes, von den Bedingungen, unter denen die Zersetzung stattfindet, und von dem Ausmaß der Zersetzung abhängig sind. Humus kann deshalb nicht überall der gleiche Stoff sein. Außerdem ist er lebendig und wimmelt von Kleinlebewesen, die den größten Teil ihrer Nahrung aus diesem Substrat erhalten. Humus ist im natürlichen Zustand dynamisch, nicht statisch.«

Humus ist dynamisch! Er lebt und verändert sich. Deshalb darf der Gärtner, der diese natürliche Kostbarkeit in seinem Garten »erzeugen« möchte, nicht nach starren Regeln handeln. Er muss sich seiner ganz speziellen Gartensituation anpassen und das Beste daraus zu machen versuchen. Er handelt dann nach einem der ältesten Gesetze des Lebens: Auf der Erde haben immer diejenigen überlebt, die sich am geschicktesten angepasst haben! Dies bedeutet nicht im moralischen Sinn Anpassung als Unterwürfigkeit. In der Auseinandersetzung mit den natürlichen Elementen geht es um eine angepasste Reaktion. Ein Gärtner beobachtet »die Verhältnisse« auf seinem Stück Erde so genau wie möglich. Und dann zieht er die für seine Arbeitsweise nötigen klaren Schlussfolgerungen. Er reichert zum Beispiel sandige Erde mit Wasser speichernden Tonmehlen an und deckt sonnige Hänge mit Pflanzen- oder Mulchteppichen zu. So passt er sich mit seinen Handlungen den natürlichen Voraussetzungen an.

Wie man den besten Humus erzeugt, hat die Natur dem Gärtner in ihren Laub- und Mischwäldern vorgemacht. Er braucht das Beispiel nur anzuschauen und auf die besonderen Umstände im Garten sinngemäß zu übertragen. Natürlicher Wald wächst in »Mischkultur«. Sein Boden ist von Gräsern, Kräutern und niedrigem Unterholz bedeckt. Nirgends gibt es nackte Erde. Fallendes Laub, verwelkte Pflanzen und dürre Zweige bilden ständig eine lockere, langsam verrottende Bodenschicht. Darin sind auch die »Abfälle« der Tiere ein wichtiger Bestandteil. Aus der zerfallenden organischen Substanz entsteht mit Hilfe der kleinen Bodentiere und der Mikroorganismen wieder neue Erde. Diese Walderde ist bester, duftender Humus. Er vermag das Regenwasser zu speichern, und er füllt ständig die Nährstoffreserven auf. Abbau und Aufbau halten sich in diesem intakten System das Gleichgewicht. Ein Wald muss nie gedüngt werden, obgleich er eine Fülle stattlicher Gewächse ernährt. In der Natur gibt es allerdings auch keine Verschwendung. Alles wird gebraucht und einer nützlichen Verwendung zugeführt. So bleiben die Reserven erhalten, so entsteht ein Gleichgewicht zwischen Krankheit und Gesundheit, zwischen Leben und Tod. Das ist das Geheimnis der natürlichen Fruchtbarkeit und des gesunden Bodens.

Die großartige Welt der kleinsten Lebewesen

Wenn ein Gärtner von einem seiner Beete eine Hand voll Erde aufnimmt, so hält er eine Welt in Händen. Er sieht mit seinen Augen nicht viel davon – nur braune Krümel und allenfalls einen Regenwurm oder einen Tausendfüßer. Dennoch ist diese Hand voll Erde erfüllt von milliardenfachem Leben. Es ist eine Welt der winzigen Dimensionen. Der Gärtner müsste Augen von der Schärfe eines Elektronenmikroskops haben, um sie erkennen zu können. Wäre dies möglich, so würde es ihm vor ehrfürchtigem Staunen die Sprache verschlagen.

In 1 dm^3 (= 1000 cm^3 = 1 l) Erde aus einer 15 cm dicken Schicht Wiesenboden leben zum Beispiel 1 551 000 000 Aufguss-, Geißel- und Wimpertierchen, 50 000 Fadenwürmer, 220 Springschwänze, 14 Tausendfüßer, 5 Schnecken und 2 Regenwürmer. Eine unvorstellbare Fülle lebendiger Geschöpfe. Der Schweizer Forscher A. Stöckli hat sie so genau untersucht und gezählt. Noch phantastischer wird das Gewimmel in einer Untersuchung von Prof. Sauerlandt, der die Lebewesen in 1 m^2 Ackererde bestimmte. Es handelte sich dabei um schwach humosen Sandboden, die untersuchte Schicht war 20 cm dick. Auf ein Gartenbeet übertragen, wäre das ein Stück Erde, auf dem etwa drei Kohlköpfe wachsen könnten. »Zu Ihren Füßen« leben dann in einem durchschnittlichen Boden:
4 Billionen Bakterien und Pilze
1 Million Fadenwürmer (Nematoden)
500 000 Geißeltierchen (Flagellaten)
200 000 Milben
100 000 Springschwänze (Collembolen)
80 000 Ringelwürmer (Enchytraeiden)
80 Regenwürmer

Im Kompost, wo die Mikroorganismen besonders rege tätig sind, ist die Fülle der winzigen Lebewesen am größten. Wenn ein Gärtner eine Hand voll Kompost ergreift, so hält er

■ In einer Makro-Aufnahme wird die sonst verborgene Welt der winzigen Lebewesen im Boden sichtbar. Emsige Springschwänze sind hier zwischen Humuskrümeln tätig.

Die Grundlagen

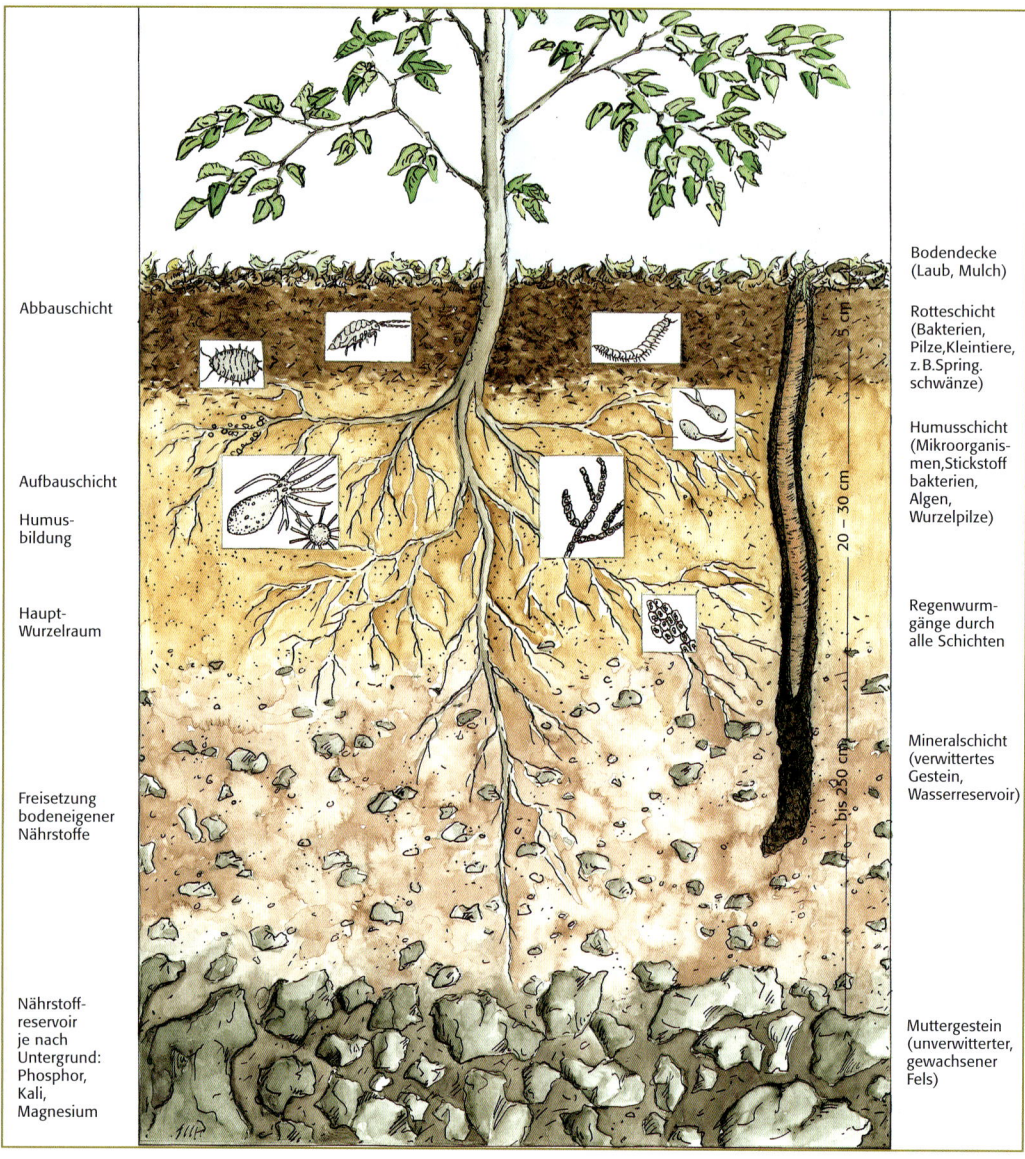

■ Die Humusschicht ist von wimmelndem Leben erfüllt. Jede »Etage« hat ihre eigenen hochspezialisierten Bewohner. Die Vergrößerungen zeigen winzige Ausschnitte aus dieser unglaublich vielfältigen Welt. Die Gänge der Regenwürmer durchziehen in einem lebendigen Boden mehrere Schichten. Die Wurzeln der Bäume reichen bis in die tieferen Gesteinszonen.

UNSERE ERDE

mehr lebendige Wesen in der Hand, als es Menschen auf der Erde gibt! Wer sich in einer stillen Gartenstunde einmal klar gemacht hat, wie reich und kompliziert das Leben in der Erde ist, der wird fortan sicherlich behutsamer und ehrfürchtiger mit diesem Mikrokosmos umgehen.

Um die Zusammenhänge besser zu verstehen, wollen wir nun einen Blick in die sonst unsichtbare Welt der Bodenlebewesen werfen. Die Milliardenheerscharen der winzigen Heinzelmännchen leben und arbeiten in verschiedenen Schichten. Alles ist bestens organisiert und sinnvoll aufeinander abgestimmt. Die oberste Schicht ist die so genannte Rotteschicht. Sie ist in Gärten, die nach der biologischen Methode bearbeitet werden, immer sehr reichhaltig, weil alle Beete mit einer Mulchdecke (nach dem Vorbild des Waldbodens!) zugedeckt sind. Unter diesem Vorrat an organischem, langsam verrottendem Material befindet sich der Lebensbereich derjenigen Kleinlebewesen, die die »grobe Arbeit« leisten. Sie zerkleinern alle »Abfälle«, die in den Boden gelangen: Blätter, Strohhalme, Grasschnitt, sogar Pappe und vieles andere mehr. Ihr Geschäft ist die erste Stufe der Zersetzung des organischen Materials. Pilze, Bakterien und Algen sind hier milliardenfach tätig. Diese Mini-Wesen nennt man Mikroben. Unter ihnen gibt es auch die ganz »harten Burschen«, die sogar Holz, Horn und Chitin zu knacken vermögen. Ihnen zur Seite stehen in der Rotteschicht auch Kleintiere, die der Gärtner mit bloßem Auge erkennen kann: die Regenwürmer, Asseln, Tausendfüßer, Drahtwürmer und viele andere.

Damit die Rotte harmonisch ablaufen kann, benötigen die Lebewesen in der oberen Schicht Luft, Wärme und Feuchtigkeit. Man nennt die Rotte deshalb auch aeroben (unter der Anwesenheit von Luft ablaufenden) Prozess. Stimmen die Bedingungen nicht, so schlägt die Situation um in einen anaeroben (luftarmen) Prozess. Dies bedeutet: Kälte, Nässe und Fäulnis. »Speckige« Bodenschichten sind die Folge. Sie enthalten pflanzenschädliche Stoffe. Dies ist eine »Entgleisung«, die im biologischen Garten normalerweise nicht passieren darf. Die Rotteschicht ist etwa 5 cm dick.

Darunter beginnt die eigentliche Humusschicht. Sie kann, je nach Lage, 10–30 cm stark sein. In dieser Region breiten sich die meisten Wurzeln aus. Hier findet kein Abbau, sondern ein Aufbauprozess statt. In der Humusschicht sind andere Mikroorganismen tätig. Sie setzen die »vorgekauten« Substanzen der Rotteschicht so um, dass sie von den Pflanzen aufgenommen werden können. Dabei ernähren sie sich auch von den toten Leibern der abgestorbenen Bakterien, die eine Etage höher lebten.

In diesem zweiten unterirdischen Lebensraum besteht eine enge Wechselwirkung zwischen Bodenleben und Pflanzenwurzeln. Die einen leben von den Stoffwechselprodukten der anderen. Was sich dabei an chemischen Umwandlungen abspielt, ist außerordentlich kompliziert. Wir wollen deshalb nur die für einen Gärtner wichtigen Ergebnisse festhalten: In der Humusschicht werden von den Mikroorganismen Nährlösungen produziert. Es entstehen Kohlensäure und Stickstoff. Blaualgen und Azotobacter-Bakterien können zum Beispiel Stickstoff in geringen Mengen im Boden binden. Die winzigen Körper anderer Bakterien enthalten auch Kali und Phosphorsäure. Wenn sie absterben, gehen diese Nährstoffe in geringen Mengen in den Humus über.

Spezialisten am Werk

Wir wollen uns stellvertretend für alle anderen – zwei Hauptakteure dieses riesigen unterirdischen Schauspiels etwas näher ansehen. Eine wichtige Rolle in der Humusschicht spielen Pilze und Stickstoff sammelnde Bakterien, die mit den Wurzeln der Pflanzen eine enge Gemeinschaft (Symbiose) bilden. Sir Albert Howard hat die Bedeutung der **Mykorrhiza** (Lebensgemeinschaft zwischen Pflanzenwurzeln und Pilzen; griechisch: rhiza = Wurzel, mykes = Pilz) anschaulich beschrieben: »Verwandtschaftliche Beziehungen ermöglichen es bestimmten im Bodenhumus lebenden Pilzen, in die lebenden Zellen der Wurzeln einzudringen und ein inniges Zusammenleben mit den Pflanzen zu errichten ... Wenn man ein geeignetes Präparat solcher Wurzeln unter dem Mikroskop untersucht, so kann man alle Stufenfolgen in der Verdauung des Pilzmycels beobachten. Bei Beendung des gemeinsamen Zusammenlebens zerstört die Wurzel den Pilz und vermag auf diese Weise die Kohlenhydrate und Eiweißstoffe aufzunehmen, die der Pilz zum Teil aus dem Humus des Bodens gelöst hat. Die Mykorrhizen bilden mithin die lebende Brücke, die einen fruchtbaren humusreichen Boden und die darauf wachsenden Pflanzen unmittelbar verbindet und durch welche fertige und für den sofortigen Verbrauch geeignete Nährstoffe vom Boden an die Pflanze überführt werden können.«

■ Teamwork im Boden: Pilze und Pflanzenwurzeln bilden eine Lebensgemeinschaft (Mykorrhiza).

Die Grundlagen

Ein ähnlich wunderbares »Teamwork« vollbringen die **Knöllchenbakterien** an den Wurzeln der Schmetterlingsblütler (Leguminosen). Sie sind in der Lage, in Zusammenarbeit mit bestimmten Bakterien den Stickstoff aus der Luft zu binden. Die Wirtspflanzen ziehen daraus ihren Nutzen. Ein Teil des Stickstoffs geht auch nach dem Absterben der Erbsen, Bohnen oder Kleepflanzen in den Boden über und trägt so zur natürlichen Stickstoffdüngung bei. Dass diese Nutzbarmachung des Luftstickstoffs keineswegs selbstverständlich ist, sondern fast ans Wunderbare grenzt, macht Dr. Fritz Caspari deutlich:
»Was die Technik erst vor 40 Jahren (Haber-Bosch seit 1915) unter gewaltigen Anstrengungen, hohen Drücken und Temperaturen in riesigen Apparaturen fertig bekam – die Pflanze macht das seit jeher so nebenbei. Sie verwandelt einen der beständigen Stoffe der Erde, den Stickstoff, in Verbindungen, die unmittelbar zum Aufbau der Pflanzenkörper dienen können.« Und der finnische Nobelpreisträger Prof. Dr.h.c. Artturi Virtanen ist sogar davon überzeugt: »Die biologische Stickstoffbindung ist neben der Kohlendioxid-Assimilation ein Prozess von fundamentaler Bedeutung für das gesamte Leben auf unserer Erde.«

Der dritte Hauptdarsteller im großen Zusammenspiel der »Unterirdischen« ist für den Gärtner besonders wichtig: **der Regenwurm.** Unter den sichtbaren Lebewesen spielt er eine ganz besondere Rolle. Er arbeitet an der Rotte, aber seine langen Gänge führen durch alle Schichten in die Tiefe. Sie tragen ebenso zur Durchlüftung des Bodens bei wie zur Wasserverteilung. Seine Ausscheidungen sind reinster Super-Humus. Regenwurmkothäufchen enthalten siebenmal so viel Stickstoff, dreimal so viel Kali, doppelt so viel Kalk und sechsmal so viel Magnesium wie die normale Gartenerde. Über diesen fleißigen kleinen Gehilfen des Biogärtners wird im Kapitel »Tiere als Helfer« noch ausführlicher berichtet.

Kleine Krümel – große Wirkung

Die beiden oberen Bodenschichten unterscheiden sich nicht nur durch ihre verschiedenartigen Bewohner und deren Arbeitsweise. Auch der Humus, der in diesen beiden Abschnitten entsteht, ist von unterschiedlicher Art. In der oberen Rotteschicht entsteht jene fruchtbare Erde, die immer wieder nachwächst. Sie ist aber relativ leicht vergänglich. Man nennt ihren Zustand auch »mikrobielle Gare«. Der Humus besteht hier aus großen, lockeren Krümeln, die durch Regen zusammengeschlagen werden können oder in Hitze und Kälte erstarren. Unter ungünstigen Bedingungen wird dieser Humus wieder zerstört.

In der tieferen eigentlichen Humusschicht entsteht dagegen der so genannte Dauerhumus. Man nennt diesen Zustand auch makromolekulare Gare. Die Bodenkrümel sind hier kleiner, intensiver verkittet und beständiger. Sie verbinden sich mit den im Boden vorhandenen Huminstoffen. So entstehen stabile Ton-Humus-Komplexe. Wichtigste Eigenschaft der im Übrigen noch nicht endgültig erforschten Huminstoffe ist ihr Stickstoffgehalt. Sie bilden, wenn sie reichlich vorhanden sind, ein Stickstoffreservoir im Boden, dessen Nahrungsvorräte nur langsam mineralisiert und an die Pflanzen weitergegeben werden. Also eine gut eingeteilte Vorratswirtschaft.

Die Krümelbildung der Erde ist eines der großen Wunder der lebendigen Natur. Unzählige Lebewesen wirken emsig und pausenlos, damit diese braunen Erdbröckchen entstehen und zusammenkleben. Das Geflecht der Pilze und die Schleimstoffe der Bakterien halten die lebendige Konstruktion aus Staub und Mikrobenleibern zusammen. Die Wissenschaftler nennen diesen Vorgang »Lebendverbauung«. In diesem sprachlichen Bild wird deutlich, dass die Fruchtbarkeit der Erde, von der wir alle leben, aus unendlich vielen winzigen Lebewesen buchstäblich zusammenwächst. Müssen wir vor diesen Heerscharen kleiner stiller Arbeiter nicht die größte Achtung haben? Der »Brehm des Pflanzenlebens«, Raoul R. Francé, hat die große Gemeinschaft der Lebewesen im Boden das Edaphon genannt (edaphisch ist griechischen Ursprungs und bedeutet: den Boden betreffend). Der Biogärtner sieht eine seiner Hauptaufgaben darin, diese fein organisierte Welt zu schützen und zu pflegen – zu seinem eigenen Nutzen und zum Wohl der Erde.

Alle diese phantastischen, vielseitigen, lebendigen Prozesse, von denen bisher die Rede war, spielen sich in den beiden oberen Bodenzonen, der Rotteschicht und der Humusschicht, ab. Daran schließt sich nach unten zunächst die Mineralschicht an. Sie besteht aus verwittertem Gestein. Die Tätigkeit von

■ Leguminosen entwickeln zusammen mit Bodenbakterien Stickstoffknöllchen an den Wurzeln.

UNSERE ERDE

Bodenlebewesen nimmt hier mit zunehmender Tiefe immer weiter ab. In diesem Bereich können aber aus den vorhandenen Mineralien noch Nährstoffe für die Pflanzen freigesetzt werden. Die Mineralschicht, die bis 2,50 m dick sein kann, hat auch die Funktion eines Wasserreservoirs. Darunter beginnt die Schicht des Muttergesteins, das ist der gewachsene Fels, der tief in die Erde reicht.

Der Kreislauf der Stoffe

Wo die verschiedenen Schichten des Bodens intakt sind, wo die milliardenfachen Heerscharen Hand in Hand arbeiten, da entsteht die Bodengare, jener reife Humus, von dem alle Gärtner und Bauern träumen. Dieser Boden ist dann in der Lage, Regenwasser und Nährstoffe zu speichern. Er ist reich an Stickstoff und Kohlensäure. Er ist locker, porös, warm und luftig. Wie ein solcher Boden in der Praxis entsteht, wird im zweiten Teil dieses Buches beschrieben. Vorerst ist es wichtig für den künftigen Biogärtner zu begreifen, dass das Verständnis für das Bodenleben die Grundlage all seiner Bemühungen ist. Die Natur bietet ihm ein perfektes System und Milliarden kostenlose Helfer an. Der Biogärtner braucht sie nur sinnvoll zu nutzen.

Er erspart sich dann viel unnötige Mühe – wie zum Beispiel das jährliche Umgraben. Er erspart sich auch viel Geld – wenn er die natürliche Nährstoffproduktion der Erde fördert, muss er kaum Dünger zukaufen. Schließlich spart er auch Energie – sowohl in Form von menschlicher Arbeitskraft als auch bei der industriellen Erzeugung.

Der Biogärtner gliedert sich wieder bewusst in den natürlichen Kreislauf ein. Er fördert und pflegt mit allen Mitteln das Bodenleben. Er macht sich klar, dass jeder grobe Eingriff in diese fein organisierte Welt nur stören, schlimmstenfalls zerstören kann. Er ernährt deshalb nicht die Pflanzen, er ernährt den Boden. Kompost, Bodenbedeckung und Gründüngung sind dabei seine wichtigsten Punkte auf der »Speisekarte des Gartens«. Denn wo die Bodenlebewesen genügend organische Masse serviert bekommen, da produzieren sie auch reichlich diejenigen Stoffe, die Boden und Pflanzen brauchen: Stickstoff, Kali, Phosphor, Spurenelemente und Kohlensäure. Es ist eine oft bewiesene Tatsache, dass in Böden, die systematisch nach biologischen Methoden bearbeitet werden, alle wichtigen Nährstoffe stets vorhanden sind. Sie »wachsen nach«! Der Biogärtner schließt den natürlichen Kreislauf der Stoffe, indem er alle organischen Abfälle der Erde wieder zuführt. Sie dankt es ihm durch ihre blühende Gesundheit, die sich auf alle Gewächse des Gartens überträgt – letzten Endes auch auf den Menschen, der sich von diesen Pflanzen ernährt.

Sir Albert Howard, der ein Leben lang biologische Methoden in Europa und Indien erprobte, hat dieses Fundament aller natürlichen Bodenbearbeitung in seinem »Landwirtschaftlichen Testament« beschrieben. Was er über den Kreislauf von Abbau und Aufbau in der Landwirtschaft sagt, gilt gleichermaßen für jeden Biogärtner:

»Die Bodenfruchtbarkeit ist der Zustand, der sich aus dem Arbeiten des Naturkreislaufes ergibt. Es muss immer eine vollständige Ausgeglichenheit zwischen den Vorgängen des Wachstums und den Vorgängen des Absterbens vorhanden sein. Die Folgen dieses Zustandes sind ein lebendiger Boden, reiche Ernten von guter Qualität und ein Viehbestand, der den Glanz der Gesundheit besitzt. Der Schlüssel zu einem fruchtbaren Boden und einem gedeihenden Landbau ist der Humus.«

■ Regenwürmer spielen eine wichtige Rolle bei der Entstehung humusreicher Erde.

Die Grundlagen

LEBENSELEMENTE DER PFLANZEN

Pflanzen sind Wesen, die in zwei Welten leben: Mit ihren Wurzeln greifen sie tief ins dunkle, feuchte Erdreich. Dort suchen sie festen Halt, verklammern und verankern sich mit abertausend Schlingen und Windungen. Dort in der Tiefe saugen sie auch das lebensnotwendige Wasser auf, dort finden sie die Nährstoffe, die die Mikroorganismen ihnen zubereiten. Mit Stängeln, Blättern und Blüten aber wachsen die Pflanzen über die Erde hinaus – dem Himmel entgegen. Von dort strahlt das Sonnenlicht auf sie herunter. Von dort, aus der Höhe der Atmosphäre, fällt der Leben spendende Regen. Und überall, vom niedrigsten Blatt bis zum höchsten Baumwipfel, ist der oberirdische Körper einer Pflanze von der Luft umspült.

Beide Reiche – die dunkle Erde und die lichtdurchfluteten Lufträume – sind für eine Pflanze von lebenswichtiger Bedeutung. Sie kann (von extremen Ausnahmen abgesehen) nur im Zusammenspiel von Himmels- und Erdkräften leben. Dies sind die vier Elemente der Pflanze: Wasser, Erde, Luft und Licht.

In aller Stille entnehmen die grünen Gewächse diesen Elementen, was sie zum Leben brauchen. Pflanzen sind imstande, Sonnenenergie direkt zu nutzen. Sie können Kohlendioxid aus der Luft umwandeln in brauchbare Nährstoffe. Pflanzen sind die einzigen Lebewesen auf der Welt, die anorganische, mineralische Stoffe aus der Erde aufnehmen und in organische Verbindungen umsetzen können!

Im Körper einer lebenden Pflanze spielt sich ständig eine Fülle komplizierter chemischer Prozesse ab. Obgleich sie sich selbst nie von der Stelle rührt, hält sie doch eine kleine Welt in Bewegung. Die Nährstoffe, die sie erzeugt, fördern aber nicht nur ihr eigenes Wachstum und Wohlergehen. Sie dienen Tieren und Menschen auf der ganzen Welt als Nahrung. Pflanzen bilden direkt oder indirekt die Lebensgrundlage aller Geschöpfe auf unserem Planeten. Innerhalb der ineinander greifenden Nahrungskette sind sie das wichtigste Glied.

Auch darüber sollte ein Gärtner, der täglich mit diesen stillen Geschöpfen umgeht, ab und zu nachdenken. Wenn die Pflanzen zugrunde gehen, sterben ihnen Tiere und Menschen nach. Der Erde würde dann – wie in einem Horrorfilm – ihr grünes Kleid vom Leib gerissen. Felder und Gärten würden verdorren, Wälder in sich zusammenstürzen. Die Wurzeln, die den Boden wie ein riesiges unterirdisches Netz umspannen, würden zerfallen. Sturm und Regen hätten nun leichtes Spiel. Die fruchtbare Erde würde in alle Winde verstreut. Zurück bliebe ein verwüsteter Stern.

Noch lebt die Natur, noch sind unzählige Pflanzen in der Obhut von Bauern und Gärtnern gut aufgehoben. Aber die Elemente, aus denen sie sich immer wieder aufs Neue aufbauen, sind an vielen Orten gefährdet: das Wasser, die Luft und die Erde mit ihrem wimmelnden Mikrokosmos.

Wasser gehört zu den Grundvoraussetzungen des Lebens auf der Erde. Die Wissenschaftler glauben, dass die ersten Lebewesen ursprünglich im Wasser entstanden sind. Wie auch immer – Gärten und Pflanzen sind jedenfalls ohne dieses flüssige Element undenkbar. Wasser steht den Gewächsen »von oben und von unten« zur Verfügung. Das Grundwasser ist das ständige Feuchtigkeitsreservoir in der Erde. Nachschub kommt vom Himmel: Regen, Schnee und Tau fallen als Leben spendender Niederschlag.

■ Wasser ist unverzichtbares Lebenselement für Pflanzen, Tiere und Menschen. Fließende Gewässer, Grundwasser und Regen halten gemeinsam die Erde feucht und fruchtbar.

LEBENSELEMENTE DER PFLANZEN

Dieses Wasser aus der Atmosphäre besteht aber keineswegs nur aus neutraler Flüssigkeit. Es bringt Stickstoff in Form von Ammoniak und sogar geringe Mengen Phosphorsäure mit. Messungen ergaben, dass in Westeuropa im Jahr durchschnittlich 10–30 kg Stickstoff auf 1 ha Boden herunterregnen. Der Stickstoffgehalt im Tau ist sogar noch höher. Ein Boden, der in gutem, garem Zustand ist, saugt diese Wassermengen mit ihren Inhaltsstoffen auf wie ein Schwamm und hält sie lange in günstiger Verteilung fest. In schlechten Böden läuft das Wasser entweder in den Untergrund ab oder es staut sich und verursacht Fäulnis und Morast.

Für die Pflanzen spielt das Wasser in der Erde und im Säftestrom ihrer Körper die wichtige Rolle des Transporteurs. Mit Hilfe von Flüssigkeit werden alle notwendigen Nährstoffe dorthin geschleust, wo sie gebraucht werden. Wasser ist aber auch unersetzlich für das Wachstum der Pflanzen und für eine pralle Füllung der Zellen. Um 1 kg Pflanzenmasse zu erzeugen, benötigt eine Pflanze 0,5 m^3 Wasser. Man braucht sich als anschauliches Beispiel nur das saftstrotzende Blatt eines Kürbisgewächses oder einer Rharbarberpflanze vorzustellen – ohne Flüssigkeit würden sie zu zwei kleinen grünen Faserhäufchen zusammenfallen! Wie das Wasser in den »grünen Adern« kreist und wie phantastisch alle Produktionsströme im Inneren einer Pflanze gesteuert sind, werden wir später noch feststellen können – bei einem Blick nach unten in die Wurzelwelt und bei einem Blick nach oben in die »Fabrikationsanlagen« der grünen Blätter.

Die Luft ist ein Element, das sowohl in der Atmosphäre als auch im Boden verbreitet ist. Wichtigster Bestandteil der Luft ist der Sauerstoff. Ihn brauchen Menschen und Tiere zum Atmen. Auch die Pflanze »atmet«, wenn auch auf andere Weise, wie wir im nächsten Kapitel ausführlicher erfahren werden. Sauerstoff ist – sowohl im Stoffwechsel der Pflanzen als auch bei der Tätigkeit der Bodenlebewesen – wichtig für alle chemischen Verbrennungsvorgänge.

Die Luft der Atmosphäre besteht zu etwa 78 % aus Stickstoff, zu 20 % aus Sauerstoff, zu 1 % aus Edelgasen und zu 0,03 % aus Kohlendioxid. Ganz anders ist die Bodenluft zusammengesetzt. In normaler Gartenerde besteht sie aus 50 % Stickstoff, aus 10 % Sauerstoff und aus 40 % Kohlensäure. Hier ist

■ Der Wasserkreislauf: Pflanzen verdunsten Feuchtigkeit, die aufsteigt, Wolken bildet und als Regen auf die Erde zurückfällt. Dieser Zyklus erhält unseren Planeten grün. Er ist auch ein wichtiger Klimafaktor.

Die Grundlagen

der Reichtum an Kohlensäure also unvergleichlich größer als in der »Atemluft«. Dieses Übergewicht entsteht durch die Tätigkeit der Bodenlebewesen und ihre Umsetzungsprozesse. Für die Pflanzen ist dieses riesige Kohlensäureangebot von großem Vorteil, denn es ist eine der Grundlagen ihrer Ernährung. Je lebendiger der Boden ist, desto reichlicher sprudelt auch die natürliche Kohlensäurequelle. Caspari stellt fest, dass aus 1 ha garen Bodens 2–5 kg Kohlensäure in der Stunde aufsteigen. Ein großer Teil davon wird von den Pflanzen aufgenommen, der Rest füllt die Kohlendioxidreserven der Atmosphäre auf.

Das Sonnenlicht ist für die Pflanzen der wichtigste Energieträger. Es setzt den Motor ihres Stoffwechsels in Gang. Nur mit Hilfe des Lichts können die Prozesse der Photosynthese und der Assimilation in den grünen Blättern ablaufen. Dabei wird die Lichtenergie in chemische Energie umgewandelt. Pflanzen haben im Gegensatz zu den Menschen keine Schwierigkeiten bei der Ausnützung dieser unerschöpflichen natürlichen Kraftquelle. Sie vermögen die Sonnenenergie direkt zu nutzen. Pflanzen sind allerdings auch sehr stark abhängig von der Intensität des Lichts und von seinem Rhythmus, der sich in Tag- und Nachtstunden gliedert.

Die grünen Gewächse sind von ihrer Beziehung zum Himmelsgestirn so stark geprägt, dass ihre »Lichtgewohnheiten« sich sogar vererben! So genannte Kurztagspflanzen zum Beispiel, die in ihrer Heimat zu bestimmten Jahreszeiten mit wenigen Stunden Tageslicht auskommen müssen, halten an dieser Gewohnheit der früh hereinbrechenden Dunkelheit auch dann fest, wenn sie in andere Breiten »umgesiedelt« werden. Ihre innere Uhr richtet sich auch nach hundert Jahren in der Fremde noch nach dem Sonnenrhythmus ihrer Heimat. Der Weihnachtsstern und das Flammende Käthchen sind dafür anschauliche Beispiele auf unserer Fensterbank. Sie blühen nur, wenn sie im Herbst ein paar Wochen »früh schlafen gehen«. Das bedeutet, sie müssen einige Stunden lang künstlich verdunkelt werden.

Die Erde – das vierte Lebenselement der Pflanzen – haben wir im vorigen Kapitel schon näher kennen gelernt. Steigen wir nun noch einmal hinunter in die Welt der Wurzeln. Diesmal wollen wir uns nicht die Bodenorganismen, sondern das unterirdische Leben der Pflanzen näher anschauen.

■ Sonnenlicht ist die wichtigste Energiequelle für alle Pflanzen. Die Strahlen des großen Tagesgestirns setzen in den grünen Blättern die Prozesse der Photosynthese und der Assimilation in Gang.

LEBENSELEMENTE DER PFLANZEN

Pflanzenleben in der Erde – wunderbare Welt der Wurzeln

Eine Hälfte des Pflanzenkörpers befindet sich ständig in feuchter Dunkelheit. Die Wurzeln bohren und tasten sich durch lockeres oder steinig-hartes Erdreich. Sie folgen beharrlich der »Witterung« von Wasser und Nährstoffen. Was diese unterirdischen Organe dazu befähigt, blind, aber zielsicher ausfindig zu machen, was der Pflanze nützt, das können weder Chemiker noch Biologen auf eine Kurzformel bringen. Die sensiblen Fähigkeiten der Wurzeln gehören sicher zu den größten Wundern im Reich des Lebendigen. Bei einem Blick in die meist für unsere Augen verschlossene Welt des Bodens werden drei Hauptfunktionen der Wurzeln sichtbar:

- Sie dienen der Verankerung des Pflanzenkörpers.
- Sie nehmen Wasser und Nährstoffe auf, die dann durch ein inneres Röhrensystem bis zu den Blattspitzen hochgepumpt werden.
- Bei bestimmten Pflanzen werden die Wurzeln zu dicken Vorratsbehältern »aufgebläht«. Möhren und Sellerieknollen gehören wegen dieser voluminösen Lagermöglichkeiten für Nährstoffreserven zu den besonders wertvollen Nahrungsmitteln.

Die Wurzelsysteme der verschiedenen Pflanzen sind sehr unterschiedlich angelegt. Sie passen sich immer den Bedingungen des Klimas, des Bodens und der Pflanzengestalt perfekt an. Dieses Ergebnis einer jahrtausendelangen Entwicklung zeigt sich zum Beispiel darin, dass Gewächse trockener Steppengebiete lange Pfahlwurzeln ausbilden, die manchmal bis zu 10 m tief wachsen, wo sie das lebenserhaltende Grundwasser erreichen. In humusreichen, feuchten Böden bleiben die Wurzeln dagegen in der oberen, nahrhaften Erdschicht. Vor allem krautige Pflanzen, die meist keine langen Wurzeln ausbilden, durchwachsen in Wiesen und Laubwäldern oft nur die Schicht der oberen 15 cm.

Manche Bäume, wie zum Beispiel die Kiefern, sichern ihr Leben durch ein doppeltes System ab. Sie entwickeln eine bis zu 6 m lange Hauptwurzel und gleichzeitig ein flaches System zahlreicher Seitenwurzeln.

Abenteuerliche Sonderformen der Verankerung bilden die Stelzwurzeln der Mangroven, die aus tropischen Sümpfen herausragen, und die Haftwurzeln, mit denen sich viele

■ Der Ansatz des mächtigen Wurzelwerkes ist bei dieser Buche sichtbar. Es lässt ahnen, wie weit das in den Tiefen der Erde verborgene Netz der Wurzeln sich ausdehnt und welch großen Raum es einnimmt.

Die Grundlagen

Orchideen in den Ästen der Urwaldbäume festklammern. Hier ist die Welt der Wurzeln gleichsam auf den Kopf gestellt. Sie haben sich »in die Lüfte geschwungen«.

Für den Gärtner unserer Breiten sind diese Seitenwege tropischer Vegetation aber nicht von Bedeutung. Er lebt und arbeitet mit denjenigen Kulturpflanzen, die normalerweise eine Tiefe von 1–2 m durchwurzeln. Die Verankerungen der Pflanzen werden immer aus den alten, verholzenden Wurzelsträngen gebildet. Das Netz der zarten, jungen Faserwurzeln dient der Nahrungsaufnahme. Bei ihren langen Wegen durch das Erdreich stoßen die Wurzeln oft auf Hindernisse. Steine, undurchlässige Erdschichten oder das Netz der Konkurrenz versperren ihnen den kürzesten Weg. So winden sich Wurzelarme oft durch enge Spalten oder sie drehen sich so lange um einen Felsbrocken, bis sie ihn »umgangen« haben. Auf diese Weise entstehen manchmal sehr bizarre Wurzelformen, die die Menschen aller Zeiten faszinierten. Die knorrigen Gnome aus der unterirdischen Welt sind Symbole des zähen Überlebenswillens stummer Geschöpfe, die ihr ganzes Leben am gleichen Ort zubringen.

Das »Gehirn« im Boden

Einen auffälligen Kontrast zu den kräftigen, stabilen Verankerungswurzeln bilden die jungen Wurzelspitzen mit ihren feinen Haarwurzeln. Diese Spitzen sind sehr empfindlich und lebendig. Ihr Gewebe erneuert sich ständig. Eine Wurzelhaube schützt sie auf ihrem harten Weg durch das Erdreich. An den Wurzelspitzen bilden sich ständig feinste Haarwurzeln. Sie haben nur eine kurze Lebensdauer. Aber ununterbrochen wachsen neue Härchen nach. Schon mancher ernsthafte Forscher hatte bei der Betrachtung dieser sinnreichen Konstruktion den Eindruck, als sei die empfindliche Wurzelspitze der Pflanze eine Art Sinnesorgan. Francé hat diese bildhafte Vorstellung anschaulich beschrieben:

»Alle Fähigkeiten der Wurzel vereinigen sich in der Wurzelspitze. Das ist das Einzige, was sich sagen lässt. Schon Darwin hat sie mit einem Gehirn verglichen. Man könnte diesen Vergleich noch erweitern und die Wurzel mit einem feinen kleinen Wurm in Parallele stellen, der das Erdreich tastend und prüfend, wenn auch unendlich langsam abkriecht, da Feuchtigkeit suchend, dort ausweichend oder eine schädliche Luft witternd, durchaus nicht stets nach der Tiefe, sondern dorthin strebend, wo die Erhaltung des Ganzen, dessen Teil er ist, am besten gesichert ist. Und wo sie jene Bodenmikroben findet, die zur Lebensgemeinschaft der Wurzel gehören.«

Wie auch immer dieses wunderbare Organ »im Innersten« beschaffen sein mag, eines ist jedenfalls gesicherte Erkenntnis: Über die feinen Haarwurzeln nehmen die Pflanzen die im Wasser gelösten Nährstoffe aus dem Boden auf. So gelangt die nahrhafte Brühe, an der die Mikroorganismen ständig arbeiten, in den Säftestrom der Gewächse.

Bis vor kurzem glaubte man, dass Pflanzen einzig und allein wasserlösliche Substanzen aufnehmen könnten. Dieser Gedanke war auch die Grundlage der Düngung mit chemischen Salzen. Neue Forschungen – die sich unter dem Elektronenmikroskop bestätigten – ergaben, dass die Wurzeln auch winzige noch lebende organische Substanzen direkt aufnehmen können: Mikro- und Makromoleküle, Aminosäuren, Enzyme, Teilchen von Zellen und Plasma. Dr. H. P. Rusch und Professor A. Virtanen haben entdeckt, dass die im Wurzelbereich tätigen Bakterien die Endformen des Plasmas so »vermitteln«, dass die Pflanzenorgane sie direkt annehmen und als Bausteine für neue organische Substanzen benutzen können. Die Wissenschaftler nennen dieses Phänomen den Kreislauf der lebenden Substanz.

Der Biogärtner kann aus diesem komplizierten unterirdischen Stoff-Wechsel-Geschehen die praktische Schlussfolgerung ziehen, dass seine Pflanzen nicht nur mit Mineralstoffen, sondern auch ständig mit organischer Substanz versorgt werden müssen.

Die Wurzelspitzen sind übrigens sehr wählerisch bei der Auswahl. Unter gleichen Bodenbedingungen entnehmen sie dem gemischten Angebot immer nur diejenigen Nährstoffe, die »ihre Pflanze« benötigt. Dies ist dann bei einem Kohlkopf eine ganz andere »Menü-Zusammenstellung« als bei einer Rose. Die Pflanzen wählen also ganz individuell aus dem Nährstoffangebot des Erdreiches aus, was sie gerade brauchen. Darwins Vergleich vom Gehirn der Pflanze in der Wurzelspitze drängt sich auch in diesem Zusammenhang auf.

■ Verdickte Wurzelformen, wie hier bei Rettichen, dienen als Nährstoff-»Spardosen«.

LEBENSELEMENTE DER PFLANZEN

Die Wurzeln nehmen aber nicht nur Stoffe aus dem Boden auf, sie sondern auch selber Säuren aus dem Stoffwechsel der Pflanzen ab. Diese Säuren tragen mit dazu bei, feste Bodenbestandteile zu lösen und sie so zu verflüssigen, dass die Wurzeln sie aufsaugen können. In tieferen Bodenschichten lösen die sauren Ausscheidungen der Wurzeln auch Mineralien auf.

Diese Ausflüsse aus dem Säftestrom der Gewächse beeinflussen auf ihre Weise die zahlreichen Umformungsprozesse im Boden. Sie können – wenn sie im richtigen Verhältnis vorkommen – zum Aufbau der Bodengare beitragen. Wo sie einseitig und in größeren Mengen ausgeschieden werden – zum Beispiel in ausgedehnten Monokulturen –, können die Pflanzensäuren aber auch zur Bodenmüdigkeit führen.

Für den praktischen Gärtner ist noch ein »oberirdischer Wink« wichtig für sein Verständnis der unterirdischen Zusammenhänge. Die Natur ist immer bestrebt, möglichst funktionelle Formen zu entwickeln. Sie neigt nie zur Verschwendung. Deshalb sind manche Blatt- und Baumkronen-Konstruktionen so beschaffen, dass sie das Regenwasser genau dort hinleiten, wo sich im Boden das dichteste Netz von Wurzelspitzen befindet. Viele Pflanzen mit senkrechten Pfahlwurzeln oder Rübenwurzeln wie Königskerzen oder Artischocken besitzen Blätter, die das Wasser zur Mitte hin abfließen lassen. Bei großen Bäumen läuft das meiste Wasser dagegen über die Krone nach außen ab. Es rinnt genau in die Kronentraufe, wo sich die feinen Faserwurzeln ausbreiten. Bei einem Baum gleichen sich der Bereich der Wurzeln und die Form des Wipfels wie Spiegelbilder. Ihre Funktionen sind aufeinander abgestimmt – so wie überall im Pflanzenbereich die unterirdische Nahrungsaufnahme und die Nahrungszubereitung in den grünen Blättern kombiniert werden zu einem großartigen Produktionsprozess mit ineinander greifenden Rädchen.

Pflanzenleben über der Erde – grüne Blattfabrik mit Sonnenmotoren

Aus der wunderbaren Welt der Wurzeln steigen wir nun ans helle Tageslicht in einen nicht minder phantastischen Bereich des Pflanzenlebens. In den grünen Blättern spielt sich der zweite Akt des Schauspiels »Pflanzen schaffen Nahrung, Energie und neues Leben« ab. Je näher die Wissenschaft mit Elektronenmikroskopen und chemischen Analysen in die verborgene Wirklichkeit der Blätter eindrang, desto aufregender waren die Erkenntnisse über die Prozesse, die sich dort abspielen: in Sekundenbruchteilen, täglich, seit Milliarden Jahren! Der große Pflanzenforscher R. H. Francé schrieb voller Bewunderung: »Einer ungeheuren Fabrik ist so ein Blatt zu vergleichen, in der zahllose kleine Sonnenmotoren aufgestellt sind, die im Sonnenlicht chemisch tätig sind.« Der Ire Brendan Lehane vermittelt in seinem Buch »Macht und Geheimnis der Pflanzen« einen lebendigen Eindruck von diesem allgegenwärtigen kosmisch-irdischen Wechselspiel: »Verzehrt man bei Tageslicht ein frisch gepflücktes Blatt, ist etwas von dem, was man zu sich nimmt, noch vor acht Minuten Teil der Sonne gewesen. So viel Zeit benötigt das Sonnenlicht nämlich, um die Erde zu erreichen. Die Umwandlung dieser Sonnenenergie in Nahrung braucht zusätzlich nur noch den Bruchteil einer Sekunde. Trotz der großen Geschwindigkeit, mit der sich dieser Prozess vollzieht, bildet er den wesentlichen Schlüssel für alles Leben auf der Erde. Er findet zwischen Sonnenaufgang und Sonnenuntergang in den Weltmeeren in jeder Kiesel- oder Stabalge, auf dem Trockenen in jedem Blatt statt.«

■ Die Blätter der Pflanzen gleichen »grünen Fabriken«, in denen »Sonnenmotoren« arbeiten.

Die Grundlagen

Die Photosynthese

Was aber spielt sich nun im Einzelnen ab? Die Pflanzen nehmen durch winzige Spalten an der Blattunterseite Kohlensäure beziehungsweise Kohlendioxid aus der Luft auf. Dies ist ein Grundstoff des Lebens in Gasform. Gleichzeitig steht ihnen das Urelement Wasser zur Verfügung, das von den Wurzeln her durch ein verzweigtes Röhrennetz aufsteigt. In den grünen Blättern spielen sich nun »weltbewegende« Verwandlungen ab: Wasser wird in seine Bestandteile Wasserstoff und Sauerstoff zerlegt. Das Kohlendioxid wird aufgespalten in Kohlenstoff und Sauerstoff. Aus diesen chemischen Einzelbausteinen setzt die Pflanze nun einen neuen Grundbaustoff zusammen: die Glukose. Man nennt dieses neue Produkt aus der grünen Blattfabrik in der Sprache der Chemiker Kohlenhydrat. Im Alltagsleben begegnet uns dieser Stoff in den verschiedensten Abwandlungen als Zucker. Der Sauerstoff, der bei diesem »Arbeitsgang« übrig bleibt, wird durch die Blattoberfläche wieder an die Atmosphäre abgegeben. Er bereichert unsere Atemluft.

■ Der Wilde Lattich dreht seine Blätter in die günstigste Stellung zum Licht.

Die Pflanzen sind also in der Lage, aus Wasser und Kohlendioxid den Nährstoff Zucker selber herzustellen. Die Energie, die für diesen Prozess benötigt wird, liefert die Sonne. Der Vermittler zwischen den Himmelsstrahlen und den irdischen Grundstoffen ist das Chlorophyll in den Zellen der Blätter. Den gesamten Prozess der biochemischen Umwandlung unter der Mitwirkung von Sonnenenergie und Chlorophyll nennt man die Photosynthese.

Baumeister Chlorophyll

Sehen wir uns das Chlorophyll, den grünen Farbstoff in den Blättern, einmal näher an. Es befindet sich in den Zellen an der Blattoberseite und in den Stängeln. Seine äußere Gestalt gleicht etwa einem länglichen Reiskorn. Ein wichtiger Bestandteil des Chlorophyllmoleküls ist Magnesium. Die Chloroplasten, wie die eigentlichen Blattgrünkörper auch genannt werden, sind innerhalb ihres Zellgehäuses beweglich. Sie können hin- und herrollen. Auf diese Weise passen sie sich den Lichtverhältnissen an. Es kann zum Beispiel geschehen, dass die Chlorophyllkörner sich bei zu grellem Sonnenlicht eng nebeneinander drängen und an den Zellwänden aufreihen. Bei normaler Beleuchtung verteilen sie sich dagegen über die ganze Zelle. Solche Reaktionen fallen natürlich unterschiedlich aus, je nachdem, um welche Pflanze es sich handelt. Schattengewächse benötigen schnellere Abwehrmaßnahmen, wenn sie plötzlich glühender Mittagssonne ausgesetzt sind, als Pflanzen, die viel Licht lieben.

Die Blätter sind gleichfalls beweglich. Sie können sich der Sonne zudrehen. Dann bieten sie ihrer Energiequelle die größtmögliche Oberfläche an, um ihre Kräfte möglichst intensiv zu nützen. Die Chlorophyllkörner bewegen sich mit und rollen in die günstigste Lage. Sobald sie von den Impulsen des Lichts getroffen werden, setzen sie die Umwandlungsprozesse in Gang.

Auf der ersten Stufe wird Wasser in Wasserstoff und Sauerstoff gespalten. Der Sauerstoff wird dann ausgeschieden. Den Wasserstoff übernimmt ein Enzym. Ein zweites Enzym wird mit neu geschaffener chemischer Energie aufgeladen. Dieser Prozess ist ganz und gar abhängig vom Licht und von seiner Energie. Er benötigt aber keine Wärme. Man nennt diesen Vorgang auch Lichtreaktion. Die zweite Produktionsstufe spielt sich im Dunkeln ab; sie wird deshalb Dunkelreaktion genannt. Hierzu wird auch Wärme benötigt. Die beiden mit wertvoller Fracht beladenen Enzyme treffen in dieser zweiten »grünen Fabrikhalle« auf den Kohlenstoff, der von außen aus der Luft ins Blatt eingedrungen ist in Form von Kohlendioxid. Das eine Enzym entlädt an dieser Stelle seine Energie, damit das andere seinen Wasserstoff mit dem Kohlenstoff verbinden kann. Aus dieser Vereinigung entstehen dann Kohlenhydrate und Zucker.

Dieses kostbare Endprodukt eines komplizierten Umwandlungsprozesses braucht die Pflanze bei weiteren lebenswichtigen Vorgängen, zum Beispiel bei der »Atmung« und als Brennstoff bei allen biologischen Verbrennungsprozessen. Aus Zucker wird aber im Blatt unter anderem auch Stärke gebildet. Sie dient den Pflanzen, wenn sie reichlich erzeugt werden kann, nicht nur als tägliche Nahrung, sondern auch als Reserve für magere Zeiten. Stärke wird in Wurzeln und Knollen eingelagert wie in lebendige Vorratsbehälter. Was der Pflanze ein langes Leben sichern soll, ist aber auch den Menschen von Nutzen: Kartoffeln und Sellerieknollen zum Beispiel sind dank dieser »Sparkasse« der Natur besonders nahrhaft!

Assimilation und Dissimilation

Alle bisher beschriebenen Produktionsabläufe in der grünen Blattfabrik dienen der Aufnahme von lebenswichtigen Stoffen. Die Biologen nennen sie deshalb auch Assimilation,

LEBENSELEMENTE DER PFLANZEN

das bedeutet Aneignung oder Angleichung. Die Assimilation ist ein Aufbauprozess. In eine kurze Formel konzentriert, sieht der ganze komplizierte Vorgang so aus: Kohlendioxid + Wasser + Lichtenergie ergeben die Endprodukte Zucker und Sauerstoff.

Der umgekehrte Prozess wird Dissimilation genannt. Dies bedeutet Ausstoßung oder, chemisch betrachtet, die Umwandlung zusammengesetzter organischer Verbindungen in einfachere Verbindungen. Die Dissimilation ist also ein Abbauprozess. In unserer grünen Blattfabrik geht es dabei um den Abbau des selbst erzeugten Zuckers. Er besteht ja aus einer Kohlenstoffverbindung und wird als Brennstoff genutzt, so wie wir mit Kohlen heizen und Wärme erzeugen. Ein Feuer im Ofen brennt aber nur dann ordentlich, wenn es genügend Luft, das heißt Sauerstoff, bekommt. Auch die Pflanze braucht Sauerstoff, um ihren Zucker in Energie umzusetzen. Dabei gibt sie die frei werdende Kohlensäure nach außen ab. Da dieser Wechsel von Stoffen der Atmung von Menschen und Tieren ähnelt – Sauerstoff wird aufgenommen, Kohlensäure ausgeatmet –, nennt man diesen Prozess auch bei der Pflanze »Atmung«.

Zwei wichtige Unterschiede zwischen den beiden Fabrikationsbereichen Assimilation und Dissimilation sollten Sie sich merken: Die Assimilation mit der Photosynthese verbraucht Energie, die sie von außen, von der Sonne, bezieht. Sie ist abhängig vom Tageslicht. Nachts ruht die Arbeit in diesen »Werkstätten«. Bei der Dissimilation wird dagegen Tag und Nacht durchgehend produziert. Die Pflanze benutzt betriebseigene Stoffe, sie ist unabhängig. Außerdem erzeugt sie Energie. Diese ist ein Abbauprodukt, das bei der Umsetzung des Zuckers entsteht.

Ihre »hauseigene« Energie benötigt die Pflanze, um viele lebenswichtige Vorgänge in ihrem Organismus in Gang zu halten – so ähnlich, wie wir Strom benötigen, damit unsere Maschinen laufen. Dissimilation ist im Gegensatz zur Assimilation kein in sich geschlossener Produktionsablauf. Sie umfasst eine Fülle verschiedener Prozesse mit unterschiedlichen Endprodukten. Einige davon können sogar ohne Sauerstoff ablaufen. Solche »luftscheuen« Abbauprozesse sind zum Beispiel die Alkoholgärung und auch die Milchsäuregärung.

Mit den Augen des Biogärtners

Für einen praktischen Gärtner ist es aber von Bedeutung, wenigstens über die wichtigsten biochemischen Abläufe in seinen Pflanzen Bescheid zu wissen. Wenn es ihm zum Beispiel klar geworden ist, dass die grünen Gewächse für viele lebenswichtige Prozesse Sauerstoff benötigen, dann wird er viel leichter begreifen, dass Sauerstoffmangel schwere Schäden in seinen Kulturen hervorruft. Verdichtete Böden, zu enge Pflanzung, aber auch stickige Lagerräume behindern die Arbeit in den grünen Produktionsstätten. Denn sogar eingekellerte Möhren, Kohlköpfe und Wintersalate sind keineswegs »tote Ware«. Ihr Stoffwechsel arbeitet immer noch, wenn auch sehr reduziert. Und dazu braucht er Luft und Sauerstoff!

Ohne Wasser kein Leben

Wir haben nun einen Blick mit Elektronenaugen tief hinein in die innersten Bereiche des Pflanzenlebens geworfen. Von den Wurzeln in der feuchten, dunklen Erde bis hinauf zu den grünen Blättern, in denen die »goldenen Sonnenmotoren« laufen. Alle Arbeitsgänge und alle Produkte, die wir in diesen phantastisch funktionierenden Pflanzenwerkstätten kennen lernten, sind abhängig von einem lebenswichtigen Urstoff: vom Wasser. Ohne Wasser gibt es kein Leben auf dieser Welt. Ohne dieses besondere flüssige Element würde auch der ganze komplizierte Apparat der Pflanzen zusammenbrechen. Denn Wasser löst die Nährstoffe in der Erde. Es drängt durch die Poren der Wurzelhaut, steigt aufwärts und kreist durch die grünen Adern der Pflanzen, um Stickstoff, Kali, Phos-

■ Jeden Morgen geht die Sonne auf. Sie liefert täglich aufs Neue die Energie, die für die Arbeit in der »grünen Blattfabrik« der Pflanzen benötigt wird.

Die Grundlagen

phor und Spurenelemente zu den Zellen zu bringen. Wasser wird in den Blättern chemisch gespalten, um neue Bausteine des Lebens bilden zu können. Wasser transportiert schließlich auf dem umgekehrten Weg, zurück in die Tiefe, diejenigen Nährstoffe, die im oberirdischen Pflanzenkörper erzeugt werden. Zwei große Ströme steigen ständig auf und nieder in den lebendigen Gewächsen.

Aber das kostbare Nass ist nicht ungefährdet – es verdunstet. Die Pflanzen schwitzen täglich große Mengen Wasser aus. Bei starker Hitze kann dies gefährlich werden. Dann hängen die Blätter schlaff herunter, in den »grünen Werkshallen« läuft die Produktion »auf Sparflamme«. Wassernachschub ist in solchen Stunden lebenswichtig, sonst vertrocknen die Blätter und ihre feinen, komplizierten Anlagen sind für immer zerstört. Ähnliche Katastrophen können auch im Wurzelbereich geschehen.

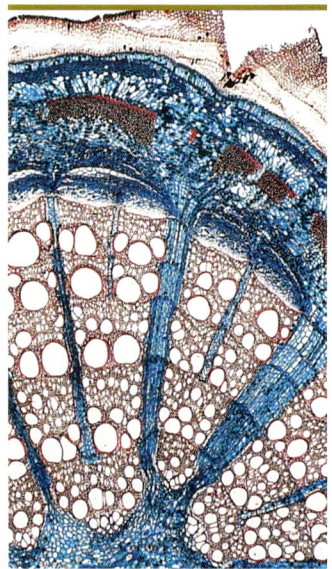

■ Der Querschnitt durch den Stängel einer Pfeifenblume zeigt Gefäße und Leitbahnen.

Die Wasserpumpen der Natur

Der ununterbrochene Kreislauf des Wassers beginnt im Boden, es steigt durch die Leitungssysteme der Pflanzen in die Blätter und entweicht dort zum Teil als Wasserdampf in die Atmosphäre. Als Regenwasser kehrt es später zurück in den Boden. Dieser geschlossene Kreis ist ein technisches und biologisches Meisterwerk der Natur. Denn das Wasser muss ja von den Wurzeln bis zu den höchsten Baumkronen – entgegen der Schwerkraft – hochsteigen. Da es im Boden keine künstlichen Pumpstationen gibt, müssen die Gewächse ihre eigenen Wasserpumpen besitzen. Der Druck, der die Flüssigkeit hochtreibt, wird durch zwei unterschiedliche Kräfte ausgeübt: durch die Osmose und durch die kapillaren Kräfte. In beiden Fällen wird Wasser an- und hochgesaugt.

Bei der **Osmose** geschieht dies von Zelle zu Zelle. Die Membranen der Zellwände sind so beschaffen, dass die Zuckerlösung im Inneren nicht herausdringen kann. Das Wasser, das von außen an die poröse Wand drängt, kann aber die feinen Öffnungen durchdringen. »Schuld« an diesen ungleichen Verhältnissen sind die verschieden großen Moleküle der Stoffe.

Die Zuckerlösung in der Zelle saugt nun das Wasser so lange an, bis sie gesättigt und die Zelle so prall gefüllt ist mit Flüssigkeit, dass die Wand nicht mehr nachgeben kann. Der optimale osmotische Druckausgleich ist erreicht.

Der Innendruck, den die flüssige Zellfüllung auf die gespannte Zellwand ausübt, wird von den Wissenschaftlern Turgor (lateinisch: Schwellung) genannt. Dieser Turgor sorgt dafür, dass sich Stängel und Blätter fest anfühlen und dass sie straff aufgerichtet sind. Hängen die Blätter dagegen schlaff herunter und knicken die Stängel, so stimmt etwas mit der Wasserversorgung nicht. Die Zellen warten dringend darauf, daß die Wurzeln flüssigen Nachschub besorgen. Im Inneren des Pflanzenkörpers wird das Wasser mit Hilfe der Osmose von Zelle zu Zelle aufgesaugt. Am Ende der Kette – im letzten Blatt einer Stangenbohne zum Beispiel – ist die Saugkraft am größten. So gelangt der Säftestrom langsam, aber beständig bis zu den äußersten Spitzen der Pflanzen.

Die zweite Kraft, die das Wasser nach oben zieht, ist die **kapillare Kraft**. Flüssigkeit steigt in Röhren hoch; je enger der Durchlass, desto höher klettert sie. Ähnlich wie Tinte auf einem Löschblatt breitet sich so das Wasser in den Pflanzen bis in die feinsten Haarröhrchen (capillum = Haar) aus. Damit das Wasser überall hingelangen kann, besitzen die Pflanzen weit verzweigte Leitungssysteme, die wie Röhren von den Wurzeln über Stängel und Stämme bis zum letzten Blatt reichen. Dies ist ein ähnlich lebendiges Netzwerk wie die Adern, die die Körper von Menschen und Tieren durchziehen. Nur fließt statt Blut Wasser durch die Pflanze.

Wenn Pflanzen schwitzen

Ein zweites System von feinen Kanälen führt zur Außenhaut der Blätter. Es sind Luftleitungen, durch die überschüssiges Wasser aus dem grünen Gewebe austreten kann. Die Pflanze transpiriert. Winzig kleine Spalten oder »Münder« an der Blattunterseite öffnen und schließen sich automatisch. Stehen Stängel und Blätter unter starkem Wasserdruck, so kann der Überfluss nach außen verdunsten. Bei Wassermangel werden »die Luken dichtgemacht«, damit die Pflanzen nicht vertrocknen. Dieser Mechanismus funktioniert aber nicht hundertprozentig. Denn durch die kleinen Spalten nimmt die Pflanze ja auch Kohlendioxid von außen auf. Sie kann diese Öffnungen also nur zeitweise »verriegeln«.

Durch die **Transpiration** und die gleichzeitige Verringerung des Wasserstandes im Inneren

LEBENSELEMENTE DER PFLANZEN

der Pflanze entsteht ein Sog, der wieder neue Flüssigkeit nach oben zieht. Das Schwitzen hängt bei den grünen Gewächsen ähnlich wie bei den Menschen mit warmer, trockener Außentemperatur und Verdunstung zusammen. Wenn die Luft um sie herum an feuchten Tagen mit Wasserdampf gesättigt ist, kann die Pflanze nicht schwitzen. Damit ihr Säftestrom aber weiter zirkuliert und auch ständig erneuert und mit Nährstoffen beladen wird, greift sie zur Notlösung »**Guttation**«. Das ist eine Ausscheidung von Wassertropfen durch Drüsen an den Blatträndern. Sie kann nur durch den hohen Druck möglich gemacht werden, der im Flüssigkeitshaushalt der Pflanzen herrscht. Unter besonders hohem Saftdruck stehen auch viele Gehölze im Frühling, wenn »die Säfte steigen«. Wer um diese Zeit zum Beispiel einen Birkenast abschneidet, dem quillt die Flüssigkeit stoßartig heftig entgegen. Man sagt dann: Der Baum blutet.

Der ständige Wasseraustausch einer Pflanze mit ihrer Umwelt ist ein gewaltiges Unternehmen, das ganz wesentlich zur Erhaltung des Lebens auf der Erde beiträgt. Bäume sind dafür die anschaulichsten Beispiele. Eine Birke verdunstet 60–70 Liter, an einem heißen und trockenen Tag bis zu 400 Liter Wasser in die Atmosphäre. Wälder haben einen »Umsatz« von Millionen Liter Flüssigkeit, die aus dem Boden gepumpt und dann zum Teil wieder an die Luft abgegeben werden. Diese Feuchtigkeit steigt auf, bildet am Himmel Wolken und fällt irgendwann wieder als Regen herunter auf die Erde. Es sind die Pflanzen selber, die dafür sorgen, dass das lebendige Nass nicht ausbleibt und dass es im Boden nicht überhand nimmt. Nur ein Viertel der Regenmenge auf der Erde entsteht durch die Verdunstung der Meere. Drei Viertel des Niederschlages sind ein Erzeugnis der grünen Pflanzen.

So greifen alle wichtigen Lebensprozesse wie Glieder einer Kette ineinander. Immer wieder schließen sich die lebendigen Kreisläufe. Jedenfalls solange der Mensch nicht in blindem Egoismus in dieses feine Räderwerk greift und den eingespielten Mechanismus stört. Dann geschieht, was Lehane beschwörend beschreibt: »Entwaldetes Land besitzt keine Stimme, mit der es nach Wasser rufen könnte. Die Wolken ziehen darüber hinweg und bewahren den Regen für andere, grünere Gebiete.«

Für den Biogärtner, der ja auch ein Pflanzen- und Umweltschützer ist, bedeutet das Wissen um die innersten Zusammenhänge eine große Hilfe für viele praktische Entscheidungen. Wässern und düngen, die Sorge für einen luftigen Standort und die Auswahl richtiger Lichtverhältnisse – alle diese alltäglichen Überlegungen und Handgriffe im Garten wird er nun mit anderen Augen betrachten und mit wacherem Bewusstsein ausführen. Wer weiß, wie die lebendigen Prozesse ablaufen, wer staunend erkennt, wie kompliziert sie ineinander greifen, der wird sich hüten, mit groben Maßnahmen feine Netze zu zerreißen. Ein Gärtner, der in seinem grünen Reich nicht nur wohlgefällig die pralle Oberfläche seiner Salatblätter betrachtet, sondern gleichsam hindurchsieht und erfasst, was sich »unter der Haut« abspielt, ein solcher Gärtner wird erst zu einem echten »Grünen«. Er bleibt sein Leben lang ein aufmerksamer Lehrling der Natur.

Sie schlägt ihm das Buch der chemischen, physikalischen und biologischen Gesetze auf, die zwischen Himmel und Erde gültig sind. Nirgends kann er mehr lernen als in diesem strengen Unterricht, der doch die ganze bunte Fülle des Lebens vor ihm ausbreitet. Wer Augen hat zu sehen, der sehe!

■ Bei hoher Luftfeuchtigkeit werden Wassertropfen an den Blatträndern des Frauenmantels ausgeschieden. Diesen Vorgang nennt man Guttation.

Die Grundlagen

KEIN KRIEG IM GARTEN

■ Oben: Wovon sollte der Hausrotschwanz leben, wenn alle »Schädlinge ausgerottet« würden? Läuse und Raupen dienen ihm und seinen Jungen als Nahrung.
■ Unten: Nur der Gärtner kennt »schädliche Falter«. Im ökologischen Netzwerk erfüllt auch der Kohlweißling nützliche Aufgaben, er bestäubt zum Beispiel Blüten.

Aus Schädlingen wird man klug

In der Natur scheidet niemand die lebenden Wesen in »gut« und »böse«. Jede Pflanze, jede Mikrobe, jedes Tier hat seinen Platz und seine Aufgabe. Alles, was lebt, versucht ständig, sich zu ernähren, zu vermehren und möglichst lange zu behaupten. Stets werden die Schwächeren, die Unvorsichtigen, die weniger Angepassten als Erste beiseite gedrängt oder aufgefressen. So sorgt die Natur in einem beständigen Wechselspiel zwischen Leben und Tod dafür, dass das Gleichgewicht zwischen ihren Geschöpfen erhalten bleibt.

Wie sollte sonst das unvorstellbar reiche Leben in unberührten Urwäldern oder weiten Steppenlandschaften funktionieren? Diese großen natürlichen Lebensräume erhalten sich selbst. Kein ordnender Eingriff von außen ist nötig. Schäden können hier nur Naturkatastrophen oder Menschen anrichten.

Die Behauptung, dass eine Blattlaus oder ein Kohlweißling ein »Schädling« sei, stammt ebenfalls vom Menschen. Nur in seinen Augen, an seinen egoistischen Interessen gemessen, richtet da ein »Mitbewohner« seines Gartens Schaden an. Weil ein Gärtner nicht mehr so viele große unversehrte Kohlköpfe ernten kann, wie er sich ausgerechnet hat – weil seine Rosen für einen Liebesgruß nicht mehr so makellos schön sind, wie er es sich wünscht –, deshalb sagt er: Du schadest mir! Mein Tisch ist nicht für ungebetene Mitesser gedeckt. Weg mit dir!

Natürlich haben Gärtner und Bauern einen berechtigten Anspruch darauf, die Erzeugnisse ihrer Mühen auch selber zu ernten. Sie bauen Obst und Gemüse an, weil sie sich selbst, ihre Familien und eine große Zahl anderer Menschen von diesen Früchten der Erde ernähren wollen. Es besteht ein wesentlicher Unterschied zwischen wildem Wachstum in der freien Natur und den »gezähmten« Kulturen auf dem Acker und im Garten. Die kultivierten Nutz-Pflanzen sollen größer, gesünder und ertragreicher sein als ihre wilden Vorfahren in Wäldern und Wiesen. Deshalb müssen sie auf gute Eigenschaften gezüchtet, gedüngt und gewässert werden. Der Mensch bietet ihnen möglichst vorteilhafte Lebensbedingungen an, damit sie zu seinem Nutzen üppig gedeihen.

Jeder Garten und jeder Acker ist eine »künstliche«, eine kultivierte Welt. Das freie Wechselspiel der Natur wird hier in Grenzen gehalten. Die ordnende Hand des »Kultivators« greift immer wieder ein und lenkt die Entwicklung der Pflanzen in seinem Sinne. Die wichtigste Frage lautet dabei: Bleibt der »Herr des Gartens« dennoch ein »Diener der Natur«? Solange der Gärtner die Gesetze der großen natürlichen Lebensgemeinschaft achtet, von der auch der Mensch mit all seinen Bemühungen nur ein Teil ist, so lange bleibt auch in seinem Garten ein Gleichgewicht der Kräfte erhalten. Es herrscht keine Wildnis, aber auch nicht die strenge Ordnung eines Exerzierplatzes. In einem solchen naturgemäßen oder biologischen Garten wird es immer eine begrenzte Zahl von »Schädlingen« geben. Aber sie werden nie zur Plage. Sie nagen ja nicht nur die gehegten Früchte und Blumen an; viele kleine Tiere – von der lästigen Schnecke bis zur emsigen Ameise – gehören zur Gesundheitspolizei im Grünen. Sie beseitigen, was schwach und krank ist, und sorgen dafür, dass Verwesendes nicht lange liegen bleibt. Derjenige Gärtner, der die lebendigen Zeichen der Natur richtig zu deuten weiß, wird sogar aus Schädlingen klüger. Sie zeigen ihm nämlich, wo sie plötzlich in Scharen auftauchen, dass er irgendetwas falsch gemacht hat. Anstatt zu schimpfen und zu spritzen, sollte er zuerst einmal nachdenken, ob er den kleinen Mitessern nicht sogar selbst das Gartentor geöffnet hat. Der bekannte Experte Sir Albert

KEIN KRIEG IM GARTEN

Howard war jedenfalls davon überzeugt, dass Schädlinge seine »landwirtschaftlichen Professoren« waren!

Für einen Biogärtner bleiben immer die Zusammenhänge wichtig: Wo Läuse, Raupen oder Milben völlig vertrieben werden, fällt ein Glied in der Nahrungskette der vielen anderen Lebewesen aus. Meisen, Marienkäfer und Raubmilben, die natürlichen Feinde der »Schädlinge«, leiden Hunger und können nicht genügend Nachkommen ernähren. In diesem Sinne wird der »Schädling« plötzlich zum »Nützling«. Er ist ein Teil des unsichtbaren Netzwerkes, das alle Lebewesen miteinander verbindet und voneinander abhängig macht. Wo diese Verflechtungen zerschlagen werden, sind unübersehbare Kettenreaktionen die Folge. In einem Biogarten sind »Schädlinge« deshalb ganz einfach Lebewesen, die man zwar in Grenzen halten, aber keineswegs »bekämpfen« und »ausrotten« muss. In erträglichem Rahmen müssen sie sogar ihre Rolle im großen Gartenspiel behalten. Doch dies ist kein Kampfspiel. Der Biogärtner will keinen Krieg in seinem friedlichen Reich. Er sieht die Gegensätze der Interessen mit anderen Augen an. Auf seine Weise überträgt er so die Gesetze der Natur auf ein Stück kultiviertes Land.

Starke Pflanzen überleben

In einem naturgemäßen Garten wird das Schädlingsproblem vorwiegend durch positive Maßnahmen gelöst: Alle Nützlinge werden gefördert. Sie helfen mit, Krankheiten und »Mitesser« in Grenzen zu halten. Es ist eine alte Erfahrung, dass die meisten Schädlinge Schwächeparasiten sind. Sie befallen zuerst diejenigen Pflanzen, die Wachstumsstörungen aufweisen. Vorbeugend wählt der Biogärtner deshalb Sorten aus, die zu seinem Klima und zu seinen Bodenverhältnissen passen. Richtige Pflanzabstände, genügend Licht, Luft, Wasser und Dünger gehören ebenfalls zu den wichtigen Voraussetzungen für gesundes, kraftvolles Wachstum. Mischkulturen machen es vielen Schädlingen schwer, Fuß zu fassen, weil sie ihre »Spezialitäten« darin mühsam suchen müssen. Eine sinnvolle Bodenpflege mit Kompost und Mulchdecken fördert ganz besonders die Gesundheit der Pflanzen und damit ihre Abwehrkräfte.

Umgekehrt nimmt die Schädlingsgefahr überall dort gefährliche Ausmaße an, wo die Anbaumethoden sich am weitesten von allen natürlichen Voraussetzungen entfernt haben. Riesige Monokulturen, wie sie für den modernen Ackerbau typisch sind, bieten speziellen Schädlingen beste Vermehrungsmöglichkeiten. Vor ihnen breitet sich ja oft kilometerweit ein Schlaraffenland aus. Ihre natürlichen Feinde haben dort entweder keine Lebensgrundlage, oder sie werden bei Spritzungen mit chemischen Insektiziden zusammen mit den Schädlingen vernichtet.

Der nächste Akt in dieser ländlichen Tragödie wird beherrscht von den resistenten Rassen. Die Stärksten haben – wie überall in der Natur – überlebt. Sie werden immun gegen die bisher benutzten Gifte. Intensivere Mittel müssen erfunden und auch angewendet werden. Der mörderische Teufelskreis dreht sich endlos weiter. Denn bisher ist es noch niemals gelungen, einen der winzigen Feinde wirklich auszurotten. Eher kann es geschehen, dass die »Kampfmittel« wie ein Bumerang zurückschlagen und denjenigen treffen, der sie einsetzte. So mussten – nach einem Bericht von O. Hitschfeld – in kalifornischen Obstplantagen die Farmer zur Blütezeit mit Pollenpistolen losziehen, um die Arbeit von Hummeln und Bienen zu übernehmen. Denn alle diese nützlichen Insekten, die für die Bestäubung im wohl durchdachten System der Natur eingesetzt werden, waren längst totgespritzt. Was gegen die Schädlinge gerichtet war, traf noch viel härter die Nützlinge.

Wehrlos gegen Schädlinge werden Pflanzen oft auch durch übertriebene Düngung. Riesige Gewächse mit aufgeschwemmtem Gewebe

■ »Schädlinge« sind Schwächeparasiten! Gesunde Pflanzen, die unter naturgemäßen Bedingungen aufwachsen, sind kraftvoll und weniger anfällig.

Die Grundlagen

bringen zwar viele Pfunde auf die Waage, aber keine gute Kondition. Ähnlich wie allzu reichlich ernährte Wohlstandsbürger sind sie anfällig für Krankheiten. Denn groß und dick bedeutet keineswegs gesund und stark – weder beim Menschen noch beim Kohlkopf!

Für den privaten Gärtner stellt sich das Schädlingsproblem von vornherein viel einfacher dar als für den Bauern, der möglichst viel verkaufen muss. Dieser muss sich dabei oft genug nach äußerlichen Merkmalen richten, weil der kurzsichtige Konsument es leider immer noch so wünscht. Im Garten dagegen dürfen die Kohlköpfe ruhig eine Nummer kleiner und die Äpfel ein wenig unregelmäßig gewachsen sein. Wenn sie dafür wohlschmeckend, gesund und giftfrei geerntet werden, so ist das allemal ein Gewinn!

Unkraut – ein großes Missverständnis

Wo jeder »Schädling« seine guten Seiten hat, da kann auch das »Unkraut« kein Teufelszeug sein. Im Gegenteil: Es gehört zu den nützlichsten Pflanzen, die im Garten wachsen! Und es bietet sogar alle seine guten Eigenschaften umsonst an. Bei Licht betrachtet: Es gibt überhaupt kein Unkraut. Es gibt nur Wildkräuter. Und diese Kräuter aus den unerschöpflichen Beständen der Natur gedeihen nur dort, wo sie Bedingungen vorfinden, die ihnen behagen. Jeder Gärtner hat also das Un-Kraut, das er verdient!

Vor allem ordentliche Gartenfreunde, denen öfter der Rücken schmerzt vom mühsamen Unkrautjäten, werden jetzt vielleicht empört widersprechen. Welche guten Eigenschaften sollen denn Hahnenfuß und Löwenzahn haben? Sie verbergen mehr, als ihr bescheidenes Aussehen ahnen lässt! Viele Wildkräuter gehören zu den Heilpflanzen. Ihre wertvollen Inhaltsstoffe – zu denen auch Mineralstoffe gehören – kommen nicht nur den Medizinern, sondern auch dem Gartenboden zugute. Gemischte Unkräuter ergeben einen hervorragenden Kompost. Wer sie ausreißt und sie als Mulchdecke zwischen die Kulturpflanzen legt, der verbessert mit diesen wilden, kraftvollen Gewächsen den Boden.

Der grüne Zeigefinger

Einen wichtigen Dienst erweisen die Un-Kräuter dem Gärtner durch ihre Zeichensprache. Sie zeigen ihm allein durch ihre Anwesenheit und durch die Gesellschaft, in der sie auftauchen, wie sein Boden beschaffen ist. Man nennt diese Wildpflanzen deshalb auch Zeiger-Pflanzen. Wer mühsam die zäh verankerten Wurzeln des Hahnenfußes jätet, der sollte dies als Mahnung auffassen: Sein Boden neigt zu Staunässe und ist verdichtet. Hahnenfuß, Wucherblumen, Sauerampfer und Breitwegerich sind solche Zeiger, die schwere, undurchlässige Böden signalisieren. Sie raten dem Gärtner dringend dazu, seine Erde zu pflegen und den Humus zu verbessern.

Wo sich dagegen die leichte, grüne Decke der Vogelmiere ausbreitet, da darf der Gärtner zufrieden sein. Dieses Unkraut zeigt ihm, dass seine Gartenerde locker und humusreich ist.

Nährstoffreichen Boden und hohen Stickstoffgehalt verraten Ackersenf, Schwarzer Nachtschatten, Brennnesseln und Kletten-Labkraut.

Unkraut wächst also nicht zufällig. Manche dieser ungebärdigen Wildlinge gehören zu den Pionieren, die unbeirrt dort Land erobern, wo für zartere Naturen die Lebensbedingungen noch zu hart sind. Solche Pionierpflanzen sind zum Beispiel Löwenzahn, Gänsedistel und Greiskraut. Sie lockern mit ihren tief reichenden Wurzeln verhärtete Erde auf und holen noch aus tiefen Schichten Nährstoffe herauf.

Schädlinge gehören zur Gesundheitspolizei im Garten. Unkraut heilt gestörte Bodenverhältnisse. Von diesen ausgleichenden Eigenschaften wussten alle Bauerngenerationen, die ihre Felder ein Jahr lang brachliegen ließen. In dieser Zeit eroberten die Wildkräuter den Boden zurück. Sie regenerierten ihn durch ihre vielfältigen Ausscheidungen. Sie sammelten Stickstoff und andere Nährstoffe. Sie durchwurzelten die Erde und hinterließen einen krümeligen, luftigen Boden.

- Oben: Der blaue Gamander-Ehrenpreis wächst auf lockeren, stickstoffreichen Böden.
- Unten: Un-Kraut gibt dem Gärtner wertvolle »grüne Tipps«: Der Kriechende Hahnenfuß (Ranunculus repens) deutet auf schweren, nassen Boden hin.

KEIN KRIEG IM GARTEN

Reste dieses uralten selbsttätigen Heilungsprozesses spielen sich im Garten ab, wenn plötzlich – wie von Geisterhand verstreut – dieses oder jenes Unkraut auftaucht. In der Erde ruhen milliardenfache Samenvorräte. Aber dies ist eine »schlafende Reserve«. Es keimen immer nur diejenigen Kräuter, die mit untrüglichem Instinkt ihre Chance wittern. Sie tauchen auf, wenn ihre Stunde schlägt. Und sie verschwinden, wenn die Verhältnisse sich ändern.

Ein aufmerksamer Biogärtner wird deshalb beim Unkrautjäten nie schimpfen. Er wird beobachten, was da ungerufen auf seinen Beeten wächst, und er wird seine Schlussfolgerungen daraus ziehen. Denn er weiß: Plagen werden wilde Kräuter ihn nur, wenn er grobe Fehler macht. Auch Alwin Seifert, der Pionier des biologischen Gartenbaus, wusste dies: »Alte Märchenweisheit zeigt auf, was es mit den Unkräutern auf sich hat: Sie sind die wirklichen Gartenzwerge, die echten Heinzelmännchen. Wer zornig auf sie ist, wer ihnen mit Gift zu Leibe rückt, dem spielen sie einen Schabernack nach dem anderen. Wer mit ihnen im rechten Sinn umzugehen versteht, dem sind sie immer bereite, geduldige und treue Helfer und Heiler.«

André Voisin, Autor mehrerer Bücher über den Boden, nimmt vor den Wildkräutern im Geiste den Hut ab: »... bedauerlich, dass der Mensch so unhöflich ist, derartig wertvolle Kräuter als Unkräuter zu bezeichnen, deren höchst bemerkenswerte Eigenschaften wir jetzt allmählich entdecken.«

Gartenleben – möglichst – ohne Gift

Da für einen Biogärtner alle Lebewesen in seinem Garten zu einem großen, zusammenhängenden System gehören, wird er niemals Gewaltmaßnahmen ergreifen. Er ist einfach nicht naiv genug zu glauben, dass man »etwas gegen Läuse spritzen« kann, ohne gleichzeitig Millionen Unschuldige zu treffen und zu töten. Wer einen Garten im Sinne der Natur bearbeitet, der darf aber auch nicht zimperlich sein und beim Anblick einiger krabbelnder Tierchen gleich in Panik geraten. Er muss sich daran gewöhnen, dass sie dazugehören. Die kleine Springspinne, die schleimige Schnecke und die beißfreudige Ameise zählen ebenso zu seinen grünen Genossen wie die hübschen roten Marienkäfer, die jeder gern hat.

Im Grunde bilden sie alle eine verschworene Gemeinschaft, die das gleiche Feld beackert: Pflanzen, Tiere und Menschen. Wenn jeder seine Aufgabe erfüllt und sich an seinem Platz einordnet, funktioniert auch das Ganze. Es ist Sache des Gärtners, den Überblick zu behalten und die Abläufe so zu steuern, dass kein Lebewesen aus dem grünen Teamwork ausbricht. Geschieht dies dennoch – etwa bei einer Masseninvasion von Schädlingen oder Unkraut – so wird ein Biogärtner nicht erbost zurückschlagen. Er wird immer versuchen, möglichst ohne Gift und Kriegswerkzeuge auszukommen. Nur im äußersten Notfall ist, in streng begrenztem Rahmen, einmal eine härtere Maßnahme erlaubt.

Bei einer akuten Lungenentzündung muss der Arzt Penicillin spritzen; eine Tasse Kräutertee könnte in dieser gefährlichen Situation nicht schnell genug helfen, im Gegenteil, sie bedeutet sträflichen Leichtsinn. Bei einer gewöhnlichen Erkältung wäre die starke Medizin dagegen unangebracht. In diesem Fall genügt es völlig, die Abwehrkräfte des eigenen Körpers mit bewährten natürlichen Hausmitteln zu mobilisieren. Es schadet gar nichts, wenn der Schnupfen zwei Tage länger dauert. Der Mensch muss wieder lernen, den normalen Rhythmus der positiven und negativen Strömungen in seinem Körper zu akzeptieren. Er muss sie eine Zeit lang ertragen können. Ähnlich verhält es sich auch mit seinem Garten.

Die altmodische Tugend der Geduld gehört zu den wichtigsten Eigenschaften eines Biogärtners. Manchmal ist es wichtiger, zuerst einmal zu beobachten und nachzudenken, statt sofort zu handeln. Es wäre viel einfacher, auf den Knopf einer Spritze zu drücken und innerhalb von Minuten lästige Störenfriede zu vertreiben. Damit würde er zwar rein äußerlich fur Ruhe und Ordnung sorgen, aber es wäre die Ruhe eines Friedhofes. Die Ordnung der feinen ökologischen Zusammenhänge gerät durch solche Gewaltmaßnahmen durcheinander. Die Folgen sind viel schlimmer und weitreichender als eine vorübergehende Läuseplage. Deshalb sollte ein Biogärtner auch in schwierigen Situationen seinem Wahlspruch treu bleiben: Ich töte nicht, ich fördere das Leben.

■ Gute Nachbarschaft macht stark. Gemüse, Kräuter und Blumen bilden ein grünes Team, das sich gegenseitig hilft.

Die Grundlagen

GÄRTNERN MIT DER NATUR

Am Anfang steht das Umdenken

Wer sich dafür entscheidet, im Sinne der Natur zu gärtnern, der muss bereit sein, den Rücken gerade zu halten und Stehvermögen zu beweisen. Romantische grüne Träume, bestickt mit Rosen und Radieschen, genügen nicht. Es geht beim naturgemäßen Gärtnern um die Wirklichkeit und um das Herz aller Dinge. Wer Leben gewinnen will, der muss stark sein – auch im Paradiesgarten!

Dies sei nicht als Abschreckung gesagt; es ist eine Aufforderung, mutig und konsequent zu sein. Denn von heute auf morgen geschehen keine Wunder. Am Anfang steht das Umdenken. Wer biologisch gärtnern möchte, der sollte zu diesem Unternehmen ein volles und vorbehaltloses Ja sagen. Bevor er zur Hacke und zur Samentüte greift, muss er sich klar machen, worum es ihm geht. Es genügt nicht, gegen etwas zu sein. Die negative Definition – »Wir benutzen keine künstlichen Dünger und keine giftigen Spritzmittel« – reicht nicht aus. Die positive Zielsetzung ist viel wichtiger: Wir arbeiten mit der Natur und mit allen modernen Erkenntnissen, die uns auf diesem Gebiet weiterführen. Bodenpflege, Kompost, Mulchen, organische Düngung, Mischkulturen und die Einbeziehung aller nützlichen Helfer aus dem Tier- und Pflanzenreich gehören zu den Schwerpunkten im biologischen Gartenprogramm.

Aber diese Begriffe dürfen keine Schlagworte bleiben. Wer damit arbeiten will, der muss sehr genau wissen, was damit gemeint ist. Das Gärtnern nach der Natur erfordert zuerst ein Grundwissen und dann die Bereitschaft, ständig zu beobachten, zu lernen und neue Erkenntnisse hinzuzugewinnen. Wer nur oberflächlich einige biologische Mittel ausprobieren möchte, der wird es nicht weit bringen. Natürlich wirken die Brennnesseljauche als nahrhafter Flüssigdünger oder die Bierfallen gegen Schnecken auch im »normalen Garten«. Aber danach hat er sich noch lange nicht in einen wirklichen Biogarten verwandelt. Auf Dauer erfolgreich kann nur das gesamte, vielfach verflochtene ökologische System sein. Die Natur braucht konsequente Partner!

Dies ist der Grund, warum am Anfang dieses Buches der Leser und Gärtner zuerst in die Geheimnisse des Boden- und Pflanzenlebens eingeführt wird, ehe die ersten Schritte in die Praxis getan werden. Wer es zur Meisterschaft bringen will, der muss mit der Lehre anfangen. Wissen und Erfahrung gewinnt man stufenweise – auch im Garten.

Nehmen Sie deshalb die kleine Mühe dieses kurzen »grünen Studiums« auf sich. Es wird Ihnen viele Enttäuschungen, die aus Unwissenheit entstehen, ersparen. Sie werden auch bald merken, dass die Wissenschaft von der Erde und den Pflanzen spannender sein kann als jeder Krimi!

Wenn der Garten »ausflippt« – die Schwierigkeiten der Umstellung

Bei allem guten Willen: Es ist nicht ganz einfach, einen Garten auf naturgemäße Metho-

■ Geduld ist eine der Haupttugenden, die ein Gärtner bei der Umstellung auf biologische Methoden benötigt. Nur wer konsequent bleibt, wird das lebendige Gleichgewicht zwischen Boden, Pflanzen und Tieren erreichen.

GÄRTNERN MIT DER NATUR

den umzustellen. Die viel gepriesene – und unzählige Male bewiesene – Harmonie zwischen Boden, Pflanzen und Tieren stellt sich nicht sofort ein. Zunächst müssen die wichtigsten Voraussetzungen für die Gesundung der Erde und des begrenzten grünen Lebensraums geschaffen werden. Es braucht Zeit, bis der erste Kompost herangereift ist und im Garten verteilt werden kann. Es braucht auch Zeit, bis er seine heilsamen und belebenden Wirkungen auf den Boden entfaltet. Auch viele Nützlinge können erst heimisch werden, wenn Hecken wachsen, Wildkräuter blühen und Feuchtbiotope entstehen. Deshalb muss ein zukünftiger Biogärtner sich nicht nur mit grünem Wissen, sondern auch mit Geduld wappnen. Er muss zum Beispiel einmal zusehen können, wie eine Läuseplage seinen Kirschbaum peinigt – auch wenn ihm das Herz blutet und es ihm in den Fingern zuckt, zur nächsten Spritze zu greifen.

Er muss sich auch vom gewohnten Gedanken des »ordentlichen« Gartens mit den blitzblank geharkten Flächen lösen. Die Mulchdecke, die für die Bodenpflege so wichtig ist, wird niemals so manierlich aussehen wie die »nackten« Beete. Selbst die heilige herbstliche Handlung, das Umgraben, sollte ein Biogärtner aus seinem Gewohnheitskatalog streichen. Anfangs wird ihm dies alles schwer fallen. Denn nichts ist für den Menschen schwieriger als das Denken in neuen Bahnen. Vor allem dann, wenn der Erfolg noch auf sich warten lässt. Zwei bis drei Jahre braucht ein Garten, bis die neuen Methoden wirksam werden. So lange muss der Gärtner konsequent und geduldig bleiben.

Wenn der Garten »ausflippt«, muss der Gärtner unbedingt die Ruhe bewahren. Es kann zu regelrechten »Entzugserscheinungen« kommen. Ähnlich wie der Körper eines starken Rauchers rebelliert, wenn ihm plötzlich die gewohnten Anregungen vorenthalten werden, kann auch ein Garten eine Zeit lang »aus dem Häuschen geraten«. Solche Entgleisungen pendeln sich aber wieder ein, wenn der Gärtner standhaft auf dem einmal eingeschlagenen Weg fortschreitet.

Wenn der liebe Nachbar spritzt …

An dieser Stelle taucht immer wieder die Frage auf: Kann ich denn meinen eigenen kleinen Garten wirklich biologisch bearbeiten, wenn meine Nachbarn ringsum weiter spritzen? Wenn die Gärten sehr nahe aneinanderstoßen, so sind die Probleme dieser ungleichen Nachbarschaft nicht von der Hand zu weisen. Die Situation wird zumindest schwieriger. Dennoch haben viele Beispiele aus der Praxis bewiesen, dass eine konsequente Anwendung der biologischen Methode einen Garten und seine Pflanzen so »stark machen«, dass sie sich gegen Widerwärtigkeiten durchzusetzen vermögen. Dies gilt auch für Umweltgifte, denen wir oft viel hilfloser ausgesetzt sind als menschlicher Nachbarschaft.

Man sollte also nichts unversucht lassen. Oft genug hat auch schon das positive Beispiel eines üppigen »Gartens ohne Gift« die Nachbarn dazu verlockt, es ebenfalls einmal »andersherum« zu versuchen. Und die Zahl derjenigen, die wieder gesund und natürlich leben möchten, wächst ständig. Vertrauen Sie darauf, dass das Bessere sich langsam, aber sicher durchsetzt!

Noch ein Gegenargument, das Biogärtnern den Mut zum Weitermachen nehmen könnte, soll hier ausgeräumt werden: »Die naturgemäßen Gärten machen ja viel mehr Arbeit!« Das stimmt einfach nicht. Die Gewichte verlagern sich nur. Und manche Mühe wird im Garten der Natur sogar viel leichter. Sie brauchen zum Beispiel nicht mehr umzugraben. Sobald das System der Bodenbedeckung sich eingespielt hat, wächst viel weniger Unkraut auf den Beeten. Es wird im Keim erstickt. Und die Erde unter der Mulchschicht ist so locker, dass sie sehr leicht bearbeitet werden kann. Zeit und körperlichen Einsatz verlangt natürlich der Kompost. Aber auch hier lässt sich vieles praktisch organisieren. Und das Ergebnis ist wirklich die Mühe wert.

Das Ziel heißt: biologisches Gleichgewicht

Das Ende des langen Weges führt nicht ins Paradies, aber in einen harmonischen irdischen Zustand: Der Garten lebt im biologischen Gleichgewicht. Dies bedeutet, dass sich Boden, Mikroorganismen, Pflanzen und Tiere in einem ausgewogenen Lebensverhältnis zueinander befinden. Ein großes, vielseitiges Zusammenspiel ist entstanden. Abbau und Aufbau, Gesundheit und Krankheit, Tod und Leben halten sich die Waage. Dieser Zustand ist deshalb natürlich, weil die Natur, wo immer sie frei waltet, um solche Ausgeglichenheit bemüht ist. Die Bäume wachsen eben nicht in den Himmel! Man könnte auch sagen, ein Garten, in dem sich das Leben naturgemäß abspielt, ist ein funktionierendes ökologisches System auf kleinstem Raum. Spätestens von diesem Zeitpunkt an wird es in einem Biogarten keine wirklichen Katastrophen, keine extremen Erscheinungen mehr geben.

Wenn ein Gärtner merkt, »es fängt an zu funktionieren«, dann braucht er mit Worten nicht mehr überzeugt zu werden. Er hat mit all seinen Sinnen erfahren: Es geht – der Biogarten ist kein Traum, er ist blühende Wirklichkeit. Der Gärtner ist der Natur auf die Spur gekommen, er geht mit ihr im Gleichschritt.

Aber dies ist eine Erfahrung, die jeder »am eigenen Leib« und im eigenen Garten machen muss. Sie vermittelt jenes tiefe, dauerhafte Glücksgefühl, das die Chinesen schon in alten Zeiten über alles priesen:

»… und willst du ein Leben lang glücklich sein, so werde Gärtner.«

Die Grundlagen

DAS ERGEBNIS

Ein Garten ohne Ängste

Bis hierher haben wir uns vor Augen geführt, was in einem Biogarten geschieht. Wir haben uns die allgemein gültigen Gesetze der Natur klar gemacht, nach denen sich das Boden- und das Pflanzenleben abspielen. Daraus haben wir die wichtigsten Konsequenzen abgeleitet für einen Gärtner, der naturgemäß arbeiten möchte. Im Großen und Ganzen wurde dabei deutlich, wie das Prinzip des Biogartens funktioniert. Was aber ist das Ergebnis aller Mühen und Freuden? Welche ganz konkreten handgreiflichen Vorteile hat dieser »Beinahe-Paradiesgarten« uns Menschen zu bieten?

Nun können wir endlich den ersten Schritt in den Alltag und in die Praxis tun: Ein Biogärtner pflückt im Vorübergehen einen Apfel vom Baum, reibt ihn an seiner Jacke ab und gibt ihn seinem Kind. Er braucht dabei nicht nachzurechnen, wann er das letzte Mal Gift gespritzt hat, und zu bangen, ob die Wartezeit schon abgelaufen ist. Er ist sicher: Dieser Apfel ist saftig, vitaminreich und gesund. Man braucht ihn nicht zu schälen. Sein Kind kann herzhaft hineinbeißen – die Frucht in seinen Händen hat nur gute Eigenschaften, keine gefährlichen Nebenwirkungen.

Der Biogarten ist ein Garten ohne Ängste. Niemand braucht sich hier vor direkten Giftspuren oder versteckten »Kampfmaßnahmen« zu fürchten. Haustiere können ungezwungen herumtollen und Kinder können alles anfassen und von allen Obstbäumen und Beerensträuchern naschen. Da in dieser friedlichen grünen Oase kein Krieg geführt wird, werden auch keine Aggressionen erzeugt. Man lauert sich nicht gegenseitig auf, um bei der nächsten Gelegenheit zuzuschlagen – man lebt nicht gegeneinander, sondern miteinander. Der Biogarten ist im weitesten und einfachsten Sinn ein pazifistischer Garten.

Natürlich ist dieser Zustand keine weltfremde Faulenzer-Idylle. Die Belastungen der Umwelt machen sich auch in jedem naturgemäßen Garten bemerkbar. Der Gärtner kann solchen Gefährdungen nicht ausweichen. Er kann nur seinen Garten »stark machen« und alle positiven Kräfte gegen negative Einflüsse mobilisieren. Seinem Stück Erde wird es dann ähnlich ergehen wie einem Menschen, der gesund lebt und sich abhärtet: Er ist wider-

■ In frisch gepflückte Bioäpfel dürfen Kinder unbesorgt hineinbeißen. Die Früchte sind gesund und enthalten keine schädlichen Rückstände.

DAS ERGEBNIS

standsfähiger. Ein gesunder Mensch kann ruhig bleiben, auch wenn es ringsum von Bazillen nur so wimmelt. Solange die Abwehrkräfte in seinem Körper ausreichen, wird er sich nicht infizieren!

Man sollte sich aber sehr nüchtern klar machen, dass sowohl die körperliche Gesundheit als auch der gesunde Garten immer das Ergebnis von Arbeit und Disziplin sind. Müßiggang macht weder stark noch glücklich. Deshalb ist die Freizeit, die ein Gärtner »im Schweiße seines Angesichts« beim Graben, Säen und Ernten verbringt, mit Sicherheit gut genutzte Zeit. Er vollbringt ein friedliches Werk, verrichtet eine sinnvolle Tätigkeit – für sich selbst und für die Gemeinschaft der Lebewesen.

Die Früchte der naturgemäßen Methode: Qualität, Aroma, Gesundheit

Immer noch werden die »Biologischen« bei vielen Gelegenheiten als Spinner und Träumer beiseite geschoben. Ihr Idealismus vielleicht noch in Ehren – aber was da in ihren Gärten wächst, kann doch mit modernen Erzeugnissen überhaupt nicht konkurrieren! Die seltsamsten Vorurteile machen die Runde: biologische Äpfel sind verschrumpelt, schorfig und wurmstichig. Die Kohlköpfe bleiben klein und unansehnlich. Die Ernteergebnisse lassen ganz allgemein zu wünschen übrig. Von all diesen verschrobenen und falschen Vorstellungen stimmt nur eines: Biologisch gezogenes Gemüse ist tatsächlich oft etwas kleiner als die umfangreichen Prachtstücke, die so mancher Gärtner, der kräftig mit Stickstoff düngt, mit vor Stolz geschwellter Brust präsentiert. Der Grund: Der Kohlkopf, der naturgemäß ernährt wurde, hat bis zu 23% weniger Wasser in seinem Gewebe. Er besitzt also mehr Substanz. Sein Minus an Gewicht bedeutet ein Plus an Qualität!

Handelsqualität nach äußeren Merkmalen

Diesen Begriff der Qualität müssen wir uns einmal genauer ansehen, um dem Wert biologischer Erzeugnisse wirklich gerecht zu werden. Die grundlegenden Forschungen auf diesem wichtigen Gebiet hat Prof. Werner Schuphan in der Bundesanstalt für Qualitätsforschung pflanzlicher Erzeugnisse in Geisenheim durchgeführt. Qualität ist ein schwer abzugrenzender Begriff, der unter ganz verschiedenen Gesichtspunkten betrachtet werden kann. Für einen hauptberuflichen Pflanzen-Erzeuger, für einen Bauern also, hat ein Kohlkopf eine gute Qualität, wenn er hohe Erträge bringt und am Markt gefragt ist.

Der Händler, der den Kohl weiterverkauft, beurteilt seine Qualität nach einem ansprechenden, möglichst makellosen Aussehen und danach, ob er sich gut hält, wenn er ein paar Tage im Laden liegt. Seine Ware wird offiziell in Handelsklassen eingeteilt. Größe, Form, Farbe und Fehlerfreiheit sind die Merkmale für die Beurteilung. Klasse I bedeutet also: groß, gut gefärbt, einwandfreie Oberfläche.

Der Verbraucher kauft meist mit den Augen und achtet dabei auf diese rein äußerlichen Merkmale. Die kosmetische Schönheit steht hoch im Kurs. Doch »wie's da drinnen aussieht«, fragt selten jemand. Die Hausfrau ahnt meist erst in der Küche, dass hinter der glänzenden Fassade oft »fauler Zauber« verborgen ist: Die Erdbeeren und Tomaten schmecken trotz ihres ansprechenden Erscheinungsbildes nach Wasser. Der Kohl riecht unangenehm aus dem Topf. Dem Salat fehlt es an Kraft und Saft. Da nur rein äußerliche Maßstäbe an die Handelsklassen angelegt werden, braucht man sich nicht über solche Mängel an geschmacklicher Qualität zu wundern. Schlimmer ist, dass oft auch die wichtigen Inhaltsstoffe wie Vitamine, Mineralstoffe und organische Säuren zu kurz kommen. Nach diesen Bestandteilen, die doch den eigentlichen Wert unserer Nahrung ausmachen, fragt nämlich keine Qualitätskontrolle.

Qualität mit »biologischem Wert«

Prof. Werner Schuphan hat versucht, ein neues Begriffssystem für die Beurteilung der Qualität unserer Nahrungspflanzen zu entwickeln. Danach sollten »äußere Beschaffenheit, Gebrauchswert und biologischer Wert« untersucht werden. Wer biologisch gärtnert oder den Wert biologisch angebauten Gemüses beurteilen will, der sollte Prof. Schuphans Definition des »biologischen Wertes« kennen: »Die Pflanze als biologisches System unterliegt **naturbedingten** Lebensprozessen, die fermentgesteuert nach biochemischen Regeln ablaufen. Dadurch wird – je nach möglichem Umwelteinfluss und düngungsbedingten Anbaumaßnahmen – die Bildung Wert gebender pflanzlicher Inhaltsstoffe, die für die Ernährung und Gesunderhaltung des Menschen notwendig sind, positiv oder negativ beeinflusst. Solche Inhaltsstoffe der Nahrungspflanze sind unter anderem Aminosäuren – insbesondere essentielle, die zum Aufbau von hochwertigem Eiweiß dienen –, Kohlenhydrate, Stoffwechsel regelnde organische Säuren, ebenso wirkende Geschmack gebende ätherische Öle, die aber auch antimikrobiell aktiv sind, Vitamine – insbesondere Vitamin C, das Provitamin A, Carotin –, Krebs hemmende Flavonoide, Mineralstoffe und Spurenelemente.

Diese Wert gebenden Stoffe und die in ihrer gesund erhaltenden Wirkung noch immer verkannten Rohfaser-Substanzen bedingen den Wert einer pflanzlichen oder pflanzenbetonten Kost. Sie kann zur Verhütung einer Reihe gefürchteter Zivilisationskrankheiten beitragen, wie umfangreiche Beobachtungen namhafter Ärzte während des Zweiten Weltkrieges in Deutschland und in der Schweiz sowie jüngste experimentell belegte britische Befunde beweisen konnten.

Die Grundlagen

Unser Begriff ›biologischer Wert‹ orientiert sich positiv an der Höhe der Gehalte Wert gebender pflanzlicher Inhaltsstoffe, aber auch negativ Wert mindernd an unerwünschten Naturstoffen und an oberirdisch oder unterirdisch aufgenommenen toxischen Fremdstoffen, zum Beispiel Pestiziden und Schwermetallen.«

In Prof. Schuphans Forschungsinstitut wurde in zahlreichen Versuchen festgestellt, dass Gemüse und Obst nach organischer Düngung eindeutig höhere Wertstoffgehalte aufwiesen als Vergleichspflanzen mit Mineraldüngung. Im Durchschnitt wurden 28 % mehr Vitamin C, 18 % höherer relativer Eiweißgehalt, 19 % mehr Zucker, 18 % mehr Kalium, 10 % mehr Calcium, 13 % mehr Phosphor und 77 % mehr Eisen gemessen. Biologisch angebauter Spinat enthielt dagegen 93 % weniger Nitrat und 12 % weniger Natrium. Schädliche Stoffe werden also durch den natürlichen Anbau zurückgedrängt.

Dies ist nur ein kleiner Einblick in die Arbeit wissenschaftlicher Forschung. Die Ergebnisse sind veröffentlicht und jedem zugänglich. Prof. Schuphan hat auf dem Gebiet der Qualitätsforschung Pionierarbeit geleistet. In der Zwischenzeit wurden weitere Untersuchungen von verschiedenen Stellen durchgeführt. Zum Teil haben sie die niedrigeren Nitratgehalte und die höheren Wertgehalte biologischer Früchte bestätigt; zum Teil versuchen sie das Gegenteil zu beweisen. Umfassende Untersuchungen nach einem allgemein anerkannten standardisierten wissenschaftlichen Verfahren gibt es leider noch nicht. Es ist nicht Aufgabe dieses Buches, in die aktuelle, zum Teil hitzige Diskussion einzusteigen. In diesem Kapitel soll der Leser und Gärtner nur in die grundsätzliche Problematik eingeführt werden. Wenn ihm klar geworden ist, welche Fragen wichtig sind, kann er weitere Entwicklungen aufmerksam und kritisch verfolgen. Anregungen dafür finden Sie in den Literaturhinweisen im Anhang ab Seite 397 und im Internet.

Entgegen einem weit verbreiteten Missverständnis fallen naturgemäß aufgezogene Gemüse- und Obsternten aber nicht nur durch ein positives »Innenleben« auf: Auch das äußere Erscheinungsbild der biologischen Gartenfrüchte kann sich durchaus sehen lassen. Wo die naturgemäßen Methoden sachkundig angewendet werden, da sehen Äpfel, Erdbeeren, Tomaten und Möhren rundherum ansehnlich aus. Sie sind gut gewachsen und haben keine Würmer oder Schadstellen – abgesehen von einem normalen Prozentsatz des Unvollkommenen, der immer mit einkalkuliert werden muss.

Aroma und Haltbarkeit

Eines der wichtigsten Kennzeichen naturgemäß angebauter Früchte ist aber ihr hervorragendes Aroma. Dieses Qualitätsmerkmal kann jeder testen. Man braucht dazu keine Laboratorien. Die Zunge eines unverdorbenen Feinschmeckers genügt völlig. Wer jemals in einem biologischen Garten einen Apfel vom Baum pflückte und sofort hineinbiss, der weiß, wie aromatisch, wie saftig, wie »vollmundig« eine solche Frucht schmeckt. Auffallend ist auch der Geschmacksunterschied bei Tomaten. Sie sind so würzig, dass mancher, der diese Freuden kaum noch kannte, spontan ausruft: »Das schmeckt wie früher!« Früher – das sind meist Erinnerungen an Großmutters Garten, in dem die biologische Methode noch die normale Methode war.

Mit Kartoffeln, Erdbeeren, knackigen Salatköpfen und vielen anderen Gartenfrüchten ließen sich diese Kostproben biologischer Feinschmeckerqualität noch lange fortsetzen. Für den Gärtner ist dabei vor allem wichtig zu wissen, dass sich die Sorgfalt seiner Bodenpflege direkt auf den Geschmack seiner Pflanzen auswirkt. Daran sollte er auch gelegentlich bei der Arbeit denken: Eines Tages wird ihm dann der Kompost – in verwandelter Gestalt – auf der Zunge zergehen.

Ein wichtiges Ergebnis aller gärtnerischen Mühen ist auch die gute Haltbarkeit biologischer Früchte. Dass man Kohlköpfe, Kartoffeln oder Äpfel, die weniger Wasser enthalten, länger lagern kann, erscheint auf den ersten Blick einleuchtend. Die Gefahr der Fäulnis ist von vornherein geringer.

Gesundheit aus dem Garten

Ein Biogärtner erntet in seinem privaten Paradies aber nicht nur handfeste irdische Erzeugnisse, die sich in Kilogramm wiegen und in Zentimetern messen lassen. Er trägt jeden Tag Gesundheit in seine Küche. Gemüse und Früchte, die er nach der naturgemäßen Methode angebaut hat, sind im weitesten Sinn Heilpflanzen. Die Gesundheit aus dem Garten beginnt schon damit, dass die Schalen mitgegessen werden. Dicht unter dieser natürlichen Haut der Früchte befinden sich oft die meisten Vitamine. Die harten Fasern der Schale gehören zu den wichtigsten Ballaststoffen, die der Darm für eine regelmäßige Tätigkeit braucht. Der allgemein höhere Gehalt an wertvollen Inhaltsstoffen ist geradezu eine verborgene Apotheke im Inneren der biologischen Gartenerzeugnisse. Wer regelmäßig solches Gemüse und solches Obst isst, der wird die positiven Auswirkungen einer gesunden Ernährung bald spüren. In einer Zeit, in der Wohlstandskrankheiten zum Alltag gehören, in der Arzneimittel zum täglichen Brot geworden sind, klingt dies fast wie ein Märchen aus alter Zeit: Es führt ein direkter Weg vom gesunden Garten zum gesunden Menschen. Jeder kann auf dieser Straße zum Ziel kommen. Sie ist nicht bequem, aber zuverlässig. Als Wegzehrung für unterwegs sollten Sie nur ein wenig Mut zum Umdenken mitbringen, ein offenes Herz und offene Augen, die nicht durch Vorurteile getrübt sind, und die Bereitschaft zuzupacken. Denn ohne Arbeit gewinnt niemand das Paradies zurück.

Fangen wir also an – mit der Praxis.

DAS ERGEBNIS 45

■ Wenn im Herbst der ganze Überfluss eines Gartenjahres reift, kann die Ernte nicht sofort aufgegessen werden. Kartoffeln, Kohl und andere Gemüse dienen dann auch als Wintervorräte.

Die Praxis

Seite 48 ➟ Der Kompost

Seite 61 ➟ Mulchen und Flächenkompostierung

Seite 66 ➟ Nie mehr umgraben

Seite 68 ➟ Die Düngung im naturgemäßen Garten

Seite 84 ➟ Fruchtwechsel und Mischkulturen

Seite 93 ➟ Fruchtbare Hügelbeete

Seite 98 ➟ Tiere als Helfer im Garten

Seite 106 ➟ Pflanzen als Helfer im Garten

Seite 110 ➟ Biologische Mittel zur Schädlingsabwehr

Seite 138 ➟ Vorbeugen ist besser als spritzen

Seite 140 ➟ Der integrierte Pflanzenschutz

Seite 141 ➟ Biologisch für Fortgeschrittene

Seite 145 ➟ Verschiedene biologische Methoden

Die Praxis

DER KOMPOST

Eine Brutstätte neuen Lebens

Der Kompost ist das Herz jedes Biogartens. Oder weniger poetisch ausgedrückt: Der Kompost ist der Bauch des Gartens. In seinen Eingeweiden werden die »Abfälle«, die der Gärtner im Lauf des Jahres sammelt, verdaut und umgesetzt. Dabei entstehen neue humusreiche Stoffe, die die Gartenerde »ernähren« sollen.

Der Kompost ist ein Ort der Verwesung, aber er ist kein Friedhof. Alles Lebendige besteht in seinen festen, sichtbaren Formen nur eine begrenzte Zeit. Die Rosen des Sommers verwelken. Die duftenden Blätter, die ein paar Tage lang das Kunstwerk einer Blüte bildeten, lösen sich und fallen zu Boden. Das letzte Feuerwerk der bunten Astern zerschlägt der Herbstregen. Die späten Chrysanthemen verbrennen unter der eisigen Berührung einer Frostnacht. Mit scharfem Messer trennt der Gärtner das zierliche Laub von seinen Möhren. Vom Salat und vom Wirsingkohl löst er die harten äußeren Blätter ab. Alle diese Reste eines sommerlangen, üppigen Pflanzenlebens treten ihre letzte Reise zum Kompostplatz an.

Aber dort findet keine Beerdigung statt. Der Biogärtner trifft hier alle Vorbereitungen für die Umwandlung des Vergehenden in neue Formen des Lebens. Die Kompostierung ist eine Auferstehung, die sich unmerklich und leise vor unseren Augen vollzieht. Bunte Erscheinungsbilder und feste Strukturen lösen sich auf. Aber sie verschwinden nicht in einem wesenlosen Nichts. Sie zerfallen in winzige Bausteine, aus denen dann im unendlichen Wechselspiel der Natur andere Gestalten zusammengesetzt werden. Aus den Resten eines vergangenen Gartenjahres wächst neue Erde für die Fruchtbarkeit kommender Jahreszeiten. Grüne Blätter und bunte Blüten wandeln sich in braunen Humus. Wo immer der Gärtner diese Komposterde seinen Pflanzen zu Füßen legt, da entsteht aus der Vergänglichkeit neues blühendes Leben.

Wer die schöpferische Kunst des Kompostierens erlernen will, der sollte sich immer wieder vor Augen halten, dass der »Kreislauf der Stoffe« kein mechanischer Ablauf, sondern ein Wunder des Lebens ist. Der lang gestreckte braune Hügel bildet einen warmen, atmenden Organismus, in dem sich – ähnlich wie in einem Körper – eine Fülle komplizierter Prozesse abspielt. R. H. Francé hat sein ehrfürchtiges Staunen vor diesem ewigen »Stirb und Werde« schon vor Jahrzehnten anschaulich beschrieben:
»Der tote Körper wird so der Erde wieder nutzbar gemacht; er wird zurückgeführt in den Kreislauf der Stoffe, und nicht ein Quäntchen von ihm geht verloren. Nach einiger Zeit wird er von lebendigen Wesen in der Atemluft, im Wasser und in der Nahrung wieder aufgenommen; er wird neuerdings zum Bestandteil eines lebendigen Körpers, und dasselbe Atom Kohlenstoff, das einmal dem Leib Cäsars angehörte, war seitdem vielleicht in einem Veilchen, in einem Insekt, in einem Vogel oder in vielen Menschen und wandert weiter mit der Menschheit in die unbekannte Ferne. Und es verdankt dies eigentlich nur den Verwesungspflanzen, die das starre Gefüge der Toten auseinander reißen.«

Was geschieht beim Kompostieren?

Wie spiegeln sich nun die Spielregeln der Ewigkeit in der täglichen Praxis? Nach welchen Gesetzen laufen die Lebensprozesse im Kompost ab? Das Wesen der Ver-Wesung haben zwei »Kompost-Wissenschaftler« anschaulich beschrieben:

»Wenn ein Lebewesen – Pflanze oder Tier – stirbt, gibt es sein bisheriges Wesen auf: es »verwest«. Die vom Leben gebildete Ordnung löst sich auf und strebt scheinbar dem Chaos zu. Aber sofort greifen neue Ordnungskräfte ein, die nun bei der Kompostierung zielgerichtet werden müssen. Der Abbau wird von Lebewesen bewirkt, von denen die meisten mikroskopisch klein sind und daher Mikroben genannt werden.« (Dr. E. Spohn)

»Ehe aber von einer Humusbildung überhaupt gesprochen werden kann, muss zunächst einmal die äußere Form, in der diese Abfälle und Abgänge uns in die Hände kommen, zerfallen sein (Dissimilation). Einmal in ihrem Leben haben sie ja Gestalt angenommen und in dieser Gestalt bestimmte Wachstumsenergien aufgespeichert. Diese Energie muss als Wärme frei gemacht werden, ehe sich Humus wieder bilden kann.« (Dr. Fritz Caspari)

In einem Komposthaufen laufen ähnliche Umsetzungsprozesse ab wie in der Humusschicht des Bodens. Organische Stoffe werden zerkleinert, ihre Strukturen werden aufgebrochen. Eine riesige Umwandlungsmaschinerie wird in Gang gesetzt. Die Materie durchwandert die Körper von Milliarden kleiner Lebewesen. Sie nimmt dabei neue Formen an und wandelt die Zusammensetzung ihrer Inhaltsstoffe. Im Boden wie im Kompost entsteht dabei neue Erde. In beiden Fällen sind Pilze, Mikroorganismen, kleine Bodentiere wie die Springschwänze und vor allem die Regenwürmer am Werk. Der Gärtner nennt den Ablauf dieses wimmelnden Teamworks: die Rotte. Die Verwesung organischer Substanzen auf dem Kompostplatz ist also kein Fäulnisprozess. Deshalb wird es dort auch keine ekelhaften Zersetzungserscheinungen, keinen unangenehmen Gestank und keine Fliegen geben.

DER KOMPOST

Wenn etwas faul ist …

Die Rotte muss allerdings vom Gärtner sinnvoll gelenkt werden, damit sie einen harmonischen Verlauf nimmt. Sie benötigt dazu Wärme, Luft und Feuchtigkeit. Man könnte auch sagen: Energie, Sauerstoff und Wasser. Wo eines dieser wichtigen Elemente fehlt, da schlägt die Rotte um, sie wird »falsch programmiert«. Ein Kompost, der vor Nässe trieft, der außerdem so fest geschichtet wurde, dass kein Sauerstoff ihn durchdringen kann, ein solcher Kompost wird unweigerlich faulen. In seinem Inneren entstehen dichte, dunkle, speckige Schichten. Sein unangenehmer Geruch lockt alle diejenigen Spezialisten unter den Mikroorganismen an, die die frische Luft scheuen. Sie setzen in Windeseile höchst unerwünschte, anaerobe Prozesse in Gang. Die winzigen »Aasgeier« des Bodenlebens haben ein – zumindest aus ihrer Sicht – ideales Betätigungsfeld gefunden.

Wenn pflanzliche und tierische Stoffe auf diese Weise unter Luftmangel zersetzt werden, entstehen unter anderem die Verbindungen Schwefelwasserstoff, Buttersäure, Ammoniak und Methan. Fliegen werden von diesen »Duftstoffen« angelockt und legen ihre Eier in einem solchen »Misthaufen« ab. Auch anderes Ungeziefer und Ratten wittern hier ein Paradies nach ihrem Geschmack. Die Gefahr, dass der fehlgeleitete »Kompost« zu einer Brutstätte von Krankheitserregern wird, ist groß. Nicht nur für Menschen, auch für Pflanzen ist ein solches Produkt giftig. Wurzeln, die mit faulenden Stoffen in direkte Berührung kommen, sterben ab! Wer eine solche übel riechende, verwesende Masse auf seine Beete bringt, der muss damit rechnen, dass Krankheiten und Schädlingsbefall die rebellierenden Antworten der Natur sein werden.

Außer dem Fäulnisgeruch und der schmierigen Substanz gibt es noch ein weiteres typisches Merkmal, woran ein ungeübter Gärtner erkennen kann, dass er den Kompost nicht richtig komponierte: Die Zersetzung geht sehr

■ Nahrhafter Kompost ist die Grundlage für das vielfältige, gesunde Wachstum im gesamten Biogarten. Dazu gehört auch eine Tonne, die mit guter Brennnessel-Jauche gefüllt ist.

langsam vor sich. Ein solches »Unglück« geschieht meist dann, wenn die Abfälle einfach ohne Überlegung auf einen Haufen geworfen werden. Diese »wilde Deponie« entwickelt sich dann nach ihren eigenen, wilden Gesetzen.

Harmonische Rotte

Ein guter Kompost muss dagegen sorgfältig aufgebaut werden. Der Gärtner muss ihn pflegen und seine Aktivitäten behutsam, aber zielsicher in die richtige Richtung lenken. Denn die Erzeugung neuer Erde ist nicht nur ein kreativer, sondern auch ein sehr kultivierter Vorgang. Die sterbenden organischen Massen, die zum Kompost aufgeschichtet werden, dienen als Nahrungsangebot für die Kleinlebewesen. Denn Humus ist ein Stoffwechselprodukt der Mikroorganismen und der Bodentiere!

Diese winzigen, zum größten Teil unsichtbaren Heerscharen brauchen aber zum Leben Sauerstoff und Feuchtigkeit. Das Kompostmaterial muss deshalb locker und luftdurchlässig aufgeschichtet werden. Bei trockenem Wetter muss der Gärtner nicht nur seine Beete, sondern auch seinen Kompost gießen. Und dabei ist Fingerspitzengefühl nötig, damit aus der angenehmen Feuchtigkeit keine triefende Nässe entsteht.

Die Wärme, die für eine gute Rotte erforderlich ist, erzeugen die Mikroorganismen selbst. Sie ist ein Produkt ihres Stoffwechsels. Caspari hat den ganzen positiven Verwesungsprozess, der in einem Kompost abläuft, auf eine anschauliche Kurzformel gebracht: »… eine Art milder Verbrennungsprozess, bei dem Wärme erzeugt und die organische Masse mikrobiell in Humus übergeführt wird.« Da diese Verwandlung sich nur vollzieht, wenn genügend Luft vorhanden ist, nennt man die Rotte einen aeroben (Luft liebenden) Vorgang im Gegensatz zur Fäulnis, die anaerob (luftscheu) abläuft.

»Kohlen« für die Stickstoffverwertung

Die Milliarden Helfer, die für einen klugen biologischen Gärtner zum »Nulltarif« arbeiten, verlangen nichts als günstige Lebensbedingungen. Es verhält sich mit ihnen so ähnlich wie mit den legendären Heinzelmännchen von Köln: Wer sie gut behandelt und ihre bescheidenen Wünsche erfüllt, für den schaffen sie im Dunkel der Nacht – und im Dunkel des Komposthaufens – unermüdlich. Die munteren Zwerge waren mit warmer Milch zufrieden, die Mikroorganismen wollen außer Sauerstoff und Wasser mit reichlich Stickstoff versorgt werden. Sie brauchen diesen Nährstoff, um körpereigenes Eiweiß aufzubauen. Für die Energieerzeugung benötigen sie dagegen Kohlenstoff. Diese beiden Grundelemente spielen eine wichtige Rolle für den Stoffwechsel der Bodenlebewesen. Die Mikroorganismen brauchen nämlich 30 Einheiten Kohlenstoff, um 1 Einheit Stickstoff zu verwerten. Das günstigste Kohlenstoff-Stickstoff-Verhältnis beträgt also für sie 30 : 1. Fachleute sprechen in diesem Zusammenhang vom C/N-Verhältnis. C ist das chemische Zeichen für Kohlenstoff (lateinisch: carboneum), und N ist das chemische Zeichen für Stickstoff (lateinisch: nitrogenium).

Wir wollen die wissenschaftliche Kurzformel einmal in ein anschauliches Bild übertragen: Der Kohlenstoff liefert den Brennstoff, mit dem die Bodenlebewesen ihren Ofen heizen, auf dem sie dann ihre Nährbrühe gar kochen. Sie brauchen dabei 30 Kohlen, um aus einem Topf voll Stickstoff Eiweiß zuzubereiten.

Wenn dieses ideale Verhältnis im Kompost vorhanden ist, dann spielt sich die Rotte, jener »milde Verbrennungsprozess«, rasch und harmonisch ab. Verschiebt sich das ideale C/N-Verhältnis aber, so verändert sich auch das Arbeitstempo der Mikroorganismen und damit der Ablauf der Rotte. Man spricht dann von einem engeren oder von einem weiteren C/N-Verhältnis. Das bedeutet in der Praxis: Bei einem weiten C/N-Verhältnis wird der Anteil von Kohlenstoff immer größer, der Stickstoffvorrat aber immer geringer. Die Umsetzung der organischen Stoffe im Haufen verläuft in diesem Fall wesentlich langsamer. Am Ende entsteht ein nährstoffarmer Kompost, der die Pflanzen nur mangelhaft mit den lebensnotwendigen Substanzen versorgt.

■ Abfälle aus der Küche, wie Gemüse, Obst und Kaffeesatz, sind wertvolle Zutaten für den Kompost. Mischen Sie sie mit Erde und grobem Material, damit keine Fäulnis entsteht!

DER KOMPOST

Für den Kompostgärtner ist – nachdem er die theoretischen Grundregeln eingesehen hat – die praktische Schlussfolgerung wichtig: Den Kohlenstoff finden die Mikroorganismen im organischen Material vor. Damit ist ihr Tisch immer gedeckt. Die Stickstoffmenge aber wechselt mit den unterschiedlichen Bestandteilen des Kompostes. Die wichtige Schlüsselfrage lautet also: Welche Zutaten bringen das wichtige Nährelement Stickstoff in die Kompostmischung? Frische grüne Abfälle enthalten relativ günstige Mengen dieses Düngers. Deshalb genügen in der Regel geringe zusätzliche Stickstoffgaben, die beim Aufsetzen dünn zwischen die Pflanzenmasse gestreut werden.

Die folgende Übersicht zeigt, wie das C/N-Verhältnis einiger wichtiger organischer Stoffe aussieht. Die C/N-Verhältniszahl gibt dabei an, wie viel Mal mehr Kohlenstoff (C) als Stickstoff (N) in einem bestimmten Material vorhanden ist.

C/N-Verhältnis der wichtigsten Kompoststoffe

Grünmasse (aus frischen Gartenabfällen)	7
Rasenschnitt	12
Kot landwirtschaftlicher Nutztiere	15
Stapelmist nach dreimonatiger Lagerung	15–20
Stroh von Hülsenfrüchten (Erbsen und Bohnen sind Stickstoffsammler!)	15
Luzerne (Gründüngungspflanzen, Stickstoffsammler!)	15–25
Küchenabfälle	23
Kartoffelkraut	25
Fichtennadeln	30
Baumlaub	50
Getreidestroh	50–150
Sägemehl	511

Aus der Übersicht lässt sich ablesen, dass es im Bereich des privaten Gartens nur wenige organische Materialien gibt, die ein sehr ungünstiges, weites C/N-Verhältnis haben. Dazu gehören zum Beispiel Laub, Weißtorf, Stroh und als Extremfall Sägemehl. Durch eine möglichst vielseitige Mischung kann der Gärtner aber leicht Mängel ausgleichen und Einseitigkeiten verhindern.

Um die Mikroorganismen ein wenig lukullischer zu ernähren und das Leben im Kompost in Schwung zu bringen, streut der Kompostgärtner organische Dünger, die einen hohen Stickstoffanteil mitbringen, zwischen die Abfallschichten. Dazu gehören zum Beispiel: Horn- und Blutmehl sowie Schaf-, Ziegen-, Kaninchen- und Schweinemist. Stickstoffhaltig ist auch Jauche aus Kuhmist oder Brennnesseljauche. Mit solcher Flüssigdüngung kann der Haufen ab und zu begossen werden. Andere Düngerzusätze sind dann nicht mehr erforderlich.

Vom Abbau zum Aufbau

In einem fertig aufgesetzten Kompost verläuft die Rotte in zwei Phasen. In den ersten Wochen machen sich die abbauenden Bodenlebewesen ans Werk. Der Auflösungsprozess der Materie spielt sich rasch und hitzig ab. Nur wenn nicht ständig genügend Sauerstoff durch den Haufen zirkuliert, besteht in dieser Zeit die Gefahr, dass die Zersetzung des Lebendigen in Fäulnis umschlägt. Ein luftiger Kompost wird in dieser Anfangsphase im Inneren 50 bis 80 °C warm. Nur Mikroben, die sich in solcher Hitze wohl fühlen, versammeln sich nun in der zerfallenden organischen Masse und lösen ihre festen Formen auf.

Nach einiger Zeit, bei günstigen Wettervoraussetzungen bereits nach 2–3 Wochen, fällt der Haufen zusammen, und seine Temperatur sinkt wieder auf etwa 40 °C. Die erste Generation der abbauenden Bodenlebewesen hat ihre Arbeit getan. Anders geartete Mikroorganismen tauchen nun auf. Sie sind immer allgegenwärtig, aber sie greifen erst ein, wenn »ihre Stunde schlägt«. Sie übernehmen die roh bearbeiteten Stoffe, und sie ernähren sich auch ganz ungeniert von den toten Körpern ihrer Vorgänger. Der Schichtwechsel vom Abbau zum Aufbau vollzieht sich in der Erdfabrik Kompost ähnlich wie im Boden. Mit den winzigen Humusherstellern wandern auch die Regenwürmer in den Haufen und beteiligen sich in der wohligen, luftigen Wärme eifrig an der Umsetzung der vielfältigen organischen Substanzen.

Nach längstens 9 Monaten ist dieser Prozess abgeschlossen. Aus bunt gemischten Abfällen wurde wieder braune Erde. Oft dauert dieses »Wunder« auch weniger lang. Spezialmethoden und Kompostbeschleuniger verkürzen in vielen Fällen die Umwandlung der Materie um viele Wochen und Monate. Diese Unterschiede entstehen aber nur durch Variationen im Detail. Das Prinzip der Kompostherstellung bleibt sich immer gleich. Hat ein Biogärtner erst einmal verstanden, »worum es geht«, dann darf er auch experimentieren. Denn nur wer die Regeln und die Gesetzmäßigkeiten genau kennt, der kann die Spielräume ermessen, die für individuelle Erfahrungen bleiben. Wer Kompost mit Erfolg zubereiten will, braucht zuerst seinen Verstand. Aber er muss auch mit Gefühl handeln und abwägen. Und ein wenig Liebe gehört unbedingt dazu. Denn alles Lebendige ist mehr als ein Rechenexempel.

So wird Kompost komponiert

Da der Kompost das Herzstück eines Biogartens ist, sollte der Gärtner den Platz dafür mit Bedacht aussuchen. Schon die Lage kann entscheidend auf eine günstige oder ungünstige Entwicklung der Rotte einwirken. Extreme wie brennende Sonne, austrocknende Winde und

Die Praxis

tiefer, kalter Schatten müssen auf jeden Fall vermieden werden. Feste Regeln gibt es allerdings nicht. Da jeder Kompost milde, feuchte Wärme braucht, muss man ihn in heißen, von der Sonne verwöhnten Landschaften vor der Ausdörrung schützen. Dort legt man ihn am besten im kühlenden Schatten von Hecken oder Bäumen an. Eine abgelegene, finstere Ecke sollte es aber nicht sein. In Gegenden mit nassen, kalten Sommern wählt der Kompostgärtner besser einen Platz aus, den die wenigen wärmenden Sonnenstrahlen wenigstens zeitweise erreichen können. »Lichter Halbschatten« ist hier die zutreffendste Standortbeschreibung.

Ein geschützter Platz

Schutz vor allen Extremen der Witterung braucht ein Kompost immer. Raue Winde hält der Biogärtner durch Hecken ab. In großen Gärten kann er dazu kräftige, starkwüchsige Sträucher auswählen, die gleichzeitig Nistplätze und Nahrung für seine Freunde, die Vögel, bereithalten. Es ist eine alte Erfahrungstatsache, dass Holunder und Haselnuss sich als besonders freundliche Nachbarn für den Kompost erweisen. Wo reichlich Abstand gehalten werden kann, eignen sich auch Feuerdorn oder Weißdorn. Natürlich bilden auch blühende Ziersträucher einen ebenso hübschen wie schützenden Rahmen.

In kleinen Hausgärten, wo jeder Meter Boden kostbar ist, verbindet ein geschickter Gärtner gleich zwei nützliche Aspekte miteinander. Der Windschutz kann hier aus Nutzpflanzen bestehen, aus einer Reihe hohem Zuckermais, aus Stangenbohnen oder einem Brombeerspalier. Eine Hecke aus stattlichen Sonnenblumen oder Gitter, die dicht mit einjährigen rankenden Sommerblumen zuwachsen, haben ebenfalls ihre Vorteile. Wicken, bunte Winden, Zierkürbisse und Kapuzinerkresse bilden nicht nur einen Wind-, sondern auch einen reizvollen Sichtschutz. Sie schirmen mit Charme den biologischen Arbeitsplatz vor den Blicken derjenigen ab, die ihren Garten zwischendurch auch als Genießer und Faulenzer erleben möchten.

Praktische Planung

Meist wird der Kompost im hinteren Teil des Gartens angelegt. Es sollte aber kein dunkler, schwer erreichbarer, unordentlicher Winkel sein. Der Kompost muss ja gepflegt werden, und der Gärtner muss sich bei allen Arbeiten gut bewegen können. Auch für die Schubkarre und eine Jauchetonne sollte Raum eingeplant

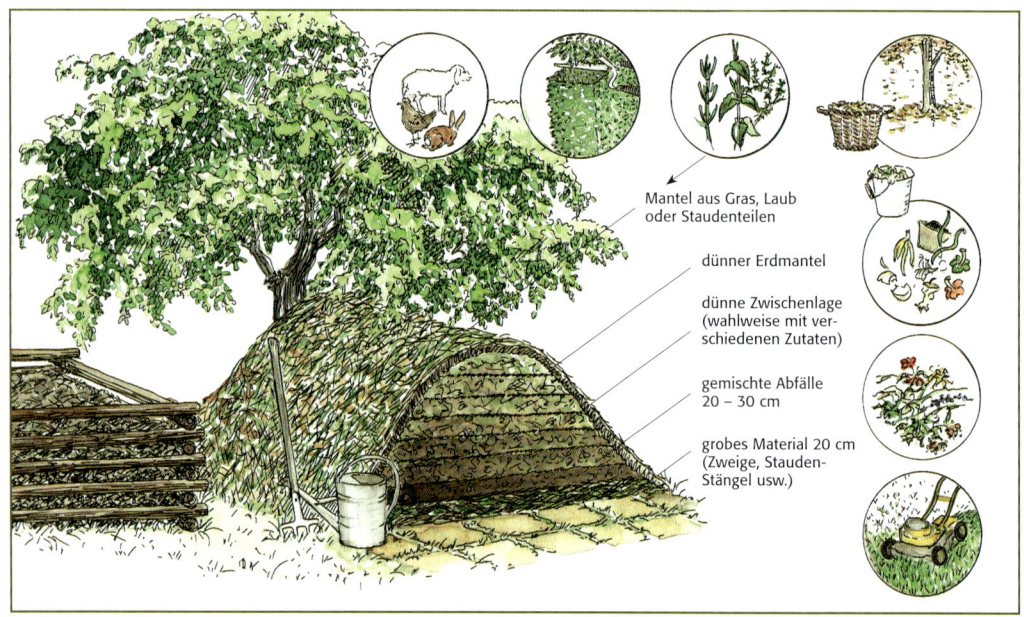

Mantel aus Gras, Laub oder Staudenteilen

dünner Erdmantel

dünne Zwischenlage (wahlweise mit verschiedenen Zutaten)

gemischte Abfälle 20 – 30 cm

grobes Material 20 cm (Zweige, Stauden-Stängel usw.)

■ Ein Komposthaufen muss richtig »komponiert« und sachgemäß aufgebaut werden. Anfänger sollten sich genau an die erprobte Zusammensetzung der Schichten halten.

DER KOMPOST

werden. Eine saubere Anlage und gut durchdachte Arbeitsabläufe vereinfachen manche Mühe. Legen Sie möglichst gleich zu Anfang Plattenwege an, die zwischen den einzelnen Kompostmieten verlaufen. Es genügt völlig, wenn einfache Betonplatten in Sand eingebettet werden. Über diese saubere Abgrenzung gelangen Sie bei jedem Wetter problemlos an Ihren Kompost. Wie angenehm das sein kann, werden Sie spätestens dann einsehen, wenn Sie mit einem Eimer voller Küchenabfälle zuerst durch schlammige Erde waten müssen. Schließlich legen die festen Wege auch die Grenzen der Komposthaufen fest. So entsteht eine saubere Einteilung, die dem Gärtner die Planung erleichtert.

Die Größe des Komposthaufens hängt von der vorhandenen Fläche und vom Bedarf an organischer Bodenverbesserung ab. Wo kein Platz für eine Kompostmiete bleibt, da kann man sich gut mit Silos, Komposttonnen oder sogar mit Kompostsäcken helfen. Doch davon wird später noch die Rede sein. Hier soll zunächst der Aufbau eines »klassischen« Komposthaufens beschrieben werden. Seine Grundfläche misst in der Breite 1,5–2 m, die Länge kann beliebig begrenzt werden. Sie richtet sich einfach nach den Gegebenheiten. Die Höhe des aufgeschichteten Materials soll 1,5 m nicht überschreiten. Es ist sehr praktisch, wenn zwei oder mehr Mieten parallel nebeneinander angelegt werden. Dann macht das Umsetzen weniger Arbeit. Der Gärtner kann einfach das Material von einer Grundfläche auf die daneben liegende schaufeln. Außerdem hat er immer Kompost mit unterschiedlichem Reifegrad vorrätig.

Lebendiger Untergrund

Biogarten-Anfänger sollten sich einprägen: Ein Kompostplatz ist kein Wanderzirkus! Planen Sie ihn von Anfang an so sorgfältig, dass er immer an der gleichen Stelle bleiben kann. Denn wo einmal eine Kompostanlage »in Schwung« gekommen ist, da bleiben stets Reste des vielfältigen Lebens zurück. Sie stecken den nächsten Haufen wieder mit Bakterien und Pilzen an. Es bildet sich so eine positive Infektionsquelle, eine Brutstelle des Bodenlebens.

Sehr wichtig ist es auch, den Kompost immer auf lebendiger Erde zu errichten. Von dort steigen unzählige Tiere in den Haufen hinauf, vom Regenwurm bis zum Springschwanz. Sie können sich auch wieder in die schützende Tiefe zurückziehen, wenn ihre Aufgabe im Kompost erfüllt ist oder wenn ihre Lebensbedingungen sich verschlechtern. Dies kann ebenso bei klirrendem Frost wie bei sengender Hitze geschehen. Dann ruht das Leben im Kompost für eine Weile.

Damit sich keine Nässe im Kompost stauen kann, hebt der Biogärtner auf der Grundfläche eine flache, 10–20 cm tiefe Grube aus. Hat sein Garten lehmigen Boden, so füllt er die Vertiefung mit Sand. Diese Schicht wirkt als Dränage. Hat ein Garten sandigen Boden, so wendet der Gärtner die umgekehrte Methode an: Er füllt humosen Lehm unter den Kompost. Diesmal ist die Zwischenschicht die Aufgabe, Regenwasser und Sickersäfte aus der Zersetzung zu speichern. So rinnt die lebenswichtige Feuchtigkeit nicht zu rasch durch den Sand in die Tiefe. Diese Unterlagen bleiben immer bestehen. Darüber wird das bunt gemischte Kompostmaterial stets aufs Neue aufgeschichtet.

Material-Sammlung

Sorgfältig sortiert ein Biogärtner immer wieder aus, was bei der Herstellung neuer Erde fehl am Platze ist: Glas, Draht, Steine, Blech, Alufolie und Plastikreste verrotten nicht und gehören deshalb nie in die lebendige Mischung. Alle organischen Abfälle aus dem Garten werden dagegen wiederverwendet: Grasschnitt, Unkraut, Laub, Gemüseabfälle, Obstreste, verwelkte Blumen, Staudenstängel, verbrauchte Erde aus Kästen und Kübeln, Hecken- und Baumschnitt. Auch alles, was im Haushalt abfällt, sollte zurück in den Garten wandern. Ein Biogärtner hat deshalb grundsätzlich mehrere Mülleimer in der Küche! Neben den Behältern für Glas, Metall, Kunststoff und Papier ist ihm vor allem sein »Bioeimer« wichtig. Darin sammelt er Obst- und Kartoffelschalen, Gemüsereste, Eierschalen, Kaffeesatz, Tee, Haare aus dem Kamm und aus der Hundebürste, Papiertücher, verwelkte Schnittblumen und noch manches andere mehr. Sogar Zeitungspapier, Pappe und Sägemehl können in kleineren Mengen kompostiert werden. Diese Stoffe müssen aber angefeuchtet werden, damit sie besser verrotten. Ungeeignet sind farbig bedruckte Zeitschriften, Prospekte, Kalender und ähnliches, weil sie Schwermetallrückstände enthalten!

Alle diese unterschiedlichen Abfälle aus Haus und Garten bringen natürlich sehr verschiedene Inhaltsstoffe mit. Außerdem wechselt ihre Zusammensetzung ständig mit den Jahreszeiten. Je bunter und vielseitiger die Mischung ausfällt, desto reichhaltiger wird auch der Kompost, der daraus entsteht. Damit aus dem Sammelsurium kein Chaos wird, sammelt ein Biogärtner zunächst alle Abfälle an einem besonderen Platz oder – noch ordentlicher – in einem einfachen Silo. Aus ein paar Brettern kann man sich einen solchen Sammelbehälter leicht selber bauen. Kompostlegen oder Gitterkästen, wie man sie im Handel kaufen kann, eignen sich natürlich auch. Sperriges Material, wie zum Beispiel Baumschnitt, Sonnenblumenstängel oder Rosenzweige, lagert man am besten gesondert.

Hat sich genügend Material angesammelt, so wird es herausgeschaufelt und zur weiteren Verarbeitung vorbereitet. Abfälle, die zu nass geworden sind, werden flach ausgebreitet, damit sie wieder antrocknen können. Zu trockene Stoffe werden dagegen noch einmal angefeuchtet.

Die Praxis

■ Von oben nach unten: Zweige können mit einer Schere kurz geschnitten werden; bei grünen Blättern genügt ein Spaten. Am schnellsten zerkleinert ein Schredder die verschiedenen organischen Substanzen.

Wichtige Vorbereitung: zerkleinern!

Nun muss das gesammelte Material so weit wie möglich zerkleinert werden, denn je kleiner die Einzelteile, desto schneller und gründlicher setzt die Rotte ein. Bei groben Brocken, Gemüseabfällen und weichen Blumenstängeln kann der Spaten als Werkzeug für diese Arbeit benutzt werden. Dünne Äste zerschneidet der Biogärtner mit der Gartenschere »auf Spannlänge«, das sind etwa 10 cm. Bei stärkeren Zweigen oder größeren Mengen holziger Abfälle wird die Handarbeit allerdings mühsam. Ein Hauklotz und ein scharfes Beil oder ein Handhäcksler können dann hilfreich sein.

Am schnellsten erledigen motorgetriebene Häcksler oder Schredder eine solche Arbeit. Im Fachhandel sind verschiedene Modelle erhältlich. Vor dem Kauf sollte man sich allerdings gründlich informieren und auf folgende Gesichtspunkte besonders achten: Leistungsfähigkeit des Motors und der Messer, Verstopfungsgefahr und Lärmentwicklung. Ein guter Häcksler kann bei größeren Abfallmengen nützlich und sinnvoll sein, weil sich das Material rasch und sauber verarbeiten lässt. Große Berge schrumpfen zu handlichen Hügeln. Das gleichmäßig zerkleinerte Häckselgut ist für die Bodentiere »mundgerecht« zubereitet und wird deshalb in kürzester Zeit zersetzt und in nahrhaften Humus umgewandelt.

Nach dem Zerkleinern ist es wichtig, die verschiedenartigen Substanzen noch einmal gründlich miteinander zu vermischen: Saftreicher grüner Abfall und trockenes holziges Material ergänzen sich; sie bilden gemeinsam ein gut verrottbares, lockeres Gemenge.

Der Aufbau einer Kompostmiete

Auf dem gut vorbereiteten lebendigen Untergrund kann der Biogärtner nun mit dem Aufbau einer Miete beginnen.

Die unterste Schicht eines neuen Komposthaufens sollte möglichst aus grobem, locker aufgeschichtetem Material bestehen. Zerkleinerter Baum- und Heckenschnitt eignet sich dazu ebenso gut wie die harten Stängel vieler Stauden, die im Herbst abgeschnitten werden. Über dieser Dränage, die für Luftzirkulation und Wasserabzug sorgt, wird ein »klassischer« Kompost nun lagenweise aufgeschichtet. Der Biogärtner beginnt zunächst auf einer Fläche von 1–2 m Länge. Später kann die Miete dann weiter angebaut werden. Eine etwa 20 cm hohe Schicht aus gemischten Abfällen breitet er locker aus. Darüber streut er ein paar Hände voll stickstoffhaltigen tierischen Dünger aus als anregende Nahrung für die Bodentiere. Sehr bewährt hat sich eine Mischung aus Horn-, Blut- und Knochenmehl, die außer Stickstoff auch noch Phosphor enthält. Es folgt ein Hauch von kohlensaurem Kalk oder Algenkalk. Diese Zugabe wird nur ganz sparsam über die Fläche gepudert – wie Zucker über einen Kuchen. Darüber wird eine dünne Schicht Erde oder Kompost vom Vorjahr ausgebreitet. Ist die gesamte Masse eher trocken und herrscht außerdem sonniges Wetter, so gießt der Biogärtner noch etwas warmes, abgestandenes Wasser darüber. An feuchten Herbsttagen ist dies natürlich nicht nötig. Dann folgt die nächste 20 cm hohe Schicht aus Abfällen, die wieder mit Dünger, Kalk und Erde überstreut wird.

Nach oben soll der wachsende Hügel immer schmaler werden. Zuletzt, wenn er etwa 1,5 m Höhe erreicht hat, sieht er aus wie ein niedriges Erdzelt. Als Schutz gegen Kälte und Austrocknung erhält der ganze Komposthaufen zum Schluss einen warmen Mantel. Wer genügend Erde in seinem Garten findet

DER KOMPOST

(Aushub von Wegen oder verbrauchte Kübelfüllungen), der deckt die Miete zuerst mit einer Humusschicht zu. Der »Stoff« des Mantels muss die Eigenschaft einer porösen Haut haben: Schädliche Einflüsse von außen hält er ab. Aber von innen müssen Luft und Feuchtigkeit entweichen können. Aus Laub oder Stroh kann der Biogärtner sehr gut eine solche atmende Hülle über den Haufen breiten. Grasschnitt eignet sich ebenfalls. Alte Schilfmatten und Säcke erfüllen den gleichen Zweck. Wichtig ist immer das Ergebnis: eine warme, luftige Abdeckung.

Diese klassische Art, Kompost zu komponieren, kann auf vielerlei Weise abgewandelt werden. Das Prinzip bleibt dabei immer unverändert: gute Mischung aller organischen Abfälle, feuchter Allgemeinzustand, lockerer, luftiger Aufbau, Wärmeschutz.

Die Varianten spielen sich im Detail ab. Bei den Zutaten kann jeder Biogärtner sein eigenes Hausrezept entwickeln. Die Kombinationen sind ja auch abhängig von den wechselnden Gartensituationen. So haben nur wenige Freizeitgärtner ständig genug Erde übrig, um daraus Schichten und Abdeckungen zusammenzutragen. Schließlich baut man nicht alle Jahre Wege oder Sitzplätze! Das ist aber kein Grund zum Verzagen. An den Wurzeln der ausgerissenen Unkräuter bleibt immer so viel Erde hängen, dass der Kompost mit diesem lebendigen Element versorgt ist.

In die Zwischenlagen streut der Biogärtner dann statt Erde Steinmehl oder Tonmehl. Diese Zutaten bestehen aus Gestein, das zu feinem Staub zermahlen wurde. Solche Bodenverbesserungsmittel sind reich an Mineralstoffen und Spurenelementen. (Auf Seite 80–81 sind sie ausführlich beschrieben.) Ihre Zusammensetzung ist unterschiedlich, je nachdem, aus welchem Gestein sie stammen. So gibt es zum Beispiel einige kalkhaltige Steinmehle. Wo sie verwendet werden, verzichtet man auf das zusätzliche Streuen von Kalk oder Algenkalk.

Tonmineralien wie zum Beispiel »Bentonit« sind besonders wertvoll für sandige Gärten. Dort gelangt ja auch in den Kompost zunächst wenig Humus. Das Tonmehl hat die Eigenschaft, überdimensional aufzuquellen. Es kann sehr viel Wasser aufnehmen. Außerdem bindet es Nährstoffe. Für den Kompostgärtner besitzen die Steinmehle ein ganzes Bündel von Vorteilen: Sie bereichern das Leben im Haufen. Sie ersetzen ihm fehlende Erde. Und sie vertreiben unangenehme Gerüche, denn Steinmehl bindet Ammoniak (eine Stickstoffverbindung, die bei der Zersetzung entsteht). Deshalb streut der Biogärtner diesen feinen Gesteinsstaub auch über frisches Material in seinem Sammelbehälter und in seine Jauchetonne. So schont er die Nasen seiner Nachbarn und verdirbt den Fliegen den Geschmack an seinen Abfällen.

■ Der Aufbau einer Miete (von oben nach unten): Die unterste Schicht besteht aus groben Holzabfällen (1). Das gut vermischte Material wird 20–30 cm hoch aufgeschichtet (2). Die erste Lage bestreut der Gärtner mit Dünger, Kalk und, falls kein reifer Kompost vorhanden ist, mit Kompoststarter (3). Zum Schluss wird die fertige Miete mit Gras abgedeckt (4).

Die Praxis

Anstelle der festen organischen Stickstoffdünger (Mist oder Horn- und Blutmehl) kann man den Komposthaufen auch mit flüssigem Dünger begießen. Dazu benutzt der Biogärtner selbst angesetzte Jauche aus Brennnesseln oder Kuhmist. (Wie man sie herstellt, ist im Kapitel »Jauche – flüssige Düngung«, Seite 78, beschrieben.) Auf diese Weise schlägt er zwei Fliegen mit einer Klappe: Der Kompost erhält fein verteilte Nährstoffe und wird gleichzeitig angefeuchtet.

Kompost auf kleinstem Raum

Für viele Gärtner ist der Kompost keine Frage des guten Willens, sondern ein Platzproblem. In solchen Nöten helfen die vielen praktischen Behälter, die im Handel angeboten werden: Silos, Tonnen und Spezialsäcke. Die meisten haben die Form eines rechteckigen oder quadratischen Kastens. Sie bestehen aus Holzstämmen, Brettern, Kunststoffmaterial, verzinktem Blech oder Drahtgittern. Auf jeden Fall müssen sie so konstruiert sein, dass die Luft durch Schlitze oder Löcher zirkulieren kann. In geschlossenen Behältern wird das organische Material besonders stark erwärmt und zersetzt sich schnell. Natürlich können Sie sich eine hölzerne Kompostlege oder andere Behälter mit ein wenig handwerklichem Geschick auch selber bauen.

Im Übrigen gelten alle Regeln, die für den Komposthaufen aufgestellt wurden, auch für die verschiedenen Silos: lebendiger Untergrund, das lockere Aufschichten der verschiedenen Stoffe und die Beobachtung von Feuchtigkeit und Wärme. Alle seitlich geschlossenen Kästen haben den Vorteil, dass die Abfälle nicht durch Vögel, Hühner oder gar Ratten zerwühlt werden. Eine Abdeckung, die bei Dauerregen den Silo-Inhalt vor triefender Nässe schützt, kann sehr nützlich sein. In sehr luftigen Behältern, zum Beispiel solchen aus Drahtgeflecht, besteht die Gefahr, dass der Inhalt von den Rändern her zu stark austrocknet.

Kompostersäcke sind die simpelste Form eines Behälters. Sie besitzen natürlich Luftlöcher. Das Abfallmaterial muss aber sehr stark zerkleinert werden, wenn es gleichmäßig verrotten soll. In diesem Sonderfall muss unbedingt ein Kompoststarter eingestreut werden. (Eine genaue Gebrauchsanweisung wird mitgeliefert.)

Spezialkomposte

Der bunt gemischte »Einheitskompost« ist ein Allheilmittel für jeden Garten. Er enthält von allem und für alles etwas. Aber Gärtner und Pflanzen haben oft auch ganz spezielle Wünsche. Erfahrene unter den »Biologischen« finden mit der Zeit ihre besonderen Mischungen selbst heraus. Einige erprobte Rezepte sollen vor allem dem Anfänger Anregungen geben.

Mistkompost

Wer noch größere Mengen Mist bekommen kann, der sollte ihn gesondert kompostieren. Wichtig ist, dass der Dung aus einwandfreier, gesunder Tierhaltung stammt. Ställe mit Stroheinstreu eignen sich besonders; Sägemehl ist wegen der langen Rottezeit ungünstiger.

Kuh-, Pferde-, Schweine- oder Geflügelmist können einzeln oder gemischt verwendet werden. Der Dung wird schichtweise aufgesetzt. Zwischen jede Lage streut der Gärtner Erde oder Kompost. Kalk darf in diesem Fall nicht dazugegeben werden, weil er den im Mist enthaltenen Stickstoff entbindet und als flüchtige Verbindung buchstäblich »in die Luft jagt«. Strohiger Mist benötigt regelmäßige Feuchtigkeit. Nach 3–4 Monaten wirkt sich einmaliges Umsetzen günstig aus. Nach 6 Monaten ist, bei warmer Witterung, ein nährstoffreicher Kompost für Starkzehrer entstanden.

Laubkompost

Laubblätter – möglichst von verschiedenen Baumarten – werden gut vermischt. Ein wenig Grünzeug, zum Beispiel Brennnesseln, kann mit den Blättern vermengt werden. Zwischen

■ Ein praktisches Gartenzentrum: Neben den selbstgebauten Kompostlegen stehen Tonnen für Wasser und Pflanzen-Jauche.

■ Der rustikale Flechtzaun aus Weidenruten bietet einen sehr natürlichen Rahmen für Gartenabfälle.

DER KOMPOST

30 cm hohe Laubschichten streut der Gärtner Kompost oder Steinmehl und einen tierischen Dünger (etwas Mist oder Hornmehl). Ein im Handel erhältlicher Kompostbeschleuniger ist empfehlenswert. Im Frühling wird die stark zusammengefallene Mischung umgesetzt. Ein paar Monate später (je nach Witterung) ist sehr gute, dunkle Erde entstanden. Halbverrottetes Laub eignet sich hervorragend zum Mulchen. Laubkompost, der ohne Kalk angesetzt wurde, kann für Rhododendren und Azaleen verwendet werden. Auch Erdbeeren, Himbeeren, Brombeeren, Johannisbeeren und Stachelbeeren gedeihen gut in diesem milden, schwach sauren Humus.

Stark gerbsäurehaltige Blätter von Nussbäumen und Eichen dürfen nur in kleinen Mengen unter gemischtes Laub gestreut werden. Sie verrotten schwer und sind schwierig zu kompostieren.

Strohkompost

In vielen Fällen geben die Bauern dieses gute organische Material gern ab, weil sie selbst nichts mehr damit anfangen können. Achten Sie aber darauf, dass Sie kein Stroh von stark gespritzten Feldern bekommen! Die zerkleinerten, angefeuchteten Halme werden 30 cm hoch aufgeschichtet. Dann folgt eine Zwischenlage aus Kompost und wenig Kalk. Darüber wird erneut Stroh ausgebreitet. Der fertige Haufen muss öfter begossen werden. Stickstoffhaltige Jauche aus Brennnesseln wirkt günstig, weil Stroh ein weites C/N-Verhältnis hat. Dieser Spezialkompost ist stark kieselhaltig. Er beugt Pilzschäden vor. Erdbeeren, Zwiebeln und Möhren lieben ihn besonders.

Rasensoden-Kompost

Wer ein Stück Wiese urbar macht oder eine Ecke Rasen in ein Blumenbeet verwandeln möchte, der sollte die Rasensoden sorgfältig mit dem Spaten ausstechen. Sie werden mit der grünen Seite nach unten aufgeschichtet. Die Erdseite wird jedes Mal mit Kalk bepudert. Dieser Spezialkompost braucht etwa ein Jahr zur Reife. Dann ist daraus ein besonders guter Humus entstanden.

Kompostverwendung im Garten

Kompost ist reif, wenn alle Abfälle sich in braune, krümelige Erde zersetzt haben. Sie riecht nach gutem Laubwaldboden! Ein leichter Pilzduft gibt ihr die charakteristische Note. Ein sicheres Zeichen dafür, dass der Rotteprozess abgeschlossen ist, ist auch der Rückzug der Regenwürmer. Der reife, erdige Kompost wird durch ein Sieb geworfen. Grobe Reste, die eine längere Zersetzungszeit benötigen, wandern zurück zum Abfallbehälter.

Schon nach wenigen Monaten erhält der Biogärtner aber ein wichtiges, bereits brauchbares Zwischenprodukt: den Mulchkompost. Dieses noch nicht ganz verrottete, grobe Material ist noch von wimmelndem Leben erfüllt. Seine Aktivität und seine Nährstoffreserven sind zu diesem halbreifen Zeitpunkt besonders groß. Mulchkompost ist deshalb sehr wertvoll zur Anregung des Bodenlebens auf den Gartenbeeten.

Früher war man der Ansicht, dass Kompost 2–3 Jahre reifen müsse. Heute weiß man über das Leben im Boden genauer Bescheid und kommt deshalb zu anderen Schlussfolgerungen. Der Biogärtner kann sich nach diesen drei Regeln richten:
- Mulchkompost kann in halbreifem Zustand schon nach 2–3 Monaten verwendet werden. Voraussetzung ist natürlich, dass das Material in der warmen Jahreszeit aufgeschichtet wird. Im Winter ruhen die Umsetzungsprozesse.
- Reifer Kompost ist, je nach Witterung, in 9–12 Monaten fertig.

- Oben: In geschlossenen Behältern, wie sie im Fachhandel angeboten werden, reift Kompost besonders schnell.
- Mitte: Der geöffnete Komposter zeigt, wie sich alle Abfälle in braunen Humus verwandelt haben.
- Unten: Der rotierende Kompostbehälter fördert eine rasche, gleichmäßige Rotte.

Die Praxis

- Alter Kompost, der länger als 1 Jahr liegt, geht langsam in einen mineralisierten Zustand über. Das bedeutet, die organische Materie wird wieder zu den anorganischen Bestandteilen abgebaut. Dieser alte Kompost wird also nicht besser, im Gegenteil: Er verliert mit der Zeit an Lebendigkeit und an wertvollen Nährstoffen.

■ Oben: Fertiger Kompost ist dunkelbraun und duftet erdig.
■ Unten: Im Herbst oder Frühling wird er auf den Gartenbeeten verteilt und oberflächlich eingearbeitet.

Die Verwendung des Kompostes richtet sich nach dem Zweck, den der Gärtner erreichen möchte. Gut ausgereifter Kompost ist eine milde, ausgewogene Form von dauerhaftem Humus. Saatbeete, Frühbeetkästen und Saatrillen werden mit dieser feinkrümeligen Erde angereichert. Reifen Kompost gibt der Gärtner auch in die Pflanzlöcher.

Halbreifen Mulchkompost darf er dagegen niemals direkt mit den Wurzeln in Berührung bringen. Dieses Material arbeitet ja noch. Es braucht deshalb viel Sauerstoff. In einem zugeschütteten Loch können unter Luftmangel sehr schnell Fäulnisprozesse entstehen, die dann die Wurzeln schädigen. Mulchkompost wird immer oberflächlich auf den Beeten ausgebreitet und ganz leicht eingeharkt. Er soll nur Kontakt mit der Erde bekommen. Dann überträgt sich seine eigene Lebensfülle mit all ihren Anregungen auf seine nächste Umgebung. Er wirkt wie Sauerteig beim Brotbacken.

Auch der reife Kompost wird nur leicht in die Oberfläche eingeharkt. Niemals – unter gar keinen Umständen – darf Kompost untergegraben werden! Um das kostbare Leben dieser Supererde gegen ausdörrende Hitze, gegen Kälte und auch gegen starke, verschlämmende Regengüsse zu schützen, breitet der Biogärtner eine leichte Decke aus organischem Material darüber. (Mehr erfahren Sie darüber im Kapitel »Mulchen«, Seite 63–67.)

Die besten Zeitpunkte zur Verteilung von Kompost liegen im Herbst, solange die Erde noch warm und lebendig ist, und im Frühling, sobald der Boden sich erwärmt und die Kleinlebewesen wieder aktiv werden. Auf kalte oder gar gefrorene Erde sollten Sie keinen Kompost verteilen. Auch während des Sommers können Sie jederzeit ein Beet, das bepflanzt werden soll, mit dem kostbaren Humus versorgen. In der heißen Jahreszeit ist eine Abdeckung besonders wichtig, damit Feuchtigkeit und Bodenleben erhalten bleiben.

Alltagsfragen aus der Praxis

Wie ein Komposthaufen funktioniert und wie man ihn eigenhändig aufbaut, wird nun sicher jedem Leser klar geworden sein. Aber Theorie und Praxis sind zweierlei Schuhe. Im Alltag ergeben sich immer wieder ganz spezielle Probleme. Auf die wichtigsten Fragen soll deshalb hier gleich Antwort gegeben werden.

Kompost-Starter werden heute überall im Handel angeboten. Ist ihre Anwendung nötig und sinnvoll? Der Biogärtner sagt in seiner Fachsprache, ein Kompost soll »geimpft« werden. Das bedeutet, dass anregende Mittel zugesetzt werden, die das Bakterienleben schneller in Schwung bringen und die Rotte fördern. Vor allem in Gärten, die gerade auf die biologische Methode umgestellt werden, ist eine solche »Spritze« sehr empfehlenswert. Auf alten, gepflegten Kompostplätzen genügen die stets lebendige Unterschicht und die anregende Wirkung von ein paar Schaufeln voll fertigem Kompost. In solchen Gärten sind ja auch stets genügend Vorräte an hochwertigem Superhumus vorhanden.

Anfänger sollten einen fertig gemixten Kompost-Starter aus dem Angebot des Handels benutzen. Diese Substanzen werden zwischen die einzelnen Schichten des Komposthaufens gestreut. Die käuflichen Kompostbeschleuniger enthalten sehr verschiedene Wirkstoffe und wechselnde Kombinationen. Folgende Bestandteile können darin verarbeitet sein: Stickstoff, Tonminerale, Spurenelemente, Kräuterauszüge, Bodenorganismen (zum Beispiel *Azotobacter*-Bakterien), fossile Kohlenwasserstoffe und Bakteriennährböden.

Ein hellhöriger Biogärtner bemerkt bei dieser Aufzählung, dass viele der genannten Stoffe in einem gut gemischten Kompost sowieso vorhanden sind. Deshalb ist die Frage »impfen oder nicht« ein wenig umstritten. Schaden können diese Zusatzstoffe bei richtiger An-

DER KOMPOST

wendung aber auf keinen Fall. Und wie gesagt: Dem Anfänger-Kompost helfen sie sicher auf die Sprünge!

Samen tragendes Unkraut gehört nicht in den Kompost! Diese Warnung hört man immer wieder. In der alltäglichen Gartenpraxis geschieht es aber nur zu oft, dass das Unkraut schneller wächst und Samen ansetzt, als der Gärtner zupacken kann. Und das Aussortieren ist viel zu lästig! Wie kann man sich dann helfen? Bei dieser etwas heiklen Angelegenheit spielen Können und Wissen eine wichtige Rolle. Samendes Unkraut und schlimme Wucherkräuter (wie zum Beispiel Quecken und Giersch) müssen unbedingt in der Mitte des Haufens eingelagert werden. Dort entwickelt sich die größte Hitze. Sie zerstört die Keimkraft der Samen. Dort zersetzen sich auch die gefährlichen Wurzelunkräuter.

Bei der Zerstörung eines großen Teils der vorhandenen Samen scheinen aber noch andere Faktoren eine Rolle zu spielen. So werden die Samenkörner durch die Feuchtigkeit im Komposthaufen zu frühzeitiger Keimung angeregt. Sie gehen dann bald zugrunde, weil sie keine geeigneten Wachstumsbedingungen vorfinden. Auch antibiotische Wirkstoffe, die durch den Stoffwechsel von Bakterien und Pilzen während der Rotteprozesse entstehen, hemmen wahrscheinlich die Keimfähigkeit. Wenn der Gärtner einen stark mit Unkraut durchsetzten Kompost öfter durchmischt, kann er viel dazu beitragen, dass die keimenden Samen rasch absterben.

Wer trotzdem Angst vor unkrautverseuchter Erde hat, der schichte dieses Material gesondert auf und überstreue es ausnahmsweise mit Kalkstickstoff. Dieser industriell hergestellte Salzdünger wirkt auch als Herbizid und vernichtet Unkrautsamen. Er tötet das Bodenleben vorübergehend ab und sollte deshalb nur selten und an einem gesonderten Platz benutzt werden.

Kohlstrünke, faules Obst und kranke Pflanzen werden oft mit misstrauischen Augen betrachtet. Kann man es wagen, sie in den Kompost zu bringen, ohne ihn zu schädigen und Krankheiten zu verbreiten? Hier gilt eine ähnliche Antwort wie für Samen tragendes Unkraut. Kranke Pflanzenteile werden in der Mitte des Haufens der keimtötenden Hitze ausgesetzt. Obst, das einem normalen Fäulnis- und Verwesungsprozess unterliegt, bedeutet keine Gefahr. Die Umsetzungsprozesse in einem guten Kompost sind so wirksam, dass ein Biogärtner keine Angst vor Infektionen zu haben braucht. Vorsicht ist nur zu Beginn der Umstellung geboten. In dieser Zeit sind die Kräfte des Lebens und ihre Schutzmechanismen noch nicht stark genug.

Ausnahmen bilden nur solche Krankheitspilze, die sich in der Erde lange halten können und deshalb mit dem Kompost überall im Garten eingeschleppt werden. Zu den Überträgern gehören vor allem Kohlstrünke, die von Kohlhernie befallen sind, Obstbaumzweige und Blätter mit Monilia und Himbeeren, die Zeichen der Himbeerrutenkrankheit zeigen. Noch gefährlicher sind Virus- oder Bakterieninfektionen. Im Garten können zum Beispiel Bohnenmosaik-, Gurkenmosaik- oder Tomatenmosaik-Virus auftauchen. Eine sehr gefährliche Bakterienkrankheit ist der Feuerbrand, der vor allem Birnbäume, Ebereschen, Weiß- und Rotdorn heimsucht. Alle Abfälle, die von solchen kranken Pflanzen stammen, sollten möglichst verbrannt werden.

Gesunde Kohlstrünke müssen sehr klein geschnitten werden, weil sie nur langsam verrotten. Besondere »Härtefälle« werden besser weggeworfen. Im Übrigen schaden feste Bestandteile dem Kompost nicht. Sie lockern die Mischung auf und sorgen für luftige Stellen.

■ Groß ist die Auswahl an organischen Stoffen, die der Gärtner kompostieren kann: Küchenabfälle, Grasschnitt, Zweige und Äste, verwelkte Blumen und sogar Pappe.

Die Praxis

Holzstückchen und Zweige kommen dem Haufen gleichfalls zugute. Sie werden klein geschnitten und unter alle Schichten gemischt. Diese sperrigen Stoffe, die sich nur langsam zersetzen, halten das Kompostgemisch locker.

Gras und Laub bilden, wenn sie allein oder in dicken Schichten aufgehäuft werden, schnell dichte, undurchlässige Lagen. Bei frischem Grasschnitt ist die Gefahr der Fäulnis besonders groß. Laub enthält meist zu viel Säure. Beide Stoffe lagern zu dicht aufeinander. Dadurch entsteht Luftmangel und damit Lebensraum für anaerobe Mikroorganismen. Deshalb müssen Gras und Laub möglichst locker mit anderen Abfällen vermischt werden, bevor sie in den Kompost gelangen.

Papier und Pappe können in vernünftigen Mengen mit unter das Kompostmaterial gemischt werden. Geeignet sind zum Beispiel Zeitungspapier, Wellpappe, Packpapier und Küchenkrepp, die vorher angefeuchtet werden. Farbig bedrucktes Papier, wie zum Beispiel von Illustrierten und Katalogen, darf wegen schädlicher Schwermetallrückstände nicht verwendet werden!

Luftröhren können die Sauerstoffzufuhr im Kompost verbessern. Manchmal genügt es, mit einem runden Pfahl in den Haufen hineinzustoßen und so Kanäle zu schaffen. Dauerhafter sind durchlöcherte Rohre oder aus Drahtgittern zusammengedrehte Säulen, die im Abstand von etwa 1 m in die Mitte gesteckt werden. Sie wirken wie Kamine. Diese Hilfsmaßnahmen sind normalerweise nur in großen Komposthaufen nötig. Kleine Anlagen bleiben von selbst luftig, weil nicht so viel Material aufeinander liegt.

Ein Test des Kompostzustandes kann sehr nützlich sein. Greifen Sie sich eine Hand voll Erde heraus, und pressen Sie sie zusammen. Die Masse soll etwa die Feuchtigkeit eines ausgedrückten Schwamms haben. Wenn Ihnen Brühe zwischen den Fingern herausläuft, ist der Kompost zu nass. Es besteht Fäulnisgefahr. Bröckelt die Erde, so ist er zu trocken und könnte schimmeln.

Ob im Inneren des Haufens speckige Schichten entstehen, können Sie so ähnlich prüfen wie die Hausfrau, die eine Stricknadel in den Kuchen sticht. Nehmen Sie stattdessen einen alten Besenstiel und bohren Sie ihn tief in den Kompost. Zeigt er beim Herausziehen schmierige, schwarze Rückstände, so ist das ein Alarmzeichen: Im Inneren gibt es eine faulige Schicht, die auseinander gerissen und gelüftet werden muss! Setzen Sie diesen Haufen so schnell wie möglich um.

Mit einem Erdthermometer können Sie außerdem die Wärmeentwicklung in Ihrem Kompost überprüfen. In der ersten, hitzigen Phase der Rotte kann man die Wärme auch »erfühlen«, wenn man die Hand tief in den Haufen steckt.

Das Umsetzen war früher ebenso selbstverständlich wie mühsam. Das galt für die Zeiten, in denen Kompost 2–3 Jahre gelagert wurde. Heute ist er nach spätestens 9–12 Monaten fertig. Kleine, sorgfältig aufgesetzte Haufen müssen überhaupt nicht mehr umgesetzt werden. Größere Mieten bleiben luftiger und lockerer, wenn sie – nachdem sie sich gesetzt haben – einmal umgelagert werden. Dabei schichtet der Gärtner das Außenmaterial nach unten und das Innenmaterial nach oben. Ein Gebot der Stunde ist das Umsetzen immer dann, wenn die Zersetzung im Haufen nicht harmonisch verläuft.

Zeit zum Aufsetzen des Kompostes ist fast immer. Nur Frost und Schnee verursachen eine natürliche Pause. Der Herbst ist besonders günstig zum Aufbau von Kompost, weil sich um diese Zeit die meisten Abfälle im Garten anhäufen. Sobald es kalt wird, stockt allerdings das Leben in einem solchen spät angelegten Haufen. Er braucht mehr Zeit, bis er reif wird. Denn meist setzt erst im Frühjahr die nötige Wärmebildung wieder ein.

Vom Frühling bis zum Herbst kann jederzeit Kompost zubereitet werden. In diesen Monaten zersetzt sich das organische Material am schnellsten. Meist ist es schon brauchbar, wenn die abgeernteten Beete für den nächsten Winter vorbereitet werden. Stark zerkleinerte Abfälle verrotten in wenigen Wochen zu Mulchkompost, der sofort verwendet werden kann.

■ Oben: Diese Kompostmiete wurde mit grobem Gras und ausgerissenem Unkraut zugedeckt.
■ Unten: Das gesammelte Laub wird gesondert kompostiert oder zum Mulchen verwendet.

MULCHEN UND FLÄCHENKOMPOSTIERUNG

Warme Decken für die nackte Erde

Nackte Erde ist allen Elementen schutzlos ausgeliefert. Gnadenlose Sonnenstrahlen dörren sie aus, saugen ihr die Leben spendende Feuchtigkeit aus allen Adern. Der Wind wirbelt die staubtrockene Oberfläche fort. Regen prasselt auf ihre braune Haut, zerschlägt die feine Struktur der Krümel, verschlämmt den Humus. Unter der Kruste entsteht Atemnot. Die Luftröhren der Erde sind verstopft. Tief dringt im Winter der Frost durch alle Poren in die Tiefe und lähmt das Bodenleben.

So weit darf es in einem Biogarten nie kommen. Ein Gärtner, der mit der Natur arbeitet, hat auch die schützende Bodendecke seinem großen Vorbild abgeschaut. Denn in der »freien Wildnis« gibt es keine nackte Erde. Immer ist die Humusschicht von einem Pflanzenteppich oder von organischem »Abfall« überzogen. Wenn diese grüne Decke irgendwo aufgerissen wird – durch Naturgewalten, durch Tiere oder Menschen –, so sprießen in kürzester Zeit Wildkräuter aus der braunen Erde und schließen die gefährliche offene Wunde. Wo dies nicht geschieht, da ist das ökologische System gestört. Die Erde ist nicht mehr in der Lage, aus eigener Kraft heilende Regenerationsprozesse einzuleiten. Dann wachsen die Wüsten, fressen sich verkarstete, tote Flächen ins lebendige Fleisch einer Landschaft.

Bodenbedeckung ist also keine Erfindung der Gärtner, sondern eine Schutzmaßnahme, die die Menschen aus dem erprobten Erfahrungsschatz der Natur übernommen haben. Im Biogarten soll kein Beet, keine noch so kleine Fläche offen liegen bleiben. Es gibt mehrere Möglichkeiten, die Erde zuzudecken: das Mulchen, die Flächenkompostierung und lebende Pflanzenteppiche.

Zum Mulchen verwendet der Gärtner zerkleinerte organische Abfälle: zum Beispiel Grasschnitt, Stroh, Laub, Unkraut, Blätter von Gemüse- und Blumenbeeten, Erbsenstroh und Kartoffelkraut. Dieses frische Material wird als lockere Decke über die Beete und in den Reihen zwischen den Kulturen ausgebreitet. Für die Flächenkompostierung benutzt der Biogärtner angerotteten, halbreifen Kompost. Er wird gleichfalls als Abdeckung ausgestreut, braucht aber selber auch eine schützende Hülle. Deshalb verteilt der Gärtner noch eine dünne Schicht aus Gras oder zerkleinertem Unkraut über die Flächenkompostierung.

Welchen Zweck erfüllen nun diese natürlichen Decken, die die nackte Erde einhüllen? Zunächst erzeugen sie, wie jede Decke, Wärme. In diesen behaglichen Temperaturen fühlen sich die Bodenlebewesen sehr wohl. Beson-

■ Nackte Erde ist schutzlos; sie wird vom Regen verschlämmt und von der Sonne verhärtet.

■ Unter schützenden Mulchdecken bleibt der Boden locker und lebendig. Rasenschnitt fällt immer wieder an. Er eignet sich gut als Streumaterial zwischen den Mischkulturen. Wichtig ist, dass die Schichten dünn ausgebreitet werden.

Die Praxis

ders in der kalten Jahreszeit hält die höhere Wärme das Leben in der Humusschicht länger in Gang. Im Frühling setzt das neue Wurzelwachstum unter den schützenden Polstern früher ein als an freien Stellen.

Unter einer Mulchdecke bleibt der Boden aber nicht nur wärmer, er behält auch seine Feuchtigkeit und erlangt eine lockere, krümelige Struktur. Die Abdeckung verhindert, dass zu viel Wasser aus der Erde aufsteigen und verdunsten kann. Sie schirmt aber auch übermäßige, austrocknende Hitze von außen ab. Für die luftige, humose Erde sorgen die Mikroorganismen und die Regenwürmer, die im Schutz der Bodendecke besonders rege arbeiten. Sie finden hier nicht nur sehr angenehme, feucht-warme Umweltbedingungen, sondern auch reichlich zusätzliche Nahrung. Das verrottende organische Material wird von den unzähligen Lebewesen begierig in die Erde hineingezogen und buchstäblich aufgefressen. Ein aufmerksamer Gärtner kann fast zusehen, wie Hälmchen und Blattreste im Zeitlupentempo in den Erdritzen verschwinden – in die Tiefe gezerrt von den meist unsichtbaren »Wurzelzwergen«.

■ Der Unterschied wird sichtbar: Unter den Rhabarberblättern blieb die Erde feucht!

Durch das kräftig angeregte Bodenleben sprudeln auch die natürlichen Kohlensäurequellen besonders reichlich. Dieser lebenswichtige Stoff wird ja in der Erde von den Mikroorganismen erzeugt. Er steigt von dort auf an die Oberfläche. Begierig nehmen ihn die Pflanzen durch die winzigen Spalten an der Unterseite ihrer Blätter auf. Sie brauchen ihn, um den lebenswichtigen Nähr- und Energiestoff Zucker herzustellen. Der Kohlensäurereichtum ist eine der chemisch-biologischen Erklärungen dafür, dass Pflanzen auf gemulchten Beeten besonders üppig wachsen!

Wildwuchs hat es dagegen schwer unter der Mulchdecke. Er kann kaum hochwachsen. So vermag der Biogärtner den Teufel mit Beelzebub auszutreiben: Er kann das Un-Kraut mit einer Unkrautdecke unterdrücken.

Gebremst wird auch die zerstörerische Gewalt schwerer Regenfälle. Der federnde, organische Teppich filtert und verteilt die Wassermassen. Die Erde darunter kann nicht zusammengeschlagen werden. Sie spritzt auch nicht hoch und verschmutzt deshalb die niedrig am Boden wachsenden Früchte nicht. Für Erdbeerbeete bedeutet dies zum Beispiel einen großen Vorteil. Leichte Böden schützt die Mulchdecke auch vor der Erosion. Sie trocknen nicht so schnell aus und können vom Wind nicht mehr so leicht fortgetragen werden.

Fassen wir die positiven Folgen der Bodenbedeckung noch einmal kurz zusammen.

Vorteile des Mulchens für die Gartenerde und die Pflanzen:

- Erhaltung von Wärme, Feuchtigkeit und luftiger Bodenstruktur. Dadurch entsteht ein günstiges Kleinklima.
- Gute Ernährung der Mikroorganismen und Kleinlebewesen im Boden. Dadurch werden Nährstoffe erzeugt, die Humusschicht wird vermehrt.
- Schutz des Bodens vor Regengüssen und Wind, Verhärtungen, Verschlämmung und Zerstörung der Humusschicht.
- Die Pflanzen haben gleichmäßige Wachstumsbedingungen und werden besonders reichlich mit Kohlensäure versorgt.

Vorteile des Mulchens für den Gärtner:

- Weniger Hacken, weil der Boden locker bleibt.
- Weniger Jäten, weil das Unkraut unter der Decke erstickt.
- Weniger Gießen, weil der Boden keine Feuchtigkeit verliert.
- Weniger Düngen, weil die Mikroorganismen reichlich Nährstoffe und Humus produzieren.
- Leichter und sauberer Ernten, weil die Früchte nicht von Erde bespritzt werden. Fallobst fällt weich!

So werden die Teppiche im Garten ausgelegt

Zuerst lockert der Gärtner die Erde seiner Beete mit einer kleinen Hacke oder einem Grubber oberflächlich auf. Dadurch wird das feine Röhrensystem im Boden (Kapillarsystem) unterbrochen. Die aufsteigende Feuchtigkeit kann nicht bis nach oben dringen und verdunstet deshalb auch nicht. Dies ist die erste und einfachste Maßnahme, mit der der Biogärtner seine Beete gegen das Austrocknen schützt.

Die Flächen, auf die eine Mulch- oder Kompostdecke ausgebreitet werden soll, müssen unbedingt locker und feucht sein. Frisches, saftreiches Material wie Wildkräuter, Gras oder gemischte Gartenabfälle darf nur dünn aufgetragen werden. Alle Mulchstoffe werden vorher zerkleinert und möglichst etwas angetrocknet. Unter der Bodendecke – in der Übergangszone zwischen Erde und Mulch –

MULCHEN UND FLÄCHENKOMPOSTIERUNG

spielt sich ein ständiger Rotteprozess ab. Deshalb braucht diese organische Schicht unbedingt genügend Sauerstoff. Sonst kann – ähnlich wie im Kompost – schädliche Fäulnis einsetzen. Aus diesem Grund darf eine Mulchdecke nur wenige Zentimeter dick sein. Kompaktere Schichten verhindern die Luftzirkulation. Nur leichtes, trockenes Material, wie Strohstreu, darf etwas reichlicher aufgetragen werden. Im Übrigen ist es besser, die Mulchdecke immer wieder aufzufüllen, sobald sie verrottet ist.

Im Prinzip erzeugt ein Biogärtner mit dem System der Bodenabdeckung Kompost an Ort und Stelle. Er spart sich dabei das Auf- und Umsetzen. Der Humus wächst immer dort nach, wo der Gärtner ihn braucht: auf seinem Beet. Deshalb können die Ab- und Aufbauprozesse auch, ähnlich wie auf dem Kompostplatz, noch durch zusätzliche Anregungen des Bodenlebens unterstützt werden. Biogärtner streuen deshalb – je nach Bedarf – noch ein wenig Steinmehl, Algenkalk, organische Dünger und sogar Kompostbeschleuniger über das Mulchmaterial. Es verrottet dann schneller und ist noch »nahrhafter«.

Im Spätsommer und im Herbst können alle freien Beete mit einer solchen Bodendecke überzogen werden. Im Frühling findet der Gärtner darunter einen feinkrümeligen, garen Boden, der bereit ist für die neuen Kulturen. Nur die Saatrillen und die Pflanzlöcher werden dann freigelegt und bearbeitet. Zwischen den Reihen bleiben die Reste der Decke noch liegen. Manchmal ist dies nicht möglich, weil die Vögel unter den Mulchresten nach Regenwürmern suchen und dabei das Saatbeet durcheinander scharren. Auch bei sehr feinen Samen kann die Abdeckung hinderlich sein. Dann wird die alte Bodendecke mit dem Rechen beiseite gezogen und entfernt. Erst wenn die Saatreihen deutlich zu sehen sind und die Jungpflanzen kräftig »auf eigenen Füßen stehen«, breitet der Biogärtner neues Mulchmaterial aus. In der Zwischenzeit muss er öfter hacken und gießen.

Während der warmen Jahreszeit mulcht der Gärtner so lange alle freien Zwischenräume, bis die Kulturpflanzen so dicht zusammengewachsen sind, dass sie selber eine lebendige Bodendecke bilden. Auf diese Weise entsteht dann die gesunde »Schattengare«.

Bei allen offenkundigen Vorteilen hat die Bodenbedeckung aber auch einige wenige Schwachpunkte. Vorsicht ist geboten bei schweren Böden. In regenreichen Sommern muss die Mulchschicht hier sehr durchlässig sein, damit keine stauende Nässe und Fäulnis entstehen können. Im Frühling sollte die Winterabdeckung frühzeitig beiseite geharkt werden, damit die kalte, schwere Erde sich besser in der Sonne erwärmen und abtrocknen kann.

In feuchten Gärten besitzt die Bodendecke oft eine besondere Anziehungskraft für Schnecken. Der Gärtner muss dann seine biologischen Fallen aufstellen (siehe »Biologische Maßnahmen gegen weit verbreitete Plagegeister«, Seite 120). In sehr schneckenreichen Jahren ist es besser, eine Zeit lang ganz auf Bodendecken zu verzichten.

Auch Mäuse können – besonders im Winter – die Vorteile eines warmen Polsters entdecken. Unter Obstbäumen sollte die Mulchschicht deshalb im Winter nicht zu dick gestreut werden. Zwischen dem Stamm und der Abdeckung muss stets ein freier Ring ausgespart bleiben.

■ Auch ausgerissenes Un-Kraut und Reste vom Gemüsebeet können als Mulchmaterial dienen. Hier wurde abgeernteter Spinat zwischen den Reihen ausgebreitet.

■ Frischer Grasschnitt wird locker verteilt. Er hält den Boden feucht und versorgt ihn mit Nährstoffen.

Die Praxis

Das Material für natürliche Decken

So wie der Mensch für einen gesunden Schlaf zwischen Woll-, Baumwoll- oder Seidendecken wählen kann, hat auch der Gärtner die Möglichkeit, ganz unterschiedliche Materialien für seine Mulchdecken zu benutzen. Er breitet auf seinen Beeten aus, was er zur Hand hat und was ihm besonders gut und gesund erscheint.

Die folgende Auswahl kann sicherlich durch eigene Erfahrungen und örtliche Spezialitäten noch ergänzt werden.

Grasschnitt fällt in den meisten Gärten reichlich an. Lassen Sie die Halme leicht anwelken, und streuen Sie das Gras in dünnen Schichten aus. Dichte Abdeckungen pappen zusammen und faulen! Rasenschnitt kann unter allen Kulturen des Gartens ausgebreitet werden.

Garten-Unkräuter werden an Ort und Stelle, dort, wo der Gärtner sie ausgerissen hat, zerkleinert und auf die Erde zurückgelegt. Achten Sie darauf, dass die Wurzeln frei liegen und nicht wieder Fuß fassen können.

Gemischte Heil- und Gewürzkräuter wirken durch ihre vielfältigen Inhaltsstoffe allgemein gesundend auf den Boden und die Pflanzen. Streuen Sie sie, wo immer dies möglich ist, zwischen die Kulturen. Schon kleine Mengen können sich wohltuend bemerkbar machen.

Brennnesseln liefern ein hervorragendes Mulchmaterial, das vom Frühling bis zum Sommer immer wieder neu geschnitten werden kann. Das heilkräftige Wildkraut ist bei den Regenwürmern beliebt und trägt sehr zur Verbesserung der Humusqualität bei.

Beinwellblätter eignen sich als kalihaltiges Spezialmaterial ebenfalls gut für Bodendecken. Tomaten gedeihen gut mit Beinwellmulch.

Tomatenblätter legt der Biogärtner rund um die Tomaten, die im eigenen Abfall auffallend gesund wachsen. Tomatenblätter (Geiztriebe und untere Blätter), die zwischen den Kohlpflanzen ausgelegt werden, tragen dazu bei, die Kohlweißlinge abzuwehren.

Laub sollte vor allem unter Sträuchern und Hecken als natürliche Bodendecke im Herbst liegen bleiben. Auch Baumscheiben, Beerensträucher und Erdbeeren können mit einer gemischten Blätterschicht gemulcht werden.

Algen, die am Strand angeschwemmt werden, bilden für Küstenbewohner ein hervorragendes Mulch- und Kompostmaterial – solange man sicher ist, dass sie nicht aus verseuchten Gewässern stammen!

Gründüngung ist natürlich auch hervorragend zum Mulchen geeignet. Senfsaat oder Leguminosen (Klee, Lupinen u. a.) bilden zuerst einen lebendigen Pflanzenteppich; dann werden sie abgemäht und bleiben als grüne Decke liegen. (Über diese »Spezialisten« wird im Kapitel »Pflanzliche Dünger«, Seite 74–75, ausführlich berichtet.)

Rindenmulch ist für Moorbeetpflanzen, wie zum Beispiel Rhododendren und Heidekraut,

■ Beinwellblätter sind kalireich, sie eignen sich für pflanzenstärkende Bodendecken.

■ Zerkleinerte Brennnesseln enthalten viel Stickstoff und liefern deshalb ein sehr nahrhaftes Mulchmaterial.

MULCHEN UND FLÄCHENKOMPOSTIERUNG

aber auch für Beerensträucher und Blütengehölze gut als Bodendecke geeignet. Verwenden Sie möglichst Schnittgut von Laubgehölzen; harzreiche Nadelhölzer sind problematisch. Sie können Rindenmulchprodukte kaufen oder eigenen gehäckselten Gehölzschnitt ausstreuen.

Halbreifer Kompost wird gleichfalls als Bodendecke benutzt. Er wirkt sehr anregend auf das Leben in der Humusschicht. Da er feucht und warm bleiben muss, schützt der Gärtner diese Kompostfläche durch eine leichte Decke aus Gras, Stroh oder anderem Mulchmaterial. Dieser Kompost, dessen Rotteprozesse noch in vollem Gange sind, darf nie direkt mit den Wurzeln der Pflanzen in Berührung kommen!

Stroh, Holzspäne, Papier und Pappe können ebenfalls zum Abdecken der Beete dienen. Alle Papiere sollten angefeuchtet und mit Erde bedeckt werden. So wirken sie weniger störend und fliegen nicht weg. Mit Stroh und Holzspänen werden vor allem Erdbeerkulturen gemulcht.

Steine eignen sich unter bestimmten Bedingungen ebenfalls zur Bodenbedeckung. Vor allem in heißen, trockenen Landschaften, wo im Sommer frischer, grüner Abfall Mangelware ist, hilft man sich mit Steinplättchen, die die Erde zudecken und die Feuchtigkeit erhalten. Hübsch sieht es auch aus, wenn man die Topferde von Kübelpflanzen mit Kieseln bedeckt.

Schwarze Plastikfolie schützt den Boden zwar vor Verdunstung und erzeugt auch Wärme, aber sie lässt keine Feuchtigkeit von außen eindringen, und sie unterdrückt die Luftzirkulation. Für die Bodenlebewesen hat sie natürlich keinerlei »Nährwert«.

Geschlitzte Folien sorgen dagegen für bessere Luft- und Feuchtigkeitsregulierung. Organischen Nachschub können sie aber auch nicht liefern. Aus diesen Gründen sollten Kunststofffolien nur kurzfristig und aus besonderen Gründen benutzt werden. Die dunklen Folien können zum Beispiel hartnäckige Unkräuter unterdrücken, während die geschlitzten Folien zarte Frühlingskulturen vor rauer Witterung schützen.

Lebende Teppiche aus Bodendeckern kann man ebenfalls knüpfen. Sie spielen im Ziergarten eine besonders reizvolle Rolle. Diese niedrigen, ausdauernden Stauden wachsen mit der Zeit so dicht zusammen, dass sie jedes Unkraut unterdrücken. Unter der schützenden Pflanzendecke bleibt der Boden lange feucht. Es gibt sehr unterschiedliche Teppichstauden. Darunter finden sich solche, die feuchten Humus und schattige Stellen unter Sträuchern und Bäumen als Lebensraum bevorzugen, und andere, die trockene, sonnige Plätze lieben.

Die Beete im Biogarten sehen nie so braun und leer gefegt aus wie in den »sauberen« Gärten, die den Eindruck machen, als würden sie mit dem Staubsauger gepflegt. Mulchdecken dürfen zwar auch nicht unordentlich aussehen, aber sie wirken eben wie natürlicher »Bodenbelag«. Vielleicht müssen wir nur unsere Sehgewohnheiten etwas ändern. Biogärtner sollten zuerst die Frage nach dem Sinn stellen. Danach erschließt sich die Schönheit, die »von innen kommt«, ganz von selbst.

■ Strohmulch eignet sich gut für Erdbeerbeete; die Früchte bleiben trocken und gesund. Das Stroh führt dem Boden aber kaum Nährstoffe zu.

■ Für den Winter: Laub und erfrorene Kapuzinerkresse bedecken die leeren Beete.

Die Praxis

NIE MEHR UMGRABEN

Im Herbst muss ein Biogärtner, vor allem einer, der es werden will, noch von einem weiteren altehrwürdigen Brauch Abschied nehmen: vom Umgraben. Nach einem ungeschriebenen Gesetz hat seit Urväter Zeiten das Gartenland in grober Scholle zu überwintern. Die »Biologischen« sind ganz anderer Ansicht. Und sie können ihre Meinung logisch begründen.

15–20 cm tief reicht normalerweise die lebendige Humusschicht. Das ist ziemlich genau die Tiefe eines Spatenstiches. Mit einem einzigen Ruck wird beim Umgraben die sorgfältig aufgebaute Schichtenbildung auf den Kopf gestellt. Die luftabhängige obere Lage fällt in die sauerstoffärmere Tiefe. Ihre Bewohner werden buchstäblich begraben. Die Nährstoffproduzenten der Wurzelzone werden dafür ins Freie befördert. Wo die Humusschicht dünner ist, wird sogar toter Unterboden nach oben geworfen. Das ganze fein abgestimmte System, das die verschiedenartigen Bodenlebewesen im Laufe eines Jahres aufgebaut hatten, wird durcheinander gerüttelt und zerrissen. Das herbstliche Umgraben gleicht für die Bewohner der Erde einem zerstörerischen Erdbeben. Ihre Wohnbereiche stürzen zusammen. Sie müssen danach noch einmal mühsam von vorn beginnen. Der »Altmeister« der naturgemäßen Gartenpraxis, Alwin Seifert, hat sehr anschaulich und mitfühlend beschrieben, welche Katastrophen sich beim gut gemeinten Schollengraben abspielen:

»Schon das Durcheinanderwerfen der verschiedenen Bodenschichten, wie es das Umgraben, das Fräsen oder tiefes Pflügen mit dem Wendepflug zur Folge hat, bringt einen Teil des Lebens in ihm zum Absterben und damit eine Minderung der Fruchtbarkeit oder mindestens eine Verzögerung schnellen Wachstums: Was dazu bestimmt ist, in der lufthaltigen obersten Bodenschicht durch grobe mechanische Zerkleinerung die Verrottung einzuleiten, kann in der dichteren Unterschicht, wo eine ganz andere Aufgabe zu lösen ist, nicht gedeihen und umgekehrt. Diese ungeheuerlich kleinen Bodenlebewesen haben natürlich auch eine ungeheuerlich dünne und damit empfindliche Haut. Jede, sagen wir Verschärfung des Bodenwassers, in dem sie schwimmen, geht sofort durch die Haut hindurch und tötet ab.«

Für den Biogärtner ergibt sich aus alledem und aus den Erkenntnissen, die er in den vorangegangenen Kapiteln erlangt hat, die Schlussfolgerung: Die natürliche, so sorgsam gepflegte Schichtenbildung des Bodens muss unbedingt erhalten bleiben. Auch im Winter! Im Normalfall bedeutet das: nie mehr umgraben!

Die viel gepriesene Frostgare, die die groben, durchgefrorenen Schollen mürbe macht, kann als Gegenargument nicht standhalten. Es stimmt zwar, dass schwerer Boden nach dieser Überwinterung leicht auseinander fällt. Aber schon der erste starke Frühlingsregen schlägt diese lockere Krümelung wieder zusammen. Sie ist nicht beständig. Und damit war alle Mühe des Umgrabens vergebens.

Naturgemäße Bodenlockerung

In einem Biogarten bleibt der Spaten also im Herbst arbeitslos. Stattdessen lockert der Gärtner seine Beete auf, ohne die Humusschicht zu stören. Um die Erde nicht nur oberflächlich aufzukratzen, sondern auch in die Tiefe einzudringen, benutzt er dazu besondere Gartenwerkzeuge. Die **Biograbgabel** zum Beispiel, die speziell für die naturgemäße Bodenlockerung entwickelt wurde, dringt mit langen, stabförmigen Zinken leicht und tief ins Erdreich. Ohne große Kraftanstrengung kann sie hin und her bewegt werden; dabei bröckelt die Erde auseinander, und es entstehen überall luftige Hohlräume. Diese Spezialgabel eignet sich besonders gut für lehmige Böden. Da sie sehr breit ist, geht die Arbeit rasch voran.

In kleinen Gärten reicht auch eine normale **Grabgabel** für die herbstliche Beetbearbei-

■ Bodenlockerung mit der Biograbgabel.

■ Der Sauzahn schont das Bodenleben.

NIE MEHR UMGRABEN

tung aus. Der Gärtner sticht die Zinken nur in den Boden und bewegt die Gabel ruckartig hin und her. Die belebten Schichten werden auf diese Weise locker und luftdurchlässig. Ihre Lage aber bleibt ungestört. So wird ein Streifen Land nach dem anderen bearbeitet.

Das bekannteste und inzwischen weit verbreitete Spezialwerkzeug zur Bodenlockerung im Biogarten ist der **Sauzahn.** Im Handel wird er auch unter anderen Markenzeichen, zum Beispiel AZ-Wühler oder Biowühlmaus, angeboten. Der Sauzahn besteht aus einem sichelförmig gebogenen Zinken und einem am unteren Ende leicht gebogenen Stiel. Er lässt sich ohne große Anstrengung durch die Erde ziehen. Mit diesem ebenso einfachen wie genialen Gerät wird der Boden ebenfalls gelockert, ohne die Schichten umzuwenden. Besonders gründlich geschieht dies, wenn der Gärtner das Beet zweimal diagonal mit sich kreuzenden Linien bearbeitet.

In gepflegten, humosen Böden genügt oft sogar die leichte Bearbeitung mit einem Grubber oder einer kleinen Hacke. Diese Geräte werden nur durch die obere Schicht gezogen.

Ausnahmen von der Regel

Ganz arbeitslos wird der Spaten auch im Biogarten nicht. Vor allem für Pionierarbeiten leistet er gute Dienste. Wer eine Wiese urbar machen oder einen verwilderten Garten wieder kultivieren möchte, der kann mit dem Sauzahn zunächst nichts anfangen. Hier muss umgegraben oder auf großen Flächen sogar umgepflügt werden. Erst wenn der Wildwuchs beseitigt und die Erde überhaupt zum Vorschein gekommen ist, können andere Werkzeuge sinnvoll eingesetzt werden. Der Biogärtner kann sich ganz einfach diese Regel merken: Zuerst muss eine lebendige Humusschicht im Garten aufgebaut werden, dann erst kann sie erhalten und naturgemäß bearbeitet werden.

Wintervorbereitungen

Nachdem die herbstliche Bodenlockerung beendet ist, streut der Gärtner die Dünger aus, die er für nötig hält. Die Wahl hängt vom Bodenzustand und von der Fruchtfolge ab. Niemals wird frischer tierischer Dünger vergraben. Er darf nur in die oberste Schicht eingeharkt werden, wo für alle nun einsetzenden Abbauprozesse genügend Sauerstoff vorhanden ist.

Auch den halbreifen Kompost verteilt der Biogärtner im Herbst auf seine Beete. Er bleibt gleichfalls an der Oberfläche und wird nur vorsichtig mit dem Grubber in die Erde »verrührt«. Eine dünne Kontaktzone genügt, um die Verbindung der beiden lebendigen Organismen – Humus und Rohkompost – herzustellen. Sie werden nach dieser ersten flüchtigen Berührung schnell aktiv und entwickeln ein enges Zusammenleben.

Die letzten Wintervorbereitungen bestehen im Biogarten dann in der Verteilung warmer Decken. Alle Beete und alle Baumscheiben werden, wie es im Kapitel »Bodendecken« auf Seite 61–65 beschrieben ist, mit schützendem und nährendem Material zugedeckt. Diese Teppiche aus organischem Abfall gleichen den Wintervorbereitungen, die die Natur selber trifft, wenn das Laub fällt und eine wärmende Hülle am Boden bildet. Zwischen Stauden und Ziersträuchern lässt der Biogärtner deshalb auch die abgefallenen Blätter liegen. Er nutzt sie als natürliche Hilfskräfte. Wer hier mit eisernem Besen Ordnung halten wollte, der würde auf Kosten des Lebendigen kalte Pracht im Garten schaffen.

Der Biogärtner kann nach seinen wohl überlegten Wintervorbereitungen seelenruhig die Hände in den Schoß legen. Unter seinen warmen, luftigen Decken bleibt das Bodenleben noch lange munter. Wenn ringsum schon der Frost seine scharfen Zähne ansetzt, herrschen in den geschützten Beeten noch immer höhere Temperaturen. Regenwürmer und Mikroorganismen arbeiten weiter an der Zersetzung und Umwandlung des nahrhaften Mulchmaterials. Sie treffen die besten Vorbereitungen für den nächsten Frühling, während der Gärtner keine Hand mehr zu rühren braucht. In solchen Herbst- und Wintertagen wird es ganz besonders deutlich: Biogärtner arbeiten nicht nach veralteten, großväterlichen Methoden. Im Gegenteil: Sie benutzen alle naturwissenschaftlichen Erkenntnisse, um der Natur gerecht zu werden.

Biologisch Gärtnern heißt deshalb auch: Den Kopf benutzen, damit der Rücken nicht vom unnötigen Bücken schmerzt!

■ Herbstlaub bereitet Arbeit und Freude. Auf dem Kompost verwandelt es sich wieder in Erde.

Die Praxis

DIE DÜNGUNG IM NATURGEMÄSSEN GARTEN

Pflanzennahrung – Bodennahrung

Im ungezähmten »Garten« der Natur braucht niemand zu düngen. Die Wildnis ernährt sich selbst. Viele ihrer grünen Geschöpfe verhungern aber auch beim ständigen Kampf um Licht, Luft, Wasser und Nährstoffe. Nur die lebensstarken Gewächse setzen sich durch und vermögen die Reserven der Natur zu nützen, die sich – wo sie ungestört bleiben – ständig erneuern.

Die Kulturpflanzen des Menschen sind dagegen empfindliche, anspruchsvolle Gewächse. Sie wurden zu besonderen Zwecken gezüchtet und benötigen auch besondere Pflege. Auch im naturgemäßen, biologischen Garten dürfen Gemüse, Obst und Blumen nicht einfach ihrem Schicksal überlassen werden nach dem Motto: Alles wächst von selbst, die Mutter Natur wird's schon recht machen! Sie wird sicher nicht untätig bleiben, die gute alte »Mutter Natur«, aber sie wird nach den Gesetzen der Wildnis handeln. Dabei könnte es dem erhofften Paradies des Biogärtners so ähnlich ergehen wie den Städten der Mayas: Ein Dschungel lebensstarker Gewächse überwuchert mit vitaler Kraft alle Spuren feinsinniger Kultur. So wie die indianischen Städte im Würgegriff der Urwaldlianen zusammenbrachen, so würden die Radieschen, die Salatköpfe und die Tomaten eines vertrauensseligen Gärtners untergehen im Ansturm der Wildpflanzen, die sich ihren Lebensraum im Handumdrehen zurückerobern würden.

Auch im Biogarten geht es also nicht ohne Pflege und gesunde Ernährung. Wer dicke Kohlköpfe und eine reiche Erdbeerernte heimtragen möchte, der muss etwas dafür unternehmen. Wie überall gilt auch hier die Regel: Alle Pflanzen entnehmen dem Boden Nährstoffe. Sie brauchen sie, um ihre eigene Gestalt damit aufzubauen und um ihre täglichen Lebensbedürfnisse zu stillen. Damit auf die Dauer keine Mangelerscheinungen auftreten, müssen diese verbrauchten Nährstoffe wieder an den Boden zurückgegeben werden. Sonst leiden die nachfolgenden Kulturen Hunger.

Was bedeutet aber Düngung für einen biologischen Garten? Hier gilt vor allem der Grundsatz: Nicht die Pflanze, sondern das Bodenleben wird ernährt. Es wird zu eigener Produktion angeregt. Natürliche Düngung erreicht also – auch wenn sie direkt aufs Land gestreut wird – die Pflanzen im Allgemeinen erst auf dem Umweg über das Bodenleben. Die organischen Dünger, die in diesem Kapitel beschrieben werden, müssen erst durch Mikroorganismen aufgeschlossen und in eine für die Pflanzen verfügbare Form umgewandelt werden. Dies geschieht entweder auf dem Umweg über den Kompost oder direkt im Boden. In gepflegter, humusreicher Erde sind ständig unzählige Lebewesen damit beschäftigt, Nahrung herzustellen – für sich selbst und für die Pflanzen. Aber erst, wenn genügend Wasser in dieser »Garküche« zur Verfügung steht, kann eine Nährbrühe zusammengebraut werden, die die Wurzeln durch ihre winzigen Porenöffnungen aufnehmen können.

Auch chemisch hergestellte Nährsalze sind wasserlöslich und werden den Pflanzen als nahrhafte Flüssigkeit verabreicht. Dies war ja gerade im vorigen Jahrhundert die revolutionierende Entdeckung des Justus von Liebig: »Die Pflanze nährt sich von wasserlöslichen Nährstoffen.« Die gesamte Erzeugung des so genannten Kunstdüngers und seine weltweite Anwendung beruht auf dieser Erkenntnis.

Gibt es denn überhaupt einen Unterschied zwischen der organischen und der chemisch zubereiteten Suppe? Handelt es sich nicht in beiden Fällen um eine Flüssigkeit, in der lebensnotwendige Nährstoffe aufgelöst wurden? Der Biogärtner muss dazu Folgendes wissen:

Chemische Düngesalze sind sehr leicht löslich und können deshalb von den Wurzeln auch sehr schnell und mühelos aufgenommen werden. Die Pflanzen haben bei ständiger und intensiver Düngung mit diesen salzigen Nährlösungen praktisch keine Auswahlmöglichkeit. Sie nehmen, was ihnen eingeflößt wird. Eine Überdüngung ist leicht möglich. In den Blättern sammeln sich dann unter Umständen überschüssige Stickstoffsalze an (Luxuskonsum!). Auch der osmotische Druck wird durch die Salze verändert. Dadurch steigt mehr Wasser in das Pflanzengefüge. Die Folgen sind aufgeschwemmtes Gewebe und nachlassende Widerstandskraft.

Das Wurzelsystem wird in diesem »Schlaraffenland« geradezu zur Faulheit animiert. Nahrungssuche wird ja überflüssig. Caspari berichtet, dass die Knöllchenbakterien, deren Stickstoffproduktion praktisch nicht mehr gefragt ist, ihre Tätigkeit einstellen und verschwinden. Auch die Regenwürmer ziehen sich zurück, wo die Erde systematisch mit löslichen Salzen gedüngt wird.

Das Bodenleben wird nicht mehr gefordert und verarmt. Die Reizwirkung der konzentrierten Salze auf das Wachstum zieht außerdem einen hohen Humusverbrauch nach sich. Die Struktur der Böden verändert sich. Chemische Dünger sind allein aber nicht in der Lage, neuen Humus zu bilden. Deshalb lässt die Qualität der wertvollen Gartenerde nach, wenn nicht auf andere Weise zusätzlich für organischen Nachschub gesorgt wird. In leich-

DIE DÜNGUNG IM NATURGEMÄSSEN GARTEN

ten Sandböden ist zudem die Gefahr groß, dass ein Teil der teuren künstlichen Nährstoffe im Erdbereich nicht festgehalten werden kann. Sie werden in tiefere Schichten und vor allem ins Grundwasser geschwemmt. Dort entstehen ungewollt aber gefährliche Salzkonzentrationen.

Die wichtigsten Nachteile der chemischen Salzlösungen für die Pflanzen kann jeder Gärtner selbst beobachten. Seine Gewächse besitzen weniger Widerstandskraft gegen Krankheiten und Schädlinge. Wo des Guten zu viel getan wird, da wachsen aufgeschwemmte, wenig nahrhafte Pflanzen heran. Ihr Aroma und ihre Würze lassen nach. Das Ergebnis aller Mühen schmeckt oft genug nach Wasser!

Die organische Düngung arbeitet dagegen immer zuerst mit dem Bodenleben zusammen. Die Nährstoffe werden langsam – sozusagen nach Bedarf – gelöst und den Pflanzen angeboten. Sie können – und diese Möglichkeit nehmen sie auch wahr – auswählen, was sie gerade brauchen. Eine gleichmäßige Ernährung mit gesunder Mischkost ist dadurch leichter zu erreichen. Überschüssige Nährstoffe werden von den Mikroorganismen festgehalten. Sie können deshalb nicht so schnell ausgewaschen werden.

Organische Dünger dienen nicht nur als Nahrungsgrundlage für die Pflanzen. Sie verbessern auch allgemein die Bodenfruchtbarkeit, weil sie gleichzeitig die Kleinlebewesen zur Arbeit anregen und ernähren. Die ideale Düngung im biologischen Garten besteht deshalb immer aus Kompost. Darin sind alle notwendigen Nährstoffe und Spurenelemente in aus-

■ Kompost und organische Dünger ernähren die Pflanzenvielfalt im Biogarten. Die bunten Mischkulturen stärken die Gesundheit.

gewogener Mischung vorhanden. Zusätzliche Nahrung brauchen Erde und Pflanzen in humusarmen Gärten vor allem in den Zeiten der Umstellung auf die biologische Methode. »Zusatzfutter« benötigen auch die stark zehrenden Gewächse, zum Beispiel Kohl, Gurken, Sellerie, Tomaten und Kartoffeln.

Eine sinnvoll auf die Gartenverhältnisse abgestimmte organische Düngung hat viele Vorteile: Die Pflanzen wachsen kräftig und gesund. Ihr Gewebe enthält kein überschüssiges Wasser, deshalb sind sie haltbar und lagern sich gut. Gegen Krankheiten und Schädlinge sind diese harmonisch ernährten Gewächse sehr widerstandsfähig. Zu den positiven Folgen einer natürlichen Düngung gehören auch würziges Aroma und auffallender Wohlgeschmack. Denn eine Frucht schmeckt so gut oder so schlecht wie die Nahrung, mit der sie selbst aufgewachsen ist.

Um seinen Gartenpflanzen die richtige Menükombination aufzutischen, muss ein Biogärtner aber auch genau über die Hauptnährstoffe Bescheid wissen, die die grünen Gewächse benötigen. Dazu gehören Kohlenstoff, Sauerstoff und Wasserstoff. Diese Grundelemente besorgen sich die Pflanzen selber aus der Luft und aus dem Boden. Stets nachgefüllt werden müssen Stickstoff (N), Phosphor (P) und Kali (K). Nach ihren chemischen Bezeichnungen nennt man sie abgekürzt auch NPK-Dünger. Hinzu kommen noch Kalk und Spurenelemente.

Stickstoff

Er fördert das Wachstum der Triebe und Blätter und ist der Stoff, der zur Bildung der lebenswichtigen Eiweißverbindungen gebraucht wird. Das natürliche Stickstoffreservoir ist die Luft. Bestimmte Bodenlebewesen sind Spezialisten, die den luftigen, anorganischen Stickstoff festhalten und in organische Formen umwandeln können. Dazu gehören zum Beispiel Knöllchenbakterien und andere Mikroorganismen.

Stickstoff-Dünger sind Leguminosen (Schmetterlingsblütler wie zum Beispiel Klee, Lupinen, Erbsen und Bohnen, die Stickstoff durch Knöllchenbakterien in ihren Wurzeln und im Boden anreichern) sowie die Handelsdünger Hornmehl, Hornspäne, Blutmehl und Rizinusschrot. Tierische Dünger mit relativ hohem Stickstoffanteil sind Schaf- und Ziegenmist.

Überdüngung mit Stickstoff verursacht Geilwuchs, schwammiges Gewebe und Krankheitsanfälligkeit. Die Pflanzen »schießen ins Blatt«, Blüte und Fruchtbildung leiden darunter. Starke Stickstoffüberdüngung kann sogar zu Verbrennungen führen. Strohmulch kann in Notfällen helfen. Er reißt Stickstoff an sich, weil er ein sehr weites C/N-Verhältnis hat.

Stickstoff-Mangelerscheinungen äußern sich in gelblichen Blättern. Die Verfärbung kann sogar bis in Rot-Lila-Töne übergehen.

Phosphor

Er fördert vor allem die Blüten- und Fruchtbildung und ist maßgeblich am Eiweißaufbau beteiligt. In gepflegten Humusböden sind Phosphorverbindungen meist ausreichend vorhanden. Wo das Bodenleben aktiv ist, da wird auch genügend Phosphor für die Pflanzen verfügbar gemacht.

Phosphor-Dünger sind Knochenmehl, Rohphosphat und Thomasmehl. Ein tierischer Dünger mit hohem Phosphorgehalt ist Geflügelmist (Hühner-, Tauben- und Guano-Vogelmist).

Überdüngung mit Phosphor verursacht Hemmungen im Stoffwechsel. Die Pflanzen können bestimmte Spurenelemente wie Eisen und Kupfer nicht mehr aufnehmen. Wachstumsstörungen sind die Folge.

Phosphor-Mangelerscheinungen zeigen sich in rötlichen oder bräunlich-violetten Blattverfärbungen, in schlechter Wurzelbildung und geringem Fruchtansatz.

Kali

Dieser Nährstoff sorgt für die Festigkeit des Pflanzengewebes und für einen stabilen Aufbau. Er fördert die Wurzel- und Knollenbildung. Da Kali die Wasserabgabe hemmt, schützt es die Gewächse vor Dürre und Frostschäden. Dieser Nährstoff ist besonders wichtig für den Stoffwechsel der Pflanzen. Er spielt eine Rolle

■ Überdüngung mit Stickstoff: die grünen, harten Stellen reifen nicht richtig aus.

■ Die braunen Blattränder (Nekrosen) zeigen den Kalimangel der Gurke an.

DIE DÜNGUNG IM NATURGEMÄSSEN GARTEN

bei der Photosynthese und bei der Bildung von Stärke und Zucker. Kali ist in den meisten Böden vorhanden, muss aber von den Mikroorganismen in pflanzenverfügbare Formen umgewandelt werden. Je lebendiger ein Boden ist, desto weniger leidet er unter Kalimangel.

Kali-Dünger sind Holzasche, Algenprodukte und Kalimagnesia (Patentkali). Tierische Dünger mit hohem Kaligehalt sind Geflügelmist, getrockneter Rinderdung und Schweinemist. Auch Knochenmehl enthält reichlich Kali.

Überdüngung mit Kali zeigt sich in Wuchshemmungen. Im Boden können durch Kaliüberschuss Magnesiummangel und Kalkarmut entstehen.

Kali-Mangelerscheinungen erkennt man daran, dass die Blätter an den Rändern braun werden und schließlich absterben. Die Pflanzen wachsen nicht gut und können sehr plötzlich eingehen.

Kalk

Er bindet die Säuren im Boden, festigt die Krümelstruktur und regt das Bodenleben an. Kalk gehört zu den wichtigen Bausteinen, mit denen Pflanzen ihre Inhaltsstoffe bilden. Er ist auch am Ionenaustausch beteiligt.

Kalk-Dünger sind kohlensaurer Kalk, Kalkmergel, Magnesiumkalk, Branntkalk, Thomasmehl, Gesteinsmehl und Algenkalk.

Überdüngung durch Kalk verdrängt Kali. Der Boden wird stark alkalisch. Die meisten Pflanzen bevorzugen aber leicht saure Erde.

Kalk-Mangelerscheinungen zeigen sich in schlechtem Wurzelwachstum. Der Boden wird sauer.

Spurenelemente

Diese Zusatzstoffe brauchen die Pflanzen nur in geringen Mengen – eben in Spuren. Trotzdem sind sie für Wachstum und gesundes Gedeihen sehr wichtig. Sie bedeuten für die Pflanzen etwas Ähnliches wie die Vitamine für die Gesundheit der Menschen.

Magnesium ist maßgeblich an der Bildung des Blattgrüns beteiligt. Es hat auch Einfluss auf die Lösung des Phosphors im Boden. Magnesiummangel zeigt sich durch krankhafte Veränderungen an den Blatträndern und zwischen den Blattadern. Dieses Spurenelement ist in bestimmten Steinmehlsorten, in Korallenmehl, Kalimagnesia und im Algenkalk enthalten.

Eisen ist gleichfalls an der Bildung des Blattgrüns beteiligt und spielt eine wichtige Rolle im Pflanzenstoffwechsel. Wo der Boden zu viel Kalk enthält, da wird Eisen gebunden und kann von den Gewächsen nicht mehr genutzt werden. Eisenmangel zeigt sich durch Gelbfärbung der Blätter (Chlorose). Die Blattadern zeichnen sich als grünes Netz ab. Wo zu hoher Kalkgehalt der Grund des Übels ist, helfen als Gegengabe ausnahmsweise Torf oder saurer Spezialkompost aus Laub oder Holzabfällen.

Kupfer ist Bestandteil der Enzyme und deshalb an Stoffwechselvorgängen beteiligt. Es schützt das Blattgrün. Bei Kupfermangel färben sich die Blätter hell, die Spitzen trocknen ein. Im Urgesteinsmehl, in Basaltmehl und in Algenprodukten ist dieses Spurenelement enthalten.

Molybdän spielt eine wichtige Rolle bei der Stickstoffumwandlung innerhalb der Pflanzen und für die Stickstoff bindenden Bodenbakterien. Molybdänmangel tritt nur in sauren Böden auf. Die Blätter der Pflanzen zeigen Missbildungen, der Blumenkohl bildet keine Rosen. Der pH-Wert des Bodens muss dann ausgeglichen werden, zum Beispiel durch Algenkalk.

Bodensäure und pH-Werte

Ein Gärtner, der über den Zustand seiner Erde genau Bescheid wissen möchte, muss nicht nur die Nährstoffe, sondern auch den Säuregehalt des Bodens kennen. Fachleute sprechen in diesem Zusammenhang von der Bodenreaktion und vom pH-Wert. Diese Abkürzung entstand aus den lateinischen Begriffen *potentia hydrogenii*, das bedeutet Kraft des Wasserstoffes. Die damit verbundenen chemischen Zusammenhänge sind sehr kompliziert. Für den Gärtner und die alltägliche Praxis genügt es, dies zu wissen: Hinter dem

■ Kalküberschuss verursachte die gelbe Blattfärbung (Chlorose) bei diesem Pfirsichbaum.

■ Magnesiummangel wird deutlich an den hervortretenden Blattadern dieser Gurke.

Die Praxis

pH-Wert verbirgt sich ganz einfach die Tatsache, dass ein Boden, chemisch gesehen, sauer oder alkalisch reagieren kann. Um die genauen Werte zu ermitteln, wurde eine internationale Skala festgelegt. Die Zahl 7 auf dieser Skala bestimmten die Wissenschaftler als »Neutralpunkt«. Unter 7 zeigen die Bodenwerte eine immer stärker werdende saure Reaktion an. Über 7 beginnt die alkalische Bodenreaktion.

Für den Gärtner ist es wichtig zu wissen, dass die meisten Kulturpflanzen eine schwach saure Bodenreaktion und pH-Werte zwischen 6 und 7 bevorzugen. Ausgesprochen sauer lieben es die Moorbeetpflanzen, zu denen Rhododendren, Azaleen und Heidekraut gehören. In alkalischen Böden fühlen sich nur wenige Pflanzen wohl. Schwach alkalisch darf die Erde für Süßkirschen, Kohl, Sellerie und Möhren sein. Kalk bindet Säuren und verändert die Bodenreaktion in Richtung auf den alkalischen Bereich. Torf macht die Erde sauer.

Nützliche Bodenanalyse

Natürlich kann ein Gärtner die Zusammensetzung seines Bodens und den Nährstoffgehalt nicht einfach feststellen, indem er eine Hand voll Erde aufnimmt und daran schnuppert. Genaue Aufschlüsse sind nur durch chemische und biologische Untersuchungen zu ermitteln. Eine solche Analyse kann sehr nützlich sein, vor allem bei der Umstellung auf naturgemäße Methoden. Sie erspart auch einem Biogärtner planlose, blinde Düngeversuche. Er kann ja erst nach mehreren Jahren systematischer Humuspflege sicher sein, dass sein Boden ein Gleichgewicht aller wichtigen Elemente erreicht hat. Bis es so weit ist, muss er Nährstoffe ergänzen, wo es nötig ist, und versuchen, die günstigste Bodenreaktion zu erreichen. Alle diese Einzelmaßnahmen geschehen im Biogarten aber immer in engem Zusammenhang mit der allgemeinen Bodenpflege und dem Humusaufbau.

Es gibt im Handel kleine Bodentester-Sets, mit deren Hilfe man Untersuchungen selbst durchführen kann. Genauere Auskünfte bekommt man aber nur aus wissenschaftlichen Labors. Dorthin verschickt der Gärtner mehrere Bodenproben, die er an verschiedenen Stellen entnommen hat. Dabei ist es sinnvoll, die unterschiedlichen Bereiche des Gartens getrennt zu testen. Sammeln Sie zum Beispiel Proben im Gemüsegarten, im Beerenobstquartier, vom Rosenbeet und von Spezialkulturen wie Rhododendren oder Heidelbeeren.

Die günstigste Zeit für eine Bodenuntersuchung liegt zwischen Ernte (Herbst) und Neubestellung (Frühjahr), wenn Nährstoffe verbraucht, aber noch nicht durch Kompost oder Dünger wieder aufgefüllt sind. Für jede Probe wird an 10 bis 15 Stellen Erde aus den oberen 20 cm der Humusschicht entnommen. Mischen Sie jeden Bereich separat in einem sauberen Eimer gründlich durch. Füllen Sie etwa 500 g Erde von jeder Probe in getrennte Plastikbeutel, die entsprechend gekennzeichnet werden. Legen Sie in das Paket eine Kurzinformation über die Größe und die Nutzung Ihres Gartens. Geben Sie auch an, ob Sie eine normale Grunduntersuchung oder noch zusätzliche Werte (zum Beispiel über Schwermetalle) und Düngeempfehlungen wünschen. Dann wird das Paket an eine Landwirtschaftliche Untersuchungs- und Forschungsanstalt (Lufa) geschickt. Adressen für alle Bundesländer finden Sie im Anhang.

Bei der normalen Grunduntersuchung erhält der Gärtner kurz gefasste Auskünfte über die Bodenart, den pH-Wert, den Kalkzustand und den Kalkbedarf, den Phosphor- und den Kaliwert. Oft wird auch der Magnesiumgehalt des Bodens angegeben.

Für einen Gärtner, der mit naturgemäßen Methoden arbeitet, wäre es darüber hinaus natürlich wichtig zu erfahren, wie der biologische Zustand seines Bodens aussieht. Die Fragen nach reichem oder spärlichem Bodenleben, nach der Zahl der Mikroorganismen, nach der Güte der Humusproduktion und nach naturgemäßen Düngevorschlägen sind hier vorrangig.

Antworten darauf erteilen Ihnen biologisch orientierte Spezialinstitute; eine Auswahl empfehlenswerter Adressen finden Sie im Anhang.

■ Für eine Bodenanalyse werden an verschiedenen Stellen im Garten Humusproben gesammelt.

■ Im Handel werden kleine Bodentester-Sets angeboten, mit denen man den pH-Wert messen kann.

DIE DÜNGUNG IM NATURGEMÄSSEN GARTEN

Die wichtigsten Düngemittel für den biologischen Garten

Tierische Dünger

Frischer strohiger Rindermist gehört seit alten Zeiten zu den wichtigsten Naturdüngern. Er enthält alle Nährstoffe in ausgeglichener, milder Zusammensetzung. Achtung: Alle tierischen Dünger werden ohne Kalk kompostiert. Er entbindet den wertvollen Stickstoff. Als Ammoniak würde er nutzlos in die Luft entweichen. Gut ist es dagegen, den Rindermist mit nicht kalkhaltigem Steinmehl zu überstreuen.

Frischer Mist darf – wenn überhaupt – nur im Herbst oberflächlich und dünn über die Beete gestreut werden, so dass er über Winter verrotten kann. Rindermist eignet sich als Dünger für starkzehrende Gewächse.

Getrockneter Rindermist ist besonders reich an Kali. Dieser Nährstoff fehlt in den meisten anderen organischen Düngern oder er ist darin nur in geringen Mengen vorhanden. Achten Sie bei käuflichem Rinderdung auf Hinweise, die eine gesunde Tierhaltung garantieren. Besonders gut eignet sich dieser Dünger für Rosen, Möhren und Sellerie.

Pferdemist gehört, wie jeder weiß, zu den hitzigen Düngern. Man benutzt ihn deshalb als Packung zum »Aufheizen« der Frühbeete. Er hat ähnliche Nährstoffgehalte wie Rindermist. Beide können vermischt und gemeinsam kompostiert werden. Pferdemist sollten Sie nur für Starkzehrer verwenden.

Schweinemist ist ein kalter Mist. Er enthält fast keinen Kalk, dafür aber Kali und etwas Stickstoff. Genau wie alle anderen tierischen Exkremente sollte er kompostiert werden. Er eignet sich für Sellerie, Lauch und Himbeeren.

Schaf-, Ziegen- und Kaninchenmist gehören zu den hitzigen Düngern. Ihr Stickstoffgehalt kann Geilwuchs hervorrufen. Am besten werden sie einzeln oder mit anderem Mist vermischt kompostiert. Sie eignen sich für starkzehrende Gemüse.

Geflügeldünger haben im Gegensatz zu den meisten anderen Mistarten einen hohen Kaligehalt. Ihr Hauptnährstoff ist allerdings der Phosphor (bis zu 12 % bei Guano). Auch der Stickstoffanteil ist beachtlich. Da sich dieser Stickstoff im Geflügelmist besonders schnell umsetzt, können bei Überdüngung Verbren-

Wichtige Düngemittel und ihre unterschiedlichen Nährstoffkombinationen:

Düngemittel	Stickstoff N %	Phosphor-Säure P_2O_5 %	Kali K_2O %	Kalk Ca %	Spurenelemente	Organische Substanz %
Rindermist (frischer Stallmist)	0,4	0,2	0,5	0,5	mittel	25
Rindermist getrocknet	1,64	1,55	4,25	4,19	mittel	45
Pferdemist (frischer Stallmist)	0,5	0,3	0,4	0,2	mittel	30
Hühnermist	1,5–1,7	1,5	0,8–1	3	reichlich	25–30
Hühnermist getrocknet	3–4	3–5	2–3	7–14	Magnesium 1–3 %	30–70
Peru-Guano	7	11–12	2–2,5	12–20	reichlich	40–50
Hornspäne Hornmehl	10–14	4–5	–	6	wenig	60–80
Knochenmehl	3–4	21–30	0,2	30–31	mittel	–
Rizinusschrot	5	2,5	1,5	–	–	75
Niemsamen Presskuchen	3–5	0,7	1,4–2	0,3–0,7	zahlreiche, Magnesium 0,6–0,7 %	70
Traubentrester	3,1–3,5	0,85–1,3	3,3–5,8	1,9	mehrere, Magnesium 0,3 %	90
Holzasche	–	2–4	6–10	30–35	reichlich	–
Thomasmehl	–	16–20	–	45–50	reichlich	–
Kalimagnesia	–	–	25	–	Magnesium 5–8 %	–

■ Der verrottete Misthaufen liefert ebenso wertvollen Dünger wie das Geflügel.

Die Praxis

nungen entstehen. Geflügelmist ist hitzig! Er sollte mit Erde vermischt kompostiert oder als Jauche angesetzt werden. Es gibt Hühner-, Enten- und Taubenmist.

Peru-Guano besteht aus den Exkrementen und den Kadavern der wilden Seevögel, die seit Jahrhunderten an den Küsten Perus in meterdicken Schichten abgelagert wurden. Dieser Naturdünger wird abgebaut und verkauft. Er ist besonders stickstoff- und phosphorreich. Achten Sie auf »Echten Guano«. Im Handel werden meist Mischdünger mit geringem Guano-Anteil angeboten. Da die unkontrollierte Ausbeutung der Guanoablagerungen zu ökologischen Problemen an den natürlichen Standorten führt, sollte ein verantwortungsbewusster Biogärtner überlegen, ob es nicht sinnvoller ist, sich für heimischen Hühnermist vom Ökobauern zu entscheiden.

Alle Geflügeldünger werden nur sparsam verwendet. Sie eignen sich für starkzehrendes Gemüse und fördern auch die Blütenbildung bei Zimmer-, Balkon- und Gartenblumen.

Horn-, Blut- und Knochenmehl sind tierische Düngemittel, die aus Schlachthausabfällen hergestellt werden. Wegen der BSE-Krise sind diese bewährten organischen Dünger ins Zwielicht geraten. Blut- und Knochenmehl gehören möglicherweise zum Risikomaterial. Hornprodukte sind nicht betroffen. Bitte beachten Sie die Hinweise!

Horn gibt es in verschiedenen Ausführungen: mehr oder weniger fein gemahlen als Mehl oder als Hornspäne. Je gröber die Substanz ist, desto langsamer wird sie im Boden umgesetzt. Horndünger enthalten vor allem Stickstoff und Phosphor. Blutmehl hat einen hohen Stickstoffgehalt. Hinzu kommen etwas Phosphor und Kali. Knochenmehl (entleimt oder gedämpft) hat von diesen drei Schlachthausdüngern den höchsten Phosphorgehalt, einen mittleren Stickstoffgehalt und einen geringen Anteil von Kali.

Horn-, Blut- und Knochenmehle wurden jahrzehntelang zu ausgewogenen organischen »Volldüngern« vermischt. Diese Substanzen sind nach der BSE-Krise fast ganz aus dem Angebot verschwunden. Gute biologische Mischdünger sind vor allem frei von Blutmehl. Wo noch Knochenmehl verwendet wird, stammt das Ausgangsmaterial von Tieren, die im Schlachthof für den menschlichen Verzehr freigegeben wurden.

Organische NPK-Dünger enthalten heute neben tierischen Bestandteilen wie Horn vor allem pflanzliche Substanzen wie Algen und Rapsschrot, hinzu kommen Steinmehle und Mikroorganismen.

Für alle tierischen Dünger, die nach wie vor im Biogarten verwendet werden können, gilt ein wichtiger Gesichtspunkt: Sie müssen aus einwandfreier, möglichst naturgemäßer Viehhaltung stammen. Mist von Tieren, die mit Antibiotika und Hormonfutter aufgezogen werden, ist schädlich! Ein Biogärtner sollte zum Beispiel nie Hühnermist aus den riesigen Legefabriken verwenden, in denen die Tiere unter vollkommen unnatürlichen Bedingungen »leben« müssen! Die Exkremente sind ja das indirekte Ergebnis der Fütterung und des Stoffwechsels.

Pflanzliche Dünger

Die Gründüngung

Die Bodenverbesserung mit Hilfe grüner Pflanzen ist eine sehr alte Düngemethode. Sie stammt ursprünglich aus dem Ackerbau, kann aber mit Abwandlungen auf den Garten übertragen werden. Die Gründüngung bietet verschiedene Vorteile gleichzeitig an: Die dichte oberirdische Pflanzenmasse schützt den Boden vor Verdunstung und unterdrückt unerwünschte Wildkräuter. Werden die Blätter abgemäht oder ausgerissen, so liefern sie Material zum Mulchen und zum Kompostieren.

■ Eine Gründüngungsmischung aus Senf und Leguminosen regeneriert den Boden.

■ Phazelia oder Bienenfreund bietet gleichzeitig Bodenverbesserung und Bienennahrung.

■ Der rot blühende Inkarnatklee gehört zu den Schmetterlingsblütlern, die Stickstoff sammeln.

DIE DÜNGUNG IM NATURGEMÄSSEN GARTEN

Das vitale, ausgedehnte Wurzelwerk dieser Pflanzenspezialisten bringt weitere wichtige Vorteile: Der Boden wird gelockert, durchlüftet und mit organischer Masse angereichert. Einige Grünpflanzen sind in der Lage, in Knöllchen an ihren Wurzeln Stickstoff zu sammeln. Diese Düngerproduktion funktioniert allerdings nur im Teamwork mit bestimmten Bakterien. Andere Pioniere, deren Wurzeln sehr tief reichen, tragen durch ihre Ausscheidung dazu bei, Nährstoffe aus den Mineralien des gewachsenen Bodens zu lösen. Weil die unterirdischen Wirkungen der Gründüngung so wichtig sind, werden die Wurzeln möglichst nicht ausgerissen, wenn die oberirdische grüne Decke wieder entfernt wird.

Im Nutzgarten wird die Gründüngung als eine Art »Schichtwechsel« eingesetzt. Überall dort, wo ein Beet abgeerntet ist, kann vorübergehend eine Pflanzenart eingesät werden, die die Erde regeneriert. Eine wichtige Rolle spielt die Gründüngung bei der Erschließung eines Baugrundstücks. Dort hinterlassen Maschinen und Handwerker oft einen völlig verwüsteten und verdichteten Boden. Die »grünen Pioniere« können hier helfen, wieder Luft und Leben in die Erde zu bringen. Sie sollten vor jeder anderen Kulturmaßnahme ausgesät werden.

Stickstoff sammelnde Pflanzen sind die Leguminosen (Schmetterlingsblütler). Zu ihnen zählen einige Kleearten, Wicken, Lupinen und auch die Gemüsepflanzen Erbsen, Bohnen und Sojabohnen. Mit den Wurzeln dieser Pflanzen bilden bestimmte Bakterien eine enge Lebensgemeinschaft (Symbiose). Sie sammeln Stickstoff, der in Knöllchen abgelagert wird. Deshalb spricht man von Knöllchenbakterien. Mit Hilfe der Leguminosen kann der Gärtner eine gezielte Stickstoffdüngung durchführen. Einzelne Gründüngungsarten oder Gründüngungsmischungen, die auf unterschiedliche Gartenböden abgestimmt sind, gibt es inzwischen überall im Fachhandel zu kaufen. Die Mengen sind auf den Bedarf normaler Hausgärten abgestimmt. Gründüngung kann vor oder nach der Gartenkultur ausgesät werden. Einige dieser Bodenverbesserer und Naturdünger eignen sich auch als Zwischenfrucht, zum Beispiel Senf und Klee.

Senf ist für kleine Gärten ein praktischer, billiger und rasch wachsender Gründünger. Saatgut kann man überall im Handel kaufen. Die Pflanzen keimen so schnell wie Kresse. Ihre weit verzweigten Wurzeln hinterlassen einen feinkrümeligen Boden. Senf kann jederzeit bis spät in den Herbst ausgesät werden. Über Winter frieren die Pflanzen ab. Im Frühling reißt man sie dort aus, wo Platz für Kulturpflanzen benötigt wird. Rings um die Saatreihen und die Pflanzlöcher bleibt der Senf als lockere Bodendecke liegen.

Vorsicht: Wo Kohl angepflanzt wird, darf kein Senf ausgesät werden. Beide sind senfölhaltige Kreuzblütler und damit Konkurrenten. Die Phazelia (Bienenfreund) ist hier als Zwischensaat oder Vorfrucht geeignet.

Algendünger sind pflanzliche Dünger, die aus dem Meer stammen. Viele Küstenbewohner, so zum Beispiel die Bauern der Bretagne und die Landwirte Chinas, schätzen die Nährstoffe der Algen und des Seetangs schon seit Jahrhunderten. Heute weiß man, dass Algen sehr viel Kali, etwas Stickstoff und wenig Phosphor enthalten. Wertvoll ist vor allem ihr hoher Gehalt an Spurenelementen und Magnesium. Einige Arten haben bis zu 33 % Kalkgehalt (Kalkalgen).

Im Handel werden Produkte aus zwei verschiedenen Algenarten angeboten: Präparate aus getrockneten Grün- und Braunalgen sowie Algenkalk, der aus den Skeletten der Korallalgen gewonnen wird. Es handelt sich dabei um Rotalgen *(Lithothamnium calcareum)*, die vor der französischen Atlantikküste jahrtausendealte Ablagerungen bilden. Diese bestehen aus den Kalkgerüsten, die von den absterbenden Algen übrig bleiben. Die Korallalgen-Riffe werden systematisch abgebaut.

Algenkalk ist reich an Magnesium und enthält außerdem noch andere Spurenelemente und Kieselsäure. Er aktiviert den Boden. Meeresalgendünger aus Braun- oder Kieselalgen sind meist als flüssige Blattdünger im Handel. Sie regen das Wachstum an und stärken gleichzeitig die Widerstandskraft der Pflanzen.

Niemsamen, die gemahlen und ausgepresst werden, liefern einen organischen Dünger, der die Hauptnährstoffe, Magnesium und andere wertvolle Substanzen enthält. Die Samen

■ Algenernte aus dem Meer: ein Dünger, der reich an Nährstoffen und Spurenelementen ist.

■ Senfsaat ist ideal für kleine Gärten; vor der Beetbestellung wird sie abgemäht.

Die Praxis

stammen vom indischen Niembaum *(Azadirachta indica)*, von dem auch bewährte schädlingsabwehrende Mittel gewonnen werden.

Rizinusschrot wird aus einem tropischen Wolfsmilchgewächs *(Ricinus communis)* gewonnen. Er besteht aus den Rückständen, die beim Auspressen der ölhaltigen Rizinusbohnen übrig bleiben. Rizinusschrot ist ein stickstoffreiches Düngemittel, das auch reichlich organische Substanz liefert.

Menschen, deren Haut leicht allergisch reagiert, sollten beim Ausstreuen Handschuhe tragen oder diesen Dünger meiden, denn Rizinus kann Reizerscheinungen auslösen! Vorsicht ist auch bei Haustieren geboten. Es hat Vergiftungen bei Hunden gegeben, die den Dünger gefressen haben.

■ Aus den gemahlenen Samen des indischen Niembaums wird ein nährstoffreicher Dünger hergestellt.

Trester wird aus Rückständen gewonnen, die beim Auspressen von Trauben, Äpfeln und anderen Früchten entstehen. Diese Dünger sind reich an Spurenelementen. Regional waren sie schon immer von Bedeutung, inzwischen werden Trester-Produkte auch im Handel angeboten.

Achtung: Trauben- und Obstreste, die Spritzmittelrückstände aufweisen, sind für den Biogarten nicht geeignet!

Da mit Blut- und Knochenmehl nach der BSE-Krise wichtige tierische Düngemittel aus dem Handel verschwunden sind, gewinnen pflanzliche Dünger an Gewicht. Im Bezugsquellen-Verzeichnis wird deshalb auf Seite 393 und 399 auf Algen-, Niem- und Trester-Produkte besonders hingewiesen.

Holzasche ist ihrem Ursprung nach gleichfalls ein Pflanzendünger. Jeder Gärtner kann sie selber herstellen, wenn er große Äste oder verholzten Rosenschnitt verbrennt. (Falls dies erlaubt ist; die Bestimmungen sind regional unterschiedlich.) Auch die Holzasche aus dem offenen Kamin kann als Dünger verwendet werden. Im Handel wird hochwertige Buchenholzkohle verkauft. Holzasche ist ausgesprochen kalireich. Sie enthält auch Kalk und Spurenelemente. Dieser Dünger wirkt pilz- und Fäulnis hemmend. Gemüse, die Kali brauchen, zum Beispiel Möhren und Sellerie, können mit Holzasche gefördert werden. Streuen Sie den feinen Staub dünn in Saatrillen und Pflanzenlöcher. Auch Rosen lieben Holzasche. Dieser kalireiche Dünger ist ganz allgemein eine gute Ergänzung zu den meist kaliarmen tierischen Naturdüngern.

Jauche – flüssige Düngung

Sowohl tierische als auch pflanzliche Dünger können in Wasser angesetzt und als flüssige Lösungen direkt an die Pflanzen gegossen werden. Diese Jauchedüngung ist immer dann angebracht, wenn man einen kräftigen Wachstumsschub erreichen will. Starkzehrende Gewächse wie Kohl und Tomaten können solche schnell wirkenden Sonderrationen während der Vegetationszeit gebrauchen. Jauche ist im Allgemeinen stickstoff- und kalihaltig. Man muss also vorsichtig damit umgehen, um Verbrennungen und geile Triebe zu vermeiden. Durch Verdünnung ist es aber leicht möglich, milde Jauchelösungen herzustellen.

Brennnessel-Jauche

Die bekannteste Pflanzenbrühe, die jeder Biogärtner leicht selber ansetzen kann, ist die Brennnessel-Jauche. Dafür wird frisches Kraut verwendet, das vom Frühling bis zum Sommer geschnitten werden kann. Nur Samen tragende Pflanzen sind unbrauchbar.

Kleinere Mengen, zum Beispiel für Stadtgärten oder Balkone, kann man auch aus getrocknetem Brennnesselkraut ansetzen.

Zunächst benötigt der Gärtner für die flüssige Düngerproduktion ein nicht zu kleines Holz- oder Kunststoff-Fass. Es kann auch ein Steinguttopf sein. Metallfässer eignen sich nicht so gut, weil während der Gärung zwischen dem Metall und der Brühe ungünstige chemische Reaktionen stattfinden können. Über die Öffnung sollten Sie einen Holz- oder Drahtrost legen, damit keine Vögel oder andere kleine Tiere in die Flüssigkeit fallen können. Andererseits lässt das durchbrochene Gitter genügend Luft zirkulieren.

Für die Pflanzenjauche werden zunächst reichlich klein geschnittene Brennnesseln eingefüllt, dann gießt der Gärtner das Gefäß mit Wasser auf. Regenwasser wäre ideal; wo es nicht vorhanden ist, da benutzen Sie am besten abgestandenes Wasser, das einige Zeit der Sonne ausgesetzt war. Füllen Sie die Tonne

DIE DÜNGUNG IM NATURGEMÄSSEN GARTEN

nicht bis zum Rand; gut eine Handbreit sollte frei bleiben, denn während der Gärung schäumt die Jauche hoch. An einem sonnigen Platz verläuft dieser Prozess schneller. Mindestens einmal am Tag müssen Sie Ihre Jauche kräftig durchrühren, damit Sauerstoff in den Zersetzungsprozess gelangt.

Jauche entwickelt immer unangenehme Gerüche. Eine Hand voll Steinmehl, das über die Oberfläche gestreut wird, oder etwas Baldrianblüten-Extrakt können diese Begleiterscheinung mildern. Manche Jauche-Spezialisten verpacken das Grünzeug in poröse Säcke, ehe sie es in der Tonne versenken. So wollen sie verhindern, dass die zersetzte Pflanzenmasse später die Gießkanne verstopft. Sie können die Brühe aber auch vor dem Gebrauch sorgfältig durchsieben. Dies ist nur nötig, wenn die Brennnessel-Jauche zur Pflanzenstärkung über die Blätter gebraust wird. Im Allgemeinen gießt der Gärtner die nahrhafte Brühe mit breitem Strahl direkt in den Wurzelbereich der Pflanzen. Dann stören Rückstände überhaupt nicht.

Die Jauche muss vor der Verwendung auf jeden Fall abgemessen und verdünnt werden. Im Normalfall rechnet man mit einem Verhältnis von 1:10. Haben Sie in einem kleinen Topf einen sehr intensiven Extrakt angesetzt, dann verdünnen Sie besser auf 1:20. Auch für empfindliche Gewächse verwenden Sie lieber schwache Düngerlösungen.

Ihre Jauche ist fertig zum Gebrauch, wenn sie eine dunkle Farbe angenommen hat und nicht mehr schäumt. Je nach Witterung ist das nach 1 1/2–3 Wochen der Fall. Nun können Sie auch einen Deckel auf das Fass legen. Die nahrhafte Brühe hält sich bis zum Ende des Gartenjahres. Im Herbst können Sie unverbrauchte Reste über den Kompost gießen. Wenn das Wachstum im nächsten Frühling wieder kräftig einsetzt, ist es auch Zeit, neue Jauche anzurühren.

■ Selbst angesetzte Pflanzenjauche ist der preiswerteste Dünger im naturgemäßen Garten. Brennnesseln und Beinwell werden in Holz-, Steingut- oder Plastikgefäßen vergoren (1). Frisches Brennnesselkraut wird geschnitten (2), das Fass mit Regenwasser aufgefüllt (3). Steinmehl bindet unangenehme Gerüche (4). Die fertige Jauche muss verdünnt werden (5).

Die Praxis

Brennnesseln ergeben eine ideale Flüssigdüngung für biologische Gärten. Sie wirkt ausgleichend und heilend, fördert das Wachstum und die Chlorophyllbildung. Regenwürmer lieben Böden, die mit Brennnessel-Jauche gedüngt werden. Die meisten Pflanzen des Blumen-, Gemüse- und Obstgartens können mit dieser preiswerten, gesunden Pflanzenbrühe ernährt werden. Nur Bohnen, Erbsen, Zwiebeln und Knoblauch vertragen diese stickstoffreiche Düngung nicht. Außer Brennnesseln können auch noch andere Pflanzen als Jauche angesetzt werden.

Andere Jauchen

Beinwell oder Comfrey *(Symphytum officinale oder S. asperum)* sind stark eiweißhaltige Heilpflanzen. Sie können im Garten angebaut und mehrmals im Sommer abgeerntet werden. Die großen Blätter liefern reichlich Material für Jauche. Die Comfreybrühe ist stickstoff- und kalihaltig. Nach Erfolgsberichten von Biogärtnern fördert sie ganz besonders Tomatenpflanzen. Comfreyblätter können auch gut mit Brennnesseln gemischt werden.

Gemischte Kräuter können gleichfalls in Wasser angesetzt werden: Hirtentäschel, Schachtelhalm, Kamille, Löwenzahn sowie Zutaten aus dem Küchenkräutergarten wie Pfefferminze, Schnittlauch, Ysop, Majoran und viele andere eignen sich für eine »Gewürzjauche«.

Ein Biogärtner, der die Natur genau und liebevoll beobachtet, darf bei der Zusammenstellung solcher Pflanzenjauchen ruhig experimentieren. Die Kräuter können untereinander und mit Brennnesseln oder Comfrey vermischt werden. Auch Rainfarn, Farnkraut, Zwiebeln und Knoblauch eignen sich als Zutaten für Flüssigdünger. Sicher gibt es noch andere Möglichkeiten, die auf die Entdeckung einfühlsamer Gärtner warten.

Ein wenig tierischer Dünger, zum Beispiel Kuhfladen oder Hühnermist, kann zur Abrundung ebenso unter die Kräuterbrühe gemischt werden wie eine Schaufel voll reifer Kompost oder ein im Handel erhältlicher Kompoststarter.

Kompost-Brühe ist ein Flüssigdünger, den man aus nahrhafter Komposterde ohne andere Zusätze erhält. Füllen Sie dazu einen Eimer voll reifen Kompost in eine Tonne, und gießen Sie 10 Liter Wasser dazu. Alles wird nun kräftig durchgerührt. Anschließend müssen sich die übrig gebliebenen festen Erdteilchen am Boden absetzen. Nun kann der Biogärtner das Kompostwasser mit den darin aufgelösten Nährstoffen als milde Düngung direkt an die Pflanzen gießen.

Flüssiger Mist entsteht, wenn Sie tierische Exkremente in der gleichen Weise wie die Pflanzen in einer Tonne mit Wasser ansetzen. Kuhmist ohne Stroh, frischer oder getrockneter Hühnerdung und Guano eignen sich dazu. Auch hier helfen Zusätze von Steinmehl und Heilkräutern.

■ Die Beinwellstauden liefern reichlich Blätter für eine Jauche, die Kali und Stickstoff enthält.

■ Schnittlauch kann, wie viele andere Kräuter, als wertvolle Zutat in die Brennnessel-Jauche gestreut werden. Auch eine gemischte Kräuter-Jauche ist eine Wohltat für den Garten.

DIE DÜNGUNG IM NATURGEMÄSSEN GARTEN

Jauche wird möglichst an trüben Tagen auf feuchte Erde verteilt. Gießen Sie die verdünnte Brühe in den Wurzelbereich der Pflanzen, nicht über die Blätter! Besonders bei trockenem Wetter besteht sonst Verbrennungsgefahr. Je milder eine Pflanzenjauche angesetzt ist, desto weniger sind unerwünschte Begleiterscheinungen zu befürchten. Mit dieser »Nahrung aus der Gießkanne« können Sie im Mischkulturen-Beet sehr gezielt düngen. Ganz gefahrlos ist die Wirkung aller Jauchen, wenn Sie den Kompost damit begießen. Dieser »Umweg« lohnt sich immer. Der große Vorteil der Naturdüngung mit Jauche: Sie ist sehr preiswert, und Sie wissen immer, »was drin ist«.

Natürliche Mineraldünger

Es ist ein weit verbreiteter Irrtum, Mineraldünger grundsätzlich mit chemischen, künstlichen oder synthetischen Düngern gleichzusetzen. Unter »Kunstdüngern« versteht man nur die wasserlöslichen, industriell hergestellten Düngesalze. In der Natur gibt es reiche Mineralvorkommen, deren Salze oder Gesteine abgebaut und dann als Dünger benutzt werden. Auch in biologischen Gärten! Kalk, Rohphosphat und Kalisalze gehören dazu. Und sie sind keineswegs des Teufels! Allerdings sollten sie nur dann benutzt werden, wenn ein Boden unbedingt Phosphor, Kali oder Kalk braucht.

Um die Nebel, die sich um den Begriff »Mineral« angesammelt haben, ein wenig zu lichten, ist es vielleicht nützlich, wenn auch ein Biogärtner sich einmal einprägt, wie dieses Wort aus dem Fachbereich der Geologie im Lexikon definiert wird. Im »Brockhaus« ist unter dem Stichwort »Mineralien« nachzulesen:
»… chemisch und physikalisch einheitliche nicht an Lebewesen gebundene oder von Menschenhand erzeugte Bestandteile der Erdkruste und der Meteorite, auch Reste abgestorbener Lebewesen und Neubildung bei Bränden an Bauten und Hochöfen.«

Zu den wichtigsten Mineralien auf der Erde gehören unter anderem: Elemente (Spurenelemente), Sulfide, Nitrate, Oxide, Sulfate, Phosphate und Silikate. Mit solchen Stoffen, die zum Teil von Ablagerungen aus den Urzeiten unseres Planeten stammen, haben wir es zu tun, wenn wir von »natürlichen Mineraldüngern« sprechen. Sie stammen sozusagen »aus dem Bauch der Erde«.

Um sie wieder für die Erde nutzbar zu machen, müssen sie allerdings zuerst »von Menschenhand« bearbeitet und umgewandelt werden.

Rohphosphat entstand in lange zurückliegenden Erdzeiträumen, als die Knochen und die Zähne toter Tiere in kalkhaltigen Gewässern chemisch umgesetzt wurden. Daraus wuchsen Ablagerungen, die heute abgebaut und industriell verarbeitet werden. Als fein vermahlenes Produkt kommt Rohphosphat in den Handel. »Hyperphos« enthält etwa 26 % Phosphorsäure und wirkt sehr langsam. Dieser Dünger eignet sich für saure und neutrale Böden. Schnell wirkende Phosphorsalze (zum Beispiel Superphosphat) sind für naturgemäße Gärten nicht empfehlenswert.

Thomasmehl fällt als Nebenprodukt bei der Verhüttung phosphorhaltiger Eisenerze an. Die fein vermahlene Schlacke enthält etwa 15 % Phosphorsäure. Hinzu kommen Mangan, ein hoher Kalkanteil und Spurenelemente. Thomasmehl gibt seine Wirkstoffe langsam ab, da sein Phosphatgehalt erst von den Bodenorganismen aufgeschlossen werden muss. Deshalb wird es über Winter im Garten ausgestreut. Thomasmehl eignet sich wegen seines hohen Kalkgehaltes vor allem für saure Böden.

Kalimagnesia sind Gemische aus Kalium- und Magnesiumsulfat. Sie stammen aus den Salzablagerungen urzeitlicher Meere und werden im Bergbau gewonnen. Kalisalze enthalten Kochsalz. Sie müssen, um nicht pflanzenschädlich zu wirken, aufbereitet werden. Zu empfehlen sind Kalidünger mit hohem Kalianteil und möglichst wenig Kochsalz. Patentkali ist ein chloridfreier Kali-Magnesiumdünger.

Biogärtner sollten wissen: Kalisalzdünger setzen sich schnell im Boden um (im Gegensatz zu den langsam wirkenden Phosphorsalzen) In lehmigen und tonhaltigen Böden ist der Nährstoff Kali meist ausreichend vorhanden. Unter Kalimangel leiden vor allem Sand- und Moorböden. In biologischen Gärten, die schon länger nach naturgemäßen Methoden bearbeitet werden und die deshalb eine lebendige, aktive Humusschicht besitzen, ist eine direkte Kalidüngung meist nicht nötig. Hier genügen die Kalianteile in der Pflanzenjauche, im Kompost und in der Holzasche. Durch das aktive Bodenleben werden die Kalireste in der Erde ständig für die Pflanzen aufgeschlossen.

Ganz allgemein sollte ein Biogärtner sich einprägen: Wo nicht unbedingt wegen akuter Mangelerscheinungen eine direkte Nährstoffversorgung notwendig wird, da sollten alle Düngemittel zuerst in den Kompost gestreut werden – natürlich nicht alle auf einmal, sondern in individueller Auswahl. Über diesen »Umweg« wirken sie besonders harmonisch, da sie bereits in die vielfältigen Umsetzungsprozesse einbezogen wurden. Andernfalls müssen Dünger 2–4 Wochen, bevor ein Beet bepflanzt oder eingesät wird, ausgestreut werden. Der Gärtner harkt sie in die oberste Bodenschicht ein – am besten, wenn der Boden feucht ist. Bei trockener Witterung muss anschließend gewässert werden. Auch im Herbst kann mit langsam wirkenden Produkten schon »auf Vorrat« für die Frühjahrsbestellung des kommenden Jahres gedüngt werden.

Dünger bedeuten für den biologischen Garten Hilfsmittel. Sie sind keine ständige Einrichtung. Nur wo es wirklich notwendig ist, werden sie gezielt eingesetzt. Wer einen gepflegten, lebendigen Humus besitzt, kann weitgehend auf zusätzliche Dünger verzichten.

Die Praxis

Bodenverbesserungsmittel

Außer den direkten Nährstofflieferanten, den Düngern, gibt es für naturgemäße Gärten noch einige Mittel, die allgemein den Zustand des Bodens verbessern. Sie regen entweder die Tätigkeit der Kleinlebewesen an, oder sie nehmen auf chemisch-physikalischem Wege Einfluss auf die Erde. So verbessern sie ihre Struktur, ihren Säuregehalt oder ihre Fähigkeit, Wasser festzuhalten. Wer diese Mittel im richtigen Zusammenhang einsetzt, der kann viel damit erreichen.

Gesteinsmehle

Ein mehlfeiner Staub aus Gesteinen entsteht seit Jahrmillionen überall, wo die Naturgewalten im Zeitlupentempo die Gebirge abschleifen. Wind, Wasser und Gletschereis zermahlen die Oberfläche der Felsen. Der Wind trägt den Staub fort und lagert ihn irgendwo ab. Aber auch die großen Flüsse der Erde bringen seit undenklichen Zeiten Steinmehl aus ihren Quellgebieten in den Bergen hinunter in die Ebenen. Als fruchtbaren Schlamm wälzen die langsam und träger gewordenen Wasser den Felsenstaub an die Ufer. In den großen Stromtälern des Nils, des Ganges und des Jangtsekiangs entstanden auf diese Weise fruchtbare Ackerlandschaften. Die Ströme düngten die Felder mit dem Mineralreichtum der Gebirge.

Etwas Ähnliches spielt sich im Zeitraffertempo ab, wenn Gesteine industriell bearbeitet werden. Auch hier fällt feiner Staub ab. Er besitzt die gleichen Eigenschaften wie das unendlich langsam gewachsene Naturprodukt. Diese Gesteinsmehle aus Basaltwerken oder Granitbrüchen sind der »Nilschlamm des kleinen Mannes«.

Gesteinsmehl ist allerdings nicht gleich Gesteinsmehl. Die Zusammensetzung der Inhaltsstoffe wechselt, je nachdem aus welchem Gebirge das Material stammt. Unterschiedlich ist vor allem der Gehalt an Kalk, Kali und Magnesium. Allen Steinmehlen gemeinsam ist ihr Reichtum an Spurenelementen aller Art. Der feine, fruchtbare Staub wirkt aber nicht als direkte Düngung. Die Mineralien und Spurenelemente müssen zuerst im Boden gelöst und aufbereitet werden. Dies geschieht vor allem durch die Mikroorganismen, aber auch durch physikalisch-chemische Prozesse. Die gute Wirkung der Steinmehle ist deshalb sehr abhängig von der Lebendigkeit der Humusschicht.

Diese Bodenverbesserungsmittel besitzen einige Vorteile, die kein anderes Präparat im Biogarten bieten kann: Sie bilden eine Art Düngersparbüchse im Boden. Ihre Wirkstoffe gelangen ganz langsam und kontinuierlich in den lebendigen Kreislauf. Deshalb kann ein Gärtner mit Steinmehl praktisch keine Düngefehler machen. Für Anfänger und für Gärten, die gerade auf naturgemäße Methoden umgestellt werden, bedeuten sie daher eine wichtige Hilfe auf dem Weg zur Fruchtbarkeit.

Steinmehle verbessern außerdem die Fähigkeit des Bodens, Wasser und Nährstoffe festzuhalten. Wo regelmäßig Steinmehl gestreut wird, da werden die Bodenkrümel stabiler, da nehmen die wertvollen Huminstoffe zu, da vermehren sich die Mikroorganismen, da gibt es immer Nahrungsreserven.

Der Felsstaub hat auch die Eigenschaft, seine Oberfläche außergewöhnlich weit auszudehnen. Dadurch kann sehr viel lebenswichtige Feuchtigkeit im Boden gebunden werden. Dadurch steigt aber auch die Fähigkeit zum Ionen-Austausch. Dies ist ein so wichtiger Vorgang für die Pflanzenernährung, dass er kurz erklärt werden muss: Kleine Bodenteilchen besitzen die Fähigkeit, winzige elektrisch geladene Molekülteile an ihrer Oberfläche festzuhalten. Sobald das Element Wasser hinzukommt, können diese Miniteilchen gegen andere chemisch gleichwertige Teilchen aus-

■ In einem Steinbruch fällt das wertvolle Steinmehl in großen Mengen als Abfallmaterial an.

DIE DÜNGUNG IM NATURGEMÄSSEN GARTEN

getauscht werden. Die winzigen Einheiten, mit denen hier »gehandelt« wird, nennt man Ionen. Da einige Steinmehle ihre Oberfläche sehr weit ausdehnen können, haben sie Platz für viele Ionen, die sie dann im großen Wechselspiel des Bodenlebens den Mikroorganismen oder den Wurzeln der Pflanzen als Nährstoffe anbieten können.

Eine solche Quellfähigkeit besitzen vor allem die Tonmehle. Sie werden nach ihren Fundorten in Frankreich oder Amerika Montmorillonit oder Bentonit genannt. Diese Steinmehle, die reich an wertvollen Tonmineralien sind, eignen sich besonders zur Verbesserung sandiger Böden. Außerdem gibt es noch die so genannten Urgesteinsmehle, die meist aus Granit oder Basaltmehl bestehen. In der Schweiz kennt man das Gesteinsmehl »Gotthard«, das aus verschiedenen Gesteinen des gleichnamigen Gebirges gemischt wird. Es besitzt eine ähnliche Zusammensetzung wie der Nilschlamm. Aus Kalksteinmagnesium wird dagegen ein kalk- und magnesiumreiches Steinmehl gewonnen, das sich besonders für kalkarme, saure Böden eignet. Reich an Tonerde, Kalk, Kali, Magnesium und Spurenelementen ist auch Lava-Mehl, das von Vulkangestein stammt. Es wird zum Beispiel in der Eifel gewonnen.

Beim Kauf eines Steinmehls muss der Gärtner immer auf die Zusammensetzung achten. Sie sollte diejenigen Stoffe enthalten und diejenigen Eigenschaften besitzen, die seiner Erde fehlen. Steinmehldüngung und Bodenverbesserung bedeuten immer die Wahl des kleinsten Risikos. Grobe Fehler kann niemand damit machen.

Kalk

Kalk ist, so wie er heute gefunden und abgebaut wird, ein Mineral. Er wird aus Kalkgestein wie Marmor, Kreide, Dolomit oder Mergel gewonnen. Da diese Gesteine aber in sehr weit zurückliegenden Zeiten der Erdgeschichte aus Ablagerungen von Tieren und Pflanzen entstanden sind, gehörte dieses versteinerte Material ursprünglich einmal zu den organischen Stoffen. Aus diesem lebendigen Zustand versank es gewissermaßen in einen anorganischen Tiefschlaf. Caspari definiert sehr treffend: »Kalk ist ein fossiles Produkt aus lebendigem Stoffwechsel geologischer Epochen.«

Im Garten wird dieses »Fossil« wieder zum Leben erweckt. Kalk bindet Säuren im Boden. Er schließt Nährstoffe auf. Er verbessert die Krümelstruktur und regt das Bodenleben an. Dennoch ist Vorsicht geboten beim Umgang mit diesem Bodenverbesserer. Ein Übermaß an Kalk kann Schäden hervorrufen, die nur schwer wieder zu regulieren sind. Es entsteht eine stark alkalische Bodenreaktion. Dadurch werden wichtige Spurenelemente, aber auch die Phosphorsäure in der Erde gebunden. Sie sind für die Pflanzen nicht mehr erreichbar, so dass Mangelkrankheiten entstehen.

Eine kräftige Kalkdüngung kann zunächst sehr wachstumsanregend wirken. Sie hat aber durch den gesteigerten Stoffwechsel der Pflanzen auch einen höheren Humusverbrauch zur Folge. Wenn dann nicht für organischen Nachschub gesorgt wird, verarmt der Boden. »Kalk und Humus fressen sich gegenseitig auf«, warnt Caspari. Nicht umsonst sagten die Bauern früher: »Kalk macht reiche Väter und arme Söhne!«

In einem nach biologischen Methoden gepflegten Garten ist das Kalkproblem eigentlich nur eine Randerscheinung. Durch die naturgemäßen Pflegemaßnahmen wird der Kalkgehalt im Allgemeinen ausgeglichen sein. Deshalb sollte sich der Biogärtner vor allem einige grundsätzliche Gesichtspunkte merken: Böden mit niedrigem pH-Wert brauchen eine Kalkaufbesserung. Aber gerade hier ist besondere Vorsicht geboten, weil zum Beispiel leichte Sandböden größere Mengen dieses Minerals nicht verkraften können. Lehmige Erde enthält meist genügend Kalkvorräte. Ihr pH-Wert liegt in der Regel in einem schwach sauren bis neutralen Bereich, der den meisten Pflanzen zusagt. Wenn schwere lehmige oder sogar tonige Böden dennoch einmal unter Kalkmangel leiden, so können sie mit schnell wirkendem Branntkalk versorgt werden. Genauen Aufschluss über den Kalkgehalt eines Bodens gibt eine Bodenanalyse. Der Gärtner kann auch selbst eine schnelle Probe machen, wenn er sich einen der überall im Handel erhältlichen Kalkprüfer besorgt. Unkompliziert und zuverlässig ist zum Beispiel der »Calcitest«.

Einen deutlichen Fingerzeig in Richtung Kalkgehalt können auch Pflanzen geben. Schlechten Kalkzustand signalisieren zum Beispiel Ackerstiefmütterchen, Adlerfarn, Pechnelke, Kleiner Ampfer und Silbergras. Von gutem Kalkzustand »erzählen« dagegen Huflattich, Kleiner Wiesenknopf, Esparsette, Salbei und Wegwarte.

■ Steinmehl verbessert mit seinem reichen Gehalt an Spurenelementen und Magnesium sowohl den Kompost als auch die Erde der Beete.

Die Praxis

Biogärtner können den Kalkgehalt ihrer Gartenerde im Gleichgewicht halten, wenn sie mäßig, aber regelmäßig kalkhaltige Düngemittel verwenden. Dazu gehören: Steinmehl, Knochenmehl, Holzasche und Kompost. Auch Thomasmehl enthält Kalk. Eine Extradüngung mit Kalk ist bei konsequenter Anwendung der biologischen Maßnahmen meist nicht nötig. Kalkdünger für »Notfälle« sind:

Kalksteinmehl ist ein kohlensaurer Kalk, der aus gemahlenem Kalkbruch besteht. Er eignet sich für leichte und mittelschwere Böden.

Kalkmergel besteht aus einer erdigen Mischung, die Ton, Sand und 50–75 % kohlensauren Kalk enthält. Er wirkt mild und langsam und eignet sich deshalb vor allem für leichte Böden. Mergel ist ein seit Jahrhunderten bewährter, empfehlenswerter Kalkdünger.

Kohlensaurer Magnesiumkalk enthält das wichtige Spurenelement Magnesium.

Branntkalk entsteht aus gebranntem Kalkstein. Er ist sehr »durstig« und verbindet sich schnell mit dem Wasser in der Erde. Deshalb wirkt er in sehr kurzer Zeit. Branntkalk eignet sich für schwere Böden. Er darf aber nie auf leichten Sandböden eingesetzt werden.

Löschkalk wirkt ähnlich wie Branntkalk.

Meeresalgenkalk ist ein Produkt aus den Ablagerungen der Korallalgen. Er enthält 80 % kohlensauren Kalk, 10 % Magnesium und viele Spurenelemente. Für Biogärten ist er besonders empfehlenswert.

Kalkdünger werden am besten im Herbst auf den Erdboden gestreut und nur sehr oberflächlich eingehärkt. Der rasch wirkende Branntkalk kann auch noch im Frühling – spätestens 14 Tage vor der Aussaat oder Pflanzung – verwendet werden. Vergessen Sie aber nie: Kleine Kalkgaben, wenn nötig öfter wiederholt, sind besser und ungefährlicher als eine starke Kalkdüngung!

Torf

Torf wurde jahrzehntelang in vielen Gärten als »Mädchen für alles« benutzt. Es war geradezu eine gedankenlose Unsitte, überall den braunen Mull auszustreuen, weil es so »schön ordentlich aussieht«. Sogar Rosen wurden im Herbst bis zur »Halskrause« mit Torf eingepackt. Die meisten Freizeitgärtner vergaßen dabei zwei wichtige Gesichtspunkte: Torf macht den Boden, wo er ständig benutzt wird, sauer. Und: Torf besitzt in seiner Naturform keinerlei Düngewirkung. Er wird zwar im Handel »Düngetorf« genannt, aber das ist eine missverständliche Bezeichnung. Nährstoffe besitzen nur die Torfmischdünger, die mit Stickstoff, Phosphorsäure, Kali und Spurenelementen künstlich angereichert werden.

Der besondere Wert des Torfs liegt in seiner Fähigkeit, viel Feuchtigkeit aufzunehmen. Dadurch kann er sowohl in schweren als auch in leichten Böden den Luft- und Wasserhaushalt verbessern. In sandiger Erde dient Torf als Feuchtigkeitsreservoir, in lehmiger Erde bindet er überschüssiges Wasser. Sehr gefährlich kann es sein, trockenen Torf in den Boden einzuarbeiten. Er nimmt in diesem Zustand keine Feuchtigkeit auf, und die Pflanzen in der näheren Umgebung können regelrecht verdursten. Wo dieser physikalische Bodenverbesserer benutzt wird, da muss er vorher immer gut angefeuchtet werden.

Im Biogarten sollte Torf nicht mehr eingesetzt werden. Höchstens im Notfall kann einmal ein zu stark alkalisch reagierender Boden mit Torf in eine saure Richtung gelenkt werden. Eine naturgemäße Wohltat wäre dieses Produkt der Sümpfe für Moorbeetpflanzen, wenn seine Gewinnung nicht durch die Zerstörung wertvoller Lebensräume erkauft würde. Rhododendren, Azaleen, Heidekraut und Hortensien brauchen zwar ein saures Bodenmilieu, aber dies kann ein Biogärtner auch mit Laubkompost und Rindenmulch erreichen. Rosen lieben dagegen lehmige Erde. Es ist Unsinn, sie mit saurem Material zu »füttern«.

Zum allgemeinen Verständnis der Zusammenhänge trägt sicher die Entstehungsgeschichte dieses viel gepriesenen braunen Stoffes bei. Torf ist ein überwiegend organisches Material. Verwesende Pflanzenteile wurden unter Wasser durch Sauerstoffmangel konserviert. Wir haben es sozusagen mit »Mumien« zu tun, einem merkwürdigen Grenzzustand zwischen Leben und Tod. Es gibt **Niedermoortorf**, der kalkhaltig ist und einen neutralen bis schwach alkalischen pH-Wert besitzt. Er entstand aus verschiedenen Wasserpflanzen. **Hochmoortorf** setzt sich dagegen hauptsächlich aus Moosen zusammen. Er ist arm an Nährstoffen und Kalk. Die ältere Form des Hochmoortorfes ist der **Schwarztorf**. Dieses Material ist schon stärker zersetzt und nimmt weniger Wasser auf.

Die jüngere Form des Hochmoortorfes, der so genannte **Weißtorf**, ist wenig zersetzt und kann durch seine faserige Struktur am besten

■ Ackerstiefmütterchen gehören zu den Zeigerpflanzen, die einen schlechten Kalkzustand des Bodens signalisieren können.

DIE DÜNGUNG IM NATURGEMÄSSEN GARTEN

schwere Böden lockern und reichlich Wasser aufnehmen. Wer Torf benutzt, der sollte daran denken, dass durch den rasanten Abbau dieses Naturstoffes Sumpfgebiete und Moore mit ihren reichen Lebensgemeinschaften unwiederbringlich vernichtet werden! Im Biogarten hat dieser Naturstoff trotz der beschriebenen Eigenschaften nichts mehr zu suchen. Der Schutz der gefährdeten Natur geht vor. Für die Bodenverbesserung gibt es genügend andere organische Hilfsstoffe.

Rindenmulch und Rindenhumus

Anstelle von Torf gewinnen Produkte aus Baumrinde immer mehr Bedeutung für den Garten. Dieser natürliche, stets nachwachsende Rohstoff bleibt als Abfall in der Papierindustrie, der Bauholzproduktion, der Möbelherstellung und anderer Holzverarbeiter übrig. Der größte Teil der Rinde fällt in großen Entrindungsanlagen an.

Rindenmulch besteht aus grob zerkleinerten Rindenstücken. Dieses Material eignet sich gut zur Bodenbedeckung, vor allem für Säure liebende Pflanzen. Es besitzt einen niedrigen pH-Wert und keine Nährstoffe. Wo Rindenabfälle leicht in den Boden eingearbeitet werden und langsam verrotten, muss mit Stickstoff gedüngt werden, sonst entstehen bei den Umsetzungsprozessen Mangelerscheinungen. Rindenmulch schützt die Bodenfeuchtigkeit, unterdrückt Unkraut, lockert den Boden und bewirkt eine Veränderung in den sauren Bereich.

Rindenhumus besteht aus kompostierter Rinde, die mit Stickstoff angereichert wurde. Während der Umsetzungsprozesse in großen Mieten werden auch schädliche Stoffe wie zum Beispiel Gerbsäuren, Harze, Phenole u.a. abgebaut.

Rindenhumus hat einen mittleren pH-Wert um 6. Er dient mit seinem hohen Gehalt an organischer Masse der Bodenverbesserung. Beim Kauf von Rindenprodukten sollte ein Biogärtner auf gute Qualität achten. Wichtig ist, dass das verwendete Holz keine giftigen Pflanzenschutz-Rückstände enthält! Eine Qualitätsgarantie verspricht zum Beispiel das RAL-Zeichen.

Stroh

Stroh wird von Gärtnern noch verhältnismäßig wenig benutzt. Es könnte aber anstelle von Torf als Mittel zur Strukturverbesserung schwerer und leichter Böden eingesetzt werden. Da Stroh alle Jahre neu erzeugt wird, bedeutet seine Nutzung keinerlei Raubbau. Wertvolle Naturschätze können dadurch geschont werden.

Im Handel wird das Produkt »Bihutherm« angeboten, das aus fein zerkleinertem Getreidestroh besteht und mit Stickstoff sowie Rotte fördernden organischen Substanzen angereichert ist. Dadurch wird das von Natur aus weite C/N-Verhältnis des Strohs auf günstige Werte reduziert. Dies bedeutet ganz einfach: Die Mikroorganismen haben es leichter, sich auf dieses organische Material zu stürzen und es zu zersetzen. Deshalb fördert der Strohdünger das Bodenleben und die Humusbildung. Durch die starke Aktivität entsteht sogar zeitweise erhöhte Bodenwärme. Gleichzeitig bewirkt das Material eine Lockerung und Durchlüftung des Bodens. Sowohl in lehmiger als auch in sandiger Erde wird der Wasserhaushalt verbessert.

Ein Biogärtner hat noch mehr als jeder andere Verantwortung zu tragen für die Erde. Er sollte deshalb nie unüberlegt oder aus Bequemlichkeit irgendein Verbesserungsmittel in seinem Garten einsetzen. Immer drängender wird in Zukunft die Frage auftauchen: Ist das, was mir in meinem kleinen Garten das Leben leichter macht, nicht in der großen Natur unter viel zu hohen Verlusten gewonnen worden?

Die »hausgemachte« Bodenverbesserung bleibt deshalb im biologischen Garten wichtiger als alle Zusatzstoffe.

■ Rindenhumus (links) kann zur Bodenverbesserung eingesetzt werden, während grober Rindenmulch (rechts) nur der Bodenbedeckung dient.

■ Über lange Zeiträume wurde für den Gartenhandel Torf in großen Mengen abgebaut. Dieser Raubbau zerstörte weite Sumpfgebiete und Moore. Biogärtner verzichten deshalb auf Torf!

Die Praxis

FRUCHTWECHSEL UND MISCHKULTUREN

Damit die Erde nicht müde wird

Das wussten die Bauern in Mitteleuropa schon vor über tausend Jahren: Kulturpflanzen laugen den Boden aus, wenn sie lange Zeit auf der gleichen Stelle angebaut werden. Die Erde wird müde. Deshalb »erfanden« unsere Vorfahren die Dreifelderwirtschaft und die zusätzliche Düngung. Nach Sommer- und Wintergetreide folgte ein Jahr der Brache. Das war die Zeit, in der die »Mutter Erde« ausruhen und neue Kräfte sammeln durfte.

Im kleinen, intensiv bewirtschafteten Bereich eines Gartens, wo auf verhältnismäßig engem Raum eine vielfältige Mischung aus Gemüse, Obst und Blumen gedeihen soll, wurde der Fruchtwechsel zur Fruchtfolge abgewandelt.

Auch dies ist eine systematische Reihenfolge, die sich meist über einen Zeitraum von drei Jahren verteilt. Dann beginnt der grüne Zyklus wieder von vorn. Die Brache fällt aus, weil im Garten die fehlenden Nährstoffe durch Kompost und Dünger ersetzt werden können.

Der Fruchtfolge liegen ganz bestimmte Naturbeobachtungen zugrunde. Die Gemüsepflanzen entnehmen zum Beispiel dem Boden unterschiedliche Nährstoffmengen. Deshalb teilte man sie ein in Starkzehrer, Mittelzehrer und Schwachzehrer. Auf einem gut gedüngten Beet wachsen im 1. Jahr die Starkzehrer, die reichlich Nährstoffe brauchen. Im 2. Jahr werden an ihrer Stelle die Mittelzehrer angebaut, deren Ansprüche schon etwas geringer sind. Im letzten und 3. Jahr folgen die bescheidenen Schwachzehrer, die sozusagen mit den »Brotkrumen vom Tisch des Reichen« vorlieb nehmen. Dann sind die Vorräte erschöpft, und das Beet muss mit neuer Nahrung versorgt werden, ehe wieder anspruchsvollere Gewächse darauf gedeihen können.

Dieser Anbaurhythmus ist ebenso alt wie bewährt. Auch heute noch können Biogärtner danach ihren Garten und ihre Fruchtfolge einteilen. Man weiß allerdings inzwischen, dass Bodenmüdigkeit nicht allein durch den Verbrauch der wichtigsten Nahrungsreserven entsteht. Die Pflanzen nehmen nämlich nicht nur Stoffe aus der Erde auf, sie scheiden auch selber durch die Wurzeln bestimmte Substanzen aus. Diese reichern sich im Boden an, wenn über längere Zeit die gleichen Gewächse am gleichen Platz stehen. Auch bei Monokulturen besteht diese Gefahr, weil Riesenmengen der gleichen Pflanzenart gleichzeitig auf die Erde einwirken. Ein naturgemäßer Garten sollte immer von jeder Form der Monokultur weit entfernt sein. Er bleibt umso gesünder, je bunter die Mischung seiner Gewächse ist und je besser überlegt die Abwechslung seiner Pflanzen geplant wird.

Dieser Wechsel kann in zwei Formen stattfinden: Entweder in zeitlicher Reihenfolge, dann sprechen wir vom Fruchtwechsel, der sich über mehrere Jahre verteilt; oder in räumlicher Folge, dann sprechen wir von der Mischkultur. Hier spielt sich das gesunde Wechselspiel innerhalb jedes Beetes ab. Die Mischkultur ist ein permanenter Fruchtwechsel, der ständig auf kleinstem Raum rotiert. Beide Arten des Gärtnerns haben ihre Vorteile und ihre Spielregeln.

Die dreijährige Fruchtfolge setzt voraus, dass der Gärtner seinen Garten in 3 Quartiere einteilt. Jede dieser Flächen kann mehrere Beete enthalten. Im 1. Jahr gehört das 1. Quartier den Starkzehrern, das 2. Quartier den Mittelzehrern und das 3. Quartier den Schwachzehrern. Im 2. Jahr rücken alle Gruppen jeweils ein Quartier weiter. Im 4. Jahr ist die ursprüngliche Reihenfolge wieder erreicht. Damit die wohl überlegte Ordnung nicht durcheinander gerät, macht sich der Gärtner am besten einen Plan, auf dem seine Beete, die einzelnen Kulturen und die Jahreszahlen eingezeichnet sind.

■ Für die Fruchtfolge ist das große Beet in drei Quartiere eingeteilt: Bohnen als Schwachzehrer, Lauch als Mittelzehrer, Kohl als Starkzehrer.

FRUCHTWECHSEL UND MISCHKULTUREN

- Zu den **Starkzehrern** gehören alle großen Kohlarten (Weißkohl, Rotkohl, Wirsing, Blumenkohl, Rosenkohl, Chinakohl), Gurken, Kartoffeln, Lauch, Sellerie, Zucchini und Kürbis. Die Beete für diese Kulturen müssen schon im Herbst gut vorbereitet werden. Sie bekommen außer Kompost auch eine organische Düngung. Kompostierter und verrotteter Mist (Kuhmist oder Geflügelmist), getrockneter Rinderdung, Rizinusschrot, Hornspäne, Trester oder Niemprodukte eignen sich dazu. Wichtig ist, dass alle Hauptnährstoffe darin enthalten sind. Steinmehl bildet dazu eine gute Ergänzung wegen des reichen Gehaltes an Spurenelementen. Während der Wachstumszeit werden die Starkzehrer noch mehrmals mit einer Kopfdüngung aus Brennnesseljauche versorgt. Zu den »Düngerfressern« gehören auch Tomaten und Rhabarber. Diese Früchte machen aber den Reigen des Fruchtwechsels nicht mit. Rhabarber bleibt als Staude immer am gleichen Platz, und Tomaten bilden die Ausnahme von der Regel: Sie gedeihen am besten im Umkreis ihrer eigenen »Ausdünstungen«. Deshalb sollten sie jedes Jahr wieder auf demselben Beet gepflanzt werden.
- Zu den **Mittelzehrern** gehören Zwiebeln, Knoblauch, Möhren, Rote Bete, Fenchel, Salate, Spinat, Schwarzwurzeln, Radieschen, Kohlrabi, Paprika und Melonen. Die Nährstoffversorgung dieser Gewächse wird in der Hauptsache mit Kompost gedeckt. Im Frühling kann, je nach Kultur, auch etwas organischer Dünger gestreut werden. Während der Hauptwachstumszeit können sie ab und zu einen kräftigen Schluck Pflanzenjauche bekommen.
- Zu den **Schwachzehrern** gehören Bohnen, Erbsen und Kräuter. Sie werden nur mit Kompost versorgt. Die Leguminosenfrüchte Bohnen und Erbsen reichern die Beete zusätzlich mit Stickstoff an. Sie nehmen nicht nur, was sie brauchen, sie geben der Erde auch etwas zurück. Besonders vorsichtig muss man mit jeglicher Düngung bei den Kräutern sein. Darüber erfahren Sie alle näheren Einzelheiten im »Kräuter-Kapitel«.

Diese Einteilung der Pflanzen gibt dem Gärtner aber nur Richtlinien an die Hand. Die 3 Felder überschneiden sich zum Teil, die Grenzen sind nicht immer streng zu ziehen. So sind zum Beispiel einige Praktiker der Ansicht, dass Frühkartoffeln und Sellerie auch zu den Mittelzehrern gerechnet werden können. Andere geben Karotten, Radieschen, Spinat und Zwiebeln lieber einen Platz bei den Schwachzehrern. Diese Variationen im Detail sind abhängig von den persönlichen Erfahrungen und von der individuellen Gartensituation. Auf nährstoffreichem, lehmigem Boden kann sicher nicht viel passieren, wenn Möhren in dritter Tracht ausgesät werden. Sie finden noch genug »Futter« vor. Auf sandigen Böden kann nach 3 Jahren aber schon spürbar Nährstoffmangel herrschen!

Die zweijährige Fruchtfolge ist deshalb eine logische Entwicklung aus der Tatsache, dass man einen Teil der Mittelzehrer zu den Starkzehrern und einen anderen Teil zu den Schwachzehrern zählen kann. Somit bleiben 2 Quartiere übrig, die jährlich ausgewechselt werden. Das Prinzip des Fruchtwechsels bleibt dabei gleich.

Die vierjährige Fruchtfolge ähnelt am meisten dem alten Rhythmus des Ackerbaus. Der Garten wird diesmal in 4 Quartiere eingeteilt. Die 3 ersten Felder bieten wie gewohnt Platz für Stark-, Mittel- und Schwachzehrer. Das 4. Quartier wird mit Gründüngung eingesät. Damit sie gut gedeihen, versorgt der Gärtner diesen Teil des Gartens vor der Einsaat mit verrottetem Mist oder organischem Dünger. Wenn im folgenden Jahr die Starkzehrer auf diese gut ernährte Gründüngung folgen, benötigen sie auf dem ausgeruhten Beet nur noch Kompost.

Das Thema Fruchtwechsel ist also so etwas wie ein festes Rahmenprogramm mit wechselnden Einzelvorstellungen. Zu den beweglichen Details gehört auch die Frage der so genannten »Nebenfrüchte«. Dazu zählen Salat, Radieschen und Kohlrabi. Sie haben eine kurze Entwicklungszeit und stellen keine komplizierten Ansprüche. Deshalb benötigen sie auch kein eigenes Beet. Sie können überall, wo Platz übrig bleibt, eingefügt werden. Diese »Lückenbüßer« sorgen deshalb auch immer für frischen Nachschub, weil sie nicht gleichzeitig, sondern in unregelmäßigen Abständen nach Bedarf nachgesät werden.

Ausnahmen von der Regel des rhythmischen Wechsels bilden nicht nur die Tomaten, sondern auch einige ausdauernde Gewächse des Gemüsegartens. Die Erdbeeren bleiben 3 Jahre auf demselben Beet stehen. Der Grünspargel beansprucht sein Quartier sogar 8–10 Jahre lang ununterbrochen. Ein Dauergast ist auch der Rhabarber.

Naturgemäßer Fruchtwechsel: die Mischkultur

Die bunten und doch wohl überlegten gemischten Gartenkulturen sind der Natur abgeschaut. In der Wildnis gibt es kein einseitiges »Monopol« einer einzigen Pflanzenart. Immer finden sich verschiedene Gewächse an einem Ort zusammen. Sie ergänzen sich gegenseitig und sind den ganz speziellen Bedingungen eines Platzes angepasst. Boden, Feuchtigkeit, Licht, Wärme und Wind spielen dabei eine Rolle. Die Auswahlbedingungen der Natur sind streng. Die Pflanzen, die sich letzten Endes an ihrem Standort behaupten, vertragen sich miteinander. Sie sind gute Nachbarn! Sogar mit den Tieren dieses begrenzten Lebensraumes haben sie eine Art Interessengemeinschaft gebildet. Die Wissenschaftler nennen diese natürliche Form des gemischten Zusammenlebens von Pflanzen und Tieren

Die Praxis

eine Biozönose. Das Wort kommt aus dem Griechischen und bedeutet Lebensgemeinschaft.

Eine vielseitige, harmonische Pflanzengemeinschaft wird auch in der Mischkultur angestrebt. Sie ist eine Art »Garten-Biozönose«. Man könnte sie aber auch die naturgemäße Form des Fruchtwechsels nennen. Beobachtungen aus der Natur werden dabei auf Gartenverhältnisse übertragen. In der Mischkultur wie in der freien Natur wächst die Pflanzengemeinschaft im Laufe einer Vegetationsperiode dicht zusammen. Dadurch schattieren die Blätter den Boden und schützen seine Feuchtigkeit vor Verdunstung.

Die wohl überlegte Mischung verschiedener Gewächse auf einem Beet soll sich sowohl oberirdisch als auch unterirdisch ergänzen. Die Pflanzen müssen also so ausgewählt sein, dass sie sich nicht mit ihren Blättern und Früchten bedrängen. Es muss immer genügend Raum für Licht und Luft bleiben. Im Wurzelbereich ist eine harmonische Ergänzung besonders wichtig. Die Mischkulturen entnehmen dem Boden unterschiedliche Nährstoffmengen. Sie geben aber auch selber verschiedene Substanzen aus ihrem Stoffwechsel ab. So entsteht ein Wechselspiel aus Geben und Nehmen.

Signale durch Wurzeln und Düfte

Die Wurzelausscheidungen und die Düfte der Pflanzen spielen sicher eine wichtige Rolle für die Nachbarschaft. Manche Gewächse können sich buchstäblich »nicht riechen«. Sie gehen ein oder sie kümmern, wenn man sie im Garten zu einem engen Nebeneinander zwingt. Andere fördern sich gegenseitig. Sie gedeihen üppiger und gesünder, wenn sie ihre wechselseitigen Einflüsse spüren. Bestimmte Pflanzennachbarschaften wirken sogar vorbeugend oder abwehrend auf Krankheiten und Schädlinge. Caspari berichtet, dass die Sympathien oder Antipathien unter Pflanzen sich ganz augenfällig am Wurzelwerk ablesen lassen. Nach seinen Beobachtungen durchflechten sich die Wurzeln »artfreundlicher« Pflanzen so sehr, dass sie fast eine Einheit bilden. »Artfeindliche« Pflanzen ziehen sich dagegen mit ihren Wurzeln auf einen engen Raum zurück. Sie distanzieren sich.

Alle Pflanzenkombinationen im naturgemäßen Garten beruhen größtenteils auf den jahrzehntelangen Beobachtungen und Erfahrungen von Biogärtnern. Sie können deshalb auch immer durch neue Experimente ergänzt werden. Wissenschaftliche Untersuchungen bringen allmählich mehr Licht in die naturwissenschaftlichen Zusammenhänge, die hinter den offensichtlichen Gesetzmäßigkeiten der Mischkulturen stehen. Im Kapitel »Pflanzen als Helfer« werden Sie noch mehr erfahren über die Allelopathie, das ist die Wissenschaft von der gegenseitigen Beeinflussung der Pflanzen, und über Phytonzide, das sind biologische Wirkstoffe, die die Lebensprozesse der Pflanzen anregen oder hemmen.

Bunte Mischung – gut durchdacht

Auf einem Mischkulturenbeet gedeihen gleichzeitig Pflanzen mit verschiedener Reife- und Erntezeit. Sie haben unterschiedliche Nährstoffansprüche, denn Starkzehrer, Mittelzehrer und Schwachzehrer werden nicht mehr nach Beeten getrennt. Buschige und breitblättrige Gewächse wachsen neben schmalen Gestalten, die entweder gerade in die Höhe oder senkrecht in die Tiefe drängen. Gemüse mit flach ausgedehntem Wurzelwerk wechseln sich mit tief wurzelnden ab.

Dieses bunte Gemisch ist allerdings nicht zufällig zusammengewürfelt. Der Mischkultur muss stets ein durchdachter Plan zugrunde liegen. Ähnlich wie bei der Fruchtfolge wird er am besten aufgezeichnet und regelmäßig benutzt. Diese geistige Anstrengung muss ein naturgemäß arbeitender Gärtner schon auf sich nehmen. Dafür ist der praktische Arbeitsaufwand zumindest nicht größer als bei »normalen« Kulturen. Gut funktionierende Misch-

■ In einfallsreich abgestimmter Mischkultur gedeihen Bohnen, Salat, Kohlrabi, Möhren und Zwiebeln. Typisch für den traditionellen Bauerngarten ist die Randbepflanzung aus bunten Stauden. Die Fülle der Pflanzen gedeiht in harmonischer, gesunder Nachbarschaft.

FRUCHTWECHSEL UND MISCHKULTUREN

Nachbarn für die Mischkultur

Pflanze	Gute Nachbarn	Schlechte Nachbarn
Buschbohnen	Bohnenkraut, Erdbeeren, Gurken, Kartoffeln, Kohlarten, auch Kohlrabi, Kopfsalat, Pflücksalat, Rote Bete, Sellerie, Tomaten	Erbsen, Fenchel, Knoblauch, Lauch, Zwiebeln
Endivien	Fenchel, Kohlarten, Lauch, Stangenbohnen	
Erbsen	Dill, Fenchel, Gurken, Kohlarten, Kohlrabi, Kopfsalat, Mais, Möhren, Radieschen, Zucchini	Bohnen, Kartoffeln, Knoblauch, Lauch, Tomaten, Zwiebeln
Erdbeeren	Borretsch, Buschbohnen, Knoblauch, Kopfsalat, Lauch, Radieschen, Schnittlauch, Spinat, Zwiebeln	Kohlarten
Fenchel	Endivien, Erbsen, Feldsalat, Gurken, Kopfsalat, Pflücksalat, Salbei, Zichoriensalate, (Zuckerhut, Chicorée, Radicchio)	Dill, Bohnen, Kümmel, Tomaten
Gurken	Bohnen, Dill, Erbsen, Fenchel, Kohl, Kopfsalat, Koriander, Kümmel, Lauch, Mais, Rote Bete, Sellerie, Zwiebeln	Radieschen, Tomaten
Kartoffeln	Dicke Bohnen, Kamille, Kapuzinerkresse, Kohlarten, Kohlrabi, Kümmel, Mais, Meerrettich, Pfefferminze, Spinat, Tagetes	Erbsen, Kürbis, Rote Bete, Sellerie, Sonnenblumen, Tomaten
Knoblauch	Erdbeeren, Gurken, Himbeeren, Lilien, Möhren, Obstbäume, Rosen, Rote Bete, Tomaten, Tulpen	Erbsen, Kohlarten, Stangenbohnen
Kohlarten	Beifuß, Bohnen, Dill, Endivien, Erbsen, Kamille, Kartoffeln, Kopfsalat, Koriander, Kümmel, Lauch, Mangold, Pfefferminze, Pflücksalat, Rote Bete, Sellerie, Spinat, Tomaten	Erdbeeren, Senf (Sinapis alba), Knoblauch, Zwiebeln
Kohlrabi	Bohnen, Erbsen, Kartoffeln, Kopfsalat, Lauch, Radieschen, Rote Bete, Schwarzwurzeln, Sellerie, Spargel, Spinat, Tomaten	

kulturen machen sogar im Sommer weniger Mühe, weil die dichte Pflanzendecke über dem Beet und die Mulchschicht zwischen den Reihen am Boden kaum unerwünschte Wildkräuter aufkommen lassen. Auch zur Hacke oder zur Gießkanne muss der Gärtner nur selten greifen.

Der Ertrag dieses intensiven Gemüseanbaus ist sehr reich, er liegt meist über den Ernteergebnissen von Einzelbeeten. Ein großer Vorteil besteht auch im zeitlich gut verteilten »Angebot« für Küche und Keller. Die Zwischenfrüchte wie Salat, Spinat, Radieschen, Kresse und andere Kräuter reifen in Abständen immer wieder nach. Sie werden dann abgeerntet, damit die Hauptfrucht Platz zum Reifen bekommt. So lichten sich zwar die Reihen der Mischkultur immer wieder, aber sie bleiben nie leer! Wo eine Pflanzenart geerntet wurde, da sät der Gärtner entweder eine andere nach, oder er schließt die Lücke mit Gründüngung oder Mulch.

Da die nährstoffhungrigen und die genügsamen Gewächse nun auf einem gemeinsamen Beet stehen, muss die Bodenvorbereitung und Düngung darauf abgestimmt sein. Nur Flächen, die für eine Mischung aus Stark- und Mittelzehrern bestimmt sind, werden im Herbst mit verrottetem Mist oder organischem Dünger versorgt. Alle anderen bekommen nur Kompost. Diejenigen Gemüse, die während der Vegetationszeit reichlich Nährstoffe benötigen, werden gezielt mit Brennnesseljauche oder einer anderen hausgemachten Düngerjauche gegossen. Für organischen Nachschub auf den Beeten sorgen im Übrigen ständige Bodendeckung und Reihen mit Gründüngung. Senf, Spinat und Kresse eignen sich dazu im Gemüsegarten besonders. Ihre Reste dienen als Mulchmaterial!

■ Beispiel für eine sehr abwechslungsreiche Mischkultur: Pflücksalat, Zwiebeln, Rote Bete, Kohlrabi, Schwarzwurzeln, Zwiebeln, Möhren und Bohnen.

Die Praxis

Nachbarn für die Mischkultur

Pflanze	Gute Nachbarn	Schlechte Nachbarn
Kopfsalat	Bohnen, Dill, Erbsen, Erdbeeren, Fenchel, Gurken, Kerbel, Kohlarten, Kohlrabi, Kresse, Lauch, Mais, Möhren, Pfefferminze, Radieschen, Rote Bete, Schwarzwurzeln, Spargel, Tomaten, Zichoriensalate, Zwiebeln	Petersilie, Sellerie
Lauch	Endivien, Erdbeeren, Kamille, Kohlarten, Kohlrabi, Kopfsalat, Möhren, Schwarzwurzeln, Sellerie, Tomaten	Bohnen, Erbsen, Rote Bete
Mais	Bohnen, Gurken, Kartoffeln, Kopfsalat, Kürbis, Melonen,	Rote Bete, Sellerie, Tomaten, Zucchini
Mangold	Buschbohnen, Kohlarten, Möhren, Radieschen, Rettich	
Meerrettich	Kartoffeln, Obstbäume	
Möhren (Karotten)	Dill, Erbsen, Knoblauch, Lauch, Mangold, Radieschen, Rettich, Rosmarin, Salbei, Schnittlauch, Schnittsalat, Schwarzwurzeln, Tomaten, Zichoriensalate, Zwiebeln	
Pflücksalat/Schnittsalat	Dill, Fenchel, Kohlarten, Radieschen, Rettich, Rote Bete, Schwarzwurzeln, Spargel, Tomaten	
Radieschen/Rettich	Bohnen, Erbsen, Kapuzinerkresse, Kohlarten, Kohlrabi, Kopfsalat, Kresse, Mangold, Möhren, Spinat, Tomaten	Gurken
Rote Bete	Buschbohnen, Dill, Gurken, Knoblauch, Kohlarten, Kohlrabi, Koriander, Kümmel, Pflücksalat, Zucchini, Zwiebeln	Kartoffeln, Lauch, Mais, Spinat
Schwarzwurzeln	Kohlrabi, Kopfsalat, Lauch, Pflücksalat	
Sellerie	Buschbohnen, Gurken, Kamille, Kohlarten, vor allem Blumenkohl, Kohlrabi, Lauch, Tomaten	Kartoffeln, Kopfsalat, Mais
Sonnenblumen	Gurken	Kartoffeln
Spargel	Gurken, Kopfsalat, Petersilie, Pflücksalat, Tomaten	Knoblauch, Zwiebeln
Spinat	Erdbeeren, Kartoffeln, Kohlarten, Kohlrabi, Radieschen, Rettich, Sellerie, Stangenbohnen, Tomaten	
Tomaten	Buschbohnen, Kapuzinerkresse, Knoblauch, Kohlarten, Kohlrabi, Kopfsalat, Lauch, Mais, Möhren, Petersilie, Pflücksalat, Radieschen, Rettich, Rote Bete, Sellerie, Spinat, Zichoriensalate	Erbsen, Fenchel, Kartoffeln
Zichoriensalate	Fenchel, Kopfsalat, Möhren, Stangenbohnen, Tomaten	
Zucchini	Kapuzinerkresse, Mais, Rote Bete, Stangenbohnen, Zwiebeln	
Zwiebeln	Bohnenkraut, Dill, Erdbeeren, Gurken, Kamille, Kopfsalat, Möhren, Rote Bete, Schwarzwurzeln, Zichoriensalate	Bohnen, Erbsen, Kohlarten

Gute Nachbarn – schlechte Nachbarn

»Es kann die schönste Pflanze nicht gedeihen, wenn es den bösen Nachbarn nicht gefällt«, so könnte man das klassische Schillerzitat für den Garten abwandeln. Ein Biogärtner, der erfolgreich mit Mischkulturen arbeiten möchte, muss deshalb zunächst einmal über die »Sympathien und Antipathien« im Pflanzenbereich informiert sein. Grundsätzlich gilt: Eine große Zahl von Gewächsen verträgt sich miteinander und beeinflusst sich gegenseitig günstig. Eine relativ kleine Anzahl verträgt sich nicht und beeinflusst sich gegenseitig ausgesprochen negativ. Eine dritte Gruppe verhält sich neutral. Mit Hilfe der Tabelle (Seite 87–88) können Sie sich einen Überblick über die besten Nachbarschaftsverhältnisse verschaffen.
In dieser Zusammenstellung der guten und schlechten Nachbarn können Sie sehen, dass auch die Kräuter eine wichtige Rolle in den Mischkulturen spielen. Sie leisten bestimmten Gewächsen Gesellschaft und wechseln mit den Gemüsereihen ab. Die aromatischen Würzpflanzen tragen zum Teil dazu bei, den Wohlgeschmack ihrer Nachbarpflanzen zu verbessern. Dies geschieht zum Beispiel bei Frühkartoffeln, die mit Kümmel und Koriander zusammengesetzt werden. Dill und Möhren üben einen ähnlichen guten Einfluss aufeinander aus. Sie können sogar in einer Reihe zusammen ausgesät werden. Auch die Kombination Kresse und Radieschen hat günstige Einwirkungen auf das Aroma. In diesem Fall werden die Radieschen würziger.

FRUCHTWECHSEL UND MISCHKULTUREN

Zum Ausprobieren
Gute Nachbarn

- Frühe Möhren – Zwiebeln
- Späte Möhren – Lauch
- Buschbohnen – Rote Bete – Bohnenkraut
- Sellerie – Lauch
- Möhren – Salat – Schnittlauch
- Tomaten – Petersilie
- Tomaten – Sellerie
- Salat – Radieschen – Kohlrabi
- Kohl – Buschbohnen
- Gurken – Dill

Zum Einprägen
Schlechte Nachbarn

- Salat – Petersilie
- Fenchel – Tomaten
- Buschbohnen – Zwiebeln
- Kohl – Zwiebeln
- Tomaten – Erbsen
- Erbsen – Bohnen
- Kartoffeln – Sonnenblumen
- Kartoffeln – Tomaten
- Kohl – Senfsaat
- Sellerie – Salat

ten Mischungen (siehe Tabelle »Zum Ausprobieren«). Einige besonders ungünstige Kombinationen sollte sich jeder Biogärtner merken, um unnötige Misserfolge zu vermeiden (siehe Tabelle »Zum Einprägen«).

Ein Gärtner, der diese auffallend ungünstigen Kombinationen vermeidet, kann bei den übrigen Gewächsen schon nicht mehr allzu viel falsch machen. Er kann nur mit zunehmender Erfahrung immer bessere Zusammenstellungen finden. Die erfolgreichsten Mischungen werden von Garten zu Garten immer etwas unterschiedlich ausfallen. Denn das Klima und die Bodenverhältnisse üben ja auch ihre Einflüsse auf Wachstum und Gedeihen der Pflanzen aus.

Viele Kräuter bewähren sich aber in den Mischkulturen auf andere Weise: Sie wehren Schädlinge ab! Schnittsellerie schützt Kohlkulturen vor Erdflöhen und Raupen. Salbei, Thymian und Pfefferminze lenken den Kohlweißling vom Kohlbeet ab. Wahrscheinlich werden die Falter durch die intensiven Düfte irritiert. Bohnenkraut hält die Schwarzen Läuse von den Buschbohnen ab. Kapuzinerkresse und Gartenkresse schützen Tomaten und Obstbäume gegen Blatt- und Blutläuse.

Für einen Biogärtner ist es besonders wichtig, solche Möglichkeiten natürlicher Schädlingsabwehr auszunützen. Er sollte auf diesem Gebiet auch selber experimentieren und versuchen, tiefer in die Geheimnisse der Pflanzen- und Tierbeziehungen in seinem Garten einzudringen. Eine Übersicht über die Pflanzen, die dem Gärtner als stille »Nothelfer« zur Seite stehen, finden Sie im Kapitel »Pflanzen als Helfer«, Seite 106.

Gute wachstums- und gesundheitsfördernde Nachbarn im Gemüse- und Obstgarten können aber auch Ringelblumen und Tagetes sein. Mit leuchtenden Farben verschönern sie ihre nützliche Rolle.

Damit der Anfänger im Dschungel der Mischkulturen nicht von der Vielzahl der Möglichkeiten verwirrt wird, sollen hier noch einmal einige wichtige Alltagskombinationen, die in jedem Garten gedeihen, vorgestellt werden. Beginnen Sie mit solchen einfachen, bewähr-

- Oben: Klassische Mischung aus Radieschen, Salaten und Kohlrabi, in der Mitte des Beetes eine Reihe Weißkohl.
- Unten: Der Dill liebt es, zwischen den Gurkenranken zu wachsen, denn sie halten den Boden feucht.

- Oben: Der Duft des einjährigen Bohnenkrautes hält die Schwarzen Läuse von den Buschbohnen fern.
- Unten: Auf gute Nachbarschaft – Kartoffeln harmonieren mit den Dicken Bohnen am Rand des Beetes.

Die Praxis

Bewährte Mischkulturen zum Ausprobieren

Für den Anfänger folgen hier drei praktische, unkomplizierte Beispiele, mit denen er die Mischkultur in seinem Garten einüben kann – vom Frühling bis zum späten Herbst.

Beispiel 1:
Früher Kohl, Salat, Kohlrabi, Radieschen, Kresse

Auf einem 1,20 m breiten Beet wird im Frühling in der Mitte eine Reihe Kohlpflanzen gesetzt (nach Geschmack Blumenkohl, Wirsing, Weißkohl oder Spitzkohl). Rechts und links davon hat je eine gemischte Reihe mit Radieschen und Kresse Platz. Daneben schließt sich je eine Reihe Kopfsalat (zum Beispiel Maikönig) an. Dann folgen je eine Reihe weißer und blauer Kohlrabi und an den äußersten Rändern noch einmal je eine Reihe Radieschen und Kresse gemischt.

Als Erste können Radieschen und Kresse geerntet werden. Dann hat der Salat genug Platz, um runde Köpfe zu bilden. Er räumt als Nächster das Beet. Der Kohl in der Mitte kann sich nun nach Belieben ausdehnen. Wo noch genügend Zwischenraum bleibt, da kann der Gärtner noch einmal späte Kulturen nachsäen, zum Beispiel Wintersalate oder Spinat. Bei Endivien kann die Ernte durch frühe und späte Sorten verlängert werden.

Beispiel 2:
Zwiebeln und Möhren, Feldsalat und Spinat

Im Frühling werden auf das Beet in wechselnden Reihen frühe Möhrensorten oder runde Karotten ausgesät. Dazwischen pflanzt der Mischkulturen-Gärtner Steckzwiebeln oder Schalotten. Nach der Ernte im Spätsommer folgt eine zweite Kultur, in der sich Reihen aus Feldsalat und Spinat abwechseln.

Die Kombination von Zwiebeln und Möhren zeigt besonders anschaulich, auf welch vielfältige Weise sich gekonnte Mischkulturen günstig ergänzen. Diese beiden Gemüse schützen sich wechselseitig vor Schädlingen, sie wehren die Zwiebel- und die Möhrenfliege ab. Sie sind aber auch gute Partner bei der Raumaufteilung: Möhren wachsen tief und senkrecht in den Boden, während Zwiebeln ihre Wurzeln flach ausbreiten. Die beiden behindern sich also nie. Die Kultur bleibt auch aus diesem Grunde luftig und gesund.

Die späten Aussaaten von Feldsalat und Spinat schließen den Kreis der Fruchtfolgen sogar über die kalte Jahreszeit. Diese winterharte Mischkultur überzieht das Beet bis zum nächsten Frühling mit einer grünen Pflanzendecke. Sie macht es dem Gärtner möglich, auch im Schnee noch frische Vitamine zu ernten. Die Spinatwurzeln reichern den Boden mit Saponinen an, während die Blätter ihn feucht und schattig halten.

Beispiel 3:
Frühkartoffeln, Spinat, Radieschen, Kapuzinerkresse, Grünkohl, Lauch

In der Mitte des Beetes werden mit reichlich Abstand zwei Reihen Frühkartoffeln gepflanzt. Dazwischen sät der Gärtner eine Reihe Spinat

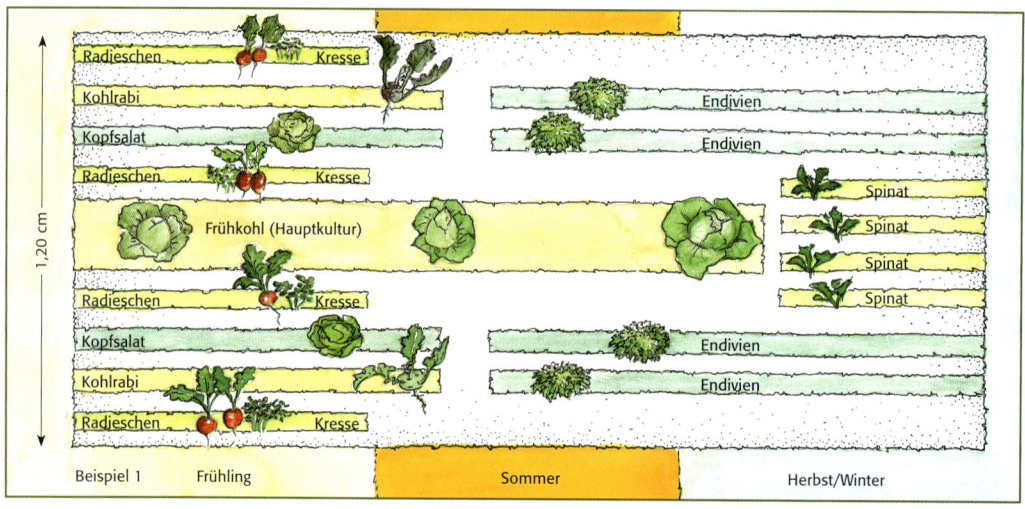

FRUCHTWECHSEL UND MISCHKULTUREN

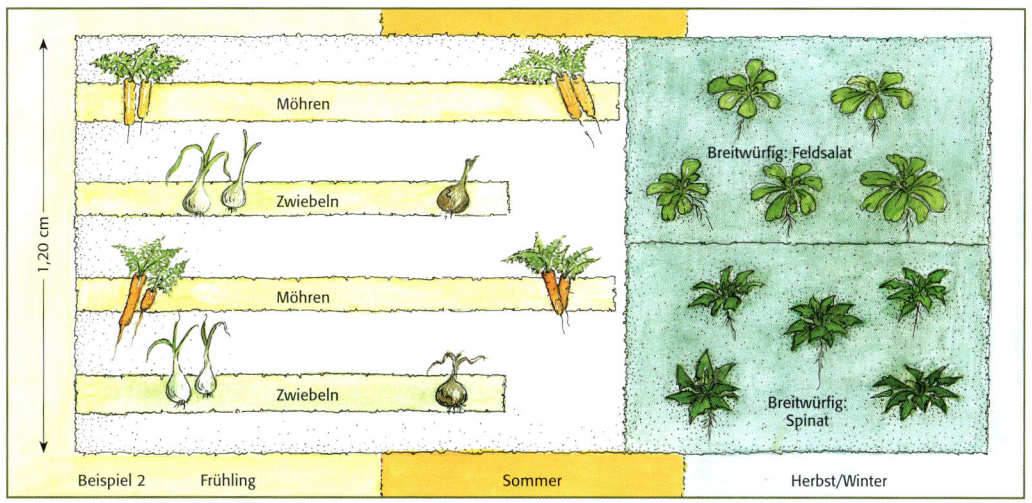

sowie rechts und links je eine Reihe Radieschen. An den Außenrändern wächst die nicht rankende Kapuzinerkresse, die runde Büsche und eine hübsche blühende Einfassung bildet. Bis die Kartoffeln sich ausbreiten und viel Platz benötigen, sind Spinat und Radieschen schon längst geerntet. Die Kapuzinerkresse ist nicht nur eine schützende Begleitpflanze für die Kartoffeln; ihre Blätter und Blüten liefern auch einen gesunden, würzigen Salat. Bei dieser Mischkultur brauchen die Kartoffeln nicht angehäufelt zu werden. Nach der Kartoffelernte können in abwechselnden Reihen Grünkohl und Winterlauch als Spätfrüchte ausgepflanzt werden.

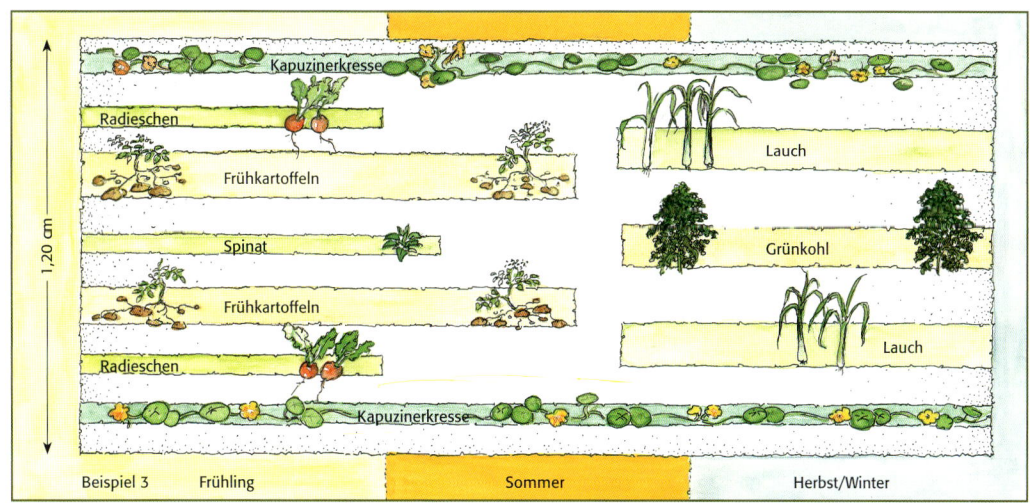

Die Praxis

Die »Erdäpfel« hinterlassen einen lockeren, garen Boden, der nur noch einmal mit Kompost und etwas organischem Dünger angereichert werden muss. Auch Brennnesseljauche lässt das späte Gemüse noch einmal kräftig wachsen. Gleich nach der Pflanzung sollte das Beet mit einer Mulchschicht zugedeckt werden, die bis zum nächsten Frühling liegen bleibt. Der schlanke Lauch und der rundliche Grünkohl ergänzen sich sehr gut in den Platzansprüchen.

Mischkulturen-System nach Gertrud Franck

Wer einige Zeit mit den Mischkulturen experimentiert hat, der wird ein Gespür dafür bekommen, welche Pflanzen in seinem Garten besonders gute, gesunde, ertragreiche Nachbarschaften bilden. Natürlich gibt es auf diesem interessanten Gebiet auch einige Spezialisten, die die Kunst des Kombinierens fast zur Vollendung entwickelt haben. So hat die Gutsfrau Gertrud Franck in ihrem großen Bauerngarten in Oberlimpurg bei Schwäbisch Hall seit Jahrzehnten mit Mischkulturen experimentiert. Sie entwickelte im Laufe der Jahre ein eigenes Prinzip. Ihr Garten ist nicht mehr in einzelne Beete eingeteilt. Sie markiert stattdessen in 1,60 m Abstand die Quartiere durch Spinatstreifen. Dazwischen werden im Frühling in 40 cm Abstand auf dem gesamten Gartenland Reihen mit Spinat ausgesät. Sie schaffen eine regelmäßige Unterteilung und dienen gleichzeitig als Gemüse, als Beschattung für die heranwachsenden Kulturen und später, wenn die Reste ausgehackt werden, als Mulchmaterial.

Für die Bestellung teilt Gertrud Franck jedes Mal ein 1,60 m breites Quartier in Hauptkulturen (zwei Außenreihen), Mittelkultur (eine Mittelreihe) und Kleinkulturen (zwei Zwischenreihen) ein. Diese Reihen werden immer zwischen den Spinatlinien gezogen. Die Hauptkultur – zum Beispiel Bohnen, Tomaten, Kartoffeln oder Kohl – bestimmt den Charakter jedes Quartiers. Die Nebenkulturen werden nach den Gesichtspunkten der guten Nachbarschaft dazu ausgesät.

Die Methode von Gertrud Franck hat den Vorteil, dass ein Gemüsegarten dadurch sehr übersichtlich geordnet ist. Ihre Abstände sind so gewählt, dass zwischen den Pflanzen genügend Platz bleibt, um den Boden ständig mit Mulchmaterial und mit Kompost versorgen zu können. Da es keine festen Wege gibt, wird nirgends kostbarer Platz verschwendet. Trittwege entstehen überall dort von selbst, wo der Spinat abgeerntet ist. Die Bodendecke aus Spinatwurzeln und Mulchmaterial dient als federnde »Pufferzone« unter den Schuhen des Gärtners.

Für Biogärtner lohnt sich eine nähere Beschäftigung mit dieser besonderen Form der Mischkultur. Sie ist nicht nur durch jahrzehntelange

■ Seit Jahrhunderten haben die Ringelblumen ihren Ehrenplatz im Bauerngarten. In sonnengelber Heiterkeit strahlen sie zwischen den Kohlköpfen. Die heilkräftigen Blumen schenken dem Garten und dem Gärtner auf vielfältige Weise Gesundheit. Ihre Wurzelausscheidungen vertreiben schädliche Nematoden im Boden. Salbe, die aus den Blütenblättern gewonnen wird, heilt große und kleine Wunden.

FRUCHTBARE HÜGELBEETE

Praxis, sondern auch durch ein wohl durchdachtes theoretisches System solide untermauert. Die großzügige Aufteilung des »Spinatsystems« eignet sich allerdings besser für große als für kleine Gärten. Wer mehr über diese spezielle Mischkultur erfahren möchte, der findet weiterführende Literaturhinweise im Anhang.

Bunte Mischung im Bauerngarten

Mischkulturen werden von modernen Biogärtnern erprobt und weiterentwickelt. Aber die gutnachbarlichen Pflanzengemeinschaften sind keine Erfindung unserer Zeit. Ihre Tradition reicht jahrhunderteweit zurück in die alten Bauerngärten. Dort war es seit eh und je üblich, dass Gemüse, Kräuter und auch Blumen in bunter Mischung gepflanzt wurden. Die Zusammenstellungen entstanden nicht zufällig. Aus generationenlanger Erfahrung wusste die Bäuerin, welche Gewächse gut miteinander gediehen und reiche Ernten versprachen.

So ist das heitere Bild des üppigen ländlichen Gartens zugleich ein Beweis für gut funktionierende Mischkulturen. Auch aus dem guten alten Bauerngarten kann ein Biogärtner sich manche wertvolle Anregung für seine Pflanzengemeinschaften holen. Besonders für kleine Hausgärten sind Kombinationen, die aus vielen Kräutern und Blumen bestehen, sehr vorteilhaft. Das Nützliche und das Schöne können so auf engem Raum nebeneinander Platz finden.

Vorbilder und Erfahrungen sind unentbehrliche Begleiter auf dem Weg zu einem gesunden, fruchtbaren Garten. Ebenso wichtig sind aber auch eigene Beobachtungen und Experimente. Deshalb sollte jeder Gärtner, der sich mit den Grundlagen der Mischkulturen vertraut und die ersten praktischen Erfahrungen gemacht hat, auch Mut zu eigenen Versuchen haben!

FRUCHTBARE HÜGELBEETE

Gesundes, kräftig entwickeltes Gemüse und reiche Blütenpracht sind der Traum jedes Gärtners. Im biologisch bearbeiteten Garten versucht man diese üppige Fülle mit sanften Mitteln zu erreichen: Auf rundlichen Hügelbeeten zum Beispiel gedeihen alle Pflanzen besonders gut. Diese Spezialmethode – Gärtnern auf erhöhten Beeten – geht auf sehr alte Erfahrungen zurück. In vielen ländlichen Gärten wurden bestimmte Gemüsearten schon immer angehäufelt und auf niedrige Reihenhügel gepflanzt. Schalotten und Gurken erhalten noch heute solche erhöhten Standorte.

Hügelbeet-Pioniere in Ost und West

In Südchina wird die Hügelkultur seit Jahrhunderten intensiv genutzt. Peter Chan, ein in der Nähe von Kanton aufgewachsener Chinese, brachte die Methode der »raised bed«, der erhöhten Beete, nach Amerika. Er versuchte auch den Menschen im »goldenen Westen«, die so großzügig mit Land, Saatgut und Dünger umgingen, zu erklären, warum in Asien die Hügelgärten so sorgfältig angelegt und so erfolgreich bebaut werden. Diese sanft gerundeten Beete vergrößern die Anbaufläche. Ihre Erde ist locker, mit Kompost und organischem Dünger bestens versorgt und leicht zu bearbeiten. Die Dränage funktioniert hervorragend. Die klugen, geduldigen Asiaten versuchen auf diese Weise einen möglichst hohen Ertrag mit möglichst wenig Arbeitsaufwand auf kleinstem Raum zu erreichen. Die Realität des Lebens zwingt sie dazu: Wo so viele Menschen zusammenleben, da muss jeder Quadratmeter Erde ausgenützt werden, ohne dass er »ausgelaugt« wird. Mit Hilfe der erhöhten Beete gelingt beides: höhere Ernten und ständig erneuerte Fruchtbarkeit. In China ist man nicht

■ Dieses Beet ähnelt den sanft gerundeten chinesischen Hügeln; es wurde mit einer ringförmig angelegten Mischkultur bepflanzt.

Die Praxis

an Verschwendung gewöhnt. Deshalb ist diese asiatische Gartenpraxis so naturgemäß. Denn auch die Natur vergeudet nie sinnlos ihre Kräfte.

Peter Chans chinesische Hügelbeete sind niedrig im Vergleich zu den deutschen, von denen anschließend die Rede ist. Sie sind, wenn man die krummen Inch-Maße umrechnet, 15,24 cm hoch. Der Rücken des Hügels ist 91,44 cm breit, die Basis misst 121,92 cm, das entspricht also unserer normalen Beetbreite von 1,20 m. Die Länge kann den persönlichen Gartenverhältnissen angepasst werden.

Die Anlage ist einfach. Das Beet wird sorgfältig ausgemessen. Dann gräbt der Gärtner die abgegrenzte Grundfläche um und säubert sie von Steinen und Wildkräutern. Im biologischen Garten kann diese vorbereitende Bodenbearbeitung natürlich auch ohne Spaten bewältigt werden. Dann wird die Erde mit Kompost und organischem Dünger angereichert. Der flache Hügel entsteht, indem der Gärtner die Erde zur Mitte hin hochzieht und anhäufelt. An den Rändern bilden sich dadurch von selbst tiefere Rinnen, die später das Gießwasser auffangen.

Der chinesische Hügel ist ein leicht zugängliches Beet, das nie mit Füßen getreten wird. Er wird regelmäßig mit Kompost versorgt und kann nach den Regeln der Mischkultur bepflanzt werden.

Mächtiger und höher wölben sich dagegen die deutschen Hügelbeete auf. Hermann Andrä hat in den sechziger Jahren diese Methode entwickelt. Hans Beba hat sie ausgebaut und jahrelang damit experimentiert. Die Anlage der »Germanenhügel« ist aufwändiger und macht eine reiche Materialsammlung nötig. Die Kraftanstrengung beim Aufsetzen lohnt sich aber, weil die Fruchtbarkeit lange erhalten bleibt.

Der Bau eines Hügelbeetes

Die Grundfläche ist 1,80 m breit und beliebig lang; die Höhe des fertigen Hügels erreicht 60–70 cm. Zunächst wird eine etwa 25 cm tiefe Grube ausgehoben. Die Erde legt der Gärtner beiseite, denn sie wird später wieder gebraucht. Wenn das Hügelbeet auf Wiesen- oder Rasengelände angelegt wird, so werden die Grassoden spatentief ausgehoben. Als unterste, luftige Schicht häuft der Gärtner nun zerkleinerte Äste, harte Stängelstücke von Stauden und anderes grobes Material auf. Etwa einen halben Meter hoch wird dieser schon in Hügelform gewölbte Kern aufgeschichtet. Er füllt aber nicht die ganze Grundfläche aus, sondern ist an den Breitseiten 50 cm und an den Schmalseiten 60–70 cm kürzer.

Die zweite Lage besteht im Idealfall aus den Rasenplatten, die mit der grünen Seite nach unten über den Reisigkern gelegt werden. Wer keine Grassoden zur Verfügung hat, der baut diese etwa 15 cm dicke Schicht aus Grasschnitt, Stroh oder gemischten Gartenabfällen. Darüber wird eine etwa 10 cm dicke Schicht Erde verteilt und festgeklopft. Dabei modelliert der Gärtner immer deutlicher die Form des Hügels heraus. Danach breitet er eine 25 cm dicke Laubschicht aus, möglichst aus gemischten Blättern, die unbedingt feucht sein müssen. Dieses Material wird mit etwas Erde vermengt und dann mit 5 cm Humus abgedeckt. Nun folgt eine 5 cm dicke Schicht aus Mistkompost, der möglichst viele Regenwürmer enthalten sollte. Diese Lage kann man aber auch weglassen, wenn man das Material nicht vorrätig hat. Wichtig ist dagegen eine 15 cm dicke Schicht Grobkompost, die über dem Laub aufgehäuft wird. Dies ist der Bereich, in dem die Wurzeln der ersten Pflanzen sich ausbreiten werden. Deshalb dürfen hier keine Verrottungsprozesse mehr ablaufen! Die oberste Decke des Hügels besteht aus einem 15 cm dicken Erdmantel, der aus reifem Kompost und Gartenboden gemischt wurde.

■ Während der mühsamen Aufbauarbeit wird hier das »Innenleben« eines Hügelbeetes mit den verschiedenen Schichten sichtbar.

FRUCHTBARE HÜGELBEETE

Der Hügel hat nun seine endgültige rundliche Form mit leicht abfallenden Hängen erreicht. Für die spätere Bepflanzung ist es wichtig, dass ein so hohes Beet möglichst in Nord-Süd-Richtung angelegt wird. In der Ost-West-Lage entstehen sonst ein heißer Süd- und ein schattiger Nordhang.

Die Bepflanzung des Hügels

Bei der Pflanzung von Gemüse kann sich ein Biogärtner in etwa an die Regeln der Mischkultur halten. Die Reihen werden in ovalen Ringen um den ganzen Hügel herumgezogen.

Auf dem »Rücken« stehen hohe Gewächse, wie zum Beispiel Tomaten. Rundherum können Kohl, Sellerie, Lauch, Salate und nach Geschmack und Laune noch viele andere Gemüse gepflanzt werden. Erdbeeren mit ihren vielen Ranken und Kartoffeln bekommen einen »Berg« für sich allein.

Am besten legt der Gärtner ein neues Hügelbeet im Herbst an. Bis zum Frühling kann es dann noch ein wenig zusammensinken. Es ist aber auch ohne weiteres möglich, das Beet sofort nach dem Aufbau »einzuweihen«. Pflanzen Sie dann Gurken oder Zucchini, die die frisch aufgeschüttete Erde rasch bedecken und schützen.

Über die Erfolge mit der Hügelbeetkultur berichten viele Biogärtner mit großer Begeisterung. Da ist die Rede von einer einzigen Spinatpflanze, die 80 cm (!) Durchmesser erreichte und als Mittagessen für 3 Personen die Teller füllte. Es werden Riesenkohlköpfe und Körbe voll Tomaten von den fruchtbaren Hügeln geerntet. Ich meine, man sollte es aber auch im Biogarten nicht übertreiben. Eine Überdüngung ist nämlich nicht nur mit synthetischem Stickstoff, sondern auch mit organischen Düngermethoden möglich. Diese Gefahr besteht anscheinend bei allzu eifrigen Hügelbeetspezialisten. Übertreibung und Überdüngung gehören aber nicht zu den empfehlenswerten naturgemäßen Methoden.

■ Auf einem breiten Hügelbeet haben abwechslungsreiche Mischkulturen Platz. Hier gedeihen Salate, Kohlrabi und Lauch. Kohl wächst gut in den ersten Jahren, wenn das Hügelbeet sehr nährstoffreich ist.

Die Praxis

Merken Sie sich als wichtigen Grundsatz Folgendes: In den beiden ersten Jahren nach dem Aufbau enthält der Hügel die meisten Nährstoffe. In dieser Zeit dürfen nur Starkzehrer, wie zum Beispiel Tomaten, Kohl, Sellerie, Lauch und Gurken, angebaut werden. Diese Gemüse gedeihen dann gesund und prächtig.

Für Spinat und Salat besteht dagegen die Gefahr der Überdüngung und damit verbunden eine gesundheitsgefährliche Nitratanreicherung. Schwachzehrer dürfen deshalb erst im 3. Jahr auf dem Hügel wachsen.

Vernünftige Hügelbeetgärtner ziehen daraus von selbst den Schluss, dass die oben erwähnte 80 cm breite Spinatpflanze mit Sicherheit überdüngt und ungesund war, während stattliche Kohlköpfe guten Gewissens und mit Gärtnerstolz im Herzen geerntet werden dürfen.

Funktion und Lebensdauer des Hügels

Betrachten wir das Hügelbeet deshalb mit ebenso liebevollen wie kritischen Blicken. Ohne jeden Zweifel gedeiht das Gemüse ausgezeichnet und sehr üppig auf sachgemäß gebauten Hügeln. Dazu trägt zum einen die Wärme bei, die sich bei den Abbauprozessen im Inneren entwickelt. Zum anderen wirkt das sich langsam zersetzende Material »im Bauch« des Beetes ähnlich wie ein Komposthaufen. Und jeder Gärtner weiß, wie üppig ein Kürbis gedeiht, wenn man ihn leichtsinnigerweise auf diese kostbaren Abfallhaufen setzt.

Die Wärmeentwicklung ist natürlich im ersten Jahr in einem frisch gebauten Hügel am größten. Sie lässt mit zunehmender Verrottung des Materials in den nächsten Jahren nach. Gleichzeitig bildet sich eine immer dicker anwachsende Lage aus fruchtbarer Erde. Das Hügelbeet »hält« etwa 5–6 Jahre. Dann ist aus dem aufgeschichteten organischen Material eine ungefähr 30 cm hohe Humusschicht entstanden. In der Zwischenzeit muss allerdings »nachgefüttert« werden – mit Kompost und organischem Dünger, um die Pflanzen gleichmäßig zu ernähren.

Hügelkultur ist ein Tummelplatz für experimentierfreudige Biogärtner, aber sie bewährt sich auch als Helfer in manchen Gartennöten. So überbrücken die Hügel zum Beispiel Engpässe während der Umstellungszeit. In jedem Fall gilt hier das alte Wort: Probieren geht über studieren. Die rundlichen Beete beweisen besonders anschaulich, dass es in einem naturgemäßen Garten keine Patentrezepte gibt. Noch mehr als anderswo kommt es hier auf eigene Erfahrung, auf jahrelange Beobachtung und vor allem auf ein gesundes Maß an. Deshalb sollen die Vor- und Nachteile der Hügelbeetkultur hier noch einmal einander gegenübergestellt werden. Die richtigen Schlüsse mag jeder daraus in der eigenen Praxis ziehen.

Vorteile der Hügelbeetkultur

Erwärmung des Bodens. Dadurch kann im Frühling früher ausgesät und gepflanzt werden. Im Herbst dauert die Reifezeit etwas länger. Dieser Vorteil macht sich vor allem in rauen Gegenden bemerkbar.

Vermehrung des Humus. Ist das Beet erst einmal aufgebaut, entsteht Jahr für Jahr fast von selbst fruchtbare Erde. Dieser Vorteil ist besonders wichtig in Gärten mit sehr schlechtem Boden. Die Hügelbeete »überbrücken« im wahrsten Sinn des Wortes die Situation. Hier herrschen von Anfang an gesunde Wachstumsbedingungen. Deshalb sind diese Beete auch während der Umstellung auf die biologische Methode zu empfehlen. In den ersten schwierigen Jahren kann auf dem Hügel bereits reichlich gesundes Gemüse geerntet werden. So bleibt dem restlichen Gartenland genug Zeit für den Aufbau der Humusschicht.

Die Anbaufläche wird vergrößert, die Ernte fällt sehr reich aus. Vor allem in kleinen Gärten trägt dieser Vorteil dazu bei, die Selbstversorgung mit frischem Gemüse zu ermöglichen.

Eine gute Dränage ist durch den groben Kern des Hügels gesichert. Auf diesem Beet kann keine stauende Nässe entstehen.

Reiches Wurzelwachstum kann sich durch den lockeren, humusreichen Aufbau der Schichten ausbreiten.

Arbeitserleichterung macht sich vor allem dadurch bemerkbar, dass man sich nicht so tief zu bücken braucht.

Einwände gegen das Hügelbeet

Verschiebung der natürlichen Bodenschichtung. Die Abbauschicht (Laub, Gras, organischer Abfall, Gehölzschnitt) wird tief nach unten verlagert. Die Lebewesen der Rotteschicht brauchen aber viel Sauerstoff! Deshalb befinden sie sich im Gartenboden in der oberen Humusschicht. Es besteht die Gefahr, wenn ein Hügel nicht wirklich luftdurchlässig gebaut ist, dass es zu undurchlässigen Zwischenlagen und Fäulnisbildung kommen kann.

Gefahr für die Wurzeln entsteht, die normalerweise die Rotteschicht meiden. Im Hügelbeet liegt diese Zone unterhalb der Wurzeln, in der Gartenerde dagegen über dem Hauptwurzelbereich. Diese Gefahr scheint aber für die meisten Pflanzen nicht groß zu sein, da über der Rotteschicht eine reichlich dicke Humusdecke aufgebaut wird, die normalerweise als Wurzelregion ausreicht.

Der Hügel trocknet rasch aus. In heißen Sommern kann dies zum Problem werden. Feuchtigkeit rinnt rasch nach unten, kann aber aus dem gewachsenen Boden nicht in den

FRUCHTBARE HÜGELBEETE

Hügel aufsteigen. In den ersten Jahren muss viel gegossen werden. Mulchen ist auf den »Hängen« schwieriger als auf flachen Beeten. Auch dieser Feuchtigkeitsschutz kann nicht voll eingesetzt werden.

Mäuse und Wühlmäuse benutzen die Hügel gern als Unterschlupf.

Zu viel Aufwand – meinen manche Biogärtner. Sie wenden ein, dass man zusätzliche Wärme und frühere Aussaat auch im Frühbeet und unter leichten Folientunneln erreichen kann. Die Humusanreicherung mache weniger Arbeit bei Flächenkompostierung auf normalen Gartenbeeten.

Die Entscheidung für oder gegen Hügelbeete ist sicher auch eine Frage des gärtnerischen Temperaments. Vielleicht sollten die biologischen Experimentierer mehr als bisher ihre Aufmerksamkeit den nur sanft gerundeten chinesischen Hügeln zuwenden. Sie bleiben der Erde näher und haben sich seit Jahrhunderten bewährt.

Das Hochbeet – ein Hügel in der Kiste

Als »Ableger« des fruchtbaren Erdhügels entstand das Hochbeet. Prinzip und Aufbau gleichen dem Hügelbeet. Der wesentliche Unterschied besteht darin, dass die Seiten des Hochbeetes nicht sanft abfallen, sondern senkrecht hochgezogen werden. Zwischen vier Eckpfosten werden starke Bretter oder Rundhölzer befestigt. Diese »Kiste« kann beliebig lang sein, sollte aber nicht breiter als 1,20 m gezimmert werden. Die Hochbeet-Füllung ähnelt dem Aufbau des Hügelbeetes. Die gleichen Materialien werden schichtweise aufgesetzt. Vorher sollte auf dem Boden ein engmaschiges Drahtgeflecht ausgelegt werden, das auch seitlich an den Wänden ein Stück hochgezogen wird. So verhindert der Gärtner das Einwandern von Mäusen aus dem Boden in die »gemütliche Vorratskiste«.

Damit hinter den steilen Seitenwänden die Erde nicht durch Sonne und Wind zu stark ausgetrocknet wird, empfiehlt es sich, an den Rändern des Hochbeetes rankende Pflanzen, wie zum Beispiel Kapuzinerkresse, zu säen. Die lang herunterhängenden Triebe sorgen an den warmen Holzwänden für schattige Kühle.

Das Hochbeet bietet vor allem alten und behinderten Menschen eine gute Möglichkeit, die Freuden des Gärtnerns zu erleben. Sie brauchen sich nicht tief zu bücken, sondern können im Stehen oder sogar im Rollstuhl sitzend säen, pflanzen, ernten und alle Pflegearbeiten ausführen. Deshalb ist es auch wichtig, dass rund um ein Hochbeet möglichst Plattenwege angelegt werden, auf denen man sich, ohne zu stolpern, gut bewegen kann.

Die Kistenbeete sind aber auch bei jüngeren Menschen beliebt. Sie nutzen einfach die Annehmlichkeiten des aufrechten Gärtnerns oder sie erleichtern sich das mühselige Arbeiten auf Hanggrundstücken, indem sie die Beete aus der Schräge auf eine gerade Fläche »befördern«.

Wie auch immer die Beweggründe beschaffen sind – Gärtner haben seit je Freude am Experimentieren gehabt. Warum sollten Sie es nicht auch einmal auf einer »höheren Ebene« versuchen? Ob der Aufwand sich lohnt, muss jeder für sich selbst entscheiden.

■ Auf Hochbeeten gedeihen in bequemer Reichweite Gemüse, Kräuter und Blumen. Sie erleichtern vor allem älteren Menschen die Mühen der Gartenarbeit.

Die Praxis

TIERE ALS HELFER IM GARTEN

»In der Natur ist ein ewiges Auf und Ab von Nützlingen und Schädlingen. Lasst sie nur alle, dann frisst das eine das andere auf.« Diese Naturbeobachtung samt ihrer gelassenen Schlussfolgerung stammt von Goethe.

Im 20. Jahrhundert verloren die Menschen schneller die Geduld, sie nahmen sich wohl oft auch nicht mehr die Zeit, genau hinzuschauen. Schädlinge wurden nicht mehr ihren natürlichen Feinden überlassen, sondern in groß angelegten »Feldzügen« vernichtet. Neue Mittel der Chemie, die es bis zum Beginn der zwanziger Jahre nicht gegeben hatte, machten dies möglich. Der tödliche Regen der Insektizide traf Feinde und Freunde gleichermaßen. Die natürliche Balance zwischen Fressen und Gefressenwerden geriet in unkontrollierte Taumelbewegungen. Aber oft schlug das lautlose Wehklagen in der Natur nach kurzer Zeit in Hohngelächter um.

Die Rote Spinne ist ein Beispiel für die Härte, mit der winzige Lebewesen zurückzuschlagen vermögen. Der kleine Schädling wurde so lange von einer bestimmten Raubmilbenart in Schach gehalten, bis die Giftspritze »aufräumte«. Die nützlichen Milben gingen zugrunde, und die Rote Spinne hatte endlich freie Bahn. Sie entwickelte sich in kurzer Zeit zu einem der gefährlichsten Obstbaumschädlinge. Inzwischen hat man solche Zusammenhänge erkannt und beobachtet die Wechselbeziehungen in der Natur wieder genauer. Aber goethesche Gelassenheit ist schwieriger geworden. Biogärtner müssen wieder lernen, dass Tausende für sie umsonst arbeiten, wo die richtigen Lebensbedingungen dafür geschaffen werden. Zugegeben: Das geduldige Zuschauen ist oft nicht leicht. Manchmal muss man eine Faust in der Gartenschürzentasche machen, wenn Läuse über die Obstbaumblätter krabbeln oder Raupen an den Kohlpflanzen nagen. Wer jetzt radikal eingreift, der entzieht den Nützlingen die Lebensgrundlage. Wer Geduld hat, der wird beobachten können, wie eine Vielzahl kleiner Tiere sich auf die »gedeckten Tische« stürzt. Niemals rotten die »natürlichen Feinde« ihre Gegenspieler ganz aus. Aber wo sich wieder ein Gleichgewicht der Arten einpendelt, da bleiben die Schädlinge in erträglichen Grenzen.

Allerdings muss ein Gärtner seine Freunde und Helfer auch kennen und erkennen, wenn er erfolgreich mit ihnen zusammenarbeiten will. Auch die Nützlinge gehören ja oft zu den krabbelnden oder schwirrenden Tieren, die bei vielen Menschen Abwehrreaktionen auslösen. Ich erinnere mich an eine kleine spätsommerliche Szene: Eine Florfliege hatte sich ahnungslos auf einer Tischdecke niedergelassen. Eine Frau erschlug sie und stieß dabei voller Abscheu das Wort »Ungeziefer!« aus. Dieser sinnlose Tod war doppelt traurig. Florfliegen sind bezaubernde Geschöpfe mit durchsichtigen, grün geäderten Flügeln und

■ Der rotbraun behaarte Abendsegler verlässt seine Baumhöhle, um Fluginsekten zu fangen.

■ Die Spitzmaus ist an ihrem lang gezogenen Rüsselschnäuzchen gut zu erkennen. Sie geht nachts auf Jagd, dann fängt sie große Mengen Insekten und auch Schnecken.

TIERE ALS HELFER IM GARTEN

goldenen Augen. Sie gleichen eher einem märchenhaften Elfenwesen als einem hässlichen »Ungeziefer«. Die Florfliegen sind aber nicht nur wunderschön, sie gehören auch zu unseren nützlichsten Helfern im Garten: Ihre Larven vertilgen große Mengen Blattläuse!

Erkennen – beobachten – schützen

Dieser Wahlspruch gilt für alle, die mit der Natur zusammenarbeiten wollen. Die »Steckbriefe« der wichtigsten Tiere, die im Garten bei der Schädlingsregulierung mithelfen, sollen Ihnen dabei als Wegweiser dienen.

Säugetiere

Fledermäuse sind selten geworden, weil ihnen Schlupfwinkel in Scheunen und Höhlen fehlen. Diese Insektenfresser besitzen eine Flughaut, die zwischen dem Rumpf und den Gliedmaßen angewachsen ist. Sie können sich hervorragend in der Dunkelheit orientieren. Die kalte Jahreszeit verbringen sie im Winterschlaf; dann hängen sie kopfunter an der Decke ihrer Verstecke.

- Nutzen: Fledermäuse fangen die »Nachtschwärmer« unter den Insekten, zum Beispiel Eulenschmetterlinge, Wickler, Spanner und Schnaken.
- Schutz: Die Tiere sind harmlos, obgleich sie vielen Menschen unheimlich erscheinen. In Ruhe lassen und Schlupfwinkel, wie offene Dachböden und Baumhöhlen, erhalten; damit hilft man ihnen am meisten. Im Handel kann man speziell konstruierte Fledermauskästen kaufen, in denen die Tiere neue Schlafplätze finden.

Igel sind ebenso beliebt wie nützlich. Wenn Gefahr droht, rollen sie sich zusammen, stellen die Stacheln auf und werden zu uneinnehmbaren Festungen. Igeljunge kommen im Frühling, manchmal auch im September zur Welt; bis zum Herbst bleibt die Familie zusammen und geht in der Dämmerung gemeinsam auf Jagd. Den Winter verbringen die »Stachelhäuter« schlafend in warmen Höhlen. Ihr Herz schlägt nur noch ganz langsam, zwei bis drei Atemzüge in der Minute. Alle Lebensfunktionen sind »auf Sparflamme« geschaltet.

- Nutzen: Igel fressen Schnecken, Engerlinge, Würmer, Raupen, Mäuse und sogar Schlangen. Gegen Erdbeeren oder Äpfel haben sie allerdings auch nichts einzuwenden.
- Schutz: Eine ungestörte Ecke unter Sträuchern, wo Laub und Äste liegen bleiben. Dort können Igel sich ein Nest bauen. Im Biogarten eigentlich selbstverständlich: Verwenden Sie kein giftiges Schneckenkorn!

Maulwürfe werden von vielen Gärtnern nicht als Bundesgenossen betrachtet, sondern als Störenfriede, die durch ihre Erdhaufen den Rasen und die Gemüsebeete verunzieren. Üben Sie sich in Geduld. Die lockere Maulwurfserde eignet sich hervorragend für den Blumentopf. Der Rest der Hügel wird wieder glatt geharkt. Im Übrigen stehen die unterirdischen Wühler unter Naturschutz. Wer sie nicht liebt, sollte sie wenigstens als eifrige Insektenjäger achten.

Der Maulwurf kann einschließlich Schwanz bis zu 17 cm lang werden. Er hat ein samtiges schwarzes oder graubraunes Fell, kräftige, schaufelartige Grabepfoten, eine lang gezogene Rüsselschnauze und winzige, halbblinde Augen.

- Nutzen: Maulwürfe fressen Würmer (leider auch Regenwürmer), Maulwurfsgrillen, Insekten, Larven, Puppen, Engerlinge, Nacktschnecken und räumen sogar die Nester der schädlichen Wühlmäuse aus. Sie müssen täglich so viel Nahrung zu sich nehmen, wie sie selber wiegen!
- Schutz: um Verständnis werben bei erbosten Gärtnern.

Spitzmäuse sind leicht an ihrem spitzen Rüsselschnäuzchen, dem kurzen Schwanz und einem unangenehmen Moschusgeruch zu erkennen. Ihr Rücken ist graubraun, das Bauchfell heller gefärbt. Sie fressen keine Pflanzen und richten auch sonst keine Nageschäden an.

- Nutzen: Die Spitzmäuse fangen nachts Schnecken, Insekten, Maulwurfsgrillen und Larven. Sie fressen jede Nacht mindestens so viel, wie sie selber wiegen!
- Schutz: Spitzmäuse richten sich ihre Schlupfwinkel gern unter Steinen, in hohlen Baumstubben, im Gebüsch und unter Laubhaufen ein. Sorgen Sie für solche Stellen an ungestörten Gartenplätzen, unter Sträuchern und Hecken.
- Hunde und Katzen beißen Spitzmäuse tot, ohne sie zu fressen. Zumindest Hunde kann man daran hindern.

Vögel

Sie gehören zu den fleißigen Helfern im Garten, die jeder kennt. Ihre nützliche Tätigkeit untermalen sie mit melodischem Gesang oder munterem Gezwitscher. So gewinnen sie leicht die Herzen der Menschen. Einige Vogelarten können aber auch Ärger oder gar Schäden anrichten. Amseln, Spatzen und Stare haben sich in unserer zivilisierten Umwelt so sehr vermehrt, dass sie manchmal in Scharen in den Garten einfallen. Sie zerwühlen Saatbeete, scharren kleine Pflanzen aus dem Boden, fressen Samen und »stehlen« große Mengen Obst. Dagegen muss sich auch ein Naturfreund schützen. Netze, Folien und blinkende Alustreifen halten die gefiederten »Halbstarken« fern, ohne ihnen zu schaden. Denn auch diese Vögel haben trotz ihrer schlechten Angewohnheiten nützliche Eigenschaften: Sie fangen Würmer, Insekten und Raupen. Die Spatzen räumen auch unter den Unkrautsamen auf. Ein Meisenpärchen soll in einem einzigen Sommer bis zu 30 kg Raupen zur Fütterung der Jungen zusammenschlep-

Die Praxis

■ Die Blaumeise hilft dem Gärtner und den Bäumen, wenn sie Insekten in den Blüten sucht.

pen. Auch Rotkehlchen, Rotschwänze und Finken helfen tatkräftig mit.

- Nutzen: Vor allem zur Ernährung der Jungen fangen Vögel große Mengen Insekten, darunter vor allem Blattläuse, Raupen, Maden und andere Larven. Einige vertilgen auch Unkrautsamen.

- Schutz: Wichtig sind vor allem Nistplätze. In einem naturgemäßen Garten sollten möglichst Hecken und Sträucher gepflanzt werden, die Vögeln Schlaf- und Wohngelegenheiten bieten. Zusätzlich werden Nistkästen aufgehängt. Die Fluglöcher sollen nach Südosten gerichtet sein. Im Herbst, wenn alle Jungtiere ausgeflogen sind, werden die Kästen gereinigt, damit Krankheiten und Ungeziefer sich nicht ausbreiten können. Nistkästen gibt es für die Höhlenbrüter, zu denen Meisen, Baumläufer, Kleiber und Rotschwänzchen gehören, Nisthilfen auch für Schwalben. In Hecken, Bäumen und am Boden brüten dagegen Rotkehlchen, Finken und Zaunkönige.

Eine Vogeltränke oder ein kleines Wasserbecken gehören unbedingt zum Vogelschutz im Garten. In harten Wintern sollte eine Futterstelle eingerichtet werden. Lassen Sie Pflanzen, die Samenstände angesetzt haben, im Herbst als natürliche Nahrungsquelle stehen.

Kriechtiere

Blindschleichen sind keine gefährlichen Schlangen, sondern Echsen. Ihr schlangenförmiger Körper ist auf dem Rücken graubraun bis kupfrig gefärbt und schwarz gestreift. Der Bauch ist dunkel. Die Tiere lieben feuchte Wiesen und Gartenecken.

- Nutzen: Blindschleichen fangen in den frühen Morgenstunden und am Abend Nacktschnecken, Würmer und Insekten.

■ Der Grauschnäpper hält nach Insekten Ausschau. Er fängt sie im Flug.

■ Der Buchfink frisst meist Samen und Früchte, in der Brutzeit auch Spinnen und Insekten.

■ Rotkehlchen nisten im Falllaub, nehmen aber auch alte Amselnester in Besitz.

TIERE ALS HELFER IM GARTEN

- Schutz: Am Kompostplatz, zwischen moderndem Holz und unter Reisighaufen ungestört lassen; vor stöbernden Haustieren bewahren.

Lurche

Erdkröten, Grasfrösche und Teichfrösche werden leider oft mit Ekel betrachtet. Wer sie näher kennen lernt, der wird sie bald als gute Freunde im Garten begrüßen. Die Erdkröte ist braun gefärbt und mit Warzen bedeckt. Dafür hat sie schöne, goldfarbige Augen. Der Grasfrosch hat einen bräunlichen, dunkel gefleckten Rücken, der Bauch schimmert heller. Der Teichfrosch ist grünlich gefärbt. Charakteristisch sind seine beiden Schallblasen, die er beim Quaken wie Ballons aufbläst. Kröten und Frösche brauchen eine Wasserstelle. Sie leben teils im Teich und teils an Land. Eine dichte, feuchte Uferpflanzung dient ihnen als Schutz. Diese Lurche wandern in die Nachbarschaft, kehren aber an ihren Stammplatz im Garten zurück, wenn er gute Lebensbedingungen bietet.

- Nutzen: Erdkröten und Frösche fressen Nacktschnecken, Würmer, Asseln und Insekten.
- Schutz: Mit Hilfe von kleinen Teichen und Feuchtbiotopen geeignete Lebensbedingungen im Garten schaffen und Freunde für die »hässlichen« Kröten gewinnen. Diese »Nackthäuter« sind sehr empfindlich gegen Gifte aller Art!

Insekten

Florfliegen, die auch Goldaugen oder Blattlauslöwen genannt werden, sind schlanke Insekten mit durchsichtigen, grün geäderten Flügeln und goldfarbigen Augen. Diese Elfen unter den Insekten ernähren sich in der Hauptsache von Honigtau und Wasser. Wenn sie sehr hungrig sind, fangen sie auch Blattläuse oder kleine Insekten.

■ Blindschleichen sind harmlos und nützlich. Sie jagen Insekten, Asseln und Schnecken.

Große Räuber sind dagegen die Florfliegenlarven. Sie schlüpfen aus Eiern, die an langen Stielen unter Blättern und Ästen befestigt sind. Die bräunlichen Larven packen mit ihren zangenförmigen Kiefern Blattläuse, Spinnmilben, Schild- und Blutläuse. Nach 18 Tagen spinnen sie sich in weiße kleine Kokons ein. Darin vollzieht sich die wunderbare Umwandlung von der gefräßigen Larve zum durchsichtigen »Goldauge«.

- Nutzen: Eine einzige Larve frisst 200 bis 500 Blattläuse und andere Schädlinge.
- Schutz: keine Insektizide, Fungizide und ölhaltigen Mittel spritzen! Im Winter suchen die erwachsenen Florfliegen geschützte

■ In der Dunkelheit fängt die Erdkröte Insekten, Spinnen, Würmer und Nacktschnecken.

Die Praxis

Winkel in kühlen Speichern, Schuppen und Gartenhäusern auf. Kluge Biogärtner verschieben dann den Hausputz bis zum Frühling, wenn die Blattlauslöwen wieder ins Freie schweben.

Marienkäfer sind nicht immer rot. Es gibt auch gelbe und andersfarbige Arten. Auch die Zahl und die Größe der dunklen Punkte variiert. Wichtig ist es vor allem, die Larven zu erkennen: Sie schlüpfen aus gelben, senkrecht aufgestellten Eiern, sind dunkel graublau gefärbt und gelb gefleckt. Wenn sie sich verpuppen, rollen sich diese Larven kugelförmig zusammen. Dann hängen sie festgeklebt an Blättern oder Stängeln. Man erkennt sie an ruckartigen Bewegungen, wenn man sie berührt.

■ Nutzen: Käfer und Larven fressen vor allem große Mengen Blattläuse. Eine Larve vertilgt während ihrer 20-tägigen Lebenszeit 400—800 der kleinen Schädlinge. Nach der Winterruhe sind Marienkäfer besonders hungrig, und sie räumen deshalb schon im Frühling kräftig in unserem Garten auf.

■ Schutz: nicht mit Gift spritzen, vor allem nicht im Frühling (so genannte Austriebsspritzung!). Beim Anblick der ersten Läuse geduldig bleiben; die Pflanzen beobachten, bis die Marienkäfer auftauchen. Erwachsene Käfer überwintern in Laubschichten, Rindenritzen und kühlen Schuppen. Bieten Sie ihnen solche Überlebensmöglichkeiten an!

Laufkäfer: Zu ihnen gehören u.a. der Goldlaufkäfer, der Gartenläufer und der Puppenräuber. Sie haben alle lange, kräftige Beine und feste, dunkle Flügeldecken.

■ Nutzen: Die Käfer und ihre Larven gehören zu den großen Räubern, die Puppen, Raupen, Drahtwürmer, Kartoffelkäfer, Kartoffelkäferlarven und Schnecken jagen; kleine Arten fangen auch Läuse und Milben.
■ Schutz: vor allem als Nützlinge erkennen und nicht aus Unkenntnis tottreten. Achten Sie auf die grün-goldenen oder bronzefarbig glänzenden Flügel! Feuchte Plätze unter Laub, Holz oder Steinen dienen den nützlichen Käfern als Unterschlupf.

Ohrwürmer stehen zu Unrecht im Ruf, in Menschenohren zu krabbeln und dort mit ihren Kneifwerkzeugen Unheil anzurichten. Das ist ein Märchen! Die Zangen am Hinterleib können nur kleinen Tieren Respekt einflößen, wenn das Weibchen in den Erdröhren seine Jungen verteidigt.

■ Nutzen: Der Ohrwurm ist ein nächtlicher Räuber, der Insekten, vor allem Läuse, frisst. Er knabbert aber auch gelegentlich Pflanzen und Obst an. Sein Speisezettel ist also gemischt.
■ Schutz: Im Biogarten wird der Ohrwurm als »Haustier« gehalten und regelrecht zur Jagd auf Obstbaumschädlinge angesetzt. Dazu hängt man Blumentöpfe, die mit Holzwolle oder Heu locker voll gestopft werden, kopfunter in die Bäume. In diesen Höhlen verstecken sich die Ohrwürmer tagsüber gern.

■ Oben: Zu den eifrigsten Blattlausjägern gehören die fresslustigen Larven der Florfliegen.
■ Unten: Die Larven der Marienkäfer sollte jeder Gärtner kennen; sie vertilgen Läuse in Massen.

■ Oben: Florfliegen ernähren sich sowohl von Nektar und Blütenpollen als auch von Blattläusen.
■ Unten: Ein Zweipunkt-Marienkäfer hat seine gelben Eier an einem Blatt befestigt.

TIERE ALS HELFER IM GARTEN

Nachts gehen sie dann an Ort und Stelle auf Jagd. Wichtig: Die Töpfe müssen Kontakt zu Ästen oder Astgabeln haben, damit die Ohrwürmer leicht aus- und einsteigen können.

Schlupfwespen sind kleine, nur 5–30 mm lange Insekten. Es gibt viele unterschiedliche Arten. Sie haben dunkle, schimmernde Flügel, eine enge »Wespentaille« und einen langen Legestachel am Hinterleib. Mit diesem »Mordinstrument« bohren die Schlupfwespen zum Beispiel Blattläuse an und legen ihre Eier in den lebenden Tieren ab. Die Schlupfwespenlarve frisst von innen her ihren Wirt auf und überwintert dann verpuppt in der hohlen Laus.

- Nutzen: Ein Schlupfwespenweibchen kann 200–1000 Läuse mit Eiern belegen. Größere Arten stechen auch Gespinstmotten und die Raupen der Kohlweißlinge an, wieder andere sind auf die Puppen der Zwiebelfliege spezialisiert.
- Schutz: auf die Blattlausmumien achten, in denen die Schlupfwespen überwintern. Baumschnitt nicht gleich verbrennen! Doldenblütler bieten Nahrung, Krautwuchs unter Sträuchern Winterschutz.

Schwebfliegen werden manchmal mit den Wespen verwechselt und deshalb getötet. Sie sind schwarz-gelb gemustert, aber relativ klein (7–15 mm). Man erkennt sie an ihrem schnellen, geräuschlosen Flug. Sie können ihre Flügel so rasch bewegen, dass sie in der Luft auf der Stelle »stehen bleiben«. Charakteristisch sind auch blitzschnelle Zickzackbewegungen. Ihre Eier legen sie in Blattlauskolonien ab. Einige Arten beginnen damit schon sehr zeitig im Frühling. Durch sie kann die erste »Blattlaus-Explosion« gebremst werden. Die weiß oder gelblich gefärbten Larven sehen aus wie Maden.

- Nutzen: Die erwachsenen Schwebfliegen leben von Blütenstaub und Honig. Sie spielen eine wichtige Bestäuberrolle. Die Larven ernähren sich dagegen von Blattläusen. Während ihrer kurzen Lebenszeit von 8–15 Tagen verzehrt eine Larve rund 400–800 Läuse.
- Schutz: nicht mit Wespen verwechseln. Vor allem im Frühling die erste Schwebfliegengeneration nicht durch Spritzungen schwächen. Insekten-Nisthilfen aufhängen. Doldenblütler (Dill, Kerbel, Wilde Möhren u. a.) locken Schwebfliegen in den Garten!

Wanzen haben in der freien Natur nützlichere Eigenschaften als in den Betten der Menschen. Es gibt viele unterschiedliche Raubwanzen, die Schädlinge vertilgen. Sie sind im Durchschnitt nur 3–7 mm groß. Der flache Körperbau, ledrige, manchmal bunt gefärbte Flügeldecken und rüsselförmige Saug- und Stechorgane zählen zu den Erkennungsmerkmalen dieser Insekten. Zu den wichtigsten räuberischen Wanzen gehören die Blumenwanzen und die Weichwanzen.

- Nutzen: Raubwanzen fressen vor allem Spinnmilben, aber auch Blattläuse, Milben und kleine Raupen.
- Schutz: kein Gift spritzen! Nicht davor ekeln, sondern beobachten und ihre Rolle im »vernetzten System« erkennen.

Spinnentiere

Dazu gehören die Kreuzspinnen, die Springspinnen, die Wolfsspinnen, die Baldachinspinnen und noch viele andere. Durch ihre Gestalt und ihre Größe unterscheiden sie sich sehr. Einige bauen Netze, andere leben am Boden. An ihren »Spinnenbeinen« erkennt sie jeder.

- Schwebfliegen werden von Doldenblütlern wie Dill und Kerbel in den Garten gelockt.

- Eine Schwebfliegenlarve spießt ihre Beute auf: Sie frisst 400–800 Blattläuse!

- Eine Gartenkreuzspinne lauert in ihrem kunstvollem Radnetz auf kleine Insekten.

Die Praxis

- Nutzen: Spinnen gehören zu den erfolgreichsten Schädlingsjägern. Sie fangen u.a. Fliegen, Falter, Käfer, Raupen, Wanzen und Läuse.
- Schutz: nicht aus Ekel töten, kein Gift spritzen. Bodendecker, Wildkräuter und Natursteinmauern bieten Spinnen Unterschlupf.

Raubmilben gehören ebenfalls zu den Spinnentieren. Sie haben Ähnlichkeit mit den schädlichen Spinnmilben, produzieren aber kein Gespinst. So kann man sie unterscheiden. Raubmilben sind nur 0,5 mm groß; sie sitzen an den Unterseiten der Blätter.

- Nutzen: Die Raubmilbe *Phytoseiulus persimilis* tötet die Rote Spinne. Diese Milbenart wird für die biologische Schädlingsbekämpfung bereits systematisch gezüchtet.
- Schutz: nicht mit schädlichen Spinnmilben verwechseln! Nicht spritzen!

Der Regenwurm oder die unterirdische Kuhherde

Auch in der Erde gibt es unzählige Tiere, die dem kundigen Gärtner in die Hände arbeiten.

Von den Milliarden winziger Bodenlebewesen haben wir schon oft in den verschiedensten Zusammenhängen gesprochen. Hier wollen wir nur den größten unterirdischen Helfer noch einmal etwas näher in Augenschein nehmen: den Regenwurm. Über sein arbeitsreiches Leben und über seine erstaunlichen Leistungen könnte man ein ganzes spannendes Buch schreiben. Aber auch dieser kurze Ausflug ins Reich der rosabraunen Ringelwesen enthüllt Wunder über Wunder.

Regenwürmer sind kleine Ackerbauern, die metertief den Boden durchgraben. Ein ganzes Leben lang stopfen sie unaufhörlich Erde und organische Abfälle in sich hinein und scheiden am anderen Ende fruchtbarste Humushäufchen aus. Ihr ganzer Körper ist ein einziger Darmkanal. Darin vermischen sich organische Bestandteile und mineralische Bodenteilchen zusammen mit den Verdauungssekreten zu feinsten dauerhaften Krümeln. So entstehen die begehrten Ton-Humus-Komplexe.

Regenwurm-Kothäufchen enthalten hohe Nährstoffkonzentrationen. Die folgenden Werte aus einer Analyse zeigen an, wie hoch der durchschnittliche Gehalt an Hauptnährstoffen im Vergleich zur Erde der näheren Umgebung ausfallen kann:
  5 × mehr Stickstoff
  7 × mehr Phosphor
  11 × mehr Kali
  2 × mehr Magnesium
  4 × mehr Kalk

Diese Zahlen können – je nach Boden- und Nahrungsverhältnissen – schwanken; sie sind aber immer beeindruckend hoch.

Einen preiswerteren Düngerfabrikanten kann sich kein Gärtner wünschen, zumal die Regenwürmer keine Einzelgänger sind, sondern gute Erde in Scharen bevölkern. In einem Hektar Gartenboden können 80 000–130 000 dieser Tiere leben. Sie bringen es auf ein Gewicht von 6 bis 8 Zentnern! In einem Hektar Ackerboden wiegen die gesammelten Regenwürmer so viel wie eine Kuh. Deshalb nennt man sie auch »die Kuh im Acker«. Diese kleine unterirdische Herde setzt in einem Jahr das 70fache ihres eigenen Gewichtes in feinsten, fruchtbaren Humus um.

Außerdem sorgt dieses bewegliche Heinzelmännchen mit seinem Röhrensystem für eine gute Durchlüftung des Bodens. Durch seine zahlreichen Gänge verteilt sich das Regenwasser. Auch die Pflanzenwurzeln folgen gern den vorgearbeiteten Kanälen, deren Wände mit besten Nährstoffen austapeziert sind.

Jeder Regenwurm ist Männchen und Weibchen zugleich. Diese Zwitter steigen in feuchten Nächten aus ihren Erdröhren, umarmen sich lange im Schutz der Dunkelheit und befruchten sich gegenseitig. Dann verschwinden sie wieder in der Erde und legen dort ihre Eier ab. Starke Regengüsse, die die Gänge mit Wasser füllen, treiben die Würmer in Scharen an die Erdoberfläche. Vielleicht stammt daher ihr deutscher Name. Sie scheuen aber nicht den Regen; sie leiden in den überschwemmten Röhren an Luftmangel. Draußen aber

■ Zu den treuesten Gehilfen des Biogärtners gehören die Regenwürmer: Sie durchlüften den Boden und erzeugen unaufhörlich nährstoffreichen Humus. Ernähren Sie sie mit Mulchmaterial!

TIERE ALS HELFER IM GARTEN

lauert eine noch größere Gefahr: die Sonne. Wenn es ihnen nicht gelingt, sich schnell wieder in ihr feuchtdunkles Element einzugraben, sterben sie im tödlichen Licht, das ihre Blutsubstanz zerstört.

Regenwürmer als Haustiere

Es gibt auf der Welt viele verschiedene Regenwurmarten. Für den Gärtner in unseren Breiten sind vor allem zwei Gruppen von Bedeutung: die Mistwürmer, die man auch Kompostwürmer nennt *(Eisenia foetida)*, und die Ackerregenwürmer *(Lumbricus terrestris)*. Die hellroten Mistwürmer werden 6–8 cm lang und vermehren sich schnell. Sie leben von frischen organischen Abfällen und brauchen viel Feuchtigkeit und Wärme. Deshalb ist ein gut geführter Komposthaufen ein idealer Lebensraum für sie.

Die Ackerwürmer sind größer, dicker, braun bis graubraun gefärbt und haben ein flaches Schwanzende. Sie dringen tief in den Boden ein, oft bis in die mineralischen Schichten. Ihre Nahrung besteht aus Erde, abgefallenen Blättern, abgestoßenen Wurzelstückchen und ähnlichen Stoffen. Sie sind die lebendigen Spaten, die dem Gärtner viele Mühen abnehmen. Er sollte sie halten wie eine kleine Viehherde im Boden, wie gute Haustiere, die genährt und gepflegt werden müssen, damit sie reichen Ertrag bringen!

Für Gärten mit schlechten Böden und für solche, die gerade auf die naturgemäße Methode umgestellt werden, lohnt sich eine regelrechte Regenwurmzucht. Bauen Sie sich zu diesem Zweck eine Holzkiste, die im Garten oder im Keller untergebracht werden kann. Die unterste Lage sollte aus Stroh oder Laub bestehen. Dann wird der Behälter mit abwechselnden Schichten aus Stallmist, Kompost und organischen Abfällen gefüllt. Wer keinen Mist bekommen kann, der nimmt mit gemischtem Material aus Küche und Garten

vorlieb. Streuen Sie etwas Steinmehl oder Tonmehl dazwischen und überbrausen Sie alles mit warmem Regenwasser, so dass das Material angenehm feucht ist. Dann werden gekaufte oder bei einem Gartenfreund gesammelte Regenwürmer einquartiert. Mit einem Sack oder einem Deckel aus Brettern deckt man den Kasten zum Schluss zu. Er darf, solange er bewohnt ist, weder zu warm noch zu kalt, weder zu nass noch zu trocken werden. Natürlich müssen Sie Ihre Würmer auch regelmäßig füttern. Besondere Leckerbissen für Ihre geringelten Haustiere sind übrigens Lauch- und Zwiebelreste, Kaffeesatz, Obst- und Weintrester sowie feuchte, zerkleinerte Wellpappe.

Nach 4–6 Monaten können Sie Ihren Garten mit den fleißigen jungen Würmern bevölkern. Bringen Sie aber vor allem die gelblichen oder braunen stecknadelkopfgroßen Wurmeier nach draußen. Die alten Regenwürmer wechseln nicht mehr gern ihre Umgebung. Im Kompost oder unter der Mulchdecke Ihrer Beete werden die Jungtiere bald ausschlüpfen und sich dort sofort an die Erdarbeiten machen. Für die Vermehrung eignet sich besonders der kanadische Tennessy Whiggler. Bezugsquellen für die Regenwurmzucht finden Sie im Anhang dieses Buches.

Hut ab vor dem Erdenwurm

Die Regenwürmer gehören sicher zu den wichtigsten Tieren, die dem Gärtner helfen, den Garten gesund zu erhalten. Sie vertilgen keine Schädlinge, aber sie tragen viel zur Bereicherung der Humusschicht und damit zu gesundem, widerstandsfähigem Pflanzenwuchs bei. Diese einfachen Wesen, die ohne Arme und Beine die Erde durchwühlen, sind ein unersetzliches Glied im Ökosystem der Erde. Aber sie haben eine empfindliche Haut. Mit Salzkonzentrationen und Giftspritzungen vertreibt man sie wie einst die hilfreichen Heinzelmännchen.

Biogärtner sollten im Geiste den Hut ziehen vor diesen stillen, fleißigen Mitarbeitern, die keinen Stundenlohn nehmen. Französische Bauern pflegten früher zu sagen: »Le bon Dieu, der liebe Gott weiß, wie man fruchtbare Erde macht, und er hat sein Geheimnis den Regenwürmern anvertraut.« Aristoteles betrachtete sie als die »Eingeweide der Erde«. Und Charles Darwin schrieb 1881:
»Der Pflug ist eine der allerältesten und werthvollsten Erfindungen des Menschen; aber schon lange, ehe er existierte wurde das Land durch Regenwürmer regelmäszig gepflügt und wird fortdauernd noch immer gepflügt. Man kann wohl bezweifeln, ob es noch viele andere Thiere gibt, welche eine so bedeutungsvolle Rolle in der Geschichte der Erde gespielt haben, wie diese niedrig organisirten Geschöpfe.« (Aus: »Die Bildung der Ackererde durch die Thätigkeit der Würmer«, Deutsch 1899)

■ In Holzkisten leben Regenwürmer wie Haustiere, die gefüttert werden. Das Substrat muss immer feucht sein.

Die Praxis

PFLANZEN ALS HELFER IM GARTEN

Gärtner, die begonnen haben, im Sinne der Natur zu handeln, und Leser, die sich aufmerksam bis zu dieser Buchseite durchgearbeitet haben, werden sich nicht mehr darüber wundern, dass auch Pflanzen tatkräftige Helfer im Garten sein können. Obgleich sie nie einen Laut von sich geben und sich niemals von ihrem Standort fortbewegen, können diese stillen Geschöpfe doch eine deutliche Sprache sprechen und sogar Schädlinge in die Flucht schlagen. In den Kapiteln über das Un-Kraut und die Mischkulturen war davon schon die Rede. Meist handelte es sich dabei um Erfahrungen aus der Praxis. Gärtner und Bauern beobachteten Jahre – oder sogar Generationen lang – Kulturpflanzen und ihre Verhaltensweisen untereinander. Das Ergebnis waren Ratschläge für günstige Kombinationen, die sich im Gartenalltag immer wieder bewährt hatten.

Seit dem vorigen Jahrhundert nimmt sich auch die Wissenschaft der auffallenden Nachbarschaftsverhältnisse unter den Pflanzen an und versucht, die Gesetzmäßigkeiten zu klären, die sich dahinter verbergen. Bereits 1937 schrieb der Direktor des pflanzenphysiologischen Institutes an der Universität Wien, Professor Hans Molisch, das Buch »Der Einfluss einer Pflanze auf die andere – Allelopathie«. Aber diese wissenschaftliche Arbeit geriet bei uns wieder in Vergessenheit. Die Gedanken wurden nicht weiter verfolgt.

Phytonzide – rätselhafte Pflanzenstoffe

In Russland dagegen ging man den geheimnisvollen Wechselbeziehungen der Pflanzen weiter nach. Vor allem Professor B. P. Tokin vom Institut für Mikrobiologie und Virologie in Kiew fand hochinteressante Einzelheiten heraus. Er prägte den Begriff der Phytonzide. Das sind verschiedene biologische Wirkstoffe, die von Pflanzen gebildet werden.

Phytonzide wirken auf die Lebensprozesse benachbarter Gewächse und kleiner Lebewesen anregend oder hemmend. Sie können Bakterien und Pilze töten, Insekten und Würmer vergiften, sie können aber auch Nachbarpflanzen zu besonders üppigem Wachstum anregen. Phytonzide bilden sich in Blättern und Früchten ebenso wie in Wurzeln. Sie werden in die Luft, ins Wasser oder in den Boden ausgeschieden und entfalten dort ihre unterschiedlichen Wirkungen. Albert von Haller, der in einer kleinen Broschüre wichtige Ergebnisse der russischen Forschung in deutscher Sprache zugänglich machte, nennt die Phytonzide »Ordnungskräfte«.

Wir können hier nur einen kurzen Blick hinter die Kulissen der Naturgesetze werfen. Wer sich näher mit diesen interessanten Forschungen beschäftigen möchte, der lese dazu die Speziallliteratur, die im Anhang dieses Buches aufgeführt ist.

Einige Beispiele sollen dem Biogärtner anschaulich vor Augen führen, wo diese geheimnisvollen, unsichtbaren Phytonzide sich in der täglichen Praxis bemerkbar machen.

Schnittblumen halten sich nicht in der Vase, wenn ein »Störenfried« in der Gemeinschaft auftaucht. Reseda zum Beispiel lässt andere Blüten schnell welken. In diesem Fall scheiden die Stiele Phytonzide aus, die auf die Nachbarn toxisch wirken. Ähnliches geschieht bei den Pflanzengemeinschaften im Garten. Tokin berichtet zum Beispiel von Versuchen, bei denen Veilchen und Roggen zusammen ausgesät wurden. Alle Veilchensamen gingen dabei auf. Sobald die Wissenschaftler aber

■ Pflanzen Sie Wermut zu den Johannisbeersträuchern. Er beschützt diese Obstgehölze vor Rostkrankheiten wie dem Säulenrost.

PFLANZEN ALS HELFER IM GARTEN

Pflanzen helfen Pflanzen

Krankheit/Schädling	Abwehrende Pflanzen	Besonders wirksame Kombinationen
Ameisen	Lavendel, Rainfarn, Feldsalat	Rosen und Lavendel
Blattläuse, Blutläuse	Kapuzinerkresse, Lavendel, Bohnenkraut	Kapuzinerkresse unter Obstbäumen; Rosen und Lavendel; Bohnen und Bohnenkraut
Erdflöhe	Wermut, Pfefferminze, Salat, blühende Ginsterzweige	Kohl und Salat; Gurkensämlinge und Ginster
Fliegen	Basilikum, Rainfarn, Nussbäume	Nussbaum am Sitzplatz
Kartoffelkäfer	Meerrettich, Taubnessel, Farnkraut	–
Kohlweißling	Dill, Salbei, Rosmarin, Thymian, Pfefferminze, Beifuß, Tomaten, Sellerie	Kohl und Tomaten; Kohl und Sellerie; Kohl mit Kräuter-Randpflanzung
Mäuse, Wühlmäuse	Knoblauch, Kaiserkronen, Wolfsmilch, Hundszunge, Steinklee, Sonnenblumen, Narzissen 'La Riante'	Steinklee auf Baumscheiben; Sonnenblumen oder Narzissen als schützende Randpflanzung
Echter Mehltau	Knoblauch (allgemein bakterizid und fungizid), Schnittlauch	einige Knoblauchpflanzen unter Obstbäumen, zwischen Erdbeeren und Rosen
Möhrenfliege	Zwiebeln, Salbei, Kresse	Möhren und Zwiebeln; Möhren und Kresse
Nematoden (Wurzelälchen)	Tagetes (Studentenblumen, Sammetkäppchen), Ringelblumen	Teppich- oder Randpflanzung zu Rosen, Kartoffeln, Tomaten
Säulenrost, Johannisbeerrost	Wermut	Wermut zu Johannisbeersträuchern
Schnecken	Senfsaat, Zwiebeln, Knoblauch, Kapuzinerkresse, Salbei, Ysop, Thymian	nur »relative« Wirkung
Zwiebelfliege	Möhren (Karotten)	Zwiebeln und Möhren

das wohlriechende Blümchen zusammen mit Weizen aussäten, keimte kein einziges Veilchen. In diesem Fall fand die Verbreitung hemmender Substanzen in der Erde statt.

Pflanzen kontra Wurzelälchen

Auf der Ausscheidung bestimmter Phytonzide beruht sicher auch die Wirksamkeit der Studentenblume (Tagetes) gegen die Wurzelälchen (Nematoden).

Diesmal waren es holländische Wissenschaftler von der landwirtschaftlichen Hochschule Wageningen, die herausfanden, dass die Wurzeln der Tagetes wasserlösliche Stoffe enthalten, die toxisch auf die Wurzelälchen wirken. Noch interessanter wurde diese Entdeckung, als man feststellte, dass die natürlichen Pflanzenwirkstoffe ähnliche Verbindungen enthalten wie die Anti-Nematoden-Mittel der chemischen Industrie.

■ Ringelblumen und Tagetes halten den Boden gesund. Ihre Wurzeln scheiden einen Stoff aus, der Wurzelälchen tötet. In der Mischkultur helfen sie ihren Nachbarn und sorgen für fröhliche Farben.

Die Praxis

Zeigerpflanzen

Bodenart/Bodenzustand	Charakteristische Wildkräuter
Sandiger Boden	Einjähriger Knäuel, *Scleranthus annuus* Feldbeifuß, *Artemisia campestris* Pechnelke, *Lychnis viscaria* Saatwucherblume, *Chrysanthemum segetum* Sandmohn, *Papaver argemone* (siehe Grafik rechte Seite)
Lehmiger Boden	Ackerhahnenfuß, *Ranunculus arvensis* Ackerkratzdistel, *Cirsium arvense* Esparsette, *Onobrychis viciifolia* Huflattich, *Tussilago farfara* (siehe Grafik rechte Seite) Echte Kamille, *Matricaria recutita* Klettenlabkraut, *Galium aparine* Löwenzahn, *Taraxacum officinale* Wegwarte, *Cichorium intybus*
Humoser, nährstoffreicher Boden (vor allem Stickstoff)	Ackersenf, *Sinapis arvensis* Bingelkraut, *Mercurialis annua* Echte Kamille, *Matricaria recutita* Erdrauch, *Fumaria officinalis* Franzosenkraut, *Galinsoga parviflora* (siehe Grafik rechte Seite) Große und Kleine Brennnessel, *Urtica dioica* und *U. urens* Hirtentäschel, *Capsella bursa-pastoris* Melde, *Atriplex patula* Schwarzer Nachtschatten, *Solanum nigrum* Vogelmiere, *Stellaria media* (siehe Grafik rechte Seite) Weißer Gänsefuß, *Chenopodium album*
Feuchter, schwerer Boden	Ackerminze, *Mentha arvensis* Beinwell, *Symphytum officinale* Breitwegerich, *Plantago major* (siehe Grafik rechte Seite) Gänsefingerkraut, *Potentilla anserina* Kriechender Hahnenfuß, *Ranunculus repens* Löwenzahn, *Taraxacum officinale* Scharbockskraut, *Ranunculus ficaria*
Trockener, leichter Boden	Frühlingshungerblümchen, *Erophila verna* Hasenklee, *Trifolium arvense* (siehe Grafik rechte Seite) Heidenelke, *Dianthus deltoides* Sandmohn, *Papaver argemone*
Kalkarmer Boden	Adlerfarn, *Pteridium aquilinum* Buchweizen, *Fagopyrum esculentum* Gelber Hohlzahn, *Galeopsis segetum* Hederich, *Raphanus raphanistrum* Ackerhundskamille, *Anthemis arvensis* (siehe Grafik rechte Seite) Kleiner Ampfer, *Rumex acetosella* Silbergras, *Corynephorus canescens* Stiefmütterchen, *Viola tricolor* Weiches Honiggras, *Holcus mollis*
Kalkreicher Boden	Ackerrittersporn, *Consolida regalis* Echter Gamander, *Teucrium chamaedrys* Kleiner Wiesenknopf, *Sanguisorba minor* Sommeradonisröschen, *Adonis aestivalis* Wegwarte, *Cichorium intybus* Wiesensalbei, *Salvia pratensis* (siehe Grafik rechte Seite)

Dieser kurze Blick in die Forschung soll einem Biogärtner zweierlei beweisen: Die Natur hält immer noch viele Überraschungen und unerforschte Zusammenhänge bereit. Dass wir sie noch nicht alle durchschauen, ist sicher kein Beweis dafür, dass es sie nicht gibt. Und zum anderen: Sehr oft bestätigen wissenschaftliche Untersuchungen Erfahrungen aus der Praxis erst viel später. Dabei kann der zeitliche Abstand Jahrzehnte oder sogar Jahrhunderte betragen. Wenn wir also hier Pflanzen als Gartenhelfer vorstellen und einordnen, dann haben diese Tipps nichts mit nebulösem Aberglauben zu tun. Im Gegenteil: Sie sind konkrete Wirklichkeit, deren Geheimnisse manchmal erst in den brodelnden Dämpfen chemischer Retorten enthüllt werden.

Für den Gartenalltag sind die wissenschaftlichen Hintergründe zwar aufschlussreich, aber noch wichtiger sind die praktischen Ergebnisse. Jeder Gärtner kann mit diesen Empfehlungen aus der Praxis experimentieren und seine eigenen Erkenntnisse hinzugewinnen. Aus der Tabelle Seite 109 können Sie ablesen, welche Pflanzen in Ihrem Garten als »grüne Schutzengel« eingesetzt werden können.

■ Die Pflanzen in dieser Tabelle erheben gewissermaßen ihren grünen Zeigefinger, um den Gärtner auf bestimmte Bodenverhältnisse aufmerksam zu machen.

PFLANZEN ALS HELFER IM GARTEN

Die Zeichensprache der Pflanzen

Unter den hilfreichen Pflanzen spielen die Kräuter mit ihren intensiven Wirkstoffen eine wichtige Rolle. Sie tauchen in der »Schutzengel-Tabelle« immer wieder auf. Mit echten »grünen Tipps« helfen vor allem die Wildkräuter dem Gärtner auf die Sprünge. Sie sind beredte Zeugen der Bodenbeschaffenheit. Wer ein Grundstück kauft oder einen Garten pachtet, der sollte sich sehr genau die vorhandene Unkraut-Flora anschauen. Wo in einem kultivierten Garten plötzlich bestimmte Unkräuter wie eine Invasion auftauchen, da weisen sie oft unmissverständlich auf Kulturfehler oder Nährstoffmangel hin. So können Ackerschachtelhalm, Ackerminze und Kriechender Hahnenfuß zum Beispiel auf schwere Bodenverdichtungen, aber auch auf Staunässe hindeuten. Vogelmiere und Brennnessel verraten dagegen: Wir wurzeln in gutem Humus! Die Tabelle auf Seite 110 »übersetzt« die Zeichensprache der Pflanzen. Sie macht deutlich, was Zeigerpflanzen zeigen können.

Als Helfer des Gärtners sind in diesem Kapitel nur »lebende Pflanzen« beschrieben. Sie stellen ihre Dienste an Ort und Stelle zur Verfügung, dort, wo sie wachsen. Natürlich machen sich Pflanzen im biologischen Garten auch noch auf andere Weise nützlich: Sie werden als Jauche angesetzt oder als Spritzbrühe gegen Schädlinge. Aber diese »erste Hilfe mit Pflanzen« leitet schon über zum nächsten Kapitel. Dort geht es nicht mehr nur um Unterstützung, sondern um direkte biologische Schädlingsabwehr.

■ Wildkräuter geben einem aufmerksamen Biogärtner wertvolle Fingerzeige. Die abgebildeten Pflanzen links sind alle Anzeiger für nährstoff- und humusreichen Boden.

Sandmohn (*Papaver argemone*)

Huflattich (*Tussilago farfara*)

Franzosenkraut (*Galinsoga parviflora*)

Vogelmiere (*Stellaria media*)

Breitwegerich (*Plantago major*)

Hasenklee (*Trifolium arvense*)

Ackerhundskamille (*Anthemis arvensis*)

Wiesensalbei (*Salvia pratensis*)

Die Praxis

BIOLOGISCHE MITTEL ZUR SCHÄDLINGSABWEHR

Das Ziel jedes Biogärtners bleibt es, das natürliche ökologische Gleichgewicht zwischen »schädlichen« und »nützlichen« Lebewesen zu bewahren oder wiederherzustellen. Mittel gegen »Schädlinge« dürfen nur als Notwehrmaßnahmen betrachtet werden. Deshalb sprechen wir auch nicht von Schädlings-Bekämpfung, sondern von Schädlings-Abwehr. Es geht immer nur darum, Mitbewohner der Erde in ihre Schranken zu verweisen, wenn sie einmal »aus der Rolle fallen«.

In diesem Kapitel finden Sie auf zahlreichen Seiten eine Fülle praktischer Ratschläge. Dennoch sollte eigentlich in roten Buchstaben darüber stehen: Nur im Notfall aufschlagen und benutzen! Negative Maßnahmen, die Leben vernichten, dürfen nie zur Gewohnheit werden, selbst dann nicht, wenn sie unsere Ernten schützen sollen. Im privaten Garten müssen keine Rekordmengen heranreifen. Biogärtner sollten sich mit dem Gedanken vertraut machen, dass letzten Endes nur positive Handlungen auch positive Folgen haben. Alles andere ist eine Illusion, eine schillernde Seifenblase aus der Trickkiste unserer Zivilisation, die eines Tages an der Härte der Realität zerplatzen wird.

Gärtner, die in stillen Stunden einmal in 60–100 Jahre alten Gartenzeitschriften blättern, werden sich wundern, wie wenig Raum damals die Fragen der Schädlingsabwehr einnahmen. Der Grund dafür bestand sicher nicht in paradiesischen Zuständen. Aber die praktischen Tipps zur Eindämmung von Schnecken, Raupen oder Läuseplagen, die man auch zu Urgroßvaters Zeiten an die Gärtner weitergab, bestanden größtenteils aus bewährten Hausmitteln.

Jeder konnte sie selber herstellen oder in der nächsten Drogerie besorgen. Ihre Wirksamkeit reichte offenbar aus, um den größen Teil der Ernte sicherzustellen. So wurden sie beide satt: der Gärtner und ein überschaubarer Schädlingsbestand. Heute lebt von der »Schädlingsbekämpfung« eine ganze riesige Industrie. Vergessen Sie das nie, wenn Sie darüber nachdenken, ob »der Zweck die Mittel heiligt« – oft füllt er nur die Kassen der Hersteller!

Die »Schädlinge«

Doch zurück zu den biologischen Schutz- und Abwehrmaßnahmen. Das Wort »Schädling« ist ein sehr umfassender und deshalb unklarer Begriff. Mit welchen Schäden und mit welchen Schädlingen haben wir es denn zu tun im Garten?

Tiere

Sie bilden die größte Gruppe ungebetener Mitesser und umfassen mindestens einige hunderttausend Arten, die auf vielfältige Weise in das große ökologische System verstrickt sind. Meist haben sie »nützliche« und »schädliche« Funktionen zugleich. Ein Eingriff muss deshalb immer sehr sorgfältig überlegt werden. Die »Schadtiere« können in fünf große Gruppen eingeteilt werden:

Insekten bringen es auf mindestens eine Million Arten auf der Welt. Sie können sich sehr rasch vermehren und dadurch ganz plötzlich in Massen auftreten. Solche Plagen sind aber stark abhängig vom Klima, vom Nahrungsangebot und auch von der Anwesenheit ihrer natürlichen Feinde. Wer bei einer Masseninvasion von Läusen in Panik gerät, der muss wissen, dass sowohl Schädlinge als auch Nützlinge meist in einem Drei-Jahres-Rhythmus auftreten. Dabei werden sehr sinnreiche Gesetzmäßigkeiten wirksam: Im ersten Jahr vermehren sich bei starkem Schädlings-

■ Kohlweißlingsraupen fressen einen Kohl kahl, wenn niemand sie rechtzeitig absammelt.

BIOLOGISCHE MITTEL ZUR SCHÄDLINGSABWEHR

befall auch die Nützlinge sehr rasch, weil sie sich hervorragend ernähren können. Im zweiten Jahr beherrschen die »guten Geister« den Garten. Dafür ist ihr Tisch aber weniger reichlich gedeckt als in »Schädlingszeiten«. Also vermehren sich die Nützlinge nicht mehr so üppig. Im dritten Jahr können die Schädlinge wieder »den Kopf heben«. Und dann beginnt das Schaukelspiel von neuem, vorausgesetzt, es hat niemand »dreingeschlagen« und die Gewichte verschoben.

Die Insekten »kränken« die Pflanzen des Gärtners durch Fraßschäden und durch Saugschäden. Sie durchlaufen verschiedene Entwicklungsstadien; deshalb fressen sie sich nicht nur als erwachsene Tiere, sondern auch als Larven, Raupen und Maden durch den Garten. Da es aber in unseren Breiten fast nie vorkommt, dass sie ganze Bäume oder Gemüsebeete kahl fressen, hält sich der Schaden durch Insekten meist in Grenzen. Vor allem dort, wo ihre Gegenspieler aktiv bleiben. Leider können Insekten aber beim Ansaugen der Pflanzen Viruskrankheiten übertragen.

Zu den »schädlichen« Insekten gehören Läuse, Wanzen, Fliegen, Schmetterlinge, Wespen, Mücken, Käfer und viele andere. Sie werden sie, soweit sie für den Gartenfreund von Bedeutung sind, in der großen Pflanzenschutztabelle wiederfinden.

Milben gehören nicht, wie viele Menschen glauben, zu den Insekten, sondern zu den Spinnentieren. Die meisten sind winzig klein, 0,1–0,5 mm, und können nur mit einem Vergrößerungsglas genauer erkannt werden. Viele dieser Mini-Spinnentiere gefährden die Gewächse des Gartens überhaupt nicht. Einige Milbenarten schädigen die Pflanzen, weil sie den Saft aus den Blättern saugen. Diese werden gelb und sterben ab.

Besonders verbreitet ist die Rote Spinne, die Obstkulturen befällt. Die Kräuselmilbe ge-

fährdet Pfirsiche, Reben und Erdbeeren, die Bohnen-Spinnmilbe die Gemüsebeete. Durch chemische Giftspritzungen werden die Feinde der Milben, die Raubmilben, meist radikal vernichtet, während die Schadmilben überleben und sich rasch wieder vermehren.

Nematoden sind winzige Fadenwürmer oder Älchen, die größtenteils im Boden leben. Sie spielen eine sehr nützliche Rolle bei der Humuslösung. Nur ganz wenige Nematodenarten befallen Pflanzen und schädigen die Wurzeln oder Stängel. Eine besondere Gruppe bildet Zysten; darin können die Eier und Larven, sicher verpackt, lange Zeiträume überleben. Die schützenden kleinen Paketchen werden an Wurzeln befestigt, oft an Unkräutern. Erst wenn in der Nähe wieder Pflanzen nach dem Geschmack der Älchen angebaut werden, erwachen die kleinen Schädlinge zu neuen, unerwünschten Aktivitäten. Diese **Zystenälchen** (Heterodera, Globodera) breiten sich vor allem in großen Kartoffel- und Rübenfeldern aus. Fruchtwechsel, Mischkultur und Mulchdecken, die den Unkrautwuchs verhindern, gehören deshalb zu den vorbeugenden Maßnahmen gegen Nematoden. Im Garten befallen vor allem die **Stängelälchen** (Ditylenchus dipsaci) Zierpflanzen wie Phlox und Narzissen, aber auch Speisezwiebeln. Erdbeeren werden von **Blattälchen** (Aphelenchoides) heimgesucht. **Wandernde Wurzelälchen** (Pratylenchus-Arten) schädigen Möhren, Kartoffeln, Erdbeeren, Obstgehölze, Rosen und einige Stauden. Je nach Älchenart sterben Wurzeln, Stängel oder Blätter ab. Vor allem gegen diese Wurzelälchen sind »Feindpflanzen« wie Tagetes und Ringelblumen wirksam.

Weichtiere können im Garten zur Plage werden. Zu den schädlichen Vertretern gehören vor allem die Nacktschnecken. Ihre unersättliche Fresslust ist jedem Gärtner bekannt. Sie werden bei den »Plagegeistern« ab Seite 126 ausführlich besprochen.

Wild lebende Säugetiere können gleichfalls im Garten Schaden anrichten. Sie kommen aber nicht überall vor. Nur auf dem Lande

■ Die Rote Spinne ist eine Milbenart, die in feinen Gespinsten lebt und Saft aus den Blättern saugt.

Die Praxis

dringen zum Beispiel hungrige Rehe manchmal in die Gärten ein. Hasen und Kaninchen machen dagegen manchem Gärtner zu schaffen. Sie fressen Nelken, junges Gemüse und andere »Leckerbissen« ab. Ratten und Mäuse richten eher Schaden in den Wintervorräten als auf den Beeten an. Wühlmäuse gehören dagegen zu den wirklichen Schädlingen. Sie fressen vor allem Pflanzenwurzeln und Zwiebeln. Dadurch schädigen sie insbesondere Gehölze, Gemüse und Stauden. Auch sie werden im Abschnitt »Plagegeister« ausführlich behandelt.

Pilze

Sie gehören zu den niederen Pflanzen, die aus fadenförmigen Zellen bestehen und ohne Chlorophyll leben. Diese feinen, mit bloßem Auge erkennbaren Fäden nennt man das Pilz-Mycel. Pilze ernähren sich von toten oder lebenden organischen Substanzen. Sie wachsen mit ihren Fäden in das Gewebe hinein und entziehen ihm Nährstoffe. Zur Vermehrung – durch Sporen – benötigen sie viel Feuchtigkeit und Wärme. Im Boden spielt eine Vielzahl von Pilzarten eine außerordentlich wichtige und nützliche Rolle bei den Abbauprozessen und bei der Humusbildung.

Oberirdisch können bestimmte Pilze aber große Schäden an den Kulturgewächsen anrichten. Sie gehören zu den Parasiten, die im Gewebe ihrer Wirtspflanzen wuchern und die Leitgefäße unterbrechen. Allerdings müssen dazu die »richtigen Verhältnisse« herrschen: Stickiges Treibhausklima und weiches Pflanzengewebe, das vor allem durch übermäßige Stickstoffdüngung entsteht, begünstigen den Pilzbefall. Unter den 3000 bekannten Pilzkrankheiten sind dies die wichtigsten:

Bodenschadpilze (u.a. *Verticillium* und *Fusarium*) dringen durch die Wurzeln in die Leitbahnen der Pflanzen und verursachen einen plötzlichen Kollaps. Asternwelke, Tomatenwelke und Fusariumwelke der Gurken sind Beispiele für solche Pilzerkrankungen. Auch die Schwarzbeinigkeit der Setzlinge, die Umfallkrankheit *(Phoma lingam)* und die gefürchtete Kohlhernie *(Plasmodiophora brassicae)* werden von Pilzen, die sich im Boden aufhalten, verursacht.

Baumkrebs *(Nectria galligena)* verursacht Schäden, die tief ins Gewebe hineinwuchern und den Saftfluss unterbrechen. Äste und Zweige, die oberhalb dieser Infektionsquellen wachsen, sterben mit der Zeit ab.

Blattflecken sind verschiedenartige Pilzkrankheiten, die unter anderem Sellerie, Bohnen, Erbsen, Gurken und Tomaten befallen können. Auf den Blättern und auch auf Früchten zeigen sich Flecken, die eintrocknen und ganze Pflanzenteile absterben lassen.
Rostkrankheiten weisen eine Besonderheit auf: Sie entstehen meist wenn die Pilze zwei verschiedene Pflanzenarten vorfinden, die sie für ihre Vermehrung benötigen. Auf bestimmten Zwischenwirten entwickeln sich die Pilzsporen, die dann auf andere Pflanzen überwechseln und rostfarbige Flecken auf den

■ Die Kraut- und Braunfäule breitet sich bei Nässe aus; sie vernichtet die Blätter der Tomaten und macht die Früchte ungenießbar (links oben und unten). Der Grauschimmel ist ein Schwächeparasit (rechts oben)! Mehltau breitet sich bei warmem Wetter an den Rosen aus (rechts unten).

BIOLOGISCHE MITTEL ZUR SCHÄDLINGSABWEHR

Blättern verursachen. Rosenrost, Malvenrost, Johannisbeer-Säulchenrost und Birngitterrost sind weit verbreitet. Aber auch Bohnen können von Rostpilzen befallen werden.

Kraut- und Knollenfäule *(Phytophthora infestans)* trifft vor allem die Nachtschattengewächse Kartoffeln und Tomaten. Das Kraut der Kartoffeln stirbt nach der Infektion ganz ab. Die Knollen faulen. Auch bei Tomaten werden Blätter und Früchte infiziert.

Grauschimmelpilze *(Botrytis sp.)* sind besonders stark verbreitet und in den Gärten sehr gefürchtet. Sie benötigen immer ausreichend Feuchtigkeit zu ihrer Entwicklung und gelten als typische »Schwächeparasiten«. Der deutlich erkennbare »graue Schimmel« auf den Blättern oder an anderen Pflanzenteilen schädigt Erdbeeren, Trauben, Salat, Gurken, Bohnen, Tomaten, aber auch Geranien und Alpenveilchen, Zwiebelblumen und Pfingstrosen.

Echter und Falscher Mehltau gehören zu den verbreiteten Pilzkrankheiten, die durch verschiedene Pilzarten (u.a. *Erysiphe, Sphaerotheca* und *Peronospora*) verursacht werden. Der Echte Mehltau entwickelt sich auch bei trockenem Wetter, der Falsche vor allem in nassen Sommern. An einem »mehligen« Blattbelag erkennt man den Echten Mehltau. Er trifft Rosen, Gurken, Erbsen, Stachelbeeren, Obstbäume und Weinreben. Der Falsche Mehltau zeigt sich durch »mehligen« Belag unter den Blättern und gelbe oder braune Flecken auf der Oberseite. Gefährdet sind Reben, aber auch Zwiebeln, Salat, Kohl und Spinat.

Bakterien und Viren

Sie gehören zu den winzigen Lebewesen, die mit bloßem Auge nicht erkennbar sind. Nur Elektronenmikroskope machen sie sichtbar. Die Bodenbakterien gehören mit ihren zahlreichen Arten zu den nützlichsten Lebewesen. Andere Bakterien verursachen bei Tieren und Menschen Krankheiten. Auch Pflanzen können von Bakterien infiziert werden. Die Folgen sind u.a. Krebswucherungen und Fäulniserscheinungen. Bakterienkrankheiten sind zum Beispiel die Rhizomfäule an Iris *(Pectobacterium carotovorum)*, der gefährliche Feuerbrand *(Erwinia amylovora)*, der vor allem die Triebspitzen der Birnbäume absterben lässt, und die Tomatenwelke *(Corynebacterium michiganense)*. Es gibt keine wirksamen Spritzmittel gegen Bakterienkrankheiten!

Viren sind noch kleiner als die einzelligen Bakterien. Sie entwickeln sich in lebenden Zellen. Missbildungen, Zwergwuchs und Farbwechsel der Blattadern zeigen oft an, dass eine Virusinfektion stattgefunden hat. Auch Gelbsucht und mosaikartige Flecken deuten auf die unsichtbaren Schädlinge in den Zellen. Bohnenmosaik, Salatmosaik, Kartoffelvirosen, Gelbstreifigkeit bei Zwiebeln und die Weißstreifigkeit der Gladiolen sind Beispiele für solche Infektionen. Pflanzen, die von einem Virus befallen werden, kann man durch keine Spritzung retten.

■ Bohnenmosaik ist eine Viruserkrankung, die ein gelbliches Fleckenmuster erzeugt.

Hilfsmittel in der Not

Kräuterjauche – Kräuterbrühe

Gegen viele Pflanzenkrankheiten ist in der Natur ein hilfreiches Kraut gewachsen. Im Biogarten schießt man nicht mit Kanonen auf Spatzen. Die natürlichen Mittel erzielen auf weniger problematische Weise den gewünschten Erfolg. Sie sind außerdem, wenn man sie selber herstellt, sehr preiswert! Für das Ansetzen selbst gemachter Spritzmittel genügt ein 10-Liter-Eimer. Die Pflanzen für die hausgemachte Brühe können Sie selber sammeln oder sogar in einer Gartenecke halbwild wachsen lassen. Beinwell und Wermut gehören sogar in den Heilkräutergarten. Verwenden Sie von Brennnessel, Schachtelhalm, Beinwell und Wermut das ganze Kraut mit Stängel und Blättern vor der Blüte. Beim Rainfarn benutzen Sie die blühende Pflanze.

Getrocknete Kräuter bekommen Sie in Drogerien, Apotheken, Kräuterhäusern und im biologischen Spezialversand. Die in den Rezepten angegebenen Mengen können schwanken, da auch die Wirkstoffgehalte der Pflanzen nicht konstant sind. Probieren Sie so viel wie möglich selber aus!

Die Grundrezepte

Kräuterjauche und ihre Herstellung ist im Dünger-Kapitel auf Seite 78–80 ausführlich beschrieben.

Kräutertee erhalten Sie, wenn Sie die Pflanzen frisch oder getrocknet mit kochendem Wasser überbrühen, die Mischung 10–15 Minuten zugedeckt ziehen lassen und dann absieben.

Kräuterbrühe entsteht, wenn Sie die vorgeschriebene Pflanzenmenge für 24 Stunden in Wasser (möglichst Regenwasser!) einweichen; dann kochen Sie den Ansatz mit dem Ein-

Die Praxis

weichwasser auf und lassen alles etwa eine halbe Stunde bei geringer Hitze leise sieden. Die Brühe muss anschließend abkühlen und wird dann durchgesiebt.

Kräuterauszüge werden mit frischen oder getrockneten Pflanzen in kaltem Wasser angesetzt. Sie dürfen nur einige Stunden, höchstens einen Tag und eine Nacht lang stehen und nicht in Gärung übergehen.

Die wichtigsten Spritzbrühen

Brennnessel-Jauche wirkt als Insektenabwehr und stärkt die Widerstandskräfte der Pflanzen. 1 kg frische Brennnesseln (die große oder die kleine Art) werden mit 10 Liter Wasser angesetzt. Von getrockneten Brennnesseln genügen 100–200 g. Die vergorene Jauche muß 10fach verdünnt werden. Sie kann in den Wurzelbereich der Pflanzen, auf den Boden oder – stark verdünnt – über die Blätter gegossen werden. Junge, gährende Jauche wird nach etwa 4 Tagen verwendet; sie muss 1 : 50 verdünnt werden und wirkt, über Blätter und Triebe gespritzt, gegen Blattläuse und Spinnmilben.

Beißende Brennnessel-Brühe wird mit 1 kg frischem Kraut auf 10 Liter Wasser angesetzt, darf aber nicht vergären. Dieser Kaltwasserauszug bleibt 12–24 Stunden stehen und wird dann unverdünnt ausgespritzt. Er wirkt gegen Blattläuse.

Die »brennenden« Substanzen der Nessel gehen verloren, wenn die Brühe zu lange stehen bleibt. Die Wirksamkeit des Brennnessel-Kaltwasserauszugs ist umstritten. In systematischen Versuchen blieben die Läuse teilweise völlig »unbeeindruckt«. Möglicherweise sind die Ergebnisse aber auch von der ökologischen Gesamtsituation im Garten abhängig. Auf jeden Fall ist diese Brühe nur bei geringem Läusebefall zu empfehlen. Testen Sie selbst!

Beinwell-Comfrey-Jauche (*Symphytum officinale* und *S. asperum*) wird genau wie Brennnessel-Jauche hergestellt und auch zum gleichen Zweck verwendet. Beide Pflanzen kann man ebenso wie die fertige Jauchebrühe mischen. Sie ergänzen sich mit ihren Wirkstoffen. Beinwell-Jauche enthält außer Stickstoff auch Kali.

Ackerschachtelhalm-Brühe. Von diesem Kraut, auch Zinnkraut oder Katzenschwanz (*Equisetum arvense*) genannt, werden 1 kg frische oder 150 g getrocknete Pflanzen 24 Stunden in 10 Liter Wasser eingeweicht. Am nächsten Tag lässt man diese Brühe etwa eine halbe Stunde lang leise kochen. Dann muss sie abkühlen und wird später durchgesiebt.

Vor dem Ausspritzen verdünnen Sie Ihre Schachtelhalm-Brühe mit der 5fachen Menge Wasser. Sie ist stark kieselsäurehaltig und wirkt vor allem vorbeugend gegen Pilzkrankheiten. Spritzen Sie Schachtelhalm bei trockenem Wetter, an sonnigen Tagen. Die vorbeugende Wirkung ist am stärksten, wenn die Spritzungen vom Frühling bis zum Sommer regelmäßig wiederholt werden. Bei akuter Gefährdung durch rasch um sich greifende Pilzinfektionen muss Schachtelhalm-Brühe 3 Tage hintereinander angewendet werden.

Brennnessel-Jauche und Schachtelhalm-Brühe können gemischt und gemeinsam versprüht werden. Sie können auch der Brennnessel-Jauche eine Hand voll Katzenschwanzkraut hinzufügen.

Farnkraut-Jauche oder -Brühe. Dazu können Sie den Wurmfarn (*Dryopteris filix-mas*) und den Adlerfarn (*Pteridium aquilinum*) verwenden. Jeweils 1 kg frische oder 100 g trockene Pflanzen werden in 10 Liter Wasser angesetzt. Farnkraut-Jauche verwenden Sie unverdünnt als Winterspritzung. Sie wird direkt auf die Pflanzen oder Bäume gesprüht und hilft gegen Schild-, Schmier- und Blutläuse. Eine unverdünnte Spritzung aus Farnkraut-Jauche oder -Brühe kann auch gegen Rostbefall angewendet werden.

Adlerfarn-Jauche verdünnen Sie im Vorfrühling mit der 10fachen Menge Wasser und spritzen sie dann gegen Blattläuse. Während des übrigen Jahres benutzen Sie diese Jauche unverdünnt. Sie wird auf die Pflanzen und auf den Boden verteilt und wirkt dann auch gegen Schnecken. Adlerfarn besitzt einen hohen Kaligehalt und kann deshalb bei Kalimangel als Nährstoffausgleich wirken. Gießen Sie diese gehaltvolle Jauche auch auf den Kompost. Adlerfarn kann ebenso gut als Brühe angesetzt werden.

Rainfarn-Brühe, -Tee oder -Jauche. Der Rainfarn (*Tanacetum vulgare*) ist kein Farnkraut. Sein deutscher Name täuscht ein wenig; botanisch gehört die Pflanze zu den Korbblütlern. 300–500 g frische, blühende Pflanzen oder 30 g getrocknetes Kraut und 10 Liter Wasser werden entweder als Jauche, Brühe oder Tee angesetzt. Im Winter spritzen Sie diese Flüssigkeit unverdünnt auf die Pflanzen, im Sommer auf den Boden. Zur Nachblütenspritzung oder zur Herbstspritzung wird die Rainfarn-Brühe mit der zweifachen Menge Wasser verdünnt. Dieser Wildkräuterauszug wirkt allgemein gegen Ungeziefer. Vor allem aber wird er gegen Erdbeerblütenstecher, Erdbeermilben, Brombeermilben, Himbeerkäfer, Blattwespen, Rost und Mehltau eingesetzt.

Rainfarn wird im Volksmund auch Wurmfarn genannt, weil er als Hausmittel gegen Würmer Verwendung fand. Heute weiß man, dass das Kraut auch toxische Inhaltsstoffe hat und nicht ungefährlich ist. Achten Sie deshalb darauf, dass die Brühe nicht von Kindern getrunken wird.

Wermut-Jauche oder -Brühe stellen Sie aus 300 g frischem Kraut vom Wermut (*Arte-

BIOLOGISCHE MITTEL ZUR SCHÄDLINGSABWEHR

misia absinthium) oder 30 g getrockneter Droge und 10 Liter Wasser her. Im Frühling wird die Jauche unverdünnt gegen Blattläuse, Säulenrost an Johannisbeeren, Raupen und Ameisen auf die Pflanzen gespritzt.

Im Juni bis Juli wirkt der 3fach verdünnte Tee gegen Blattläuse und Apfelwickler. Im Herbst spritzen Sie die 2fach verdünnte Brühe gegen die Brombeermilben. Unverdünnte Spritzungen mit Wermut-Brühe oder -Tee wehren Kohlweißlinge ab.

Tomatenblätter-Auszug wird aus 2 Hand voll Blättern und ausgebrochenen Seitentrieben hergestellt. Zerdrücken Sie das frische Material und lassen Sie es in 2–3 Liter Wasser 3 Stunden ziehen. Dieser Pflanzenauszug wird zur Flugzeit der Kohlweißlinge alle 2 Tage mit der Gießkanne über die Kohlpflanzen gegossen. Er lenkt durch seinen intensiven Geruch die Falter ab.

Knoblauch-Zwiebel-Jauche stellen Sie aus 500 g Zwiebeln und Knoblauch her, die mit 10 Liter Wasser angesetzt werden. Die fertige Jauche wird 10fach verdünnt auf den Boden der Beete und auf Baumscheiben gegossen. Sie steigert die Abwehrkräfte gegen Pilzkrankheiten, vor allem bei Kartoffeln und Erdbeeren. Zwiebeln und Knoblauch können gemischt oder einzeln verwendet werden. Man kann auch noch die Blätter der Schwarzen Johannisbeeren darunter mischen.

Zwiebelschalen-Jauche entsteht aus 20 bis 50 g Schalen und grünem Röhrenlaub, die in 1 Liter Wasser 4–7 Tage durchziehen soll. Diese Jauche spritzen Sie gegen Milben und gegen Pilzkrankheiten, wie zum Beispiel die Tomaten- und Kartoffelbraunfäule.

Zwiebel-Knoblauch-Tee wirkt allgemein gegen Ungeziefer. Ein Teeaufguss aus 75 g gehackten Zwiebeln oder Knoblauchzehen und 10 Liter Wasser sollte mindestens 5 Stunden durchziehen. Dann kann er unverdünnt auf die Pflanzen und auf den Boden gespritzt werden. Er hilft gegen Erdbeermilben, andere Milben und Pilzkrankheiten.

Bei allen Zwiebel- und Knoblauchpräparaten spielen wahrscheinlich der hohe Schwefelgehalt der Pflanzen sowie antibiotische, keimhemmende Stoffe eine entscheidende Rolle.

Quassia-Brühe setzen Sie mit 150 g Quassia-Bitterholz *(Quassia amara,* erhältlich in Apotheken) und 2 Liter Wasser an. Am nächsten Tag muss diese Brühe 1 Stunde lang ausgekocht werden. Dann fügen Sie noch 2 Liter Schachtelhalm-Brühe und 10 Liter Wasser hinzu, in dem 250 g Schmierseife aufgelöst wurde. Diese Mischung ist haltbar und kann vom Frühjahr bis zum Herbst unverdünnt auf

■ Oben: Aus verschiedenen Wild- und Gartenkräutern kann ein Biogärtner eigene Spritzbrühen ansetzen, die zur Schädlingsabwehr geeignet sind. In diesem Korb wurden Brennnesseln, Adlerfarn, Rainfarn, Schachtelhalm und Wermut gesammelt. Sie gedeihen zum Teil noch in großen Mengen wild, können aber auch für eine bequeme Ernte im Garten angesiedelt werden.
■ Unten links: Wurmfarn findet man an lichten Waldplätzen und manchmal sogar an schattigen Stellen im eigenen Garten.
■ Unten rechts: Rainfarn ist weit verbreitet; er gedeiht wild an sonnigen Wiesen- und Wegrändern.

Die Praxis

die Pflanzen gespritzt werden. Sie wird gegen Blattläuse und andere tierische Schädlinge eingesetzt. Nur im Notfall verwenden! Das Mittel wirkt als Magen- und Ätzgift auf alle Insekten, also auch auf die nützlichen! Für Warmblüter ist Quassia ungiftig. Die Holzspäne können wieder getrocknet und noch 2–3-mal verwendet werden.

Schmierseifen-Lösung wird 2 %ig angesetzt und gegen Läuse gespritzt. Achten Sie darauf, dass Sie in der Drogerie oder Apotheke reine Schmierseife, möglichst Kali-Seife, erhalten! Die normale Haushaltsschmierseife ist ungeeignet, da sie meist noch verschiedene Zusätze enthält. Ein einfacher Test gibt Ihnen Aufschluss über die Qualität des verwendeten Produkts: Lösen Sie ein wenig Seife im Wasser auf. Bildet sich eine klare, blanke Brühe ohne wesentlichen Niederschlag, dann haben Sie eine reine, gute Schmierseife gekauft. Je nachdem, wie stark und wirkungsvoll die Lösung sein soll, verrührt man 150–300 g Schmierseife in 10 Liter heißem Wasser. Nach dem Abkühlen unverdünnt ausspritzen. Die Schmierseifenlösung verklebt die Atmungsorgane weichhäutiger Insekten; sie greift auch die Außenhaut an, die Tiere vertrocknen in der Sonne. Von diesem Schicksal sind auch weichhäutige Nützlinge, wie zum Beispiel Schwebfliegen-Larven, betroffen. Verantwortungsvolle Biogärtner sollten deshalb vor der Verwendung von Schmierseifen-Brühe vor ihrem Gewissen prüfen, ob »der Zweck die Mittel heiligt«.

Spiritus-Seifen-Lösung gewinnen Sie, wenn Sie 200 g Schmierseife in heißem Wasser auflösen und dann mit 10 Liter Wasser verdünnen. Fügen Sie noch 1/3 Liter Brennspiritus hinzu. Diese Mischung hilft gegen Läuse und auch gegen Woll-, Schild- und Blutläuse, da die aggressive Lösung die Schutzschichten dieser Insekten angreift. Ökologisch gesehen ist die Schmierseifen-Spiritus-Brühe noch bedenklicher als die reine Schmierseifenlösung.

Schwefelleber-Lösung wird hergestellt aus 20–40 g Schwefelleber (Hepar sulfuris, eine Mischung aus Schwefel und Pottasche = Kaliumkarbonat) und 10 Liter Wasser. Die Mischung wird gut durchgerührt und dann unverdünnt ausgespritzt. Diese Brühe ist ein mildes Mittel gegen Pilzbefall. Sie hilft gegen Schorf und Echten Mehltau. Empfindliche Raubmilben und Raubwanzen können dennoch geschädigt werden. Sensibel darf auch die Nase des Gärtners nicht sein: Die Schwefelleber-Brocken riechen penetrant nach faulen Eiern.

Wasserglas ist ein Kalium- oder Natriumsilikat und enthält Kieselsäure. Diese Substanz ist auch im Schachtelhalm zu finden. Wasserglasspritzungen verhärten die Oberflächen der Blätter und verhindern dadurch das Eindringen von Pilzsporen. Das Mittel wird in 1–2 %iger Verdünnung angesetzt und für die Winterspritzung der Obstbäume verwendet. Im Sommer kann man die Lösung der vorbeugenden Pilzspritzung an Obstbäumen und Weinstöcken beimischen. Achtung: nicht bei Sonnenschein spritzen! Nicht mit Glas (Brille!) in Berührung bringen, es entstehen schwer entfernbare Flecken. Wasserglas löst Augenreizungen aus!

Theobald'sche Lösung wird zuerst in zwei Gefäßen angesetzt. Im ersten Eimer 1 kg Kalisalz (40 %ig) in 3 Liter heißem Wasser auflösen und abkühlen lassen. Dann werden noch 100 g Kaliumwasserglas in der Flüssigkeit verrührt. Im zweiten Eimer lösen Sie 1 kg gebrannten Kalk in 10 Liter Wasser auf. Schütten Sie diese »Kalkmilch« durch ein Tuch mit der Lösung des ersten Eimers zusammen, und fügen Sie noch so viel Wasser hinzu, dass Sie zum Schluss 20 Liter Flüssigkeit haben.

Mit dieser Brühe spritzen Sie Ihre Obst- und Beerengehölze, bis sie vor Nässe triefen. Die Flüssigkeit bildet, wenn sie trocknet, eine harte Hülle um die Knospen. Sie schützt vor Vogelfraß. Auch Larven, Eigelege und Insekten, die den Winter in der Rinde überlebten, werden getroffen.

Alle Wasserglasspritzungen eignen sich nicht für den Gemüsegarten.

Stäuben

Gesteinsmehl wird über die taufeuchten Pflanzen gestreut (nicht bei windigem oder regnerischem Wetter). Der feine Staub wirkt gegen Läuse und vorbeugend gegen Pilzerkrankungen. Diese Maßnahme sollte während der Hauptwachstumszeit möglichst jede Woche wiederholt werden. Ein Ring aus Steinmehl um Gurken oder Salatpflanzen gestreut, hält Schnecken ab. Bei Regenwetter funktioniert diese Schädlingsabwehr allerdings nicht.

Steinmehl ist ungiftig, aber ein Biogärtner sollte wissen, was dieser feine Staub bewirkt: Er verklebt die winzigen Körperöffnungen, vor allem die Atmungsorgane weichhäutiger

■ Quassia-Bitterholz, Schmierseife und Spiritus sind Zutaten für selbst gemachte Spritzbrühen.

BIOLOGISCHE MITTEL ZUR SCHÄDLINGSABWEHR

Insekten. Feine Quarzkristalle setzen sich zwischen die Körpersegmente. Sie scheuern dort so schmerzhaft auf der Haut, dass die Tiere in ihrer Not bewegungslos verharren und schließlich verhungern. Empfindlichen Nützlingen ergeht es dabei genauso wie den Schädlingen! Übrigens sollte auch der Gärtner vor dem Steinstaub auf der Hut sein. Atmen Sie ihn nicht ein – er schädigt die Lunge!

Algenkalk streut man gleichfalls über die Blätter der Pflanzen. Er fördert die Widerstandsfähigkeit gegen Insekten und Pilzerkrankungen, insbesondere gegen Schorf, Echten Mehltau, Krautfäule, Kartoffelkäfer, Lauchmotte und Erdflöhe. Vorsicht: nicht bei kalkempfindlichen Gewächsen anwenden!

Holzasche stäubt man, ähnlich wie Steinmehl, morgens auf die taufeuchten Pflanzen. Sie wirkt gegen Läuse. Schnecken kann man mit einem Ring aus Holzasche rund um die Pflanzen abwehren. Die Asche ist kalkhaltig und deshalb nicht geeignet für Moorbeetpflanzen, wie zum Beispiel Azaleen und Hortensien.

Mechanische Abwehrmittel

Die mechanischen Mittel helfen mit, ganz bestimmte Schädlinge abzuwehren. Sie wirken sehr gezielt. Die meisten dieser Fangmethoden sind seit Generationen bekannt. Sie galten »im Zeichen des Fortschritts« als altmodisch, vielleicht auch deshalb, weil sie mit Arbeit verbunden sind. Im Biogarten weiß man wieder zu schätzen, dass Fallen, Netze und andere Mittel dieser Art keinerlei unerwünschte Nebenwirkungen für das Ökosystem haben!

Fallen stellt man vor allem auf, um Wühlmäuse zu fangen (siehe auch unter »Weit verbreitete Plagegeister«, Seite 121). Sie sind überall im Handel erhältlich. Zu den Fallen zählen aber auch im Boden eingegrabene Gläser, in denen man »wie früher« Käfer und vor allem Maulwurfsgrillen fängt, die sich aus diesen »Gruben« nicht mehr befreien können.

Auch die mit Bier gefüllten Schalen, in denen die Schnecken ertrinken, gehören zu den Tricks der Fallensteller. Feuchte Säcke, listig ausgelegte Bretter, große Blätter und ausgehöhlte Kartoffeln verwandeln sich ebenfalls in einen »Hinterhalt«, in dem sich Schnecken, Engerlinge und Tausendfüßer versammeln. Der Gärtner muss sie dann nur noch sammeln. Friedfertige Menschen tragen sie anschließend fort – an Stellen, wo sie keinen Schaden anrichten.

Netze und Stanniolstreifen sollen vor allem die Vögel von Obstbäumen und Beerensträuchern fern halten. An die flatternden und blinkenden Bänder gewöhnen sich die Tiere aber schnell. Wirksamer sind Kunststoffnetze, die überall im Handel erhältlich sind. Schädliche Gemüsefliegen können durch feine Netze oder Spezialvliese von den Pflanzen abgehalten werden.

Leimringe und Fanggürtel sind Fallen für diejenigen Insekten, die an Baumstämmen auf und ab kriechen (zum Beispiel Frostspanner). Im Fachhandel können Sie verschiedene Modelle kaufen. Leimringe müssen ab Ende September in 1 m Höhe um die Stämme gelegt werden. Um diese Zeit beginnen die Frostspannerweibchen, an den Bäumen hoch-

■ Steinmehl wird fein zerstäubt über die Pflanzen verteilt. Es wirkt gegen Läuse und – weil es das Pflanzengewebe stärkt – auch gegen Pilzinfektionen.

■ Frühzeitig ausgebreitete Vliese und Netze halten Gemüsefliegen von den Kulturen fern.

Die Praxis

zuklettern. Leider kann kein Gärtner verhindern, dass auch Nützlinge, die vor Wintereinbruch in Rindenritzen Schutz suchen, in der klebrigen Falle hängen bleiben.

Fanggürtel können Sie aus Wellpappe oder aus Packpapier, das innen mit Holzwolle beklebt wurde, selber herstellen. Schneiden Sie breite Streifen, die dann um die Baumstämme gebunden werden. Ein »Mantel« aus Kunststoff macht die Sache wetterfest. Zahlreiche Insekten nehmen diese Konstruktion als schützenden Unterschlupf an. Der Gärtner sollte die Fanggürtel öfter kontrollieren und erneuern. Er hat dabei die Möglichkeit, Nützlinge, wie zum Beispiel Ohrwürmer, zu retten. Im Frühling werden alle gebrauchten Fanggürtel und Leimringe verbrannt.

Kohlkragen können Sie selber herstellen. Runde Scheiben aus Teerpappe werden an einer Stelle bis zur Mitte aufgeschnitten und dann als »Kragen« um die Stängel der Kohlpflanzen gelegt. Die Kohlfliegen werden dadurch gehindert, ihre Eier am unteren Stängelteil abzulegen. Sie können die Stiele des Kohls auch mit einem Lehmbrei bestreichen. Der gehärtete Überzug hält die Kohlfliegen ebenfalls ab.

Zäune aus feinem Maschendraht rings um die Gemüsebeete halten die Hasen ab. Sie müssen mindestens 80 cm hoch sein, damit die Tiere sie nicht überspringen können.

Spezielle Schneckenzäune schützen gegen diese gefräßigen Schädlinge. Kleine Gärten oder einzelne Beete können damit eingefasst werden. Im Handel sind verschiedene Modelle erhältlich (siehe auch Kapitel »Schnecken«, Seite 124–126).

Handarbeit kann im kleinen Garten viel dazu beitragen, Schädlinge in Grenzen zu halten. Sammeln Sie zum Beispiel Kartoffelkäfer oder Kohlweißlingsraupen regelmäßig ab. Wer rechtzeitig kranke Blätter (Mehltau, Rost) oder Früchte entfernt und vernichtet, schützt die Pflanzen vor Ansteckung.

Zur Handarbeit gehört auch der Wasserschlauch, mit dessen kaltem Strahl Sie Läuse von Pflanzen abspritzen können. Bei einem geringen Läusebefall ist es möglich, die Tiere von den Blättern abzustreifen und zwischen den Fingern zu zerdrücken. So schonen Sie wenigstens andere Lebewesen.

Biotechnische Maßnahmen

Gelbe Leimfolien locken mit dem technischen Reiz der leuchtend gelben Farbe gezielt bestimmte Insekten an. Die leimbeschichteten Tafeln sind im Handel erhältlich. Im Garten fängt man damit die Kirschfruchtfliege, im Gewächshaus vor allem die Weiße Fliege.

Pheromonfallen werden vor allem Apfel-, Pflaumen- und Traubenwicklern zum Verhängnis. Die Fallen sind mit den Sexual-Duftstoffen der Weibchen präpariert, den so genannten Pheromonen. Über weite Distanzen werden die männlichen Falter von den synthetisch hergestellten Wohlgerüchen angelockt. Bevor sie für die Vermehrung sorgen können, büßen sie ihren Irrtum mit dem Tod in der klebrigen Falle. Dieses tödliche Verwirrspiel ist allerdings für den erwerbsmäßigen Obstbau von größerer Bedeutung als für den privaten Garten. Pheromonfallen, die speziell für den Biogarten entwickelt wurden, gibt es im Fachhandel.

Der »Bio-Tod« – eine Illusion

Wir sind in unserer Zivilisation so sehr daran gewöhnt, den Tod in eine möglichst unsichtbare Ecke zu verdrängen, dass wir seiner Realität nicht mehr ins Auge sehen können. Selbst gutwillige Biogärtner glauben ihr Gewissen damit beruhigen zu können, dass sie »harmlose, ungiftige« Mittel anwenden, um lästige Lebewesen »auszuschalten«. Wer ehrlich vor sich selbst und vor seinen Mitgeschöpfen bleiben möchte, der muss sich eingestehen, dass jeder Tod ein Leben auslöscht. Jeder Tod verursacht Angst, Schmerz und Leid. Es ist eine Illusion zu glauben, dass ein Biomittel an dieser fundamentalen Tatsache etwas ändern kann. Nicht einmal ein »sanfter Tod« kann durch natürliche Produkte garantiert werden. Denken Sie nur an die qualvollen Schmerzen, die Steinmehl oder Schmierseifen-Brühe verursachen können!

Der einzige Vorteil, den die Biomittel dem Gärtner und der Natur bieten, ist ihre relative Verträglichkeit im Ökosystem. Deshalb sollte die Kenntnis der vielen natürlichen Rezepte und Mittel eigentlich zu der Erkenntnis führen,

■ Raubmilben sind winzig klein, aber sehr nützlich; sie räumen unter den Milben auf.

■ Rechtzeitig im Herbst müssen die Leimringe fest um die Bäume gebunden werden.

BIOLOGISCHE MITTEL ZUR SCHÄDLINGSABWEHR

sie möglichst nicht zu benutzen. Je mehr Gewalt und Zerstörung sich auf unserer Erde ausbreiten, desto mehr sollte ein Gärtner bemüht sein, in dem kleinen Bereich, der ihm anvertraut ist, ein friedliches Zusammenleben zu verwirklichen. Nur ein tiefes Mitgefühl mit allem Lebendigen kann unsere innere Einstellung wirklich ändern. Nur mit dieser gewandelten Einstellung können wir die äußeren Verhältnisse zum Guten lenken und dem Geist der Gewalt Einhalt gebieten. Fangen Sie im Garten damit an – dort, wo Leben und Tod in Ihrer Hand liegen.

Biologische Pflanzenschutzpräparate im Handel

Der naturgemäße Gartenbau hat inzwischen so viele Anhänger gefunden, dass es sich längst auch für den Handel lohnt, spezielle biologische Präparate herzustellen und zu verkaufen. Die wichtigsten Bezugsquellen finden Sie im Anhang. Die Tabellen auf dieser und den folgenden Seiten zeigen Ihnen eine Auswahl guter käuflicher Pflanzenschutzmittel.

Bedenken Sie aber bei der Anwendung dieser Präparate stets: Auch »natürliches« Gift bleibt ein Gift. Mittel wie zum Beispiel die Pyrethrum-Produkte sollten nur in Notfällen eingesetzt werden. Sie belasten zwar oberflächlich betrachtet nicht die Umwelt, reißen aber doch Löcher ins Netz des ökologischen Systems. Achten Sie beim Kauf auf reine Pflanzen-Präparate, die aus Pyrethrum-Blütenextrakt (*Chrysanthemum cinerariaefolium*) hergestellt wurden. Diese zersetzen sich innerhalb weniger Stunden. Die synthetischen Pyrethroide dagegen sind langlebiger, intensiver in der Wirkung und deshalb weit weniger umweltverträglich.

Eine wichtige Neuentwicklung wurde mit selektiv wirkenden Mitteln eingeleitet. *Bacillus-thuringiensis*-Präparate zum Beispiel wirken nur auf ganz bestimmte Falter oder Käfer tödlich. Nützlingsschonend und umweltverträglich sind auch alle Niembaum-Präparate, die gegen zahlreiche Insekten eingesetzt werden können.

Nützlinge per Post

Außer Spritz- und Stäubemitteln aus natürlichen Substanzen kann ein zeitweise von Schädlingen geplagter Biogärtner nun auch lebendige Gehilfen im Handel erwerben. Nützlinge, auf deren Erscheinen er bisher nur warten und hoffen durfte, kann er nun per Post bestellen oder im Fachhandel kaufen! In der Hauptsache sind diese gefräßigen kleinen Helfer allerdings nur für den Einsatz im geschlossenen Gewächshaus, im Wintergarten und am Blumenfenster geeignet. Dort können sie sich nicht zerstreuen und fallen deshalb zielstrebig über die vorhandenen Schädlinge her. Florfliegen kann man auch im Freiland aussetzen.

Folgende Nützlinge werden als natürliche Gegenspieler gezüchtet und verkauft:
- Räuberische Gallmücken (*Aphidoletes aphidimyza*): gegen Blattläuse
- Schlupfwespen (*Encarsia formosa*): gegen Weiße Fliege
- Raubmilben (*Phytoseiulus persimilis*): gegen Spinnmilben
- Florfliegen (*Chrysopa carnea*): gegen Blattläuse und andere weichhäutige Insekten
- Räuberische Nematoden (*Heterorhabditis* sp.): gegen Gefurchte Dickmaulrüssler

Im Fachhandel werden besondere Bestellgutscheine für Nützlinge angeboten, die der Gärtner ausfüllt und an die Züchterfirma schickt. Wenige Tage später erhält er seine kleinen Helfer samt einer genauen Gebrauchsanweisung per Post ins Haus geschickt. (Versandadressen für Nützlinge finden Sie im Anhang.)

Biologische Pflanzenschutzpräparate und Pflanzenstärkungsmittel

Produkt	Bestandteile	Wirkung direkt / vorbeugend
Mittel gegen Pilzkrankheiten		
Ackerschachtelhalm-Extrakt-Compositum (Snoek)	Ackerschachtelhalm, Farnkraut, Wermut, Zwiebeln, Meeresalgen, Humusextrakt	Stärkung der Widerstandskräfte gegen Pilzerkrankungen, Schadorganismen, Umwelteinflüsse.
Ackerschachtelhalm-Pulver (Oscorna; Andermatt Biogarten AG *)	Ackerschachtelhalm	Stärkt die Widerstandskraft gegen Pilzerkrankungen.
BioBlatt Mehltaumittel (Neudorff)	Lecithin aus der Sojapflanze	Stärkt die Widerstandskraft gegen Pilzerkrankungen, wirkt direkt gegen Echten Mehltau an Rosen und anderen Zierpflanzen sowie an Gurken; zugelassen von der Biologischen Bundesanstalt.
Bio-S (Oscorna)	Kräuterpräparat, u.a. aus Brennnesseln, Schachtelhalm und Zwiebelgewächsen, hinzu kommen Kalk und silikatreiche Minerale sowie Netzschwefel	Stärkt die Widerstandskraft gegen Pilzkrankheiten, besonders im Obstbau gegen Schorf.

* Schweizer Firma

Die Praxis

Biologische Pflanzenschutzpräparate und Pflanzenstärkungsmittel

Produkt	Bestandteile	Wirkung direkt / vorbeugend
Mittel gegen Pilzkrankheiten		
Mehltau-Kombipack (Niem-Handel)	Niembaumöl, Emulgator aus Rizinusöl, Mehltausalz (Natronsalz)	Stärkt die Widerstandskraft gegen Echten Mehltau.
Milsana (Dr. Schaette)	Flüssigextrakt aus Sachalin-Staudenknöterich (*Reynoutria sachalinensis*)	Stärkt die Widerstandskraft gegen Echten Mehltau und andere Pilzkrankheiten; weitgehende Eindämmung von Echtem Mehltau bei frühzeitiger Behandlung.
Neudo-Vital (Neudorff)	Natürliche Fettsäuren und Pflanzenextrakte	Stärkt die Widerstandskraft gegen Monilia an Kirschen, Grauschimmel an Erdbeeren, Schorf an Äpfeln und Birnen sowie Mehltau, Rost und Sternrußtau an Rosen.
Pilzvorbeuge (Oscorna)	Ackerschachtelhalm-Extrakt, Tonerde, silikatreiche Mineralien, Hefebestandteile	Vorbeugend gegen Mehltau, Schorf, Monilia, Krautfäule, Grauschimmel und Feuerbrand.
Schachtelhalm-Konzentrat-Plus (Oscorna)	Ackerschachtelhalm und Wildkräuter	Stärkt die Widerstandskraft gegen Pilzerkrankungen.
Wurzelbildung (Oscorna)	Wildkräuterpräparat, u.a. aus Hahnenfußgewächsen mit Protoanemonin	Vorbeugend, stärkt die Widerstandskraft gegen Pilzerkrankungen, vor allem Vermehrungskrankheiten.
Mittel gegen Insekten und andere Tiere		
Ameisenöl (Snoek)	Ätherische Öle	Vertreibung von Ameisen, Werren, Tausendfüßern und anderen Erdtieren; wird in Wasser aufgelöst und ausgegossen.
Ameisen-Stop (Oscorna)	Naturminerale mit aromatischen, fein vermahlenen Kräutern	Vertreibung von Ameisen durch Duftstoffe.
Bio Gemüse-Streumittel (Neudorff)	Kiesel-Kräuterpräparat mit ätherischen Duftstoffen	Zur Stärkung der Widerstandskraft und zur Abwehr verschiedener Gemüsefliegen.
Ferramol (Neudorff)	Eisenphosphat	Gegen Nacktschnecken, die Tiere hören auf zu fressen, sterben in ihren Verstecken. Wirkt auch bei Regen, ungefährlich für Haustiere, Igel und andere Tiere.
Gelbtafeln (Neudorff; Celaflor; Andermatt Biogarten AG *)	Leimtafeln in gelber Lockfarbe	Gegen Weiße Fliegen, Minierfliegen und Trauermücken im Gewächshaus.
Gemüsestreumittel (Oscorna)	Naturminerale vermischt mit Kräutern, die reich an ätherischen Duftstoffen sind	Abwehr der Möhrenfliege durch Fremdgerüche.

*) Schweizer Firma

Biologische Maßnahmen gegen weit verbreitete Plagegeister

Unter den kleinen Plagegeistern, die selbst einem gutwilligen Gärtner das Leben manchmal zur »grünen Hölle« machen können, gibt es einige, die besonders weit verbreitet sind. »Was machen Sie gegen Schnecken?«, oder: »Wissen Sie, wie man die Wühlmäuse wieder los wird?« Diese Hilfe suchenden Fragen gehören beinahe überall zu den Standardgesprächen am Gartenzaun. Im Laufe der Zeiten wurden gegen diese hartnäckigen Mitbewohner im Gemüse- und Blumenparadies die verschiedensten Mittel erprobt. Ihre Wirksamkeit ist sicherlich auch von wechselnden Gartensituationen abhängig. Oft hilft eine Kombination mehrerer Maßnahmen am besten. Sie müssen deshalb selber ausprobieren, womit Sie die größten Erfolge erzielen. Um Ihnen das Herumfragen und Suchen zu erleichtern, finden Sie in der folgenden Übersicht die wichtigsten Mittel gegen die drei großen Gartenplagen auf einen Blick.

Blattläuse

Es gibt zahlreiche, sehr unterschiedliche Läusearten. Vom Frühling bis zum Sommer entwickeln sich nur weibliche Blattläuse, die täglich durch Jungfernzeugung lebende Junge gebären. Im Sommer tauchen plötzlich geflügelte Läuse auf, die sich über größere Entfernung ausbreiten können. Erst im Herbst gibt es für kurze Zeit auch Männchen. Nach der Befruchtung legen die Weibchen Eier in Rindenritzen und an mehrjährigen Pflanzen ab. So überlebt die letzte Generation den Winter und schlüpft im nächsten Frühling aus.

Durch ihre Saugtätigkeit entziehen die Läuse den Pflanzen Nährstoffe. Ihre zuckerhaltigen Ausscheidungen locken Ameisen an und einen Pilz, der dann den schwarzen Rußtau auf den Blättern bildet. Blattläuse übertragen auch Viruskrankheiten!

BIOLOGISCHE MITTEL ZUR SCHÄDLINGSABWEHR

Vorbeugung: Gesunde, ausgewogene Ernährung der Gartenpflanzen, günstiger Standort, regelmäßige biologische Bodenpflege, Mischkultur mit Läuse abwehrenden Kräutern (siehe Tabelle Seite 107). Überdüngte Pflanzen mit aufgetriebenem, weichem Gewebe sind besonders anfällig für Läusebefall. Aber auch schlecht ernährte »Kümmerlinge« sind gefährdet.

Natürliche Feinde: Marienkäfer und ihre Larven, Schwebfliegenlarven, Florfliegenlarven, Schlupfwespen, Raupenfliegen, Ohrwürmer, Käfer, Glühwürmchenlarven, Raubwanzen, Spinnen und Vögel.

Sanfte Abwehr: Den Boden öfter lockern, kräftig gießen, die Tiere ablesen und zerdrücken oder befallene Blätter und Triebe ausknipsen. Eventuell mit scharfem Wasserstrahl abspritzen. Brennnessel-Jauche oder flüssige Algendünger stärken die Abwehrkräfte. Als natürliche Spritz- und Stäubemittel wirken: Algenstaub, Asche, Gesteinsmehl sowie Spritzbrühen aus Brennnesseln, Rainfarn, Farnkraut, Wermut, Rhabarberblättern oder Zwiebeln.

Harte Notwehr: Pyrethrum-Mittel, Quassia- oder Schmierseifen-Brühe.

Wühlmäuse

Man nennt sie auch Schermäuse, Erdratten und Wühlratten. Die Tiere werden 12–20 cm groß, haben eine gedrungene Kopfform und einen etwa 10 cm langen Schwanz. Die Ohren sind fast im Fell verborgen. Das Haarkleid ist dunkelbraun, auf der Bauchseite gelblich weiß bis grau gefärbt. Damit Sie die Wühlmaus nicht mit dem Maulwurf verwechseln, hier noch einige Unterscheidungsmerkmale:

Die Wühlmaushügel haben eine flachere Form als die Maulwurfshügel. Die Gänge der »Erdratte« besitzen glatte Wände ohne Wurzel-

Biologische Pflanzenschutzpräparate und Pflanzenstärkungsmittel

Produkt	Bestandteile	Wirkung direkt / vorbeugend
Mittel gegen Insekten und andere Tiere		
Kirschfliegenfalle (Neudorff; Celaflor; Andermatt Biogarten AG*)	Leimfolien mit gelber Lockfarbe	Gegen Kirschfruchtfliegen; Falle auch für andere Insekten!
Mäuse-Weg (Snoek)	Mit Duftstoffen getränkte Lavasteinchen	Abwehr von Wühl- und Feldmäusen durch starke Duftstoffe.
Niem (Niem-Handel)	Öl, Samen, Blätter, Presskuchen; Hauptwirkstoffe: Azadirachtin, Salannin, Meliantriol	Gegen Blattläuse, Weiße Fliegen, Spinnmilben, Raupen, Wanzen, Käferlarven und Schnecken; nützlingsschonend.
Neudosan Neu Blattlausfrei (Neudorff)	Kaliumsalze natürlicher Fettsäuren	Gegen Blattläuse, Sitkafichtenläuse, Weiße Fliegen, Spinnmilben; überwiegend nützlingsschonend; Vorsicht bei Schwebfliegenlarven!
Novodor (Andermatt Biogarten AG*)	Spezifisches Bacillus-thuringiensis-Bakterien-Präparat	Gegen Kartoffelkäferlarven; nützlingsschonend.
Obstmadenfanggürtel (Neudorff)	Witterungsbeständiger Wellpappgürtel	Gegen Obstmaden (Larve des Apfelwicklers); auf Nützlinge achten!
Promanal (Neudorff; Andermatt Biogarten AG*)	Paraffinöl	Winter- und Austriebsspritzung gegen San-José-Schildläuse, Rote Spinnen, Blut- und Schildläuse, Gespinstmotten, Frostspanner, Sitkafichtenläuse; nicht nützlingsschonend!
Raupen- und Ameisenleimring (Neudorff)	Insektizidfreier Leim	Gegen Frostspannerweibchen; nützliche Insekten und Vögel gefährdet!
Raupenspritzmittel (Neudorff)	Bakterienpräparat (Bacillus thuringiensis), in Pulverform	Gegen Raupen von Kohlweißlingen, Kohleulen und Kohlmotten; außerdem gegen Frostspanner, Gespinstmotten; andere Schmetterlinge sind nicht gefährdet. Von der Biologischen Bundesanstalt zugelassen.
Spruzit flüssig (Neudorff)	Pyrethrum-Blütenextrakt (Nervengift für Kaltblüter und Insekten)	Gegen Läuse aller Art, Weiße Fliegen, Spinnmilben, Blattkäfer, Larven, Raupen,
Pyrethrum FS (Andermatt Biogarten AG *)		Erdflöhe u.a. Insekten; nicht nützlingsschonend!
Schädlingsfrei Neem (Celaflor)	Extrakt aus Niembaum-Samen	Gegen Blattläuse, Weiße Fliegen, Spinnmilben, Thripse, Zwergzikaden; nützlingsschonend.

*) Schweizer Firma

Die Praxis

Biologische Pflanzenschutzpräparate und Pflanzenstärkungsmittel

Produkt	Bestandteile	Wirkung direkt / vorbeugend
Allgemein stärkende und pflegende Mittel		
Algan (Neudorff)	Braunalgen-Extrakt, enthält Spurenelemente, Vitamine, Enzyme, Hormone, Aminosäuren, Proteine	Fördert gesundes Wachstum, stärkt die Widerstandskraft gegen Schadinsekten, Pilz- und Viruserkrankungen.
Algenkonzentrat – Plus (Oscorna)	Konzentrat aus Nordmeeralgen, Heil- und Wildkräutern	Wirkt zellstärkend und gesundend, beugt Pilzerkrankungen und Schädlingsbefall vor.
Bio-Baumanstrich (Neudorff)	Tonminerale, Kräuterauszüge, Kieselsäure, Spurenelemente, Kalk als natürliches Haftmittel	Pflegt das Rindengewebe, schützt vor Frostrissen, beugt Schädlingen und Krankheiten vor.
Blumendünger flüssig (Oscorna)	Heilpflanzen, Meeresalgen, Hefen, Reifekompost, organische Düngemittel	Fördert die Blüten- und Fruchtbildung.
Grünpflanzendünger (Oscorna)	Wildkräuterauszüge, Meeresalgen, Hefen, Getreidekeim-Bioaktivatoren	Erhöht die Widerstandskraft, fördert Wurzelbildung und Wuchs.
Koniferen-Balsam (Neudorff)	Natürliche Aminosäuren in organischer Stickstofflösung	Blattdüngung und Stärkung von Nadelgehölzen und anderen Immergrünen bei Umweltbelastungen, Frost, Trockenheit und ungünstigen Standortbedingungen.
Orus Pflanzenaktiv (Oscorna)	Werden vom Schweizer Erfinder nicht bekannt gegeben	Fördert gesundes Wachstum, wirkt gegen Umweltbelastungen.
Pflanzen-Stäubemittel (Oscorna)	Fein vermahlene Naturmineralien, Meeresalgen, Wildkräuter	Stärkt die Widerstandskraft gegen Pilzerkrankungen und Schadinsekten.
Preicobakt (Oscorna)	Kieselsäure, Tonminerale, Wildkräuter und natürliche Haftmittel	Obstbaum- und Beerensträucherpflege, vorbeugend gegen Schädlinge und Frostrisse, Schutz vor Kaninchen und Knospenfraß.
Tomaten-Pflegemittel (Oscorna)	Wildkräuter, Naturmineralien, Meeresalgen	Stärkt die Widerstandskraft und fördert gesundes Wachstum.

reste, sie verlaufen gerade, ihr Durchmesser ist oval und gleicht einem stehenden Ei. Die Maulwurfsgänge sind meist rundlich geformt, selten queroval, sie verlaufen in Biegungen oder Zickzacklinien. An ihren Wänden hängen Wurzelreste. Wühlmausgänge werden von den Tieren immer nach außen verschlossen.

Die schädlichen Nager können in manchen Gegenden zu einer wahren Plage werden, weil sie 3–4mal im Jahr Junge bekommen. Wühlmäuse fressen die Wurzeln von Gemüsepflanzen, vor allem Wurzelgemüse, von Obstgewächsen und Rosen. Auch Blumenzwiebeln stehen auf ihrem Speisezettel. Die ewig hungrigen Nager werden etwa zwei Jahre alt. Sie halten keinen Winterschlaf und gehen Tag und Nacht auf Futtersuche.

Vorbeugung: Mulchdecken in gefährdeten Gärten sorgfältig kontrollieren und möglichst flach halten.

Schützen Sie die Wurzeln junger Gehölze mit engmaschigem Draht und Blumenzwiebeln mit Drahtkörben.

Natürliche Feinde: Greifvögel, Waldkauz, Schleiereule, Wiesel, Iltis, Hauskatzen.

Sanfte Abwehr: Rund um den Garten oder um gefährdete Stellen Pflanzen setzen, die die Nager mit der empfindlichen Nase »nicht riechen können«: Kaiserkronen (*Fritillaria imperialis*), Knoblauch, Wolfsmilch (*Euphorbia lathyris*), Hundszunge (*Cynoglossum officinale*), Schwarze Johannisbeeren (*Ribes nigrum*), Narzissen (Sorte 'La Riante'), Weißer Steinklee (*Melilotus albus*). In die Gänge Substanzen legen, die einen abschreckenden Geruch ausströmen: Thujazweige, Nussbaumblätter, Knoblauchzehen, Fischköpfe. Holunderblätter-Jauche in offene Gänge gießen. Flaschen schräg in die Erde eingraben. Darin erzeugt der Wind einen Pfeifton, der den feinen Ohren der Wühlmäuse unangenehm ist.

Noch wirksamer ist die folgende Geräuschbelästigung: Stoßen Sie eine kräftige Eisenstange an wühlmausgefährdeten Stellen in den Boden. Schlagen Sie mehrmals täglich mit dem Hammer auf das Metall. Der helle Klang und die gleichzeitig entstehende Druckwelle vertreiben die Wühlmäuse, wenn der Gärtner ausdauernd genug ist. Im Handel

BIOLOGISCHE MITTEL ZUR SCHÄDLINGSABWEHR

werden auch Geräte angeboten, die Druck- und Schallwellen im Boden erzeugen.

Zum Ausprobieren sei hier auch noch eine Erfahrung weitergegeben: Menschenhaare, zum Beispiel vom Friseur, werden in die Gänge gelegt oder rund um gefährdete Pflanzen in die Erde vergraben. Wühlmäuse mögen diese Substanz offenbar nicht, wahrscheinlich weil sie »Feindgeruch« verbreitet. Ein zusätzlicher Vorteil besteht darin, dass die verrottenden Haare den Boden düngen.

Randpflanzungen aus Topinambur *(Helianthus tuberosus)* locken als Leckerbissen Wühlmäuse an und halten die Tiere von anderen Beeten fern. Sie können Sie in diesem Schlaraffenland auch leicht entdecken und fangen.

Harte Notwehr: Fallen aufstellen, die man in verschiedenen Ausführungen im Handel kaufen kann. Gehen Sie beim Aufstellen vorsichtig ans Werk, denn Wühlmäuse sind kluge Tiere, die empfindlich auf Menschengeruch reagieren. Sie sind bei der geringsten Witterung gewarnt. Ziehen Sie deshalb Handschuhe an, oder reiben Sie Ihre Hände mit Erde ein.

Pflanzliche Giftköder auslegen, die Cumarin enthalten. Diese Mittel verhindern die Blutgerinnung. Die Wühlmäuse verbluten innerlich. Für andere Tiere bedeuten diese Köder bei sorgfältiger Anwendung keine direkte Gefahr. Trotzdem sollten die auf der Packung angegebenen Vorsichtsmaßnahmen genau eingehalten werden. Verschließen Sie vor allem die Eingangslöcher, nachdem Sie die Brocken hineingelegt haben.

Die früher angewendeten Radikalkuren, wie zum Beispiel die Abgase eines Motorrades in die Gänge zu lenken oder Mineralöl hineinzuschütten, verbieten sich in einem naturgemäßen Garten von selbst. Diese Umweltverseuchung steht in keinem Verhältnis zur Wühlmausvertreibung.

Versuchen Sie mit den vorher beschriebenen Mitteln möglichst gemeinsam mit Ihren Nachbarn gegen die gefräßigen Nager vorzugehen. Sonst wandern die Tiere aus den angrenzenden Gärten später wieder zurück. Leider gibt es kein Allheilmittel gegen die Wühlmausplage. Die oft beschriebenen Abwehrpflanzen

■ Eulen gehören zu den wichtigsten Mäusejägern. Diese Schleiereule begibt sich gerade auf Beutefang. Auch Wühlmäuse stehen auf ihrem Speiseplan.

Die Praxis

können zum Beispiel nur eine »begleitende Rolle« spielen. Allein sind sie nicht in der Lage, die Mäuse von ihren begehrten Zielen fern zu halten. Den größten Erfolg verspricht die Kombination mehrerer Abwehrmaßnahmen miteinander.

Allen Jagdmethoden des Menschen überlegen ist ein mutiger Kater. Er kann sein Revier innerhalb weniger Monate von Wühlmäusen räumen. Solange er aufpasst, werden sie nicht in größeren Mengen zurückkehren!

Schnecken

Es gibt sie in vielen Variationen. Im Garten plagen uns vor allem die Nacktschnecken. Zu ihnen gehört die 10–15 cm lange Große Wegschnecke *(Arion ater)*, die rötlich, braun oder schwarz gefärbt sein kann, ebenso wie die Gartenwegschnecke *(Arion hortensis)*, die nur 2,5–3 cm lang wird. Ihre gelblich graue bis schwärzliche Farbe tarnt sie hervorragend zwischen den Bodenkrümeln. Auch die Genetzte Ackerschnecke *(Deroceras reticulatum)* ist eine weit verbreitete Nacktschnecke. Sie wird 3,5–5 cm lang; ihr hell bräunlich oder grau gefärbter Körper zeigt oft netzartige Flecken.

Diese gefräßigen Tiere können sich in nassen Jahren massenhaft vermehren und großen Schaden anrichten. Nachts und bei Regenwetter gehen sie auf Nahrungssuche. Sie fressen vor allem Jungpflanzen und zarte Triebe ab. Salat, Dahlien, Tagetes und Saatbeete sind besonders gefährdet. Die Schleimspuren verraten den Weg der Schnecken.

Zu den hübschen Gehäuseschnecken gehören die Gartenschnirkelschnecke *(Cepaea hortensis)* und die Hainschnirkelschnecke *(Cepaea nemoralis)* mit ihren gestreiften Gehäusen sowie die Weinbergschnecke *(Helix pomatia)*. Diese Schneckenarten richten im Allgemeinen weniger Schäden an. Die Weinbergschnecken fressen sogar die Eier der Nacktschnecken und tragen damit zur Schneckenregulierung bei.

Die Schnecken haben nicht nur die »Aufgabe«, den Gärtner zur Verzweiflung zu bringen, sie nehmen auch einen nützlichen Platz im ökologischen System ein. Die lautlosen Kriechtiere gehören zum »Gesundheitsdienst« im Garten. Wo immer verwesende Pflanzenteile oder tote Tiere am Boden liegen, da halten die Schnecken an und fressen die Reste auf. Dies sollte ein Biogärtner bei all seinen Überlegungen und Abwehrmaßnahmen nicht vergessen!

Vorbeugung: Schnecken abwehrende Pflanzen als Zwischenkultur säen oder als Bodendecke ausbreiten, zum Beispiel Senf, Kapuzinerkresse, Farn- und Tomatenblätter.

Im Herbst legen die Schnecken ihre Eier, die wie weiße Perlen aussehen, in Erdspalten ab. Auch die erwachsenen Tiere verkriechen sich vor der Kälte in Hohlräumen. Ziehen Sie die Erde auf allen abgeernteten Beeten glatt, damit die Tiere keine Verstecke finden. Im Vorfrühling die Erde öfter durchharken. Versteckte Schnecken werden aufgestört und erfrieren in kalten Nächten. In schneckenreichen, nassen Jahren nur dünn oder zeitweise gar nicht mulchen. Nicht am Abend wässern oder sprengen. Die Feuchtigkeit lockt in der folgenden Nacht Scharen von Schnecken an.

Der Schneckenzaun (»Bio-Fix«) ist eine seit Jahrzehnten bewährte Schweizer Erfindung. Er besteht aus verzinkten Blechen, deren Oberkante ein besonders gebogenes Profil besitzt. Diese spitzwinkligen Kanten vermögen die Schnecken nicht zu übersteigen. Mit einem solchen langlebigen Zaun können gefährdete Kulturen oder ganze Gärten eingefriedet werden, eine gute Hilfe für Grundstücke, die an feuchte Wiesen oder Waldränder grenzen.

Eine deutsche Lieferadresse finden Sie auf Seite 399 in der Rubrik »Spezialitäten für den Biogarten«. Aus dem Schneckenzaun kann auch ein Frühbeetkasten gebaut werden. Dazu gibt es die passenden Fenster. In diesem geschützten Raum wachsen gefährdete Aussaaten sicher heran.

■ Schnecken lieben feucht-dunkle Verstecke. Unter alten Brettern kann man sie fangen.

BIOLOGISCHE MITTEL ZUR SCHÄDLINGSABWEHR

Im Versandhandel und im örtlichen Fachhandel werden hier und da Schneckenzäune aus Kunststoff oder anderem Material angeboten, die nach einem ähnlichen Prinzip wie der »Bio-Fix« konstruiert sind. Sehr beweglich und vielseitig sind Schutzringe aus Kunststoff, die aussehen wie runde Schüsseln ohne Boden mit abgewinkeltem Rand. Diese »Schneckenkragen« werden einzeln über gefährdete Setzlinge gestülpt, die dann vor Überfällen sicher sind.

Aus Sägemehl oder aus scharfem Sand, aus Schilfhäcksel, Gerstenspreu oder Tannennadeln können Sie Abwehrstreifen um besonders gefährdete Pflanzen auslegen. Sie funktionieren aber nur bei einigermaßen trockenem Wetter.

Natürliche Feinde: Igel, Kröten, Blindschleichen, Eidechsen, Laufkäfer, Larven der Glühwürmchen, Spitzmäuse, Vögel. Schneckeneier vertilgen Hundert- und Tausendfüßer.

Mehr oder weniger harte Notwehr: Der Schneckenfang ist fast immer unappetitlich und grausam.

Streuen Sie Kalk, Gesteinsmehl oder Holzasche rings um gefährdete Kulturen. Diese Methode hilft allerdings nur bei trockenem Wetter.

Stellen Sie Fallen. Holzbretter, feuchte Säcke, große Gemüseblätter, ausgehöhlte Pampelmusen oder Gurken und umgestülpte Salatköpfe eignen sich dazu. Unter diesen Ködern verkriechen sich die feuchtigkeitsliebenden Tiere am Tag. Sie können sie dort in großen Mengen einsammeln. Anschließend wird es allerdings schwierig. Wenn die Aktion einen Sinn haben soll, müssen die Tiere nun »aus dem Weg geräumt« werden. Manche »Praktiker« empfehlen, sie mit einer Schere oder einem scharfen Messer zu zerschneiden. Ich

■ Die abgewinkelten Kanten eines Schneckenzauns können die hungrigen Kriechtiere nicht überwinden. Vor allem Jungpflanzen wachsen auf solchen Beeten gut geschützt heran. Ganz wichtig: Die Elemente müssen dicht geschlossen sein!

Die Praxis

finde, diese Methode ist eines naturfreundlichen Gärtners unwürdig! Dies ist brutaler Mord, und man sollte das Gemetzel nicht mit »biologischem« Mäntelchen verbrämen. Das Überstreuen mit Salz ist mindestens ebenso grausam. Die Tiere lösen sich dabei qualvoll auf. Bleibt nur noch das Überbrühen mit kochendem Wasser. Dabei tritt der Tod wenigstens schnell ein.

Immer mehr Menschen machen sich die Mühe, ein Eimerchen voll Schnecken zum nächsten Wald- oder Wiesenstück zu tragen und dort auszuleeren. Ich berichte darüber ganz bewusst an dieser Stelle. Auf Europäer, die gewohnt sind, »zweckmäßig« zu denken, mag diese kleine Rettungshandlung lächerlich oder doch zumindest übertrieben wirken. Für einen Buddhisten wäre sie dagegen die einzige akzeptable Möglichkeit. Denn für ihn gibt es keinen Unterschied zwischen einem kleinen oder einem großen Mord. Er schont jedes Leben, auch das winzigste. Denken Sie als Natur-Gärtner zumindest einmal darüber nach!

Bierfallen nehmen Ihnen wenigstens das eigenhändige Umbringen ab. Graben Sie Quark- oder Joghurtbecher in die Beete ein. Sie werden am Abend zu zwei Dritteln mit frischem Bier gefüllt. Wichtig ist, dass die Tiere sich beim Trinken tief hinunterbeugen müssen! Schnecken aller Größen werden vom Hopfen- und Malzduft wie magisch angezogen. Sie ertrinken im Bier.

Im Handel werden auch serienmäßig hergestellte Schneckenfallen angeboten. Sie funktionieren nach dem gleichen Prinzip wie ein simpler Becher, sind aber durch ein Dach geschützt. So können Regengüsse den »Todestrunk« nicht verwässern. Auch für die schlichten Joghurtbecher empfiehlt sich eine einfache Abdeckung.

Bierfallen müssen regelmäßig kontrolliert und gesäubert werden. Kippen Sie den Inhalt auf den Kompost.

Schneckenbrühe wird aus den mit heißem Wasser übergossenen Tieren hergestellt. Die Flüssigkeit bleibt 3–4 Tage stehen, wird dann abgesiebt und über die Beete gebraust. Der Extrakt aus den toten Tierleibern wirkt abschreckend auf alle Artgenossen.

Im Notfall – bei großen Schneckeninvasionen – hilft das Umwelt schonende Schneckenkorn »Ferramol«, das im Handel erhältlich ist. Dieses Präparat enthält eine natürliche Eisenverbindung mit dem Hauptwirkstoff Eisenphosphat. Die blauen Körner sind regenfest, wirken also auch dann, wenn die meisten Schnecken unterwegs sind. Die Tiere nehmen keine Nahrung mehr auf, wenn sie »Ferramol« gefressen haben. Sie sterben in ihren Verstecken. Für alle anderen Lebewesen im Garten, auch für Haustiere, ist das Mittel ungefährlich.

Enten betreiben die natürlichste Schneckendezimierung: Sie fressen sie auf. Geeignet sind dafür vor allem die Indischen Laufenten. Jungpflanzen und Saatbeete muss man allerdings vor ihnen schützen. Größere Gewächse sind durch Entenschnäbel nicht mehr gefährdet. Wer Laufenten als »Schneckenpolizei« einsetzen möchte, der muss ihnen ein flaches Wasserbecken und einen schützenden Unterstand im Winter zur Verfügung stellen. Die Tiere sollen wenigstens zu zweit gehalten werden. Sie erreichen ein Alter von 15–20 Jahren und vertragen sich mit anderen Haustieren.

Achten Sie im Herbst auf die hellen perlrunden Schneckeneier in der Erde und im Komposthaufen. Vernichten Sie diesen winterharten Schneckennachwuchs! So beugen Sie der Vermehrung im Frühling erfolgreich vor.

In diesem großen Kapitel der naturgemäßen Schädlingsabwehr finden Sie zahlreiche praktische Ratschläge. Dennoch werden hier und da spezielle Fragen offen bleiben. Selbst ein so dickes Buch wie der »Biogarten« hat keine unbegrenzte Seitenzahl. Für alle, die sich noch gründlicher in dieses zentrale Thema aller Biogärtner vertiefen möchten, habe ich deshalb das Buch »Pflanzenschutz im Biogarten« geschrieben. Dort finden Sie – in Wort und Bild – alles, was Sie schon immer über Schädlinge und Pflanzenkrankheiten, über Nützlinge und den naturgemäßen Weg zu einem gesunden Garten wissen wollten.

■ Diesen beweglichen Schneckenkragen kann man überall einsetzen, wo junge Pflanzen geschützt werden sollen.

■ Die Gartenwegschnecke ist gut getarnt. Sie lebt meist dicht unter der Erdoberfläche zwischen Bodenkrümeln.

BIOLOGISCHE MITTEL ZUR SCHÄDLINGSABWEHR

Der große Überblick

Gegen die wichtigsten Plagegeister haben Sie nun eine Fülle abwehrender Mittel kennen gelernt. Sie können auswählen, welche Ihrer Mentalität und Ihren Gartenverhältnissen am meisten entgegenkommen. Aber damit sind natürlich noch nicht alle Probleme gelöst. Die folgende Tabelle soll Ihnen in kurzer, übersichtlicher Form Antworten auf die immer wieder gestellten Fragen geben: Welcher Schädling, welche Krankheit ist das? Was kann ich dagegen tun? Welche Präparate kann ich kaufen, welche selber herstellen?

Dies ist der Versuch, die Mittel der biologischen Schädlingsabwehr einmal »auf einen Blick« übersichtlich darzustellen. Gleichzeitig soll die Tabelle Ihnen auch helfen bei der Erkennung der wichtigsten Krankheitsbilder und Schädlinge. Viele Fragen, die in der täglichen grünen Alltagspraxis auftauchen, können Sie mit Hilfe dieser systematischen Pflanzenschutz-Beschreibung hoffentlich selbst beantworten. Denn wenn es einmal brennt, braucht auch ein Biogärtner schnelle und übersichtliche Hilfe!

Biologischer Pflanzenschutz gegen die wichtigsten Plagegeister

Krankheit oder Schädling	Daran erkennen Sie den Schaden	Besonders gefährdete Pflanzen	Vorbeugende Schutzmaßnahmen	Hausgemachter Pflanzenschutz	Biologische Pflanzenschutz-Präparate im Handel	Anwendung
Älchen oder Fadenwürmer (Nematoden)	Abgestorbene Wurzeln; Missbildungen an Stängeln, Wurzeln und Blättern.	Zierpflanzen (besonders Stengelälchen an Phlox), Kartoffeln, Möhren, Petersilie, Erdbeeren.	Mischkulturen, Mulchen, kein Unkraut wuchern lassen, kranke Pflanzenteile sofort vernichten, nicht kompostieren!	Studentenblumen (*Tagetes*) und Ringelblumen (*Calendula*) pflanzen; wirkt nur gegen Wurzelälchen.	Sperling's Gartendoktor (biologische Bodendesinfektion).	*Tagetes* und Gartendoktor können gezielt bei Befall eingesetzt werden gegen Wurzelälchen.
Ameisen (Wegameise, Wiesenameise)	Abgebissene Wurzeln und Stängel, ausgegrabene Samen, vermehrte Blattlauskolonien.	Jungpflanzen	Lavendel, Majoran und Thymian pflanzen; mit Tomatenblättern und Farnkraut mulchen.	Wermut- oder Rainfarn-Tee sprühen; Algenkalk stäuben; Fallen mit Honigwasser aufstellen; Kaffeesatz streuen.	Ameisenstreumittel; Ameisenöl (Vertreibung durch Duftstoffe, keine Ausrottung).	Nur wenn Ameisen durch starke Vermehrung lästig werden. Sie erfüllen auch nützliche Aufgaben!
Asseln	Fraßlöcher an Blättern, Stängeln und Wurzeln; abgenagte Keimlinge.	Keimende Saat	Spitzmäuse schonen; nichts Faulendes liegen lassen; Gesteinsmehl stäuben.	Fallen stellen: ausgehöhlte Kartoffeln, Bretter, feuchte Säcke.	–	Nur in Notfällen eingreifen, Asseln richten keine größeren Schäden an.
Blattflecken-krankheiten	Pilz- oder Bakterieninfektionen, die verschiedenartige Flecken auf den Blättern erzeugen; oft sterben die Blätter ab.	Sellerie, Bohnen, Gurken, Lauch, Erbsen, Erdbeeren, Rittersporn.	Mischkultur; auf gesundes Saatgut achten; alle Infektionsquellen sofort entfernen; kranke Blätter und Pflanzen verbrennen.	Tomaten mit Magermilch spritzen, Schachtelhalm-Tee 3 Tage hintereinander sprühen.	Bio-S flüssig; Tomaten-Pflegemittel; Neudo-Vital; Algen-Präparate.	Alle Spritzungen mehrfach wiederholen; Schachtelhalm bei sonnigem Wetter anwenden.
Blattläuse		siehe »Biologische Maßnahmen gegen weit verbreitete Plagegeister«, S. 120				

Die Praxis

Biologischer Pflanzenschutz (Fortsetzung)

Krankheit oder Schädling	Daran erkennen Sie den Schaden	Besonders gefährdete Pflanzen	Vorbeugende Schutzmaßnahmen	Hausgemachter Pflanzenschutz	Biologische Pflanzenschutz-Präparate im Handel	Anwendung
Blutläuse	Unter wollig-weißen Wachsausscheidungen versteckte braune Läuse; beim Zerdrücken tritt ein braunroter Saft heraus; Rindenschäden und Wucherungen.	Apfelbäume, seltener Birne, Weißdorn, Rotdorn, Feuerdorn, Zierquitten	Wahl widerstandsfähiger Sorten, Rindenpflege und Stammanstrich; die Blutlauszehrwespen schonen! Kapuzinerkresse auf Baumscheiben säen.	Abbürsten der Rinde, kranke Zweige ausschneiden, Farnextrakt oder Schmierseifen-Spiritus-Lösung spritzen.	Preicobakt, Bio-Baumanstrich; Winterspritzung mit Promanal; Neudosan.	Öl (Promanal) vor dem Öffnen der Knospen spritzen, dabei auf Bienen Rücksicht nehmen! Gefährdet Nützlinge aller Art!
Drahtwürmer (Larven der Schnellkäfer)	Abgefressene Wurzeln und junge Pflanzen, Fraßlöcher in Möhren und Kartoffeln.	Salat und Jungpflanzen	Natürliche Feinde schonen: Maulwurf, Spitzmäuse, Laufkäfer, Vögel; Boden locker halten.	Fallen auslegen: halbierte Kartoffeln oder Möhren; Salat als Fangpflanzen setzen.	–	Wenn die Salatpflanzen welken, vorsichtig ausgraben und Drahtwürmer fangen.
Engerlinge (Larven des Maikäfers)	Abgefressene Wurzeln.	Salat, Erdbeeren, Jungpflanzen	Natürliche Feinde schonen: Stare, Spatzen, Igel, Maulwurf, Spitzmäuse; Boden öfter hacken und locker halten.	Knoblauch als Zwischenfrucht pflanzen; Salat als Lockpflanze verwenden.	–	Drei Jahre lebt der Engerling im Boden, im vierten Jahr fliegt der Maikäfer aus. Er tritt nur noch selten in Massen auf. Nicht umbringen!
Erbsenwickler	Angebohrte Früchte, Kothäufchen in den Schoten, durch eine kleine Schmetterlingsraupe zerfressene Samen.	Erbsen und Bohnen	Der Flugzeit (Mai bis Juni) ausweichen durch frühe oder späte Aussaat.	Algenkalk streuen.	Pyrethrum-Präparate.	Abends spritzen, zweimal gegen Ende der Blütezeit; Erfolg fragwürdig, da Nachtfalter schwer zu erkennen sind im Dunkeln.
Erdbeerblütenstecher	Rüsselkäfer legt Eier in Blütenknospe und sticht den Stängel an; Blütenknospen vertrocknen und fallen ab.	Erdbeeren, Himbeeren, Brombeeren	Mulchen, im Frühling mit Farnkraut.	Kranke Knospen entfernen; Rainfarn-Tee spritzen.	Niembaum-Präparate, Pyrethrum-Präparate.	Rainfarn-Tee nach der Ernte auf Pflanzen und Boden sprühen; Handelspräparate brauchen in der Regel nicht eingesetzt zu werden.

BIOLOGISCHE MITTEL ZUR SCHÄDLINGSABWEHR

Biologischer Pflanzenschutz

Krankheit oder Schädling	Daran erkennen Sie den Schaden	Besonders gefährdete Pflanzen	Vorbeugende Schutzmaßnahmen	Hausgemachter Pflanzenschutz	Biologische Pflanzenschutz-Präparate im Handel	Anwendung
Erdflöhe	Siebartig durchlöcherte Blätter.	Kreuzblütler: Kohl, Kohlrabi, Radieschen, Rettiche.	Boden feucht halten (bei Trockenheit beste Erdflohvermehrung!), Mulchen; Mischkulturen mit Salat und Spinat.	Wermut- oder Rainfarn-Brühe spritzen; Algenkalk oder Gesteinsmehl ausstreuen; blühende Ginsterzweige zwischen die Reihen legen.	Niembaum-Präparate; Pyrethrum-Präparate.	Kräuterspritzungen zweimal wöchentlich bei Befall; die Pyrethrum-Mittel nur im Notfall.
Erdraupen (Eulenfalterlarven)	Die graubraunen dicken Raupen fressen nachts Wurzeln, Stängel u. junge Blätter; typisch: Ausgegrabene Tiere rollen sich zusammen!	Jungpflanzen von Salat und Kohl; außerdem Möhren, Schwarzwurzeln, Astern und andere Sommerblumen.	Erde um gefährdete Pflanzen öfter hacken; Raupen ausgraben und sammeln; Salat als Lockpflanzen setzen.	Rainfarn- und Wermut-Tee rund um die Pflanzen auf den Boden spritzen.	*Bacillus-thuringiensis*-Präparate	Alle Maßnahmen am besten abends, weil die Raupen im Dunkeln aus der Erde kommen.
Gespinstmotte	Fraßschäden an Knospen und Blättern; Gespinste an den Blättern, in denen es von Räupchen wimmelt.	Apfel-, Quitten- und Pflaumenbäume, auch Weißdorn und Schlehen.	Vögel im Garten ansiedeln, Schlupfwespen schonen; auch Raubwanzen und Raupenfliegen gehören zu den natürlichen Feinden.	Gespinste herausschneiden, Raupen abschütteln; mit scharfem Wasserstrahl abspritzen; Schmierseifen-Spiritus-Lösung sprühen.	Preicobakt, Bio-Baumanstrich auf die Stämme streichen; *Bacillus-thuringiensis*-Präparate spritzen.	Preicobakt im Herbst und Frühling anwenden; *Bacillus-thuringiensis*-Präparate bei akutem Befall spritzen, möglichst bevor das Blattwerk dicht ist.
Gitterrost	Pilzerkrankung: orangegelbe Flecken auf der Blattoberseite, auf der Blattunterseite kleine Höcker mit faserigen »Gittern«.	Birnbäume (Zwischenwirte des Pilzes sind Zierwacholder!)	Wacholder beobachten, spindel- oder keulenförmige Verdickungen herausschneiden; enge Nachbarschaft meiden!	Schachtelhalm-, Farnkraut- oder Zwiebel-Knoblauch-Brühen als Stärkung.	Wacholder und Birnen vorbeugend mit Algen-Produkten spritzen.	Spritzungen nach 10–14 Tagen wiederholen.
Grauschimmel	Grauer Schimmelbelag auf Blättern und Früchten; das Gewebe stirbt ab, es entstehen teilweise rotbraune Flecken.	Trauben, Erdbeeren, Himbeeren, Salat, Gurken, Tomaten, Geranien, Gladiolen, Tulpen, Lilien, Narzissen, Alpenveilchen, Pfingstrosen.	Besondere Gefahr besteht in nassen Jahren; schwache Pflanzen werden zuerst befallen; regelmäßige Bodenbearbeitung, luftiger Stand, Mulchen, gesunde Sortenwahl; Überdüngung vermeiden.	Mit Schachtelhalm-Jauche und Brennnessel-Jauche gießen; mit Schachtelhalm-Brühe spritzen; Knoblauch als Zwischenkultur; kranke Pflanzenteile vernichten; Erdbeeren mit Stroh mulchen.	Algenpräparate; Bio-S flüssig; BioBlatt Mehltaumittel; Milsana; Neudo-Vital spritzen.	Am besten vorbeugend! Wichtig sind alle Maßnahmen, die gesundes Wachstum fördern; Grauschimmel ist ein Schwächeparasit!

Die Praxis

Biologischer Pflanzenschutz (Fortsetzung)

Krankheit oder Schädling	Daran erkennen Sie den Schaden	Besonders gefährdete Pflanzen	Vorbeugende Schutzmaßnahmen	Hausgemachter Pflanzenschutz	Biologische Pflanzenschutz-Präparate im Handel	Anwendung
Johannisbeerrost oder Säulchenrost	Pilzkrankheit; Zwischenwirte sind Kiefern, die dann blasige, orangefarbene Pusteln bekommen; an den Johannisbeerblättern bilden sich an der Blattunterseite gelbe, später rostbraune Flecken und Pusteln, die Blätter fallen ab.	Schwarze Johannisbeeren, fünfnadlige Kiefernarten, z.B. Weymouths-Kiefern.	Die Nachbarschaft von Kiefern meiden; Wermut als Nachbarpflanze; kranke Blätter frühzeitig entfernen und vernichten; für luftigen Wuchs sorgen.	Schachtelhalm-Tee und Wermut-Brühe spritzen.	Bio-S flüssig; Neudo-Vital spritzen.	Wermut-Brühe im Frühling, Schachtelhalm-Tee öfter spritzen.
Kartoffelkäfer	Blätter werden bis zum Stängel abgefressen; schwarzgelb gestreifte Käfer und rötlichgelbe Larven richten den Schaden an.	Kartoffeln, seltener Tomaten, Bilsenkraut, Tollkirsche.	Laufkäfer sind natürliche Feinde für Kartoffelkäfer und ihre Larven. Alle Pflanzen stärkenden Maßnahmen, Humuspflege; gesunde Pflanzen werden kaum angegriffen.	Käfer, Eier und Larven absammeln; Blätter mit Algenkalk oder Gesteinsmehl überstäuben; Brennnessel-Jauche zur Kräftigung gießen; mit Farnkraut mulchen.	Algenextrakte zur Kräftigung spritzen. Spruzit-Staub; Novodor (Spezifisches *Bacillus thuringiensis*-Präparat).	Vor allem vorbeugende Maßnahmen; Pyrethrum-Gift nur bei starkem Befall. Besser: *Bacillus thuringiensis*-Präparate, da selektiv wirkend und nützlingsschonend!
Kartoffelschorf	Pilzkrankheit: braune rissige Flecken an den Knollen.	Kartoffeln	Gesundes Saatgut, Bodenmüdigkeit vermeiden, Boden auf Kalkgehalt untersuchen lassen; zu viel Kalk fördert den Pilzbefall.	–	–	Nur vorbeugende Maßnahmen!
Kirschfruchtfliege	Maden im Fruchtfleisch; die Kirschen faulen. Die Kirschfruchtfliege kommt nur in mildem Klima vor.	Alle Süßkirschensorten, vor allem bei warmer Witterung (frühe Sorten weniger).	Frühe Sorten pflanzen; kranke Früchte sofort aufsammeln und vernichten; Baumscheiben mulchen.	Wermut-Tee spritzen (verhindert die Eiablage, ist aber nur bei kleineren Bäumen möglich).	Kirschfruchtfliegen-Fallen (gelbe Leimtafeln) aufhängen.	Wermut-Tee 3 Wochen nach der Blüte spritzen; Kirschfruchtfliegen-Fallen zur Flugzeit (Mai bis Juli) aufhängen.

BIOLOGISCHE MITTEL ZUR SCHÄDLINGSABWEHR

Biologischer Pflanzenschutz

Krankheit oder Schädling	Daran erkennen Sie den Schaden	Besonders gefährdete Pflanzen	Vorbeugende Schutzmaßnahmen	Hausgemachter Pflanzenschutz	Biologische Pflanzenschutz-Präparate im Handel	Anwendung
Kohlfliege, Kleine	Fraßschäden der Maden an den Wurzeln und am Stängelhals; die Blätter werden schlapp, die Pflanzen sterben ab.	Kohlgewächse, Rettiche, Rüben, Senf.	Beim Pflanzen die Flugzeit der Kohlfliege (Ende April bis Anfang Mai) meiden, Jungpflanzen tief setzen und anhäufeln; Gemüsefliegen-Netze verwenden; Mischkultur mit Tomaten; mit intensiv duftenden Kräutern mulchen.	Kohlkragen anbringen; Stängel mit Lehmbrei bestreichen; mit Kräuter-Jauche gießen; mit Holzasche, Gesteinsmehl oder Algenkalk bestreuen; infizierte Pflanzen vernichten; notfalls Schmierseifenbrühe spritzen.	Biogemüse-streumittel ausstreuen.	Vor allem vorbeugende Maßnahmen ergreifen und junge Kohlpflanzen beobachten.
Kohlhernie	Pilzkrankheit: die Sporen bleiben jahrelang im Boden; Wucherungen und Knoten an den Wurzeln.	Kohlgewächse, Radieschen, Rettiche, Levkojen, Goldlack, zahlreiche wilde Kreuzblütler.	Boden lockern, kalken, Algenkalk ins Pflanzloch; Setzlinge in Wurzelbad aus Schachtelhalm-Lehm-Brühe tauchen; Gründüngung ohne Senf! Mischkulturen; Zwiebeln und Lauch als Vorkultur; kranke Pflanzen vernichten.	Mit Schachtelhalm-Tee spritzen, mit Jauche aus Kohlblättern Jungpflanzen gießen.	–	Spritzmittel mehrfach in kurzen Abständen bei starkem Befall; mehrjährigen Fruchtwechsel einhalten.
Kohlherz-drehmücke	Fraßschäden durch die Mückenlarven; die Herzblätter krümmen und verdrehen sich; Kohl kann keine Köpfe mehr bilden.	Alle Kohlarten.	Fruchtwechsel und Mischkultur mit Tomaten und Sellerie; Kohlaussaat mit Algenkalk stäuben; rechtzeitig Netze oder Vliese ausbreiten.	Schmierseifen-Brühe spritzen.	Pyrethrum-Präparate spritzen.	Im Notfall die Handelsmittel dreimal wöchentlich ins Herz der Jungpflanzen spritzen, während der Flugzeit (Ende Mai/Anfang Juni).
Kohlweißling, Kleiner und Großer (Raupen)	Die Blätter werden von den Raupen bis auf das Gerippe abgefressen.	Kohlarten, Raps, Rüben, Meerrettich, Levkojen, wilde Kreuzblütler.	Schlupfwespen schonen; auf die gelben Puppenkokons dieser nützlichen Wespenarten achten! Mischkulturen mit Tomaten, Sellerie und Spinat, Bodendecke aus Ligusterzweigen.	Wermut-Tee, Rainfarn-Tee oder Tomatenblätter-Brühe spritzen; Algenkalk stäuben; Eier und Raupen ablesen.	*Bacillus-thuringiensis*-Präparate spritzen, z.B. Neudorffs Raupenspritzmittel.	Die Handelspräparate bei starkem Befall direkt auf die Raupen spritzen; die biologischen Hausmittel vor allem vorbeugend anwenden.

Die Praxis

Biologischer Pflanzenschutz (Fortsetzung)

Krankheit oder Schädling	Daran erkennen Sie den Schaden	Besonders gefährdete Pflanzen	Vorbeugende Schutzmaßnahmen	Hausgemachter Pflanzenschutz	Biologische Pflanzenschutz-Präparate im Handel	Anwendung
Kräuselkrankheit	Pilzkrankheit: blasig aufgetriebene Wucherungen an den Blättern, Kräuseln, verformte Triebe.	Pfirsichbäume, manchmal auch Mandelbäumchen und Aprikosen.	Kompost und Mulch auf die Baumscheiben, Kapuzinerkresse und Knoblauch unterpflanzen; kranke Blätter vernichten.	Schachtelhalm-Tee und Brennnessel-Jauche spritzen.	Bio-S flüssig, Neudo-Vital oder Wasserglas spritzen.	Schachtelhalm-Tee, Bio-S flüssig bereits im Herbst über die Bäume und den Boden sprühen, Wasserglas im Winter ausbringen.
Kraut- und Knollenfäule	Pilzkrankheit: braune Flecken auf Blättern und Stängeln, das Kraut stirbt ab; braungraue, eingesunkene Flecken auf den Knollen, darunter Fäulnis; auf Tomatenfrüchten braungrüne bis schwärzliche Flecken, Früchte verhärten.	Kartoffeln, Tomaten, Paprika	Gesundes Saatgut; anfällige Sorten meiden; befallene Pflanzenteile frühzeitig entfernen und vernichten; Tomaten- und Kartoffelbeete wegen der Ansteckungsgefahr weit auseinander halten; Tomaten vor Nässe schützen.	Mit Brennnessel-Brühe spritzen und gießen; Algenkalk und Gesteinsmehl stäuben; Tomaten mit Magermilch oder Knoblauch-Zwiebelschalen-Tee spritzen; mit Schachtelhalm-Brühe öfter vorbeugend spritzen.	Blatt stärkende Algenpräparate; Bio-S flüssig; Pilzvorbeuge; Milsana; Neudo-Vital.	Am besten vorbeugende Mittel; bei Befall Bio-S flüssig zwei- bis dreimal wöchentlich spritzen.
Lauchmotte	Fraßspuren an den Blättern, Fraßgänge im Inneren der Pflanze, Absterben der Herzblätter.	Lauch, Zwiebeln	Mischkultur mit Möhren und Sellerie; Raupen und Eier absammeln; rechtzeitig Gemüsefliegen-Netze über die Jungpflanzen spannen.	Kranke Blätter zurückschneiden; Larven in den Gängen zerdrücken; mit Rainfarn-Tee spritzen; mit Schachtelhalm-Jauche gießen.	*Bacillus-thuringiensis-* oder Pyrethrum-Präparate spritzen.	Handelspräparate nur bei starkem Befall verwenden; zurückschneiden ist sehr wirkungsvoll, die Pflanzen wachsen gesund nach!
Maulwurfsgrille oder Werre	Wurzeln und Knollen werden abgefressen (auch nützlich: frisst Insekten und Würmer).	Vor allem junge Frühbeet-Aussaaten.	Natürliche Feinde schonen: Spitzmäuse, Stare, Amseln, Maulwürfe.	Gänge ausgraben, Nester vernichten; Gläser als Fallen ebenerdig eingraben.	Pyrethrum-Präparate; Ameisenöl in die Gänge gießen, vertreibt durch starke Duftstoffe Tiere im Erdreich.	Pyrethrum-Gift nur im Notfall direkt in die Gänge gießen.

BIOLOGISCHE MITTEL ZUR SCHÄDLINGSABWEHR

Biologischer Pflanzenschutz

Krankheit oder Schädling	Daran erkennen Sie den Schaden	Besonders gefährdete Pflanzen	Vorbeugende Schutzmaßnahmen	Hausgemachter Pflanzenschutz	Biologische Pflanzenschutz-Präparate im Handel	Anwendung
Mehltau, Echter	Pilzerkrankung: breitet sich auch bei sonnigem Wetter aus; mehliger Belag auf den Blättern, frühzeitiges Vertrocknen.	Obstbäume, vor allem Äpfel, Stachelbeeren, Erdbeeren, Weinreben, Gurken, Erbsen, Rosen, Astern, Rittersporn, Phlox.	Mehltauresistente Sorten pflanzen, luftiger Stand, Überdüngung vermeiden; kranke Pflanzenteile sofort entfernen.	Schachtelhalm-Tee, Knoblauch-Tee oder Schwefelleber-Seifen-Lösung.	Bio-S flüssig, Pilzvorbeuge, Bio-Blatt Mehltaumittel, Mehltau-Kombipack oder Milsana spritzen.	Kräuterpräparate möglichst vorbeugend anwenden; Bio-Blatt Mehltaumittel und Schwefelpräparate bei Befall.
Mehltau, Falscher	Pilzkrankheit: nur in nassen Jahren; weißgelbe Schimmelflecken auf der Blattoberseite, auf der Blattunterseite weißgrauer Pilzrasen.	Rosen, Reben, Kohlarten, Spinat, Zwiebeln, Salat, Kartoffeln, Tomaten.	Boden lockern; luftiger Stand; resistente Sorten pflanzen; kranke Pflanzenteile vernichten.	Mit Brennnessel-Jauche gießen; Schachtelhalm-Tee spritzen.	Bio-S flüssig, Algenpräparate, Neudo-Vital spritzen.	Schachtelhalm-Tee und Handelspräparate öfter vorbeugend spritzen.
Möhrenfliege	Rotbraune Fraßgänge in den Wurzeln; Möhren stinken, Blätter verfärben sich und sterben ab.	Möhren, seltener Petersilie, Sellerie, Pastinake, Kerbel, Dill, Kümmel.	Mischkultur mit Zwiebeln, Lauch, Schnittlauch, Knoblauch; offene, windige Lage, kein Mist, frühe Aussaat; Gemüsefliegen-Netze spannen.	Stark duftende Kräuter (Rainfarn, Dill, Lavendel) zwischen die Reihen legen; mit Kräutertees oder mit Knoblauch-Zwiebel-Brühe überbrausen.	Biogemüsestreumittel; Gemüsestreumittel.	Gemüsestreumittel und Biogemüsestreumittel von Mitte Mai bis August über die Reihen streuen im Abstand von 2–3 Wochen; Zwiebel-Knoblauch-Brühe bei Auflaufen der Saat.
Monilia	Verbreitete Pilzkrankheit: Zweigspitzen trocknen ein, Früchte zeigen gelbbraune Ringe, trocknen wie Mumien ein.	Kern- und Steinobst	Meerrettich auf die Baumscheiben pflanzen; krankes Obst vernichten, kranke Zweige herausschneiden, ebenfalls vernichten.	Meerrettich-Tee in die Blüte spritzen.	Pilzvorbeuge; Bio-S flüssig; Kupfer-Präparate.	Möglichst bei den ersten Anzeichen oder vorbeugend spritzen; Kupferpräparate werden in die Blüte gespritzt; wegen Ökoschäden nur im äußersten Notfall verwenden.
Nematoden:		siehe Älchen				

Die Praxis

Biologischer Pflanzenschutz (Fortsetzung)

Krankheit oder Schädling	Daran erkennen Sie den Schaden	Besonders gefährdete Pflanzen	Vorbeugende Schutzmaßnahmen	Hausgemachter Pflanzenschutz	Biologische Pflanzenschutz-Präparate im Handel	Anwendung
Mosaik-Virus	Helle, gelbliche oder auch dunkle Blattflecken, mosaikartig gescheckt; manchmal Beulen im Blatt.	Gurken, Kürbis, Melonen, Zucchini, Tomaten, Paprika, Bohnen, Gladiolen.	Auf virusfreie Jungpflanzen und virusresistente Züchtungen achten; Blattlausabwehr, die Tiere übertragen Viren; Werkzeuge sorgfältig reinigen; kranke Pflanzen vernichten.	Magermilchspritzungen	–	Magermilchspritzungen haben nur begrenzt vorbeugende Wirkung; direkte Maßnahmen sind unmöglich.
Obstmade (Apfelwickler)	Zuerst kleine Eier auf den Früchten, später Madengänge im Fruchtfleisch und Kerngehäuse, Kothäufchen am Eingangsloch.	Äpfel, in geringem Maß auch Birnen und Aprikosen.	Nützlinge schützen: Vögel, Fledermäuse, Schlupfwespen; Fallobst sofort entfernen; Rindenpflege: Obstmaden-Fanggürtel oder am Stamm 20 cm über dem Boden Wellpappkragen als Fallen anbringen (darin verkriechen sich die Raupen des Wicklers), kontrollieren, verbrennen.	Wermut- und Rainfarn-Tee spritzen, um den Lockgeruch der Äpfel zu überdecken.	*Bacillus-thuringiensis-* oder Pyrethrum-Präparate spritzen.	Wermut- und Rainfarn-Tee vorbeugend ab Ende Mai spritzen; der Geruch irritiert die Insekten bei der Eiablage; Handelspräparate nur bei akutem Befall; Pyrethrum gefährdet Nützlinge, die regulierend eingreifen!
Pflaumenwickler	Loch in der Außenhaut, Fraßspuren in den Früchten, Kot in den Gängen; Pflaumen fallen ab.	Pflaumen, Zwetschen und Mirabellen	Viele Nützlinge nehmen dem Gärtner die Arbeit ab: Ohrwürmer, Weichkäfer, Raubkäfer, Raupenfliegen, Florfliegen, Schlupfwespen und Spinnen.	Kranke Früchte sammeln; Fanggürtel um die Stämme binden.	Pyrethrum-Präparate spritzen.	Handelspräparate möglichst nicht anwenden wegen der zahlreichen Nützlinge, die auf die Jagd gehen.
Rost	Pilzkrankheit: rostbraune Flecken auf den Blättern.	Sellerie, Bohnen, Johannisbeeren, Rosen, Malven.	Gesunde Sortenwahl, mulchen, Mischkultur; Nässe auf den Blättern vermeiden (Regner!).	Kranke Blätter sammeln und vernichten; mit Schachtelhalm-Brühe oder Rainfarn-Tee spritzen, Steinmehl stäuben.	Neudo-Vital; Bio-S flüssig.	Schachtelhalm-Spritzung öfter wiederholen, möglichst vorbeugend.

BIOLOGISCHE MITTEL ZUR SCHÄDLINGSABWEHR

Biologischer Pflanzenschutz

Krankheit oder Schädling	Daran erkennen Sie den Schaden	Besonders gefährdete Pflanzen	Vorbeugende Schutzmaßnahmen	Hausgemachter Pflanzenschutz	Biologische Pflanzenschutz-Präparate im Handel	Anwendung
Rußtau	Pilzkrankheit: im Spätsommer schwärzlicher »Ruß«-Belag auf Blättern und Früchten; entsteht auf dem Honigtau der Blattläuse; auch im Gefolge der Weißen Fliege; Ameisen fördern die Ausscheidungen der Blattläuse!	Obstbäume, Johannisbeeren, Rosen, Kübelpflanzen; alle Gewächse, die unter Läusen leiden. Es entsteht kein ernsthafter Schaden, nur das Aussehen leidet.	Läuse und Weiße Fliege rechtzeitig abwehren.	–	–	–
Rutenkrankheit	Pilzerkrankung: violette oder rotbraune Flecken an den Zweigen. Im folgenden Jahr platzt die Rinde auf, die Ruten sterben ab.	Himbeeren	Himbeeren als Waldpflanzen behandeln: saure Bodenreaktion; mulchen, möglichst mit Laub, Stroh oder Rindensubstrat, gleichmäßig feucht halten; dichten Wuchs vermeiden; abgetragene Ruten regelmäßig zurückschneiden.	Abwechselnd Schachtelhalm-, Brennnessel-, Kamillen-Brühe spritzen, vermischt mit etwas Wermut-Tee; kranke Zweige ausschneiden und vernichten; evtl. Standort wechseln.	Preicobakt, Bio-Baumanstrich, Neudo-Vital.	Pflanzenbrühe zu Beginn der Krankheit im Abstand von 14 Tagen spritzen; Handelspräparate vorbeugend im Frühling und Herbst anwenden.
Schildläuse	Krusten aus dem festen »Schild« der Läuse an Zweigen und Stämmen; Gewebeschäden im Holz, absterbende Äste. An Äpfeln und Birnen rote Flecken durch Saugschäden.	Obstbäume, vor allem Zwetschen, Äpfel, Birnen; außerdem Oleander und Lorbeer.	Stammanstrich; Nützlinge schonen; natürliche Feinde sind Zehrwespen.	Stämme abbürsten; an Zierpflanzen die Läuse zerdrücken und Blätter mit Seifenlauge abwaschen.	Preicobakt, Bio-Baumanstrich, Neudosan	Härtere Mittel richten mehr ökologischen Schaden an, als sie nützen.
Schnecken			siehe »Biologische Maßnahmen gegen weit verbreitete Plagegeister«, S. 124–126			

Die Praxis

Biologischer Pflanzenschutz (Fortsetzung)

Krankheit oder Schädling	Daran erkennen Sie den Schaden	Besonders gefährdete Pflanzen	Vorbeugende Schutzmaßnahmen	Hausgemachter Pflanzenschutz	Biologische Pflanzenschutz-Präparate im Handel	Anwendung
Schwarzbeinigkeit, Umfallkrankheit	Verschiedene Pilz- und Bakterieninfektionen: dunkle Einschnürung am Stängelende; Pflanzen fallen plötzlich um und sterben ab.	Kohl, auch Salat, Gurken, Blumen und Kräuter, vor allem Sämlinge und Jungpflanzen.	Sorgfältige Saatbeetvorbereitung mit Reifekompost und Steinmehl; gesundes Saatgut, Gefäße sorgfältig säubern, nicht zu dicht säen und pflanzen; Frühbeete lüften; Fruchtwechsel.	Schachtelhalm-Tee spritzen.	Bio-S flüssig, Wurzelbildung, Algenextrakte spritzen.	Schachtelhalm-Tee, Bio-S flüssig auf die Erde und auf die Sämlinge spritzen; Algenpräparate zur Kräftigung über die Sämlinge gießen.
Spinnmilbe, Obstbaum-Spinnmilbe (Rote Spinne)	Silbrig oder bronzefarbig gesprenkelte Blattoberfläche; feines Gespinst mit winzigen Milben auf der Blattunterseite. Bei starken Schäden trocknen die Blätter ein und fallen ab. Obstbaumspinnmilben leben ohne Gespinst auf der Unterseite der Blätter. Auffallend: ihre roten Wintereier an Zweigen oder Fruchtspießen.	Spinnmilbe: Bohnen, Gurken, Kürbisgewächse, Erdbeeren, Beerensträucher, Chrysanthemen, Dahlien, Hortensien, Rosen, Stockrosen, Gewächshauskulturen; Nektarinen, Aprikosen, Pfirsiche; Obstbaumspinnmilbe: Äpfel, Pflaumen, Walnüsse, Johannisbeeren, Stachelbeeren, Himbeeren.	Natürliche Feinde schonen: Raubmilben, Raubwanzen, Raubkäfer, Schlupfwespen, Florfliegen, Gallmücken, Marienkäfer, Spinnen; harmonische Ernährung; mulchen; befallene Blätter entfernen; Gewächshäuser und Frühbeete lüften; Baumscheiben pflegen; Stammanstrich.	Schachtelhalm-Rainfarn-Wermut-Brühe oder Knoblauch-Tee spritzen; Steinmehl stäuben; Brennnessel-Jauche, Algen-Präparate zur Kräftigung.	Neudosan; Niembaum-Präparate; Schädlingsfrei Neem; Pyrethrum-Präparate; Promanal (Winterspritzung gegen Obstbaummilben); Raubmilben in Gewächshäusern (siehe: Nützlinge per Post, Seite 119).	Am besten allgemeine biologische Maßnahmen für gesundes Wachstum und zur Vorbeugung. Wegen der zahlreichen Nützlinge möglichst kein Pyrethrum oder Promanal verwenden. Nützlingsschonend sind Niembaum-Präparate.
Sternrußtau	Pilzkrankheit: runde, schwarzbraune Flecken auf den Blättern, die sternförmig ausstrahlen; die Blätter färben sich gelb und fallen in großen Mengen ab.	Rosen	Kranke Blätter entfernen; naturgemäße Bodenpflege und Düngung; Sortenwahl, die dem Standort angepasst ist.	Holzasche ausstreuen, Schachtelhalm-Tee spritzen, Steinmehl über die Blätter stäuben; Knoblauch zwischen die Rosen pflanzen.	Bio-S flüssig, Neudo-Vital, Algen-Präparate	Hausgemachte Mittel und Handelspräparate möglichst vorbeugend anwenden, bei Befall mehrmals hintereinander
Tausendfüßer	Fraßstellen an Pflanzen und Früchten.	Erdbeeren, Zwiebeln, Gurken, Keimlinge von Erbsen und Bohnen, Blumen.	Gesteinsmehl über die Pflanzen stäuben. Unaufgeräumte, feuchte Ecken dienen als Schlupfwinkel, Ordnung halten!	Fallen stellen: halbierte Kartoffeln oder umgestülpte Blumentöpfe; dort die Tiere sammeln.	–	Tausendfüßer sind nützliche Humusbildner; schädliche Vermehrung nur bei andauernd nassem Wetter.

BIOLOGISCHE MITTEL ZUR SCHÄDLINGSABWEHR

Biologischer Pflanzenschutz

Krankheit oder Schädling	Daran erkennen Sie den Schaden	Besonders gefährdete Pflanzen	Vorbeugende Schutzmaßnahmen	Hausgemachter Pflanzenschutz	Biologische Pflanzenschutz-Präparate im Handel	Anwendung
Thrips (Blasenfuß)	Helle, scheckige Flecken auf den Blättern, Unterseite schmierig.	Erbsen, Zwiebeln, Lauch, Gurken, auch Gladiolen; besonders bei warmem Wetter.	Fruchtwechsel; luftiger Stand, gleichmäßige Feuchtigkeit; früher Aussaattermin.	Gladiolenzwiebeln im Herbst sorgfältig reinigen.	Niembaum-Präparate; Schädlingsfrei Neem; Pyrethrum-Präparate.	Vor allem vorbeugend durch biologische Kulturmaßnahmen.
Weiße Fliege (Kohlmotte)	Kolonien weiß geflügelter Insekten an den Blattunterseiten, Saugflecken; Rußtau als Folge der Honigausscheidung.	Besonders in Gewächshäusern, Frühbeeten und an Zimmerpflanzen: Tomaten, Gurken, Fuchsien, Geranien, Primeln; im Freiland: Kohl.	Für gute Lüftung sorgen; als Nützlinge greifen Spinnen und Schlupfwespen ein.	Kohlbeete mit Rainfarn-Tee spritzen; Brennnessel-Jauche einsetzen zur Stärkung; keine Kohlreste über Winter stehen lassen.	Im Gewächshaus Schlupfwespen oder Gelbtafeln einsetzen (siehe Seite 120–121); Neudosan und Algen-Präparate spritzen; Niembaum-Präparate; Schädlingsfrei Neem.	Kulturfehler beseitigen verspricht auf Dauer größeren Erfolg als hartes Eingreifen.
Wühlmaus	siehe »Biologische Maßnahmen gegen weit verbreitete Plagegeister«, S. 121					
Zwiebelfliege	Maden zerfressen die Zwiebeln und die Röhrenblätter von innen; anschließend Fäulnis.	Zwiebeln, Lauch, Knoblauch, Schnittlauch	Mischkultur mit Möhren; stark »riechende« Dünger meiden; späte Aussaat, frühzeitig Netze oder Vliese über gefährdete Beete ausbreiten.	Algenkalk oder Gesteinsmehl über Steckzwiebeln stäuben; Kräutertees (Rainfarn, Wermut) spritzen; kranke Pflanzen vernichten.	Gemüsestreumittel; Biogemüsestreumittel.	Flugzeit der Fliege (Ende April bis Mai) bei der Aussaat umgehen; Tee zweimal wöchentlich ausbringen.

Die Praxis

VORBEUGEN IST BESSER ALS SPRITZEN

Nun kann mir im biologischen Garten nichts mehr passieren. Auch im giftfreien Anbau darf ich ja notfalls zur rettenden Spritze greifen – so werden Sie vielleicht beruhigt denken, nachdem Sie die zahlreichen natürlichen Abwehrmaßnahmen gegen Schädlinge studiert haben.

Machen Sie so wenig wie möglich Gebrauch davon, möchte ich Ihnen dagegen raten, obgleich ich alle diese Mittel sorgfältig für Sie zusammengestellt habe: Denn Vorbeugen ist immer besser als Spritzen! Deshalb folgt dieser Abschnitt, der im logischen Zusammenhang am Beginn des Schädlingskapitels stehen müsste, erst an dieser Stelle. Er soll Sie davor bewahren, wieder unbewusst in die Rolle des »Herrschers« im Garten zu verfallen.

Machen Sie sich als naturgemäßer Gärtner immer wieder klar: Was ich verhüten kann, brauche ich nicht zu »bekämpfen«. So wandelt sich der Pflanzenschutz wirklich wieder zum Schutz der Pflanzen. Wer die biologischen Anbaumethoden konsequent durchführt, der betreibt gleichzeitig die wirkungsvollste Schädlings- und Krankheitsabwehr. Denn alle diese Maßnahmen zielen darauf ab, gesunde Verhältnisse zu schaffen, in denen starke, widerstandsfähige Pflanzen gedeihen. Die meisten Schädlinge aber sind Schwächeparasiten. Sie können sich nur dort stark vermehren, wo sie schwache »Angriffsflächen« vorfinden. Diese Voraussetzungen bieten zum Beispiel überdüngte Pflanzen mit aufgeschwemmtem Gewebe, aber auch Gewächse, die sich an engem, dunklem Standort nur kümmerlich entwickeln.

Vorbeugender Pflanzenschutz besteht im biologischen Garten nicht in negativen Reaktionen, sondern vor allem in positiven Maßnahmen. Dazu gehören die folgenden Ratschläge für gesundes Wachstum.

Bodenpflege ist im wahrsten Sinn des Wortes die »Grundlage« für gesundes, kräftiges Wachstum. Wer die dazu gegebenen Anleitungen befolgt, der wird das Pflanzenschutz-Kapitel nicht allzu oft um Rat fragen müssen.

Mischkulturen helfen mit, Schädlinge abzuwehren und die Kulturpflanzen stark und widerstandsfähig zu machen. Monokulturen sind dagegen für Schädlinge »ein gefundenes Fressen«. Sie können sich dort besonders stark vermehren, weil sie reichlich Nahrung finden und kaum gestört werden. Natürliche Feinde finden im »Einheitsfeld« oft keine Lebensmöglichkeiten. Einseitige Spezialkulturen schaffen auch die Voraussetzungen für Spezialisten unter den ungebetenen »Mitessern«.

Harmonische Düngung bewirkt auch harmonisches Wachstum. Überdüngung, vor allem durch Stickstoff, schwächt die Pflanzen ebenso wie Nährstoffmangel. Eine ausgewogene Nahrungsversorgung gehört zu den Voraussetzungen eines gesunden Pflanzenlebens. Kompost, Mulchdecken, Steinmehl und Pflanzenjauchen sind milde Düngemittel, mit deren Hilfe ungesunde Extreme vermieden werden.

Der richtige Standort trägt gleichfalls zu einer guten Entwicklung bei. Achten Sie deshalb im Garten auf die Ansprüche, die die verschiedenen Gewächse an die Licht-, Wärme-, Feuchtigkeits- und Bodenverhältnisse stellen. Pflanzen Sie keine Schattenstauden in die volle Sonne und keine lichthungrigen Gewürzkräuter in finstere Ecken. Beschäftigen Sie sich erst ein wenig mit den Lebensgewohnheiten der Pflanzen, die Ihnen anvertraut sind. Und geben Sie dann »jedem das Seine«. So vermeiden Sie Fehlentwicklungen. Mancher Schädling wird dann vergeblich auf der Lauer liegen, um einen Schwächling zu entdecken.

Praktische Hinweise für die Standortwahl finden Sie im zweiten Teil des Buches bei allen Pflanzenbeschreibungen, sowohl im Gemüse- als auch im Ziergarten.

Gesundes Saatgut und richtige Sortenwahl schaffen von Anfang an gute Voraussetzungen für eine kräftige Entwicklung der Pflanzen. Samen und Pflanzen aus biologischem Anbau haben eine bessere Qualität als solche aus Monokulturen. Samenzüchter, die auf naturgemäße Methoden spezialisiert sind, produzieren allerdings nur in kleinem Rahmen. Entsprechend selten wird echtes »Biosaatgut« angeboten. Verwenden Sie aber zumindest Samen, die nicht chemisch gebeizt sind (Hinweise und Adressen finden Sie im Bezugsquellenverzeichnis). Achten Sie auch auf neue Sorten, die speziell gegen Krankheitsanfälligkeit gezüchtet wurden: zum Beispiel mehltauresistente Salat-, Gurken- oder Asternsorten. Schauen Sie sich aber auch nach alten, robusten Lokalsorten um, die Gott sei Dank wieder gesammelt, vermehrt und angeboten werden. Auch dafür finden Sie Bezugsquellen im Anhang.

Wählen Sie Gemüse-, Obst- und Blumenarten so aus, dass sie zum Klima Ihres Wohnortes passen. Wärmebedürftige Kulturen führen in rauen Höhenlagen meist nur zu Enttäuschungen, Bergpflanzen gedeihen dagegen ausgesprochen schlecht in milden Tiefebenen und nährstoffreichen Böden.

Wenn Sie diese einfachen, logischen und doch so wichtigen Voraussetzungen beachten, gehen Sie manchem Ärger und manchem Misserfolg aus dem Weg. Wenn dann extreme Witterungsverhältnisse oder eine längere Abwesenheit durch Reisen Ihren Garten doch einmal aus dem Gleichgewicht bringen, können Sie sich guten Gewissens mit einem der vielen Präparate aus dem Schädlingskapitel helfen. Es handelt sich in diesem Fall wirklich um Hilfs-Mittel, nicht mehr und nicht weniger.

VORBEUGEN IST BESSER ALS SPRITZEN

■ Im Biogarten besteht vorbeugender Pflanzenschutz vor allem aus positiven Maßnahmen. Abwechslungsreiche Pflanzen tragen bereits wesentlich zum gesunden Wachstum im Garten bei. Hier vertreiben außerdem Tagetes schädliche Bodenälchen und die Lavendelhecke hält Läuse fern.

Die Praxis

DER INTEGRIERTE PFLANZENSCHUTZ

Hinter diesem auf den ersten Blick etwas undurchsichtigen Doppelbegriff verbirgt sich eine Art Übergangszone vom chemischen zum biologischen Pflanzenschutz. Die integrierte Methode kombiniert verschiedene Verfahren: gesundheitsfördernde Kulturmaßnahmen, Schutz und direkter Einsatz der Nützlinge, biologische Mittel, biotechnische Mittel und chemische Präparate. Chemische Spritzmittel werden nur gezielt eingesetzt. Sie sollen möglichst so zusammengesetzt sein, dass die Nützlinge geschont werden. So genannte »systemische Mittel« wirken nur auf bestimmte Lebewesen giftig, für alle anderen bedeuten sie keine Gefahr. Hinzu kommt, dass im integrierten Pflanzenschutz auf möglichst niedrige Giftmengen und auf eine möglichst geringe Zahl der Spritzungen geachtet wird.

Das Ziel dieser kombinierten Methode ist es, die »Schadschwelle« möglichst niedrig zu halten. Der integrierte Pflanzenschutz ist deshalb vor allem für den Erwerbsanbau von Bedeutung. Der Versuch, auf diese Weise von den ebenso teuren wie gefährlichen Giftgewohnheiten loszukommen, ist sicherlich begrüßenswert. Zeichen des Umdenkens und der Mäßigung machen sich hier bemerkbar. Die Suche nach einem vernünftigen, gangbaren Weg wird auch in der Definition deutlich, die Professor J. M. Franz und Dr. A. Krieg in ihrem Buch »Biologische Schädlingsbekämpfung« zur Situation des integrierten Pflanzenschutzes geben:
»Eine ideale Schädlingsbekämpfung besteht heute nicht mehr darin, möglichst viele Krankheitserreger und Schädlinge in möglichst kurzer Zeit (gewöhnlich mit chemischen Mitteln) abzutöten. Vielmehr versucht man, den Systemcharakter unserer Umwelt auszunutzen; das heißt, dass sich nicht mehr alle Maßnahmen allein nach dem Schädling ausrichten, sondern nach der übergeordneten Lebensgemeinschaft, somit nach den dort lebenden Tieren, den dort wachsenden Pflanzen sowie nach den dort wirkenden unbelebten Faktoren wie Klima oder Boden. Die Steuerung der Schädlingspopulation soll vor allem verhindern, dass diese die ›wirtschaftliche Schadensschwelle‹ oder ein anderes, vom Menschen gesetztes Niveau überschreitet. Dabei ist es wesentlich, dass sich die Einzelmaßnahmen nicht gegenseitig stören und dass man die im Ökosystem schon vorhandenen begrenzenden Tendenzen erhält und fördert.«

Hier wird ganz deutlich: Die Erkenntnis, »wir sitzen alle im gleichen ökologischen Boot«, und der Wunsch nach möglichst hohem Gewinn in der Landwirtschaft sollen mit Hilfe des integrierten Pflanzenschutzes unter einen Hut gebracht werden.

Damit das jeweils günstigste Mittel eingesetzt werden kann, werden die Kulturen – meist sind es Obstanlagen – ständig kontrolliert und beobachtet. Sowohl von Schädlingen als auch von Nützlingen machen die Mitarbeiter Stichproben. Sie sammeln die Tiere an bestimmten Stellen und zählen sie aus. So wird eine Überschreitung der Schadschwelle festgestellt. Gleichzeitig weiß man aber auch, ob natürliche Feinde vorhanden sind, deren Einsatz mit einkalkuliert wird. Die Zahlen des Warndienstes lösen allerdings bei ganz bestimmten Werten Alarm aus. Für den Apfelwickler wird es zum Beispiel schon gefährlich, wenn 1–2 frische Einstiche pro 100 Früchte entdeckt werden. Dann muss der Erwerbsanbauer bereits etwas unternehmen, damit der Schädling nicht weiter um sich greifen kann.

Sie merken schon, der integrierte Pflanzenschutz mit seinen kombinierten Maßnahmen und seiner am Gewinn orientierten Schadschwelle hat für den biologischen Privatgärtner keine direkte Bedeutung. Im kleinen Garten ist es viel sinnvoller, die naturgemäßen Methoden konsequent anzuwenden. Es geht ja nicht um möglichst hohe, sondern um möglichst gesunde Ernten. Der integrierte Pflanzenschutz bedeutet deshalb in diesem Buch nur eine theoretische Information für den biologisch arbeitenden Gartenfreund. Er sollte zumindest wissen, worauf diese Methode beruht, und er sollte diese Erkenntnis auch, wo immer es möglich ist, an interessierte Mitmenschen weitergeben. Für Bauern und Erwerbsgärtner eröffnen die kombinierten, möglichst giftarmen Methoden einen Weg, der ein Stück weiter in eine gesündere Zukunft führt.

■ Oben: Insektenfallen gehören zum integrierten Pflanzenschutz. Die gelbe Farbe dient als Lockmittel. Auf der mit Leim präparierten Fläche bleiben die Tiere kleben. Die Kirschfruchtfliegen-Falle wird auch im Garten eingesetzt.
■ Unten: Pheromonfallen locken mit Sexualduftstoffen Apfelwickler auf den tödlichen Leim.

BIOLOGISCH FÜR FORTGESCHRITTENE

Zum Schluss – nach so vielen Worten über die Schäden, die der Mensch nicht hinnehmen will – noch ein paar Gedanken über diejenigen Lebewesen, die den Garten mit uns teilen und die so oft den größeren Schaden erleiden. Der Schutz unserer »kleinen Brüder« ist selbst im integrierten Pflanzenschutz wieder zu Ehren gekommen. Man wird nicht mehr belächelt, wenn man Vögel, Ameisen oder gar Würmer als Bundesgenossen betrachtet. Diese »Ehrfurcht vor dem Leben« müssen wir uns allerdings immer wieder von neuem erwerben. In einem alten Büchlein aus dem Jahre 1855 fand ich, dass die Gärtner früherer Zeiten auch nicht ohne Mahnung geduldige Engel waren.

»Der Saat, den Knospen und den Früchten des Kirschbaumes sind bei uns besonders gefährlich der Spatz und Fink. Sie sind unermüdete Insektenjäger, besonders zur Zeit, in der sie Junge haben. Als Baumzüchter möchte ich sie nicht vertilgt wissen, auch nicht als Oekonom und Forstmann. Während mir ersterer etliche Pfund Kirschen frißt, und letzterer mir den Winter durch und im Frühling (er thut es ja blos aus Noth) einige Fruchtaugen von den Bäumen aushackt, würden mir ohne sie die Raupen den ganzen Baum kahl fressen.

›Wenn du drischest, sollst du dem Ochsen das Maul nicht verbinden‹, sagt Moses. Und ich sage dir: Wenn dir diese Vöglein das ganze Jahr hindurch nützen und der Fink dich dazu noch so erfreut mit seinem Gesang, so sollst du ihnen zur Zeit der Ernte auch den Schnabel nicht zubinden oder sie gar tödten; es wäre Undank. … Er hat ein Recht, unter deinem Dache zu wohnen, in deinen Gärten sich zu nähren. Lasse es ihm, er hat es von Gott, daß er sei der Beschützer deiner Bäume, Garten- und Feldgewächse. Du darfst nicht fürchten, daß er in Unzahl heranwachse, so du ihn schonest; es gibt noch Unverstand genug, der ihm und seiner Brut an's Leben geht.«

BIOLOGISCH FÜR FORTGESCHRITTENE

Ein Koch, der die Regeln der Soßenzubereitung, des Fleischbratens und des Salatmixens erlernt hat, kann später die erprobten Rezepte nach eigenem Geschmack abwandeln. Eine Schneiderin, die die Grundschnitte beherrscht, darf sich auch an raffinierte Modelle heranwagen. Ähnlich ergeht es auch einem Gärtner, der eine Zeit lang seine praktischen Erfahrungen mit der naturgemäßen Gartenmethode gemacht hat. Er kann, nachdem er die Lehrjahre hinter sich hat, als »Fortgeschrittener« auch einmal Versuche machen, die über die »normalen Alltagsgewohnheiten« hinausgehen. Die Beteiligung an solchen Experimenten ist natürlich ganz freiwillig. Jeder sollte so gärtnern, wie es seinem ganz persönlichen Lebensgefühl entspricht. Die folgenden Beispiele sind nur als Anregung gedacht. Sie eröffnen einige neue Ausblicke, die über den eigenen Gartenzaun hinausweisen. Sie zeigen: Wir haben noch längst nicht alle Geheimnisse zwischen Himmel und Erde entdeckt. Es bleibt noch vieles zu erforschen. Natur und Garten halten noch ein weites Versuchsfeld bereit. Fortschritt heißt weiter voranschreiten!

Säen und pflanzen im Zeichen des Mondes

Wer in den Mond schaut, hat normalerweise das Nachsehen. Im biologischen Garten verhält es sich umgekehrt: Wer nach dem Mond Ausschau hält, gewinnt einen Vorsprung im Pflanzenwachstum! Diese Erkenntnis ist nicht neu. Es gehört zu den jahrhundertealten Bauerntraditionen in vielen Ländern der Erde, bei der Aussaat »nach dem Mond zu sehen«. Dabei spielte es immer eine Rolle, ob es sich um Früchte über oder unter der Erde handelte. Ihre Wachstumsrhythmen waren nach der Überzeugung alter Bauernkalender mit dem zu- und abnehmenden Mond eng verbunden. Auch die Waldbauern richteten sich beim Holzschlagen nach dem Mondstand.

Der Engländer Thomas Tusser beschrieb diese Wechselwirkung zwischen Himmels- und Erdkräften in seinem Handbuch für die Landwirtschaft, das 1515 erschien:

> »Sä' Erbsen und Bohnen,
> wenn der Mond abnimmt,
> der sie früher sät,
> der sät sie zu früh,
> daß sie mit den Planeten
> ruhen und aufgeh'n,
> gedeihen und tragen
> in Fülle und Weisheit.«

Nachdem diese alten Bauernregeln einige Zeit vergessen und ins Reich des Aberglaubens abgeschoben worden waren, griffen Gärtner und Wissenschaftler das Thema wieder auf. Vor allem die Anthroposophin Maria Thun hat jahrzehntelang mit Aussaaten nach den verschiedenen Mondphasen experimentiert. Sie beobachtete dabei den Lauf des großen Nachtgestirns durch die Tierkreiszeichen. Das ist der so genannte siderische Umlauf, der auf- und absteigende Mond. Maria Thun stellte in zahlreichen Versuchsreihen fest, dass es einen Zusammenhang zwischen dem Wachstum der Pflanzen und den zum Zeitpunkt der Aussaat wirksamen Planetenstellungen gibt. Praktisch bedeutet dies: Wer genau zum Zeitpunkt der günstigsten Mond-Tierkreis-Konstellation sät oder pflanzt, der kann mit reichen Ernten rechnen. Ein solcher »Mond-Gärtner« macht sich die kosmischen Kräfte für die Erde nutzbar.

Maria Thun unterteilt die Pflanzen des Gartens nach vier charakteristischen Merkmalen: die Blattgewächse, die Fruchtgewächse, die Wurzelgewächse und die Blütengewächse.

Die Praxis

Jede dieser Gruppen ist drei Tierkreiszeichen zugeordnet:
- Blattgewächse: Fische, Krebs, Skorpion.
- Fruchtgewächse: Widder, Löwe, Schütze.
- Wurzelgewächse: Stier, Jungfrau, Steinbock.
- Blütengewächse: Zwilling, Waage, Wassermann.

Wenn der Mond im Sternbild der Fische steht, sollten also Blattgewächse gesät oder gepflanzt werden. Sie gedeihen dann besonders gut, weil sie von der günstigsten kosmischen Strahlung getroffen werden. Sie stehen im wahrsten Sinn des Wortes unter einem guten Stern. Da der Mond nur ein bis zwei Tage in einem Tierkreiszeichen verweilt, wechseln sich die Saattermine der vier Pflanzengruppen ständig ab.

Zu den Blattgewächsen gehören: Salat, Spinat, Kohl, Kräuter, Lauch, Kohlrabi. Zu den Fruchtgewächsen gehören: Gurken, Bohnen, Tomaten, Erbsen, Erdbeeren, Obst. Zu den Wurzelgemüsen gehören: Möhren, Sellerie, Rüben, Rote Bete, Radieschen, Kartoffeln. Zu den Blütengewächsen gehören: alle Blumen.

Wichtig ist, dass am Tag der günstigsten Sternkonstellation die Erde auf dem Beet, das gerade bepflanzt werden soll, noch einmal durchgeharkt und »bewegt« wird. Der Boden ist dann besser bereit, den »kosmischen Impuls« aufzunehmen.

Wer sich mit dieser Methode einmal näher beschäftigen oder danach arbeiten möchte, der besorge sich die jährlich neu erscheinenden »Aussaattage« von Maria Thun. In dieser Broschüre sind die monatlichen Sternkonstellationen und die dazugehörigen Saattermine in einem Kalendarium verzeichnet. Bereichert wird die Lektüre durch Erfahrungsberichte aus der »Mondforschung«. (Zu beziehen über einige im Anhang genannten Firmen mit biologischem Spezialversand und über den Buchhandel.)

Es gibt übrigens inzwischen zahlreiche Doktorarbeiten, die sich mit dem Einfluss der Sternkonstellationen auf das Pflanzenwachstum beschäftigen. Zu den Pionieren gehören U. Abele, Universität Gießen, 1973, und Ursula Rösli Graf, TH Zürich, 1977 (siehe auch Literaturverzeichnis im Anhang). Sie bestätigen die Versuchsreihen von Maria Thun zum Teil.

Ein ganz wichtiges Ergebnis dieser Arbeiten ist jedoch die Erkenntnis: Eine deutliche Beeinflussung durch kosmische Konstellationen zeigt sich nur auf biologisch-dynamisch oder auch auf biologisch-organisch gepflegten Böden. Konventionell bearbeitete Gärten reagieren offenbar auf solche sensiblen Impulse nicht.

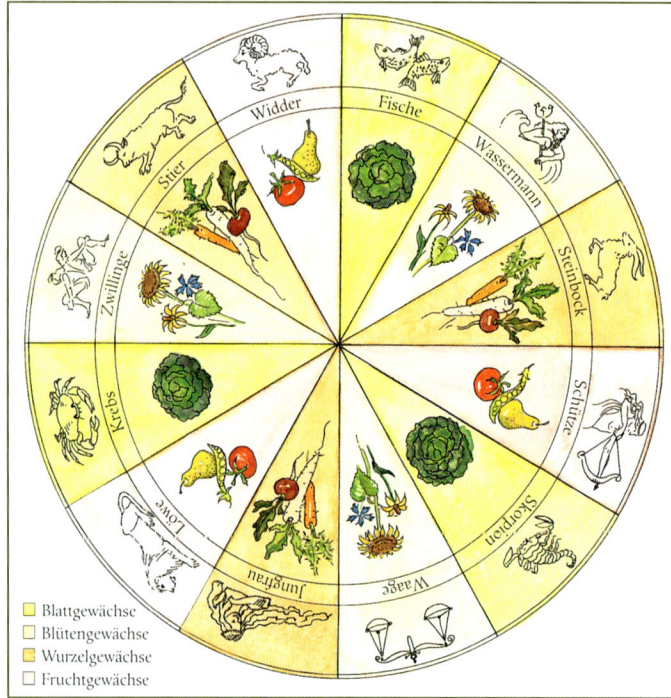

■ Die Grafik zeigt symbolisch die Beziehung zwischen bestimmten Tierkreiszeichen und den Pflanzengruppen: Blattgewächse, Fruchtgewächse, Wurzelgewächse und Blütengewächse.

Keine Hexerei: Kompostkräuter selbst gemixt

Mit viel gesundem Menschenverstand hat die Engländerin May E. Bruce ein eigenes Rezept für »Schnellkompost« entwickelt. Das Wichtigste dabei ist ein Präparat, das die Rotte beschleunigt. Miss Bruce nennt es einen »Aktivator«. Diese »Spritze« für den Kompost besteht aus einem Kräuterpulver, das biolo-

BIOLOGISCH FÜR FORTGESCHRITTENE 143

gische Gärtner, die über Erfahrung und Fingerspitzengefühl verfügen, leicht selber herstellen können. Die Natur liebende Engländerin hat es dankenswerterweise allen interessierten Mitmenschen zugänglich gemacht.

Sie brauchen zur Herstellung vor allem Wildkräuter: Echte Kamille *(Matricaria recutita)*, Löwenzahn *(Taraxacum officinale)*, Baldrian *(Valeriana officinalis)*, Schafgarbe *(Achillea millefolium)*, Brennnessel *(Urtica dioica)* sowie Eichenrinde *(Quercus robur)* und reinen Bienenhonig.

Die Pflanzen können Sie selber sammeln oder im Garten ziehen. Sie werden am Vormittag, nachdem der Tau getrocknet ist, geschnitten, zu Sträußchen gebündelt und dann an einem warmen, schattigen Ort langsam getrocknet. Reiben Sie die Blätter anschließend durch ein feines Haarsieb und bewahren Sie das Pulver – von jedem Kraut einzeln – in Schraubgläsern auf. Die raue äußere Eichenrinde zerkleinern Sie am besten auf einer Küchenreibe und sieben sie anschließend durch. Vermischen Sie schließlich noch den Honig mit Milchzucker (aus der Apotheke oder Drogerie). Ein Tropfen Honig wird mit einem gestrichenen Teelöffel voll Milchzucker verrührt, bis sich die Substanzen ganz verbunden haben.

Für eine Vorratsmischung stellen Sie alle Zutaten zu gleichen Teilen zusammen: zum Beispiel von jedem Kraut und vom Honig-Milchzucker je einen Teelöffel voll. Vermengen Sie alles gründlich in einem Porzellanmörser und bewahren Sie Ihre fertige Kräutermixtur dann in einem verschlossenen Schraubglas auf. Für den Gebrauch im Garten nehmen Sie nach der Empfehlung von Miss Bruce so viel von Ihrem gemischten Pulver, »als sich auf ein Zehnpfennigstück häufen lässt, in einem halben Liter Regenwasser«. Füllen Sie die Mixtur in eine Flasche, schütteln Sie alles gut durch, und lassen Sie die Flüssigkeit noch 24 Stunden stehen.

Dann können Sie Ihren fertig aufgesetzten Kompost mit dem Kräuter-Aktivator impfen. Bohren Sie mit einem Stock in Abständen von 30–60 cm rundherum tiefe Löcher in den Haufen. In jede Öffnung gießen Sie sechs Eßlöffel voll Kräuterbrühe und stopfen alles wieder mit feiner, trockener Erde fest zu. Der Kompost verrottet nach dieser anregenden »Spritze« besonders schnell und harmonisch.

Weitere Hinweise für diese Methode, die jeder erfahrene Gärtner ausprobieren kann, finden Sie im Literaturverzeichnis am Ende dieses Buches. Der Kräuter-Aktivator ist übrigens unter dem Namen »Humofix-Schnellkompostpulver« auch im Handel als fertiges Präparat zu kaufen. Hergestellt wird er in der Abtei Fulda.

Im Kreis gärtnern

Die Energien der Erde versucht ein Amerikaner mit seinem System des »Circle Gardening«, des Gärtnerns in Kreisen, anzuzapfen. Derald G. Langham legt all seine Beete kreisrund an. Die Ränder werden leicht aufgeschüttet, in der Mitte entsteht eine Mulde. Alle Kulturpflanzen sollen in diesem fast magischen Rund besonders gut gedeihen. Der amerikanische Experimentier-Gärtner ist davon überzeugt, dass die runde Vertiefung in jedem Beet eine Verbindung zum Energiefeld der Erde schafft, »so dass selbst der leiseste Windhauch, der den Rand des Kreises streift, einen Energiewirbel verursacht, der die Pflan-

■ Oben: Für den Kompost-Aktivator brauchen Sie: Kamille, Brennnesseln, Löwenzahn und Schafgarbe.
■ Mitte: Gemahlene Eichenrinde ist wichtiger Bestandteil von Kompost-Präparaten.
■ Unten: Das magische Rund hat symbolische Bedeutung – in westlichen und in östlichen Gärten.

Die Praxis

zen füttert«. Zur Theorie des Kreis-Gartens gehört auch die Überzeugung: »Wachstum ist Energie, die sich in Spiralen durch die lebenden Pflanzen bewegt mit Kreiseln von wechselnder Geschwindigkeit. Die Idee des Kreisgärtners besteht darin, ein Energie-System in Zusammenarbeit mit der Natur zu schaffen.«

Im Siegerland hat Ulrich Kowalewski diese Idee aufgegriffen und eine Variante für raues Klima entwickelt. Im Zentrum seiner »Kraterbeete« legt er Steine aus, die die Sonnenwärme speichern. Das günstige Kleinklima in den geschützten Mulden lässt auch empfindliche Gemüsearten prächtig gedeihen.

Auf den ersten Blick mögen Ihnen die Experimente mit kosmischen Energien als »Spinnerei« erscheinen. Wir Menschen des »aufgeklärten Westens« sind es nicht mehr gewöhnt, unsichtbare Kräfte als Realität anzuerkennen.

Sie liegen auch weitgehend außerhalb unseres »normalen« Erfahrungsbereichs – nicht, weil es sie nicht gibt, sondern weil wir nicht mehr mit ihnen umgehen können.

Ich habe im Sommer 1979 hoch im Norden von Schottland den berühmten Garten von Findhorn besucht. Dort hat eine Gruppe von Menschen, die nach Wegen geistiger Erneuerung suchen, ein paar hundert Quadratmeter sandige Stranddünen in schwarzen, fruchtbaren Humus verwandelt. Dies geschah allerdings auch mit Hilfe einer sehr irdisch-handfesten Methode:

Die Findhorn-Leute bereiten einen hervorragenden Kompost, der zum Teil aus frisch gesammelten Nordmeeralgen besteht. Gleichzeitig sind diese Menschen, die aus allen Alters- und Berufsgruppen stammen, davon überzeugt, dass man auch geistige Kräfte »gewinnen« kann: für das Gedeihen der Pflanzen ebenso wie für die Entwicklung der Menschen. In Findhorn beginnt jede Gartenarbeit mit einer kurzen Meditation, bei der die Menschen sich an den Händen fassen und ein geschlossenes Rund bilden. Auch in diesem schottischen Garten wird an manchen Stellen der Kreis als besonderes Kraftfeld benutzt. So ist zum Beispiel die Mitte des Kräutergartens – nach einem sehr alten Klostergartenplan – ringförmig angelegt.

■ Oben und Mitte: Das kreisrunde Beet hat eine muldenförmige Vertiefung. In der Mitte sind Wärme speichernde Basaltsteine ausgelegt.
■ Unten: Die »Kraterbeete« von Ulrich Kowalewski werden mit ringförmig angelegten Mischkulturen bestellt. Das günstige Kleinklima im schützenden Rund lässt die Pflanzen hervorragend gedeihen.

VERSCHIEDENE BIOLOGISCHE METHODEN

Um kranke oder besonders empfindliche Pflanzen legt man einen schützenden Kreis aus kleinen Kieselsteinen. Er soll schädliche Einflüsse fernhalten.

Wer mit offenen Sinnen durch die Gärten von Findhorn geht, spürt, dass eine eigenartige Intensität »in der Luft liegt«, eine Ausstrahlung, die man durchaus als Realität empfinden, aber nicht unmittelbar mit dem Verstand erklären kann.

Die vollkommene, geschlossene Kreisform hat in allen Hochkulturen der Welt stets eine tiefe symbolische Bedeutung gehabt. Das makellose Rund ohne Anfang und Ende ist Sinn-Bild für göttliche Vollkommenheit. Der magische Kreis zieht einen unsichtbaren Schutzwall. Symbole sind deshalb keine dekorativen Zeichen, sondern sichtbare Kurzformeln für verborgene Wirklichkeiten. Symbole haben Aus-Wirkungen.

Betrachten Sie einmal 10 Minuten lang ganz in Ruhe das Bild eines japanischen Gartens: ein paar Steine, Wellenlinien im Sand, eine zerzauste Kiefer, viel Leere, viel Stille. Sie werden nach einiger Zeit zu spüren beginnen, dass die wenigen »Zeichen« dieses Gartens etwas »ausstrahlen«. Sie funktionieren wie Kontaktstellen, wie Relais zwischen kosmischen und irdischen Realitäten. Ähnliche Kräftespiele setzen möglicherweise auch die Kreise im Garten in Bewegung. Gärtner, die nicht nur den Vordergrund, sondern auch die Hintergründe der Natur kennen lernen möchten, können sicherlich noch ungeahnte Welten entdecken. Dass sie dabei durchaus mit den Füßen auf der festen Gartenerde bleiben, beweisen am Ende so greifbare Resultate wie runde Salatköpfe und dicke Kartoffeln.

Dieses Kapitel kann nur ein winziger Anstoß für sensible, fortgeschrittene Gärtner sein. Weitere Expeditionen in unerforschte grüne Welten müssen Sie selbst unternehmen.

VERSCHIEDENE BIOLOGISCHE METHODEN

»Paths are many, truth is one.« – »Es gibt viele Wege, die alle zu einer einzigen Wahrheit führen.« Diesen ebenso weisen wie toleranten Satz hörte ich einmal von einem Swami, der aus Indien kam. Er könnte auch als Leitspruch über allen Bemühungen stehen, Gärten nach naturgemäßen Methoden zu bearbeiten. Auch auf diesem Feld gibt es viele unterschiedliche Wege, die doch alle zu einem gemeinsamen Ziel führen: zu lebendigen, fruchtbaren Böden, zu gesunden Pflanzen und zu der Achtung vor der Gemeinschaft aller Lebewesen.

»**Die** biologische Methode« oder »den alternativen Garten« gibt es nicht. Es existieren nur vielerlei Experimente, Erfahrungsberichte, Theorien und »Richtungen«. Was ich Ihnen in diesem Buch bisher vermittelt habe, sind die Grundlagen, die allen biologisch Gärtnernden gemeinsam sind: Humuspflege, Kompost, organische Düngung und möglichst ungiftige Schädlingsabwehr. Machen Sie sich nun, zum Abschluss unseres großen Rundgangs durch den naturgemäßen Garten, noch ein Bild von verschiedenen biologischen Methoden aus anderen Erdteilen, die jedem zur Erprobung offen stehen.

Ein Blick nach Asien

Weder die »Biologischen« noch die »Grünen« haben die naturgemäßen Gartenbaumethoden erfunden. Ein kurzer Blick nach Osten, weit zurück in die Vergangenheit, lehrt uns Bescheidenheit:
»Es ist das kleine Feld, das sorgfältig mit zurechtgemachten Abfällen von Mensch und

■ Ein besonderes Gefäß, eine Skulptur oder eine Wasserschale können auf das verborgene Zusammenspiel irdischer und kosmischer Kräfte im Garten hinweisen.

Die Praxis

Tier gedüngt und nach Art unserer Gartenbeete bepflanzt und gepflegt wird. Dadurch erfolgt eine ständige Humifizierung. Das bedeutet wiederum eine Erhöhung der Bindigkeit, die dann eine wenigstens relative Verfestigung der so überaus leicht beweglichen Lösserde herbeiführt. Unter den gegebenen Umständen wird hier ein – wenn auch wahrscheinlich nicht genügender – Ausgleich angebahnt, der doch faktisch seit 5000–7000 Jahren ausgiebige Ernte ermöglichte. Den Wert dieser ›organischen Bodenpflege‹ kann man aus einer Gegenüberstellung ermessen. Man braucht sich nur zu vergegenwärtigen, was in einer viel kürzeren Ära aus den europäischen Böden geworden ist und in welcher beängstigend kurzen Zeitspanne die amerikanischen Weizenländer zugrunde gehen…

Der chinesische Bauer hat mehr für seinen Boden getan, als von einem sonst so wenig kundigen Menschen vorausgesetzt werden kann…

›1000 Jahre vor dem Brand von Troja‹ – nämlich 4000 v. Chr. – hatte man bei den Söhnen des Ming bereits eine genaue Klassifizierung des Bodens vollendet, die ihn nach Farbe, Struktur und seinen sonstigen Eigenschaften unterschied und zugleich angab, wie er danach am besten zu behandeln und zu bebauen sei. Wo stand Europa um diese Zeit? Diese ganze Entwicklung machte es verständlich, dass man in China bei der Methode des ›kleinen Feldes‹ blieb …

Was immer in China geschah – an die Bodenständigkeit wurde nicht gerührt. Die kaiserlichen Geschlechter der Söhne der Sonne wechselten, sie gingen unter und neue traten an ihre Stelle. An dem Fünfgestirn Weizen, Hirse, Gerste, Bohne, Soja änderte sich nichts. Auch nicht an dem phantastischen Eifer, mit dem das Land gepflegt, bewässert, bepflanzt, gedüngt wurde.«

Dieses Loblied auf die chinesischen Bauern stammt von Anni Francé-Harrar, die vergleichende Bodenforschung betrieb (siehe Literatur im Anhang). Ähnlich beeindruckt von den sichtbaren Erfolgen chinesischer Bodenpflege war auch Prof. Dr. King, der Chef der Abteilung für Bodenbehandlung im Landwirtschaftsdepartment der Vereinigten Staaten war. Nach einer mehrmonatigen Studienreise schrieb er 1911 in seinem berühmt gewordenen Buch »Farmers of Forty Centuries« (Viertausend Jahre Landbau): »Die Düngemittel, die in den Chinesen-Dörfern in Form von Latrineninhalt, Viehdünger, Haushaltsabfall, alten K'angs u. a. gesammelt werden, verarbeitet man sorgfältigst zu Kompost, erhält diesen bei der rechten Feuchtigkeit, damit die Fermentierung unter günstigen Verhältnissen vor sich gehen kann, und pulverisiert ihn zuletzt mit äußerster

■ Der Japaner Masanobu Fukuoka entwickelte eine natürliche Ackerbaumethode. Gemüse, Obst und Getreide gedeihen bei ihm zwischen ständigen Bodendecken aus Wildkräutern, Klee und Strohmulch in einer ertragreichen Lebensgemeinschaft.

VERSCHIEDENE BIOLOGISCHE METHODEN

Sorgfalt, bevor das Kompostmaterial über die Felder gestreut wird.

Wenn ich eben von den Voraussetzungen für die Fermentbildung sprach, wollte ich damit natürlich nicht sagen, daß der chinesische Bauer die biochemischen Prozesse, um die es sich hier handelt, kennt. Er hat durch jahrhundertelanges praktisches Experimentieren gefunden, daß gewisse Verfahren zu einem guten Resultat führen, und nach diesen Regeln arbeitet er mit einer untrüglichen Sicherheit, die von der modernen Wissenschaft nicht vervollkommnet, sondern nur erklärt werden kann …«

In neuerer Zeit wurde vor allem der Japaner Masanobu Fukuoka mit seinen natürlichen Ackerbaumethoden bekannt. Er baut Getreide, Gemüse und Obst an, ohne seine Felder jemals zu pflügen. Auch Kompost braucht er nicht. Ständige Bodendecken aus Unkräutern und Klee, zeitweise Strohmulch und kleine Mengen organischer Dünger genügen ihm, um seinen Boden fruchtbar zu erhalten, den Humus ständig zu vermehren und erstaunliche Ernten einzubringen. Sein Erfolg beruht auf einem ausgewogenen System des Säens und Pflanzens, bei dem Nutzpflanzen und Wildkräuter sich abwechseln und in ihren Lebensgewohnheiten hervorragend ergänzen. Genaue, geduldige Naturbeobachtungen und Erkenntnisse über die feinen Zusammenhänge zwischen seinen heimischen Pflanzen- und Tiergesellschaften sind die Grundlage von Fukuokas naturgemäßer Landwirtschaft. In seinem Buch »Der große Weg hat kein Tor« beschreibt der japanische Mikrobiologe, der auf den Acker seiner Väter zurückkehrte, seine Praxis und sein Prinzip: »Nicht fragen, was man tun sollte – fragen, was man unterlassen kann!«

Bei einem vorurteilsfreien Blick nach Osten können auch westliche Gärtner – aus alten und neuen Quellen – wertvolle Erkenntnisse gewinnen.

Die Pioniere des Westens

Die Neu- und Weiterentwicklung biologischer Arbeitsmethoden im Garten- und Landbau kann auch bei uns in Europa bereits auf einige Jahrzehnte zurückblicken. Schon zu Beginn des 20. Jahrhunderts gaben die »Väter des biologischen Gartens« wichtige Anstöße für eine neue Denkweise. 1924 hielt der Gründer der Anthroposophie, Dr. Rudolf Steiner, seinen »landwirtschaftlichen Kurs« im schlesischen Koberwitz. Er legte damit die Grundlagen für die biologische Landbaumethode.

Der Engländer Sir Albert Howard entwickelte in den Jahren 1924–1931 in Indien eine besondere Art des Kompostierens, die unter dem Namen Indore-Verfahren bekannt wurde. Howard düngte schon damals die Felder seiner indischen Versuchsgüter ausschließlich mit seinem selbst hergestellten Kompost, der aus den pflanzlichen und tierischen Abfällen seines Betriebes bestand. Seine konsequente Humuswirtschaft war sehr erfolgreich. 1948 veröffentlichte Howard seine Erfahrungen in dem Buch »Mein landwirtschaftliches Testament«. Zusammen mit Lady E. B. Balfour setzte Sir Howard in England seine Arbeit fort. Die Methode Howard-Balfour, die auf Recycling, der Wiederverwendung aller organischen Abfälle durch Kompostierung, beruht, ist vor allem in angelsächsischen Ländern verbreitet.

Einer der frühen Pioniere des naturgemäßen Gartens in Deutschland war Alwin Seifert. Sein Name ist untrennbar mit der ehrenvollen Rückkehr des Kompostes in den Garten verbunden. Seifert war davon überzeugt, daß es allein mit Hilfe von gutem Kompost möglich sei, den Boden im Garten fruchtbar zu erhalten und die Kulturpflanzen widerstandsfähig gegen Krankheiten und Schädlinge zu machen. Sein Buch »Gärtnern, Ackern – ohne Gift«, das 1957 zuerst unter dem Titel »Der Kompost« erschien, wurde zur Bibel unzähliger Biogärtner.

Der Schweizer Dr. H. Müller und der deutsche Arzt Dr. H. P. Rusch entwickelten nach individuellen Anfängen gemeinsam die Methode des organisch-biologischen Gartenbaues. Bereits 1932 gründete Dr. Müller in der Schweiz ein Schulungszentrum. 1946 wurde eine Absatzorganisation, die »Anbau- und Verwertungsgenossenschaft Heimat« (AVG) ins Leben gerufen, die Biogemüse vertrieb.

In Frankreich entstand in den 60er Jahren die Methode Lemaire-Boucher. Der landwirtschaftliche Sachverständige Jean Boucher und der Lehrer an einer Gartenbauschule, Raoul Lemaire, entwickelten gemeinsam ein System zur Erhaltung und Vermehrung der Bodenfruchtbarkeit, das außer Kompost vor allem Korallalgenprodukte in die Düngung einbezieht.

Die beiden bei uns bekanntesten Methoden des naturgemäßen Gärtnerns wollen wir uns näher ansehen.

Die biologisch-dynamische Methode

In dieser sehr spezialisierten Methode, die von Rudolf Steiner entwickelt wurde und heute in der ganzen Welt verbreitet ist, wird mit Kompost und organischen Düngemitteln gearbeitet. Erlaubt ist auch die Verwendung »natürlicher Mineralstoffe«, zum Beispiel Thomasmehl und Kalimagnesium. Der wichtigste Unterschied zur organischen Methode besteht darin, daß die Wirkung kosmischer Kräfte (dynamos = Kraft) einbezogen wird.

Die biologisch-dynamisch arbeitenden Bauern und Gärtner verwenden Spezialpräparate, in denen kleinste feinstoffliche Mengen wirksam werden, ähnlich wie in der Homöopathie. Die sechs Kompostpräparate bestehen aus Schafgarbenblüten, Kamillenblüten, Brennnesselpflanzen, gemahlener Eichenrinde,

Die Praxis

Löwenzahnblüten und Baldrianblütensaft. Das Hornmist-Präparat wird aus Kuhmist hergestellt. Es fördert die Lebensprozesse im Boden und wird vor, während und nach der Saat beziehungsweise Pflanzung auf die Erde gespritzt. Das Hornkiesel-Präparat besteht aus fein gemahlenem Quarz. Es wird während des Wachstums über die Pflanzen versprüht und fördert die Assimilation und die Reife. Alle diese Spezialpräparate werden nach »geisteswissenschaftlichen« Erkenntnissen und besonderen Vorschriften hergestellt. Sie sind im Handel nicht erhältlich. Die Berater der biologisch-dynamischen Methode geben sie nur persönlich weiter.

Bei der Aussaat richten sich die Anhänger dieser Methode nach den Mondzyklen. Sie empfehlen das Umgraben, weil der Boden durch diese Bewegung aufnahmebereit wird für kosmische Impulse.

Die biologisch-dynamische Methode kann zwar von jedermann angewendet werden, es bleibt dann aber bei einer sehr äußerlichen, eher mechanischen Tätigkeit. Für ein tieferes Verständnis der Zusammenhänge ist eine Beschäftigung mit der Anthroposophie und ihrer umfassenden Weltanschauung unerlässlich.

Die organisch-biologische Methode
nach Müller-Rusch

Besondere Aufmerksamkeit widmen die Anhänger dieser Methode dem Zustand der Bodenorganismen. Das Bakterienleben soll sich so reich wie möglich entfalten. Zur Verbesserung armer Böden entwickelte Dr. H. P. Rusch ein besonderes Bakterienpräparat, das unter dem Namen »Symbioflor« in den Handel kam. Es wurde über den Boden und über den Kompost gespritzt. Den Zustand des Bakterienlebens im eigenen Garten kann man durch Spezialuntersuchungen testen lassen (siehe Anhang).

Eine wichtige Rolle spielt im organisch-biologischen Gartenbau die ständige Bodenbedeckung. Auch Steinmehl wird regelmäßig in die Humuspflege einbezogen. Sein reicher Gehalt an Spurenelementen soll dafür sorgen, dass aus gesunder Erde gesunde, vollwertige Nahrungspflanzen für Menschen und Tiere wachsen.

■ Oben: Die Heilpflanzen, die bei der biologisch-dynamischen Methode Verwendung finden, werden zu bestimmten Jahreszeiten in Kuhhörner gefüllt und eine Zeit lang im Boden eingegraben.
■ Unten: Die fertigen Kompost-Präparate bestehen aus Kamille, Schafgarben, Brennnesseln, Löwenzahn, Eichenrinde und Baldrian-Blütenextrakt. Sie werden sorgfältig in einer Holzkiste aufbewahrt.

VERSCHIEDENE BIOLOGISCHE METHODEN

Im Übrigen empfiehlt die Müller-Rusch-Methode alle biologischen Maßnahmen, die der Verbesserung des Humus dienen: Kompost, Flächenkompostierung und Stallmist, Gründüngung, Pflanzenjauche und Mischkultur. In Gärten, die organisch-biologisch bearbeitet werden, ist das Umgraben verpönt. Der natürliche Aufbau der Humuszone darf nicht durcheinander geworfen werden, da sich nach Ansicht von Dr. Rusch nur in ungestörten Schichten das Bodenleben harmonisch und reichhaltig entwickelt. Dieser Zustand ist wiederum die Grundvoraussetzung für die Erhaltung der Fruchtbarkeit. Die Anhänger der organisch-biologischen Methode sind davon überzeugt, dass sie durch ihre Art des Anbaus einen direkten Beitrag zur Erhaltung der Gesundheit leisten können. Diese Variante des naturgemäßen Gärtnerns kann, mit persönlich geprägten Abwandlungen, von jedem erlernt und praktisch ausprobiert werden.

Dieser kurze Einblick in verschiedene biologische Anbaumethoden soll Ihnen nur als Anregung dienen. Wer sich näher mit dem einen oder anderen System beschäftigen oder danach arbeiten möchte, dem sei die Lektüre weiterführender Bücher empfohlen. Sie finden dazu Tipps im Anhang unter dem Stichwort »Literaturhinweise«.

Noch etwas sollte Sie der Blick in die abwechslungsreiche Welt biologischer Möglichkeiten lehren: Toleranz. Das Leben ist dort am lebendigsten, wo es in Bewegung bleibt. Dafür sorgen auch immer wieder Gärtner, die trotz aller Erdgebundenheit nach neuen Sternen suchen. Vieles wartet noch darauf, entdeckt und ausprobiert zu werden. Auch die »Biologischen« sind noch lange nicht am Ende aller Weisheit. Denken Sie, wenn Sie das »Rechthaben-Wollen« und das Verlangen nach »festen Regeln« überkommen sollte, ab und zu an die unsterbliche Erkenntnis:

> Wie süß ist alles erste Kennenlernen!
> Du lebst so lange nur,
> als du entdeckst.
> Doch sei getrost:
> unendlich ist der Text
> und seine Melodie gesetzt aus Sternen.
>
> *Christian Morgenstern*

■ In biologisch-dynamisch bearbeiteten Gärten werden spezielle Präparate in großen Holzfässern angerührt.

Der Nutzgarten

Seite 152 → **Allgemeine Praxis**
Seite 163 → **Salate und Gemüse**
Seite 196 → **Der Kräutergarten**
Seite 209 → **Der Obstgarten**

Der Nutzgarten

ALLGEMEINE PRAXIS

Hilfreiche Ordnung

Auf den Plänen alter Kloster- oder Schlossgärten sind die Gemüsebeete in übersichtlicher, meist symmetrischer Anordnung eingezeichnet. Noch heute – viele Jahrhunderte später – könnte ein Gärtner sich in dieser Einteilung zurechtfinden und die Quartiere entsprechend sinnvoll bepflanzen. Solche Ordnung ist kein Zufall. Sie hat sich in der Praxis bewährt und erleichtert die Arbeit.

Auch naturgemäß denkende Gärtner sollten, ehe sie zur Hacke und zur Samentüte greifen, Bleistift und Papier benutzen. Zeichnen Sie einen einfachen Plan, und teilen Sie dabei Ihren Nutzgarten so ein, dass Sie beim Fruchtwechsel stets den Überblick behalten. Ordnung zwischen Gemüse-, Kräuter- und Obstkulturen hat auch ganz alltägliche praktische Vorteile: Sie können leichter Unkraut jäten, säen, pflanzen und ernten.

Feste Wege

Legen Sie auf jeden Fall Wege zwischen den Beeten an. Diese anfängliche Mühe macht Ihnen später das Gartenleben viel leichter. Die einfachste Form der Einteilung kann aus schlichten »Trampelpfaden« bestehen. Messen Sie zunächst die Beete ab. Sie sollten immer 1,20 m breit sein. Das ist ein bewährtes Arbeitsmaß. Der Gärtner kann von beiden Seiten bis zur Mitte der Fläche »hantieren«. Er bleibt dabei mit den Füßen auf dem Weg, die Humusschicht wird niemals unnötig festgetreten. Als günstige Wegbreite können Sie 30 cm einplanen. Dieses Maß ist aber kein Muss. In kleinen Gärten, wo der Platz rar ist, können die Pfade etwas schmaler ausfallen, in weiträumigen Anlagen auch breiter und bequemer.

Festgetretene Erde ist, wie gesagt, die einfachste Unterteilung. Dauerhafter sind Plattenwege. Sie können dafür einfache, preiswerte Betonplatten verwenden, die in einem Sandbett verlegt werden. Ziegelsteine und Natursteine eignen sich natürlich besonders gut für eine solche Abgrenzung.

Feste Wege dieser Art haben viele Vorteile: Sie halten lange, sie sind mühelos sauber zu halten, und sie verhindern den Unkrautwuchs von einem Beet zum anderen. Außerdem können Sie bei jedem Wetter an die Pflanzen herantreten. Auch nach einem Gewitterguss ist es dann möglich, einen Kohlkopf zu schneiden oder ein paar Möhren zu ziehen, ohne im Schlamm zu versinken.

Zum Charakter eines naturgemäßen Gartens passen auch sehr gut Wege, die mit Rindensubstrat bestreut sind. Der weiche, federnde Untergrund ist angenehm für die Füße des Gärtners; der braune Belag wirkt sehr natürlich zwischen Blumen und Gemüse. Diese Wege bleiben lange »sauber«, weil kein Unkraut keimen kann. Von Zeit zu Zeit muss frische Rinde nachgestreut werden.

In alten Bauerngärten wurde der Nutzgarten oft durch Kieswege und niedrige Buchsbaumhecken unterteilt. Im Zentrum befand sich ein buntes Blumenrondell. Auch von solchen liebenswert-praktischen Anregungen aus den »Biogärten« vergangener Zeiten können Sie sich bei der Gestaltung anregen lassen.

Die Beeteinteilung

Die Länge der Beete richtet sich ganz nach Ihren Gartenverhältnissen und Ihrer Familiengröße. Wer große Mengen ernten möchte, der wird möglichst lange Beete einrichten. Wer sich von allem etwas wünscht, bunt gemischt und abwechslungsreich, der braucht mehrere kleine Unterteilungen. In diesem Fall ist es praktisch, wenn Sie einen Mittelweg anlegen und die Beete rechts und links von dieser Achse anordnen.

■ Eine ordentliche Beeteinteilung erleichtert die Arbeit im Gemüsegarten. Von festen Wegen aus Ziegelsteinen oder Holzbrettern können Sie mühelos ernten oder jäten.

ALLGEMEINE PRAXIS

Wenn Sie nach den Regeln des Fruchtwechsels gärtnern wollen, müssen Sie den ganzen Garten von Anfang an in vier Quartiere einteilen. Dabei kann jedes Quartier mehrere Beete umfassen. Sie wechseln dann immer zwischen den großen Gruppen der Starkzehrer, Mittelzehrer und Schwachzehrer ab. Das vierte Feld gehört den Tomaten, den Erdbeeren und dem Rhabarber, die »standorttreu« sind und deshalb das Wechselspiel nicht mitmachen. Wenn Sie nach den Regeln der Mischkultur gärtnern möchten, dann genügt die einfache Beeteinteilung.

Zur Gliederung des Gartens, die von Anfang an geplant sein muss, gehören auch schützende Hecken aus Sträuchern oder hohen Sommerblumen. Sie dürfen aber nie so hoch wachsen, dass der Gartenraum dadurch schattig und stickig wird. Die Einfassung soll vor allem Wind und Kälte abschirmen und dadurch ein günstiges Kleinklima schaffen. Licht und Sonne dürfen dabei nicht ausgesperrt werden.

Selbstverständlich teilen Sie auch dem Kompost einen günstigen ausgesuchten Platz zu. In seiner Nähe sollten möglichst auch die Jauchetonnen untergebracht sein. Ein Wasseranschluss oder ein Regenfass sind an dieser Stelle sehr wichtig. Wenn Sie Hügelkulturen ausprobieren möchten, müssen diese Spezialbeete ebenfalls sorgfältig in Nord-Süd-Richtung eingeplant werden. Überdenken Sie alles gründlich, denn später machen Änderungen viel Arbeit.

Bodenvorbereitung

Über das Leben im Boden und über die Humuspflege haben Sie in diesem Buch schon so viel Grundlegendes erfahren, dass wir uns hier auf die wichtigsten Arbeitsvorgänge beschränken können. Da ein Biogärtner nicht mehr umgräbt, gehören zu seinen Werkzeugen vor allem: eine starke Grabgabel mit vier Zinken, eine handliche Hacke, ein kleiner Grubber, mit dem man zwischen den Reihen arbeiten kann, und ein Rechen.

Ein sehr praktisches, speziell für den biologischen Garten entwickeltes Gerät ist der »Sauzahn«. Er besteht aus einem einzigen, sichelförmig gebogenen Zinken, der durch das Erdreich gezogen wird. So kann der Gärtner

■ Die traditionelle Anlage der Bauerngärten hatte nicht nur dekorative Gründe. Die übersichtlich angeordneten Beete können leichter bearbeitet werden; Fruchtwechsel und Mischkulturen lassen sich besser planen.

Der Nutzgarten

den Boden tief lockern, ohne die Schichten umzuwenden. Besonders in schweren lehmigen Böden zeigt dieser »Sauzahn« seine großen Vorteile. Seine wohl durchdachte Form – auch der Stiel ist leicht gebogen – verringert den Kräfteaufwand. Dieses Gerät lässt sich verhältnismäßig leicht durch das Beet ziehen. Die normale Hacke, mit der man solche Bodenlockerungen sonst bewältigt, geht dagegen »aufs Kreuz«.

Kräfte spart auch die breite »Biograbgabel«, die mit langen Zinken tief in die Erde dringt und durch Hebelwirkung mühelos bewegt werden kann (Bezugsquellen im Anhang).

Bereiten Sie möglichst im Herbst Ihre Beete schon aufs nächste Frühjahr vor. Lockern Sie den Boden entweder mit dem Sauzahn oder mit der Biograbgabel, die Sie tief einstechen und dann ruckweise bewegen. Um diese Jahreszeit verteilen Sie auf allen freien Flächen 2–3 cm hoch Grobkompost, der mit einer Mulchschicht über Winter abgedeckt wird. Überall dort, wo Sie im nächsten Jahr Gemüse mit hohen Nährstoffansprüchen, also die so genannten Starkzehrer, pflanzen wollen, verteilen Sie im Herbst oder im zeitigen Frühjahr je nach Bedarf und Bodenzustand auch organischen Dünger. Spätester Termin: 3–4 Wochen vor der Pflanzung oder Aussaat. Sie können zum Beispiel gut verrotteten Mist, getrockneten Rinderdünger, Hornspäne, Rizinusschrot oder Traubentrester verwenden.

Eine gute Vorbereitung, die den Stallmist ersetzt, ist auch eine Gründüngung. Wenn Sie

■ Ein einfaches Frühbeet kann man selber bauen: Angespitzte Latten dienen der Verankerung im Boden (1). Die Seitenwände werden an den Ecken miteinander verschraubt, die Vorderkante ist niedriger als die Rückwand (2). Nach der Behandlung mit natürlichem Holzschutz wird Erde eingefüllt und gepflanzt (3). Die beweglichen Fenster brauchen ein Stützholz zum Lüften (4).

die Herbstarbeit nicht mehr schaffen, sollten Sie wenigstens alle Beete mit Mulch abdecken. Bei frostfreiem Wetter können Sie im März noch Kompost im Garten verteilen. Die Beete der Mittelzehrer versorgen Sie, wo dies nötig erscheint, mit einem organischen Vorratsdünger Algen- und Niem-Dünger oder grobe Hornspäne, die sich nur langsam zersetzen, eignen sich hier besonders, weil sie nicht stark treiben.

Denken Sie daran: Kompost und Dünger werden nur flach mit einer Hacke oder dem Grubber in die oberste Bodenschicht eingearbeitet. Im Frühling brauchen Sie die Erde Ihrer Beete nur noch einmal leicht und locker durchzuziehen.

Warme Füße für den Frühling: Anzucht unter Glas und Folien

Nach langen Wintermonaten, die arm an frischen Vitaminen sind, ist die früheste Ernte aus dem eigenen Garten besonders wertvoll. Mit ein wenig »künstlicher« Wärme können Sie dem Frühling auf die Sprünge helfen und einen Wachstumsvorsprung gewinnen.

Der warme Frühbeetkasten ist eine altbewährte Einrichtung. Sie können ihn aus Brettern selber bauen. Die Rückwand muss 20–25 cm höher sein als die Vorderseite, so dass die Fenster schräg aufliegen. Wählen Sie den Platz für das Treibbeet immer so, dass es nach Süden geöffnet wird. Sie wollen ja die Sonne als Energiespender nutzen! Zur Abdeckung können Sie ausrangierte Fenster oder mit Folien bespannte Holzrahmen benutzen.

Bereits im Herbst wird in diesem »Mistbeet« 40–60 cm tief die Erde ausgehoben. Füllen Sie das »Loch« mit lockerem Laub und Gartenabfall. Im Februar, wenn der Gartenboden oft noch gefroren ist, können Sie diese Schicht leicht entfernen und die organische »Heizung«

ALLGEMEINE PRAXIS

in Form von Pferdemist einbringen. Er wird schichtweise festgetreten – insgesamt etwa 20–30 cm hoch. Darüber füllen Sie 20 cm gute Gartenerde oder reifen Kompost. Dann schließen Sie die Fenster, so dass keine kalte Außenluft eindringen kann. Der hitzige Pferdemist erwärmt nun die darüber liegende Erde. Dies ist wichtig, weil Samen Wärme und Feuchtigkeit brauchen, um zu keimen. Eine zusätzliche »Außenpackung« aus Laub oder Stroh wirkt als nützliche Wärmedämmung.

Wenn Sie keinen Mist bekommen können, dient eine Strohpackung als »Fußbodenheizung«. Füllen Sie das Material bereits im Herbst in den Kasten. Im Februar übergießen Sie das Stroh durchdringend mit Brennnesseljauche oder einer anderen stickstoffhaltigen Düngerbrühe. Treten Sie auch diese Packung fest, und schichten Sie zuletzt gute Erde darüber.

Im Handel sind zahlreiche praktische Frühbeetkonstruktionen erhältlich. Sie bestehen aus Kunststoff, Holzzementplatten oder Holz. Dazu gibt es auch elektrische Heizsysteme, die in der Erde verlegt werden. Wer selbst nicht handwerklich begabt ist, der kann in diesem gut sortierten Angebot sicher ein passendes Modell finden.

Ein Gewächshaus bietet hinter seinen schützenden Glasscheiben die besten und komfortabelsten Möglichkeiten, Pflanzen frühzeitig zu kultivieren. Der lichtdurchflutete Raum garantiert hervorragende Wachstumsbedingungen. Der Gärtner kann sowohl auf Bodenbeeten als auch auf Stellagen und Pflanztischen Gemüse, Kräuter und Blumen ziehen. Selbst ein einfaches, unbeheiztes Glashaus ist vielseitig nutzbar. Im Handel werden die unterschiedlichsten Gewächshauskonstruktionen angeboten. Ein schlichtes Häuschen kann man auch selber bauen. Es würde den Rahmen dieses Buches sprengen, auf die Praxis des Gärtnerns unter Glas im Detail einzugehen. Aber der Traum vieler Gärtner darf als Anregung auch im Biogarten nicht fehlen.

Folientunnel sind preiswert und leicht zu handhaben. Sie bestehen meist aus halbrunden Metallbügeln, die in die Erde gesteckt werden und das Beet überspannen. Darüber werden Kunststoff-Folien ausgebreitet, so dass ein niedriger Tunnel entsteht. Ein solches mobiles kleines Warmhaus können Sie auch leicht selber herstellen. Bei den meisten Konstruktionen müssen die Plastikbahnen seitlich mit Brettern und Steinen beschwert werden, damit die durchsichtige Abdeckung festen Halt bekommt.

»Mitwachsende« Folien funktionieren besonders einfach: Ihre Oberfläche ist durchbrochen und deshalb dehnbar. Diese Kunststoffbahnen legen Sie einfach auf den Boden des bestellten Beetes. Sie wölben sich mit den wachsenden Pflanzen hoch. Das Material vergrößert die Wärme und ist gleichzeitig durchlässig für Luft und Feuchtigkeit.

Bei allen anderen Kästen oder Tunneln muss der Gärtner sorgfältig auf die Wärmeregulierung und auf rechtzeitiges Gießen achten. Unter Glas und Folie können die Temperaturen sehr rasch hochsteigen, wenn die Frühlingssonne scheint. Dann muss gelüftet oder sogar mit Strohmatten schattiert werden. Rechtzeitig am Nachmittag muss der Gärtner wieder »alle Luken schließen«, damit über Nacht die Wärme gespeichert bleibt. Gießen Sie am Morgen oder am späten Nachmittag, niemals in der Mittagszeit, denn Wassertropfen wirken dann auf den zarten Blättern wie Brenngläser! Frühbeetaussaaten machen also

■ Mit mobilen Folientunneln kann man Gartenbeete in kleine Warmhäuser verwandeln.

■ In einem Frühbeet mit »selbstlüftenden Fenstern« kann kein Hitzestau entstehen.

■ Nicht viel größer als ein Frühbeet ist dieses kleine, gut ausgenutzte Glashaus.

Der Nutzgarten

Arbeit, man darf sie nie lange Zeit aus den Augen lassen. Aber diese Mühe lohnt sich, denn die erste frühe Ernte ist ein Hochgenuss und zugleich beste Medizin – eine herrliche, gesunde Frühjahrskur aus dem Garten!

Der kostbare Platz im Warmen muss wohl durchdacht genutzt werden. Säen Sie dort Radieschen, Frühlingsrettiche und Kresse aus. Dazu gehört Schnittsalat, der rasch wächst. Einen weiteren Vorsprung gewinnen Sie, wenn Sie sich die ersten Kopfsalatpflanzen vom Gärtner besorgen. Graben Sie aus den Freilandbeständen zwei Ballen Schnittlauch aus, die in der Wärme bald zu treiben beginnen. Auch ein paar Körner Dill und Borretsch sollten Sie noch ausstreuen. Die ersten frischen Kräuter machen Ihren Salat zur unvergleichlichen Delikatesse!

Geschützte warme Beete können Sie natürlich auch als Aussaatplatz für kälteempfindliche Sämereien benutzen. Sowohl Sommerblumen als auch Gemüse wachsen hier wohlbehalten heran. Im Sommer gedeihen Melonen, Paprika, Gurken, Auberginen und andere Südländer im Schutz von Glas und Folie.

Aber nicht nur unter, sondern auch hinter Glas ziehen geschickte Gärtner ihre Pflanzen vor.

Eine warme Fensterbank dient zeitweise als Zimmergärtnerei. Direkt hinter der Scheibe können Schalen und Töpfe aufgestellt werden, die Sie mit einer sandigen Erdmischung füllen. Darin säen Sie diejenigen Gewächse aus, die

■ Ein kleines Gewächshaus aus Holzelementen können geschickte Handwerker selber bauen. Es passt gut in den Garten, braucht aber Pflege.

■ Dieses weiträumige Gewächshaus bietet viel Platz für sommerliche Gemüsekulturen wie Tomaten, Zucchini und Gurken.

ALLGEMEINE PRAXIS

erst nach den Eisheiligen, also ab Mitte Mai, ins Freiland dürfen. Basilikum, Tomaten, Paprika, Zucchini und andere wärmebedürftige Pflanzen gedeihen in diesem wohl behüteten Kinder-Garten. Unter einer Glasscheibe oder einer Plastikhaube entsteht auch in einem Topf ein feuchtes Gewächshausklima, in dem die Samen schnell keimen.

Die stärksten Jungpflanzen setzen Sie dann einzeln in kleine Töpfe um. Unter Gärtnern nennt man das pikieren. Diese Pflänzchen müssen hell stehen und regelmäßig gegossen werden; sie brauchen viel frische Luft, damit sie sich abhärten und nicht zu langbeinigen Schwächlingen hochschießen. Achten Sie beim Lüften aber darauf, dass kein Durchzug entsteht. In einer geschützten Balkonecke oder in einem Frühbeet können Sie Jungpflanzen langsam abhärten und auf den Umzug ins Freiland vorbereiten.

Aussaat im Freiland

Bereiten Sie ein Saatbeet immer sorgfältig vor. Es muss locker, feinkrümelig, feucht und nahrhaft sein. Wo Sie gemulcht haben, brauchen Sie die Decke nur beiseite zu schieben, um dazwischen die Reihen zu ziehen. Benutzen Sie dazu eine Gärtnerschnur, dann werden sie auch schnurgerade. Wer gutes Augenmaß hat, der kann die Reihen aber auch »aus der freien Hand« mit dem umgekehrten Stiel der Hacke ziehen. Die Rillen füllen Sie dann mit fein gesiebtem Reifekompost und stäuben noch ein wenig Steinmehl darüber. Besorgen Sie sich das beste Saatgut, das Sie bekommen können, es garantiert Ihnen bereits den halben Erfolg und gesundes Wachstum.

Für die Aussaat sollten Sie unbedingt den richtigen Zeitpunkt abpassen. Die Termine stehen auf den Saattüten, und Sie finden sie auch bei den Einzelbeschreibungen der Gemüse und Blumen in diesem Buch. Aber

■ Anzucht auf der Fensterbank: Tonscherben über die Abzugslöcher der Gefäße legen (1); Erde einfüllen und glätten (2); Samen ausstreuen (3). Mit feiner Erde übersieben, vorsichtig angießen und auf eine warme Fensterbank stellen (4).

■ Jungpflanzenanzucht im Gewächshaus.

Der Nutzgarten

Zahlen und Daten nützen gar nichts, wenn das Wetter nicht mitmacht. Ungeduldige Gärtner, die in kalte, nasse Erde säen, erleben oft Rückschläge und Enttäuschungen. Merken Sie sich eine ganz einfache, natürliche Regel: Was keimen und wachsen soll, braucht Wärme und Feuchtigkeit. Kartoffeln zum Beispiel, die Sie 10 Tage später bei günstigem Wetter in den warmen Boden legen, holen die Zeit rasch wieder ein. Sie wachsen gesünder als solche, die einen Kälterückschlag erleiden.

Bei der Wahl des günstigsten Termins müssen Sie aber auch bedenken, dass Sandböden sich schneller erwärmen und deshalb auch früher bearbeitet werden können. Schwere, lehmige Böden dürfen Sie erst betreten, wenn sie krümelig geworden sind. Solange diese Erde an den Gartenstiefeln kleben bleibt, sollten Sie sie »in Ruhe lassen«.

Für die Wärme im Freiland ist die Natur zuständig, für die Feuchtigkeit können Sie selber sorgen. Samen werden ja nur dünn mit Erde bedeckt, die Schicht soll in der Regel nur so dick sein wie der Durchmesser des Korns. Dann drücken Sie mit der Hand oder der Rückseite des Rechens die Reihen leicht fest und gießen vorsichtig an. Da diese dünne Abdeckung sehr schnell austrocknen kann, wenden Sie am besten einen alten Gärtnertrick an: Legen Sie in den ersten 10 Tagen feuchte Säcke über das Saatbeet. Sobald die Keime die Erde durchstoßen, ist die schwierigste Zeit überstanden. Bedenken Sie: Wer über schlechtes Saatgut schimpft, der hat oft nur vergessen, seine Aussaat gleichmäßig feucht zu halten! Und noch ein Tipp: Säen Sie nicht zu dicht, sonst treten sich die jungen Pflanzen später unterirdisch »auf die Füße«. Sie bekommen nicht genug Luft, Wasser und Nahrung und wachsen schlecht.

Bewahren Sie ruhig den Rest der Körner in der Tüte auf. Viele Sämereien bleiben längere Zeit keimfähig. Im nächsten Jahr streuen Sie dann ein paar Samen auf ein feuchtes Löschblatt und machen eine Keimprobe. Wenn von 10 Körnern mehr als 5 aufgehen, können Sie das Saatgut noch benutzen.

Pflanzen und pflegen

Viele Gemüsesaaten werden, nachdem die Saat aufgegangen ist, noch einmal verpflanzt. Bei manchen genügt es auch, die Reihen auszulichten, so dass die Pflanzen genügend Abstand bekommen. Beim Herausnehmen und Versetzen erleiden die Wurzeln natürlich einen »Schock«. Helfen Sie ihnen beim neuen Anwachsen, indem Sie sie mit stark verdünnter Brennnesseljauche angießen.

Das Pflanzloch füttern Sie mit fein gesiebtem Reifekompost aus – niemals mit Grobkompost, der Fäulnis verursachen kann! Auch ein wenig Steinmehl, in Saatrillen und Pflanzlöcher gestreut, verhilft Ihren Pflanzen zu einem guten Start.

Denken Sie auch daran, dass es Gewächse gibt, die tief gepflanzt werden müssen, zum Beispiel Lauch, Kohlarten und Tomaten, während andere, wie Salat, Sellerie und Zwiebeln, so hoch gepflanzt werden, dass sie anfangs etwas wackelig auf den Beinen stehen.

■ Bohnensamen kann man – wie Großmutter – in kreisförmigen »Nestern« aussäen.

■ Vorgezogene Jungpflanzen sollten gut bewurzelt sein, bevor sie in den Garten versetzt werden.

ALLGEMEINE PRAXIS

Auf gemulchten Beeten räumen Sie nur den Platz für Pflanzlöcher frei, ringsum bleibt die Bodendecke liegen. Achten Sie stets auf die richtigen Abstände, die auf Samentüten und bei den Einzelbeschreibungen in diesem Buch jeweils angegeben werden. Sie müssen sich immer die Ausmaße der erwachsenen Pflanzen vor Augen halten; die zierlichen Setzlinge täuschen!

Viele Gärtner empfehlen, ein Pflanzholz zu benutzen, um die Löcher gleichmäßig und tief in den Boden zu bohren. Die Pflanzen werden dann von der Seite mit diesem Holz sanft festgedrückt. In weicher und tiefgründiger Erde können Sie aber auch einfach mit den Händen pflanzen. So haben Sie den ganzen Vorgang »im Gefühl«. Die Hand ist das vielseitigste und sensibelste »Arbeitsgerät« des Gärtners! Drücken Sie nach dem Umsetzen die Erde leicht mit den Händen fest und gießen Sie vorsichtig an. Düngen Sie erst, wenn die Wurzeln wieder »Fuß gefasst« haben, etwa nach 4 Wochen.

Günstig für das Verpflanzen sind Tage, an denen der Himmel bedeckt und die Erde feucht ist. Muten Sie Ihren Gewächsen niemals zu, bei Hitze und Sonnenschein den Standort zu wechseln. Durch die Verdunstung würde ihr ohnehin strapazierter »Kreislauf« unerträglich belastet.

Verwenden Sie, wenn es im Hochsommer bei einer längeren Hitzewelle einmal nötig sein sollte, zum Gießen stets abgestandenes, temperiertes Wasser. Ein kalter Wasserstrahl bedeutet für Ihre Pflanzen einen genauso unangenehmen Schock wie für Sie selbst! Gießen Sie dann nicht mit der Brause »obenhin«, sondern gezielt und kräftig in den Wurzelbereich. Es ist viel wirkungsvoller, einmal durchdringend zu wässern, als nur die Erdoberfläche zu benetzen. Dort verdunstet die Feuchtigkeit rasch; sie erreicht die Wurzeln nicht – die Pflanzen bleiben durstig.

Verwenden Sie Pflanzenjauche als Kopfdüngung und als vorbeugenden Schutz gegen Krankheiten und Schädlinge. Entfernen Sie regelmäßig welke Blüten und Blätter, überflüssige Tomatentriebe, Erdbeerranken und anderen »Wildwuchs«. Pflanzen, die ihre Früchte nicht allein hochhalten können, werden festgebunden.

Je regelmäßiger Sie die alltäglichen kleinen Pflegemaßnahmen durchführen, desto weniger Arbeit bedeuten sie. Zur Plage wird die Gartenarbeit erst, wenn Ihnen durch längere Vernachlässigung die »Wildnis« buchstäblich über den Kopf wächst.

Ernten und konservieren

Gemüse, Kräuter und Obst fallen zur Haupterntezeit oft in so reicher Menge an, dass Sie unmöglich alles frisch verwerten können. Außerdem möchten ja auch viele Biogärtner zu Selbstversorgern während des ganzen Jahres werden. Denn gerade im Winter ist die Ernährung der Familie mit gesunden, vitaminreichen Gartenfrüchten wichtig. Dafür stehen verschiedene Konservierungsmethoden zur Wahl, die alle ihre Vorteile besitzen. Sortieren Sie zum Lagern und Einmachen nur einwandfreie Früchte aus, ohne Krankheiten, Schädlinge und Fäulnisstellen. Ernten Sie an trockenen Tagen, denn nasses Gemüse oder Obst verdirbt schnell.

Miete und Einschlag halten Wurzelgemüse wie Möhren, Sellerie, Winterrettiche und Rote Bete draußen frisch. Auch gesunde, von den Außenblättern befreite Kohlköpfe überstehen in einem »Außenlager« den Winter knackig und unbeschadet. Diese Gemüse werden entweder im Frühbeet eingeschlagen oder in Haufen gelagert, die einen dicken Mantel aus Laub, Stroh und Erde erhalten. Für eine solche Miete wird an einer gut zugänglichen Stelle im Garten ein etwa 1 m breiter Streifen 20 bis 30 cm tief ausgehoben. In dieser flachen Grube stapeln Sie die verschiedenen Gemüsearten sorgfältig übereinander. Dann wird zuerst mit einer trockenen, wärmenden

■ Ein leeres Frühbeet kann im Herbst als Einschlag für Wintergemüse dienen.

Der Nutzgarten

Strohschicht und zum Schluss mit der ausgehobenen Erde abgedeckt. Bei frostfreiem Wetter können Sie diese Miete an der Schmalseite öffnen und Gemüsevorräte für mehrere Tage herausnehmen.

Die Lagerung im Keller gelingt am besten in alten Häusern, wo der Fußboden aus gestampftem Lehm oder Ziegelsteinen besteht. Der Raum sollte frostfrei, aber kühl sein und genügend Luftfeuchtigkeit und Sauerstoff besitzen. Sie können sich in betonierten, trocken-warmen Kellerräumen mit Kisten helfen, die mit feuchtem Sand gefüllt werden. Darin schlagen Sie Möhren, Sellerie, Rote Bete, Meerrettich und Petersilienwurzeln ein. Vorher werden alle Blätter entfernt, aber der »Herztrieb« muss erhalten bleiben.

Feste, gesunde Kohlköpfe können Sie an den Strünken zusammenbinden und an Drähten oder Balken kopfunter aufhängen. Auf eine Sandstreu am Boden legen Sie Endivien und Kohl. Obst wird dagegen auf luftigen Lattenrosten ausgebreitet.

Einige Biogärtner empfehlen, das eingelagerte Wurzelgemüse zur besseren Haltbarkeit mit Steinmehl zu bestäuben. Auf jeden Fall müssen die Vorräte regelmäßig kontrolliert werden. Sortieren Sie alle faulenden Früchte aus, sie stecken sonst die anderen an. Bedenken Sie immer, dass gelagertes Obst und Gemüse keine tote Ware ist. Der Stoffwechsel ist nur stark reduziert. Deshalb sind Feuchtigkeit und Sauerstoff so wichtig für die Erhaltung der Lebensfunktionen. Nur bei guter Lagerung wird der Abbauprozess gebremst, bleiben die wichtigen Vitamine und Mineralstoffe so weit wie möglich bis zum Verzehr erhalten.

Die Lagerung im Haus empfiehlt sich für alle Früchte, die keine Feuchtigkeit vertragen, und für solche, die noch an einem warmen Ort nachreifen sollen.

Aus Zwiebeln und Knoblauch flechten Sie Zöpfe, die in einem luftigen, trockenen Raum aufgehängt werden. Die letzten grünen Tomaten schneiden Sie samt den Zweigen ab und hängen sie an einen frostfreien Platz. Nach Bedarf legen Sie immer einige Früchte auf den Küchenschrank. Sie reifen dort nach und eignen sich noch als Soßenbeigabe.

Auch Nüsse und Quitten werden im warmen, trockenen Haus aufbewahrt.

Das Einfrieren ist eine gute moderne Methode. Ihr einziger Nachteil: Sie kostet viel Energie. Am besten richten Sie sich beim Einfrieren nach den einschlägigen Gebrauchs-

■ Die Früchte des Gartens können auf vielfältige Weise haltbar gemacht werden.

■ Zwiebeln werden zu Zöpfen geflochten und an einem trockenen Platz aufgehängt.

■ Rote Bete und Sellerie halten sich im Keller in einer Kiste mit feuchtem Sand.

ALLGEMEINE PRAXIS

anweisungen. Ein praktischer Tipp: Packen Sie die Portionen nur so groß, wie Ihre Familie sie für eine Mahlzeit benötigt. Frieren Sie nur ein, was unter diesen eisigen Bedingungen auch sein Aroma und seine Form behält. Gurken zum Beispiel schmecken im Steintopf eingelegt viel besser!

Das Einkochen gehört zu den altbewährten Konservierungsmethoden, auf die wir auch heute nicht verzichten können. Durch die starke Hitzeeinwirkung besteht allerdings die Gefahr, dass wertvolle Vitamine zum Teil zerstört werden. Hier muss man vernünftig abwägen und sich für die jeweils schonendste Methode entscheiden. Bohnen können Sie zum Beispiel wahlweise einkochen, einfrieren, trocknen oder in Salz einlegen. Hausgemachte Marmelade muß dagegen immer gekocht werden. Eine wesentliche Arbeitserleichterung bieten die Gläser mit Vakuum-Verschlüssen. Heißes Gelee, Früchte oder Kompott werden eingefüllt und sofort zugeschraubt. Diese Gläser sind ebenso gut haltbar wie solche, die im Einkochapparat längere Zeit sterilisiert werden.

Das Einlegen in Salz und Essig gehört zu den bewährten Methoden aus Großmutters Zeiten. Sie können dazu die hübschen Steinguttöpfe verwenden, die man in allen Größen kaufen kann. Auch die Rezepte aus der guten alten Zeit sind wieder ausgegraben worden. Büchertipps zu diesem Thema finden Sie im Anhang. Gurken, Weißkohl, Bohnen, Tomaten, Kürbis, Kräuter und noch vieles andere mehr können Sie sauer, süßsauer oder salzig einlegen. Diese konservierten Früchte sind haltbar, gesund und besonders wohl schmeckend.

Das Trocknen gehört ebenfalls zu den uralten Konservierungsmethoden, die auch heute noch ihre Vorteile haben. Dabei wird den Pflanzen oder Früchten nur das Wasser entzogen. Die wertvollen Vitamine und Inhaltsstoffe werden geschont. Zum Trocknen eignen sich viele Obstarten, zum Beispiel Äpfel, Birnen, Pflaumen und Aprikosen. Aber auch manches Gemüse lässt sich auf diese Weise konservieren. Versuchen Sie es einmal mit Buschoder Stangenbohnen; Möhren, Weißkohl und Sellerie werden zum Dörren in feine Streifen geschnitten. Besonders bekannt und auch

■ Die duftende Kräuterernte des Sommers ist reich an Würz- und Heilstoffen. Sie können damit ohne großen Aufwand aromatische Öle und Essigspezialitäten ansetzen.

Der Nutzgarten

■ Kräutersträuße werden an einem schattigen, luftigen Ort aufgehängt.

allgemein gebräuchlich ist das Trocknen der Kräuter.

Immer sollte dieser Prozess langsam, unter geringer Hitze ablaufen. Niemals darf das Trockengut geröstet werden. Im Backofen stellen Sie die Temperatur auf höchstens 35 °C ein. Die Tür bleibt einen Spalt offen, damit die verdunstende Feuchtigkeit entweichen kann. Im Bioversand und im Fachhandel werden übrigens praktische Dörr-Apparate mit genauer Gebrauchsanweisung und Rezepten angeboten. Unsere Urgroßmütter reihten die Apfelscheiben noch auf Fäden und hängten sie in einem trockenen, luftigen Raum auf. Ähnliche Mühe gaben sie sich auch mit Bohnen. Das Ergebnis, die Dörrbohnen, ist eine Delikatesse, die Sie unbedingt versuchen sollten!

Auch Kräuter hängen Sie zum Trocknen auf. Schneiden Sie die Zweige am späten Vormittag, wenn der Tau verdunstet ist. Bündeln Sie diese duftende Ernte aus sauberen, einwandfreien Pflanzenteilen zu Sträußen. Sie werden kopfunter aufgehängt und langsam an einem schattigen, luftigen Ort getrocknet. Thymian, Lavendel, Bohnenkraut, Ysop, Wermut, Origano, Pfefferminze, Majoran und Liebstöckel eignen sich zum Beispiel gut dazu. Würze, die aus Samen besteht, wie Fenchel, Kümmel und Anis, schütteln Sie über einem Tuch aus, wenn die Körner ganz reif sind. Alle trockenen Kräuter werden über Winter in geschlossenen Schraubgläsern aufbewahrt. So erhält sich ihr Aroma am besten. Auch zu dieser Konservierungsmethode finden Sie ausführliche Büchertipps im Anhang.

Das Aufbewahren und Haltbarmachen der eigenen Erzeugnisse aus dem Biogarten lohnt sich in jedem Fall. Sie müssen dabei etwas Zeit und Mühe investieren, aber Sie ernähren sich und Ihre Familie dafür mit besonders wertvollen Nahrungsmitteln. Und einen Genuss, den Sie in dieser Art nirgends kaufen können, bereiten Sie sich damit auch!

SALATE UND GEMÜSE

Das Saatgut-Angebot im Fachhandel und in Katalogen ist sehr reichhaltig. Jährlich kommen neue Züchtungen hinzu. Die Auswahl in diesem Kapitel kann deshalb nur einen kleinen Ausschnitt aus der großen Vielfalt bieten. Empfohlen werden sowohl alte, bewährte Sorten als auch Neuzüchtungen mit guten Eigenschaften. Wichtig für den Biogärtner sind zum Beispiel mehltau- oder virusresistente Sorten, die durch ihre gesunden Eigenschaften Pflanzenschutz zum Teil überflüssig machen.

Leider ist es an dieser Stelle nicht möglich, ausführlich auf die Spezialisten einzugehen, die Saatgut alter, zum Teil historischer Gemüsesorten sammeln, vermehren und für Gartenliebhaber anbieten. Ihre Arbeit ist sehr wichtig, um die Vielfalt der Arten und Sorten zu erhalten. Es lohnt sich, solche »Schätzchen« in den Garten zu holen und ihren Wohlgeschmack zu erproben. Die Bezugsquellen für alte Sorten im Anhang möchte ich Ihnen deshalb besonders empfehlen.

Salate rund um das ganze Gartenjahr

Geschickten Gärtnern geht der frische Salat zu keiner Jahreszeit aus. Sie säen diese Delikatessen in grünen, roten und weißen Sorten und ernten frische Vitamine am laufenden Band. Im Frühling eröffnen die Kopfsalate zusammen mit Schnitt- und Pflücksalaten aus der Familie der Lattichgewächse den abwechslungsreichen Reigen. Im Sommer folgen die verschiedenen Zichoriensalate, und im Herbst kann noch Spinat, Barbarakraut, Löffelkraut und der Feldsalat aus der Familie der Baldriangewächse ausgesät werden. Sie machen – ebenso wie der rotblättrige Radicchio – selbst während des Winters frische Ernten im Freiland möglich.

Ein Biogärtner, dem es ja in jeder Beziehung um ein gesünderes Leben geht, sollte dieses Angebot der Natur und der Züchter nützen und für eine ununterbrochene Salat-Reihenfolge in seinem Garten sorgen.

Kopfsalat

Anbau: Es gibt Frühlingssorten und spezielle Sommersalat-Züchtungen, die bei Hitze nicht so schnell schießen. Besonders »sonnenfest« sind die rötlich-braunen Salatsorten. Sie bringen leuchtende Farben in den Gemüsegarten und wohl schmeckende Abwechslung auf den Tisch. Es lohnt sich, »die Roten« kennen zu lernen!

Kopfsalat benötigt kein eigenes Beet, er kann als Nebenkultur und »Lückenbüßer« angepflanzt werden. Geben Sie ihm aber einen sonnigen Platz; im Schatten bildet er keine festen Köpfe. Der Abstand soll 25 × 25 cm betragen. Säen Sie öfter kleine Mengen Salat aus, damit die Köpfe »in Etappen« reifen und Sie laufend frisch ernten können. Jungpflanzen brauchen 5–7 Wochen, bis sie aus-

■ Ein bunter Ausschnitt aus der Fülle des Salatangebotes: Roter und Grüner Eichblattsalat (ganz oben), »dickköpfiger« Eissalat und krause Rosetten von 'Lollo bionda'.

Der Nutzgarten

gewachsen sind. Im März und April wird der Frühlingskopfsalat, von April bis Juli werden die Sommersorten gesät.

Salat stellt keine großen Ansprüche: Kompost und Pflanzenjauche genügen. Wichtig ist genügend Feuchtigkeit. Auf gemulchten Beeten muss weniger gegossen werden.

Sorten: Frühlings-Salate: 'Maikönig', 'Maiwunder' (winterhart, Herbstaussaat für Frühlingsernte), 'Viktoria'.

Sommersalate: 'Attraktion' ('Attractie'), 'Kagraner Sommer', 'Neckarriesen', 'Wunder von Stuttgart' (alte Sorte, große gelbgrüne Köpfe), 'Milan' (mehltauresistent), 'Dolly' (mehltauresistent, virustolerant), 'Brauner Trotzkopf', 'Roxi' (verbesserter 'Trotzkopf'), 'Merveille des quatre Saisons' (braunrot).

Ernte: Stets frisch, Kopfsalat lässt sich nicht lagern.

Biologische Tipps und Mischkultur: Gute Kombinationen sind: Bohnen, Erdbeeren, Kohl, Kohlrabi, Radieschen, Spinat, Tomaten, Zwiebeln. Kopfsalat schützt seine Nachbarn vor Erdflöhen. In gefährdeten Kulturen können Sie einige Salatpflanzen als »Köder« einsetzen. Säen Sie nie Petersilie zu Salat!

Pflück- und Schnittsalat

Anbau: Dieser Salat wird in Reihen ausgesät. Er bildet keine Köpfe. Die Blätter werden gepflückt oder geschnitten. Sie wachsen mehrmals nach. Mit Hilfe dieser Dauerernte kommen Sie immer »über die Runden«. Es kann während des ganzen Sommers keine »Vitamin-Lücke« entstehen. Säen Sie öfter eine Reihe nach. Der Abstand beträgt 25 cm. Die Pflanzen gedeihen auch noch im Halbschatten. Bei den Pflegemaßnahmen werden sie wie Kopfsalat behandelt.

Sorten: Schnittsalate: 'Hohlblättriger Butter', 'Krauser Gelber'.

Pflücksalate: 'Amerikanischer Brauner', 'Australischer Gelber', 'Lollo Rossa' (rotbraun, krause Rosetten), 'Lollo Bionda' (krause Rosetten, gelbgrün), 'Salad-Bowl' (Gelber Eichblattsalat), 'Red Salad-Bowl' (Roter Eichblattsalat), 'Baby-Leaf' (rot-grüne Mischung).

Ernte: Laufend frisch bis weit in den Herbst; Pflücksalate schmecken herzhaft und würzig.

Biologische Tipps und Mischkultur: Pflücksalate können als Beeteinfassung verwendet werden.

Gute Nachbarn sind Fenchel, Kohl, Radieschen, Rettiche, Rote Bete, Schwarzwurzeln, Spargel.

Eissalat

Anbau: Sommersalat mit großen Köpfen und kräftigen, »knusprigen« Blättern. Er heißt auch »Krachsalat«. Dieser Salat hält viel Hitze aus ohne zu schießen. Frostfest ist er nicht. Das »Eis« im Namen bezieht sich auf die lange Haltbarkeit eines Kopfes im Kühlschrank. Aussaat von Mai bis Anfang Juli, Abstand der Pflanzen 35 × 35 cm wegen der Riesenköpfe. Achten Sie auf genügend Feuchtigkeit, der Nährstoffbedarf ist etwas größer als bei anderen Sorten. Deshalb sollten Sie mit Brennnessel-Jauche nachdüngen. Alle anderen Kulturmaßnahmen entsprechen dem Kopfsalat.

Sorten: 'Laibacher Eis' (rötliche Blattränder, widerstandsfähig gegen Mehltau und Viren), 'Great Lakes' (grün), 'Rouge Grenobloise' (dunkelrot mit grünen Flecken), 'Fortunas' (grün, resistent gegen Grüne Salatblattlaus und Falschen Mehltau), 'Nabucco' (grün, lange haltbar), 'Resi' (resistent gegen Falschen Mehltau und Salatmosaikvirus).

Bindesalat, Römischer Salat

Anbau: Diese alte, zu den Kopfsalaten zählende Art bildet längliche Köpfe mit aufrecht wachsenden, festen Blättern. Die früheren Sorten wuchsen locker und mussten deshalb zusammengebunden werden. Daher stammt der Name dieses Sommersalates. Neuere

■ Die alte Pflücksalat-Sorte 'Amerikanischer Brauner' ist robust und ertragreich. Sie gehört immer noch zu den besten Züchtungen und ist besonders für kleine Gärten empfehlenswert.

SALATE UND GEMÜSE

Züchtungen bilden von selbst geschlossene Köpfe. Im Garten wird der Römische Salat wie Kopfsalat behandelt. Aussaat von Mitte Juni bis Mitte Juli; Abstand 30 × 35 cm.

Ernte: Römischer Salat kann als Gemüse gedünstet oder als kräftiger Salat roh zubereitet werden. Wegen der schlanken Wuchsform wird der Bindesalat auch Sommerendivie genannt. Er schmeckt nicht bitter, da er nicht zu den Zichoriengewächsen zählt.

Sorten: 'Kasseler Strünkchen', 'Valmaine', 'Little Leprechaun' (rotblättrig), 'Goodison' (mehltauresistent, schossfest, beliebt für die Mittelmeerküche), 'Baby Star' (Mini-Züchtung mit goldgelbem Herz, ganzjähriger Anbau).

Zuckerhut

Anbau: Ein Zichoriensalat, der als Nachfrucht auf abgeernteten Beeten wächst. Er wird erst im Juni gesät, direkt an Ort und Stelle mit einem Reihenabstand von 35 cm. Die Pflanzen werden später ausgelichtet, so dass sie etwa 30–35 cm auseinander stehen. Verpflanzen ist möglich, aber wegen der langen Pfahlwurzeln – typisch für Zichoriengewächse! – ungünstig. Versorgen Sie das Beet reichlich mit Kompost, geben Sie etwas organischen Dünger, und gießen Sie mit Pflanzenjauche.

Sorten: 'Zuckerhut', 'Schweizer Zuckerhut', 'Jupiter' (für frühe Aussaaten ab März – Juli).

Ernte: Die hohen, schweren Köpfe sind ab Oktober reif. Sie vertragen Frost bis – 8 °C und können lange im Freiland bleiben. Bei größerer Kälte werden sie mit den Wurzeln im Frühbeet oder im Keller in feuchten Sand eingeschlagen. Als Salat oder gedünstet zubereiten.

Biologische Tipps und Mischkultur: Gut zu Fenchel, der auch als Nachfrucht wächst.

Chicorée

Anbau: Dies ist auch ein Zichoriensalat, der aber bereits im Mai ausgesät wird. Reihenabstand 25–30 cm, in der Reihe auf 15–20 cm ausdünnen. Mit Kompost und Pflanzenjauche düngen, eventuell wenig organischen Langzeitdünger geben.

Sorten: 'Brüsseler Witloof', 'Rouge Carla' (rotweiß), 'Zoom' (F_1-Hybride, muss zum Treiben nicht abgedeckt werden), 'Tardivo' (mit und ohne Abdeckung).

Ernte: Im Spätherbst, Ende Oktober, graben Sie die Wurzeln aus, entfernen die grünen Blätter bis auf das Herz und schlagen die Wurzeln an einem kühlen Ort ein (Keller, Garage, Frühbeet). Nach und nach werden sie zum Treiben in einen dunklen Kellerraum geholt und in Kisten oder Eimern mit feuchtem Sand aufrecht stehend eingeschlagen. Die Temperaturen sollen 10 °C bis höchstens 18 °C betragen. Im Dunkeln wachsen dann die bekannten weißen Chicorée-Zapfen. In zu warmen Räumen bilden sich keine festen Köpfe, und es können Schädlinge auftreten. 'Mitado' und 'Magnum' treibt man einfach in Eimern mit etwas feuchtem Sand an.

Biologische Tipps und Mischkultur: Fenchel, Kopfsalat, Möhren, Stangenbohnen, Tomaten sind günstige Nachbarn.

Radicchio, Roter Zichoriensalat

Anbau: Ein winterharter Freilandsalat mit rotbraunen Blättern, pikant, von leicht bitterer Würze. Aussaat je nach Sorte Mitte Mai bis Mitte Juni. Reihenabstand 25 cm; lichten Sie später die Pflanzen auf 10–20 cm Abstand aus. Düngung und Kultur sonst wie Kopfsalat. Im Spätherbst werden die länglichen, grünbraunen Blätter bis auf 5 cm abgeschnitten. Erst dann bildet der Salat die roten Rosetten. Die Sorte 'Palla Rossa' entwickelt bereits im Herbst kleine Köpfe, nicht zurückschneiden!

Sorten: 'Roter Veroneser', ('Roter von Verona', alte traditionsreiche Sorte), 'Palla Rossa', 'Indigo' F_1 (große Köpfe, Herbsternte).

Ernte: 'Veroneser' bleibt im Freiland und kann von Dezember bis März geschnitten werden. Bei Schnee müssen Sie ihn mit Fichtenreisig abdecken. Ein herrlicher frischer Wintersalat! 'Palla Rossa' und 'Indigo' werden von Oktober bis Dezember frisch aus dem Garten geerntet. Wenn es friert, können sie auch wie Zuckerhut eingeschlagen werden.

Biologische Tipps und Mischkultur: Feldsalat, sonst wie andere Zichoriensalate.

■ Zuckerhutsalat bildet spitze, fleischige Köpfe, die bis in den Winter haltbar sind.

■ Rötlicher Radicchio und zartblättrige 'Frisée'-Endivien reifen im Herbst.

Der Nutzgarten

Endivien

Anbau: Sie sind die bekanntesten Vertreter der Zichoriensalate. Es gibt glatt- und krausblättrige Sorten mit verschiedener Reifezeit. Wie alle Familienmitglieder haben auch diese Salate einen leicht bitteren Geschmack. Beliebt ist bei ihnen das Bleichen, dabei gehen aber wertvolle Inhaltsstoffe verloren. Grüne Endivien sind gesünder!
Endivien gehören zu den Nachfrüchten. Sie werden im Juni ausgesät und bis spätestens Anfang August verpflanzt. Der Abstand beträgt 30 × 25 oder 30 × 30 cm. Je enger die Pflanzen stehen, desto eher bleicht das Innere von selbst und nimmt die begehrte hellgelbe Farbe an. Wer die Köpfe zusätzlich zusammenbinden möchte, der tue dies nur bei trockenem Wetter und kurz vor dem Verbrauch. Sonst besteht die Gefahr der Fäulnis. Pflanzen Sie Endivien in Kompost und Steinmehl, düngen Sie später mit Pflanzenjauche nach.

Sorten: 'Bubikopf' (selbstbleichend, für frühe Herbsternte), 'Escariol grüner' (lange haltbar), 'Escariol gelber' (früh), 'Jeti' (im Einschlag lange haltbar, selbstbleichend), 'Wallone' (feingekrauste Frisée-Endivie).

Ernte: Je nach Sorte den ganzen Herbst bis Winteranfang. Endivien, besonders der 'grüne Escariol', vertragen Frost bis – 5 °C. Sie sollten so lange wie möglich draußen bleiben und mit Folien geschützt werden. Die letzten Köpfe können mit Wurzeln im Keller in feuchten Sand eingeschlagen werden. Möglichst immer trocken ernten, damit im Lager keine Fäulnis entsteht.

Biologische Tipps und Mischkultur: Mit Urgesteinsmehl bestäuben hilft gegen Fäulnisgefahr. Gute Nachbarn sind Kohl, Lauch und Fenchel.

Löwenzahn

Anbau: Dieser Wildsalat, der mit den Zichoriengewächsen verwandt ist, kann auch im Garten kultiviert werden. Säen Sie ihn im Juni an den Rand eines Beetes. Kompostversorgung genügt, wenn der Boden in gutem Humuszustand ist.

Sorten: Meist unter dem Namen Löwenzahn im Handel; dieser Wildsalat wird oft unter der Rubrik »Kräuter« geführt. 'Vert de Montmagny' (Feinschmeckersorte mit zartgelben, großen Blättern), 'Lyonell', 'Nouvelle' (zum Treiben geeignet).

Ernte: Die ersten zarten Blätter des frühen Austriebs ergeben einen leicht bitteren, sehr gesunden Salat, der den Stoffwechsel anregt. Mischen Sie Löwenzahnblätter mit Gänseblümchenrosetten samt Blüten, Schafgarbe und zarten Brennnesselblättern! Später werden die Blätter bitter und ungenießbar. Der erste Austrieb kann auch unter einem Blumentopf gebleicht werden.

Feldsalat, Rapunzel, Nüsslisalat

Anbau: Er gehört in die Familie der Baldriangewächse. Dieser gesunde Wintersalat darf in keinem Garten fehlen. Er enthält viel mehr Vitamin C und Eisen als Kopfsalat! Als Nachkultur wächst der Feldsalat gut auf Kartoffelbeeten. Zur Düngung genügt Kompost. Die Samen können breitwürfig an Ort und Stelle ausgesät werden, Reihensaat ist aber praktischer, sowohl zum Schneiden als auch zum Unkrautjäten. Die Aussaatzeit ist August bis September, Reihenabstand 10–15 cm. Klopfen Sie die Saat zum Schluss ein wenig fest, und achten Sie auf gleichmäßige Feuchtigkeit. Späte Aussaaten werden im nächsten Frühling geerntet.

Sorten: 'Dunkelgrüner vollherziger', 'Holländischer breitblättriger', 'Vit' und 'Elan' (mehltauresistent).

Ernte: Herbst bis Frühling, jederzeit frisch bei offenem Wetter. Unter Fichtenreisig oder Folie

■ Bei schneefreiem Wetter können Sie den gesunden Feldsalat vom Herbst bis zum Frühling frisch aus dem Garten ernten.

SALATE UND GEMÜSE

kann auch bei Schnee geerntet werden. 'Dunkelgrüner vollherziger' ist im Geschmack würziger, macht aber beim Putzen etwas mehr Arbeit als 'Holländischer breitblättriger'.
Biologische Tipps und Mischkultur:
Gut zusammen mit Winterzwiebeln und Zichoriensalaten.

Winterportulak, Winterpostelein

Anbau: Dieser Wintersalat (*Montia perfoliata*), der mit dem Portulak verwandt ist, wird ähnlich wie Feldsalat kultiviert. Ab Juli können Sie die feinen Samen breitwürfig oder in Reihen mit 20 cm Abstand aussäen. Nur dünn mit Erde bedecken und feucht halten. Ziehen Sie bei der ersten Ernte alle kleinen Pflanzen aus, damit die restlichen sich kräftig ausbreiten können. Sie brauchen 10–20 cm Abstand. Decken Sie das Beet über Winter mit Fichtenreisig oder Folien ab. Im Frühbeet oder im Gewächshaus wächst das anspruchslose Kraut auch im Winter weiter, wenn die Sonne für Wärme sorgt.
Sorten: 'Winterpostelein'.
Ernte: Den ganzen Winter bis zum Frühling. Die Pflanzen können mehrmals geschnitten werden, denn sie wachsen nach. Die kleinen weißen Blüten können Sie mitessen. Winterpostelein ist eine vorzügliche, vitaminreiche Rohkost.

Salatrauke, Rucola

Anbau: Die Rauke (*Eruca sativa*) ist eine alte Kulturpflanze, die aus dem Mittelmeerraum zu uns gelangte. Das Kraut wächst rasch wie Kresse und kann von April bis September in Reihen mit 15 bis 20 cm Abstand gesät werden. Die Pflanzen sind anspruchslos und gedeihen sowohl in der Sonne als auch im Halbschatten. Kompostdüngung genügt. Sorgen Sie für gleichmäßige Feuchtigkeit.
Sorten: 'Roma', 'Runway' (aromatisch, Blätter gezackt), Wildform *Diplotaxis tenuifolia* (mehrjährig).

Ernte: Die herrlich würzigen, vitaminreichen Blätter können laufend gepflückt werden. Sie eignen sich als Salatzugabe oder als Vorspeise.

Grün und gesund: Blattgemüse

Die frischen Blattgemüse aus der Familie der Gänsefußgewächse sind ideale Mischkulturen-Partner. Sie laufen mühelos mit im Gartenplan und sollten nicht vernachlässigt werden. Probieren Sie auch die altmodischen Delikatessen aus Großmutters Garten wieder aus!

Spinat

Anbau: Spinat ist ein gesundes, vitamin- und mineralstoffreiches Gemüse. Sie können ihn sowohl im Frühjahr als auch im Herbst aussäen. Das Beet soll mit Kompost, Steinmehl und – je nach Zustand – auch mit einem Horndünger versorgt werden.

■ Auch in der kalten Jahreszeit hält der Winterportulak frische Vitamine bereit.

Die Frühjahrsaussaat ist von März bis Mai möglich, unter Folien auch noch früher. Die Winteraussaat können Sie in Raten von August bis Oktober verteilen. Reihenabstand 20–25 cm, Saattiefe etwa 3 cm. Nicht zu dicht säen, Blattgemüse können Sie nicht verpflanzen. Wichtig: Spinat ist empfindlich gegen Stickstoffüberdüngung, es kann dann zu Salzstauungen und zu einer übermäßigen Bildung von Oxalsäure und Nitrat kommen.
In humusreichen garen Böden mit genügend Feuchtigkeit (mulchen) gedeiht der Spinat am besten. Auf trockenen Böden schießt er schnell in Blüte. Biologische Gärten bieten also für dieses gesunde Gemüse normalerweise die besten Voraussetzungen.
Sorten: 'Matador' (für Frühjahrs- und Herbstaussaat), 'Lazio' F_1 (geeignet für Frühjahrs- und Spätsommer-Aussaat, ertragreich, resistent gegen Falschen Mehltau), 'Rico' (für ganzjährigen Anbau, mehltauresistent), 'Monnopa' (mehltauresistente und virustolerante Züchtung für Frühjahrs- und Spätsommeraussaat).

■ Die würzigen Blätter des schnellwüchsigen Rucola dürfen in keinem Küchengarten fehlen!

Der Nutzgarten

Ernte: Laufend frisch vom Beet, solange die Blätter zart sind. Schon nach 50 Tagen sind die Pflanzen »reif«. Spinat können Sie gut einfrieren.
Biologische Tipps und Mischkultur: Spinat spielt im biologischen Garten eine besondere Rolle in der Mischkultur. Seine Wurzeln enthalten Saponine, die dem Boden erhalten bleiben sollen, weil sie die Aufnahmefähigkeit der Pflanzenzellwände für Nährstoffe erhöhen. Spinatwurzeln werden deshalb nach der Ernte nicht ausgerissen. Sie fördern die Gare. Übrig gebliebene Blätter dienen als Mulchmaterial. Säen Sie Spinat als Zwischenfrucht zu Kulturen, die vom Erdfloh heimgesucht werden. Der Spinatgeruch vertreibt die Schädlinge. Die dichten Blätterreihen sorgen auch für Schatten und Feuchtigkeit auf den Beeten und fördern so das Bodenleben. Sie bilden eine natürliche Bodendecke.
Besonders gute Nachbarschaft: Erdbeeren, Kartoffeln, Kohl, Radieschen, Stangenbohnen, Tomaten; vermeiden: Rote Bete.

Neuseeländer Spinat

Anbau: Dieser australische Spinat, der zu den Eiskrautgewächsen gehört, wird in kleinen Töpfen warm vorgezogen. Nach den Eisheiligen setzen Sie die Pflanzen auf ein sonniges, mit Kompost versorgtes Beet. Wenige Pflanzen genügen; sie benötigen anfangs 50 cm Abstand, da sie sich später mit vielen Ranken ausbreiten. Neuseeländer Spinat kann in der sonst spinatarmen Sommerzeit geerntet werden.
Sorten: 'Carla's Bester' (wächst buschig und gut verzweigt); sonst meist als Neuseeländer Spinat angeboten.
Ernte: Während des ganzen Sommers Triebspitzen und zarte Blätter. Sie sind dickfleischiger als unser Spinat, werden aber genauso zubereitet.
Biologische Tipps und Mischkultur: Guter Bodendecker für größere Flächen. Ernten Sie selber Samen. Gute Nachbarn sind Tomaten und Obstbäume.

Erdbeerspinat

Anbau: Dieses alte Gemüse aus Großmutters Garten *(Chenopodium capitatum)* wurde jahrhundertelang wie Spinat gegessen. Säen Sie von März bis August mit 25–30 cm Abstand auf ein sonniges Beet. An nicht geernteten Pflanzen entwickeln sich rote, erdbeerähnliche Beeren, die aber nicht besonders aromatisch sind.
Sorten: Keine.
Ernte: Laufend grüne Blätter, die wie Spinat oder als Salat zubereitet werden. Die Beeren sind essbar und eignen sich vor allem als Dekoration.

Mangold

Anbau: Von diesem vitaminreichen Blattgemüse gibt es zwei Arten: den Blattmangold und den Rippen- oder Stielmangold. Beide werden im April ausgesät auf ein Beet, das bereits im Herbst mit Kompost, Mulch und etwas organischem Dünger vorbereitet wurde. Blattmangold benötigt 30 cm Reihenabstand, die Pflanzen werden auf 15–20 cm Abstand verzogen. Rippenmangold braucht in der Reihe und zwischen den Pflanzen 40 cm Abstand. Spätere Aussaaten, bis Juli, können überwintern, sie müssen aber durch Laubdecken geschützt werden. Für die Entwicklung reicher Blattmengen ist viel Feuchtigkeit wichtig. Neue farbige Züchtungen bereichern das traditionelle Sortiment.
Sorten: 'Lukullus' (Blattmangold), 'Glatter Silber' oder 'White Silver', 'Walliser' (Rippenmangold), 'Bright Lights' (Stiele regenbogenfarbig in grün, rot, gelb und weiß, attraktiv und wohlschmeckend), 'Rhubarb Chard' (rote Stiele und Blattrippen).
Ernte: Während des ganzen Sommers können immer wieder die äußeren Blätter geerntet werden. Das »Herz« bleibt erhalten, damit die Pflanzen nachwachsen. Blattmangold wird wie Spinat verwendet; beim Stielmangold schneiden Sie die breiten »Rippen« heraus

■ Ein Schmückstück für den Küchengarten: die farbenfrohe neue Mangold-Züchtung 'Bright Lights'.

SALATE UND GEMÜSE

und kochen sie wie Spargel. Das Blattgrün wird extra gedünstet. Rotstielige Sorten schmecken herber.

Biologische Tipps und Mischkultur:
Gegen die Mehltauempfindlichkeit hilft weiter, luftiger Stand.
Gute Nachbarn sind Kohlarten, Möhren, Radieschen und Rettich; Kopfsalat eignet sich als Zwischenraum-Kultur.

Melde

Anbau: Eine anspruchslose Nebenkultur; Melde kann auch als Randpflanze oder »Lückenbüßer« ausgesät werden. Reihenabstand etwa 25 cm. Dieses altmodische Blattgemüse ist eine Art Sommerspinat aus Großmutters Garten. Kultur sonst ähnlich wie Spinat. Die Melde stellt nur geringe Ansprüche an Boden und Düngung. Aussaaten sind bei offenem Wetter schon ab Januar möglich.
Sorten: 'Gartenmelde', 'Gartenmelde gelbe', 'Grüne rheinische', 'Rote Gartenmelde'.
Ernte: Wenn die Pflanzen 20 cm hoch gewachsen sind, können sie geschnitten und wie Spinat zubereitet werden.

Biologische Tipps und Mischkultur:
Die Pflanzen setzen schnell Samen an, Sie können leicht eigenes Saatgut gewinnen, das aber nur ein Jahr haltbar ist. Melde wird fast nur noch in Spezialitäten-Katalogen angeboten; Bezugsquellen finden Sie im Anhang.

Hülsenfrüchte in Hülle und Fülle

Hülsenfrüchte oder Leguminosen gehören zu den Schwachzehrern. An ihren Wurzeln siedeln sich die Knöllchenbakterien an, die Stickstoff umwandeln und sammeln. Diese Nutzpflanzen bedeuten also gleichzeitig eine Art Gründüngung für den Garten. Sie entziehen dem Boden nicht nur Nährstoffe, sie geben ihm auch aus ihrer eigenen »Düngererzeugung« Stickstoff zurück. Deshalb müssen Sie mit einer zusätzlichen Düngung sehr vorsichtig sein, sonst geraten die Leguminosen aus dem Gleichgewicht. Sie stehen immer in dritter Tracht und tragen ihr Teil dazu bei, die Erde zu regenerieren. Die Früchte der verschiedenen Erbsen und Bohnen sind sehr gesund und besonders eiweißhaltig.

Erbsen

Anbau: Erbsen brauchen kein besonders gedüngtes Beet. Kompost und Mulchabdeckung im Herbst dienen als Vorbereitung. Im Frühling können Sie zusätzlich etwas Steinmehl streuen oder Holzasche, die Kalk und Kali enthält.
Drei Erbsenarten müssen Sie unterscheiden lernen: **Pal- oder Schalerbsen** besitzen große, glatte, runde Körner. Die reifen Früchte werden mehlig. **Markerbsen** schmecken, solange sie jung und grün sind, sehr süß und zart. Im Alter werden sie hart und runzelig. **Zuckererbsen** gehören zu den süßen Delikatessen. Sie müssen ganz jung geerntet werden; dann können Sie sie mit den Schoten dünsten.
Unempfindlich gegen kaltes Frühlingswetter sind die Palerbsen; sie können schon ab März ausgesät werden, wenn der Boden nicht mehr gefroren ist. Der Reihenabstand beträgt etwa 40 cm. Legen Sie die Körner 5 cm tief mit 2–3 cm Zwischenraum, und schützen Sie die zugedeckten Saatfurchen möglichst mit Maschendraht oder einer anderen Abdeckung,

■ Die Rote Melde gehört zu den sehr alten Gemüsearten. Sie ist eine echte Attraktion.

■ Zarte, süße Schoten verspricht die Ernte der Zuckererbsensorte 'Oregon Sugar Pod'.

■ An einem stabilen Maschendraht-Gitter finden die Ranken der Erbsen sicheren Halt.

Der Nutzgarten

denn die Vögel scharren die Samen gern heraus. Niedrige Sorten brauchen keine Kletterhilfen, sie stützen sich selbst.

Ab Mitte April können Sie Markerbsen und Zuckererbsen säen, der Boden muss schon etwas erwärmt sein. Hohe Sorten bekommen durch Reiser oder Maschendrahtwände festen Halt. Alle Erbsenreihen werden, sobald die Pflanzen handhoch gewachsen sind, angehäufelt. Je nach Sorte und Klima brauchen die Früchte 60–75 Tage bis zur ersten Ernte.

Sorten: Palerbsen: 'Kleine Rheinländerin', (niedrig, altbewährt), 'Frühe Harzerin' (mittelgroß).

Markerbsen: 'Aldermann', 'Lancet' (mittelhoch), 'Exzellenz', 'Wunder von Kelvedon' (niedrig), 'Markana' (standfest, Ranken stützen sich selbst).

Zuckererbsen: Zuccola (mehltauresistent), 'Ambrosia', 'Sugar Bon', 'Oregon Sugar Pod' (halbhoch), 'Schweizer Riesen' (Kaiserschote, bis 12 cm lange Schoten, alte Schweizer Landsorte).

Spezialität: Blauhülsige Kapuzinererbsen oder Capucijners 'Blauschwokkers', 'Blauschwokkers Desiree', 'Desiree' (nur bei Spezialversendern, siehe Bezugsquellen).

Ernte: Laufend, sobald die Früchte reifen. Die Termine sind je nach Sorte unterschiedlich. Erbsen lassen sich gut einfrieren. Palerbsen können Sie auch trocknen.

Biologische Tipps und Mischkultur: Freier sonniger Stand beugt Krankheiten vor. Stickstoffdüngung macht Erbsen anfällig für Krankheiten und Schädlinge. Nach der Ernte sollen die Wurzeln mit den Knöllchenbakterien im Boden bleiben. Das Erbsenstroh eignet sich gut zum Kompostieren und als Mulchdecke. Ernten Sie auf jeden Fall eigenes Saatgut, indem Sie einige Schoten ausreifen lassen. Gute Nachbarn sind Fenchel, Gurken, Kopfsalat, Kohl und Möhren.

Buschbohnen

Anbau: Es gibt grüne, gelbe, violettblaue und rot gesprenkelte Sorten. Sie alle brauchen Wärme und werden erst ab Mitte Mai ausgelegt. Auch die Bohnen gehören zu den Schwachzehrern und Stickstoffsammlern. Sie vertragen Sonne und Halbschatten. Das Beet wird mit Kompost gedüngt und gemulcht, die Erde soll in gutem, lockerem Zustand sein. Die Reihen benötigen 40 cm Abstand. Legen Sie innerhalb der Reihe mit 40 cm Abstand jeweils 4–6 Bohnenkörner in eine Mulde. Sie können aber auch in gerader Linie aussäen, wenn Sie auf genügend Abstand achten. Bohnen wollen nach einer alten Regel »die Glocken läuten hören«; legen Sie sie deshalb höchstens 2–3 cm tief. Durch einen Folientunnel oder auch durch Anzucht in Töpfchen können Sie die erste Bohnenernte vorverlegen. Vorgezogene, starke Pflanzen sind sicherer vor Schnecken! Im Juni bis Anfang Juli sollten Sie noch einmal Bohnen nachsäen.

Sorten: Grüne Buschbohnen: 'Saxa', 'Doppelte Holländische Prinzess' (alte robuste Sorten), 'Delinel', 'Primel', 'Sperling's Pergousa'.

Gelbe Buschbohnen (Wachsbohnen): 'Wachs-Beste von Allen', 'Berggold' 'Golddukat', 'Hildora'.

Von grünen Buschbohnen gibt es rund- und flachhülsige Sorten. Ernten Sie sie jung!

Aus gelben Wachsbohnen können Sie Salat, Gemüse oder rustikale Suppen zubereiten.

Die violette Buschbohne 'Purple Teepee' färbt sich beim Kochen grün.

SALATE UND GEMÜSE

Violette Buschbohnen: 'Purple Teepee', 'Purple King'.
Bunte Buschbohnen: 'Borlotto' (resistent gegen Mosaikvirus, rot-grün gesprenkelt).
Ernte: Laufend frisch, solange Bohnen nachwachsen. Vorsichtig mit beiden Händen abpflücken, nicht abreißen, sonst wachsen weniger Früchte nach und die Pflanzen leiden. Buschbohnen können Sie einfrieren, einkochen, trocknen oder in Salz einlegen.
Biologische Tipps und Mischkultur:
Wie bei Erbsen Stickstoffdüngung vermeiden, die Wurzeln bleiben mit den Knöllchenbakterien als natürliche Stickstoffanreicherung im Boden. Lassen Sie eigenes Saatgut reifen. So können Sie besonders ältere Sorten erhalten. Die Bohnenkerne sind 3–4 Jahre haltbar.
Gute Nachbarn sind Erdbeeren, Gurken, Kohl, Kohlrabi, Rote Bete, Salate, Sellerie und Tomaten. Mischkultur mit Bohnenkraut schützt Bohnen vor Schwarzen Läusen.

Stangenbohnen

Anbau: Stangenbohnen sind anspruchsvoller in der Kultur als die bescheidenen Buschbohnen. Sie brauchen mehr Wärme, mehr Nährstoffe und vor allem mehr Platz. Sie eignen sich deshalb für große Gärten und große Familien. Die Stangen, an denen diese rankenden Bohnen hochklettern, können aus Holz oder Welldraht angefertigt sein. Es genügt, wenn sie über dem Boden 2 m hoch sind. Sie werden in 70 × 60, höchstens 50 × 100 cm Entfernung voneinander senkrecht in den Boden eingegraben. Beliebt ist auch die Methode, zwei Reihen Stangen schräg aneinander zu stellen und am »First« durch eine Querstange zu stabilisieren. Diese Konstruktion ist zwar standfest, wirft aber, wenn sie bewachsen ist, viel Schatten und behindert dadurch Misch- und Unterkulturen.
Um jede Stange ziehen Sie einen Kreis und legen 6–8 Körner in 3 cm tiefe Rillen. Die Aussaat der Stangenbohnen beginnt aber erst ab Mitte Mai. Zu früh gelegte Samen verfaulen in kalter Erde. Gedüngt wird mit Kompost und organischem Dünger, der nur wenig Stickstoff enthält: zum Beispiel Holzasche oder Knochenmehl. Außerdem brauchen Stangenbohnen immer reichlich Feuchtigkeit. Reifezeit bis zur ersten Ernte je nach Sorte 75–100 Tage.
Sorten: 'Neckarkönigin' (resistent gegen Mosaikvirus), 'Marga' (brennfleckenresistent), 'Mombacher Speck' (altbewährt), 'Quedlinburger Speck' – grüne Sorten.
'Wachs Neckargold' – gelbe Sorte.
'Blauhilde' (robuste, alte Sorte für rauere Lagen, bläulich gefärbt, beim Kochen »ergrünt« sie wieder).
Ernte: Laufend frisch während des Sommers; junge zarte Bohnen eignen sich am besten, sie dürfen nicht so lange hängen bleiben, bis sie hart werden. Stangenbohnen sind größer und schmecken kräftiger als die zarten Buschbohnen. Sie können sie einfrieren, in Salz einlegen und sowohl die ganzen Bohnen als auch die Kerne trocknen.
Biologische Tipps und Mischkultur:
Bohnen sollten nie bei nassem Wetter angefasst oder geerntet werden. Dadurch beugen Sie der Verbreitung von Pilzkrankheiten vor. Benutzen Sie die Bohnenreihen als Windschutz für empfindliche Kulturen, zum Beispiel Gurken. Lassen Sie von den ersten Früchten einige ausreifen, um Samen zu gewinnen. Gute Nachbarn sind Endivien, Gurken, Kapuzinerkresse, Kohl, Kohlrabi, Kopfsalat, Tomaten und Zucchini. Schlechte Nachbarn sind Erbsen, Fenchel, Knoblauch, Lauch und Zwiebeln.

Feuerbohnen
(Prunkbohnen, Wollbohnen)

Anbau: Feuerbohnen sind robuster und anspruchsloser als Stangenbohnen. Sie gedeihen auch in rauen Lagen und weniger guten Böden. Säen Sie sie je nach Witterung Anfang bis Mitte Mai aus. Sie klettern an Stangen hoch, begnügen sich aber auch mit Zäunen, Balkongittern und Rankgerüsten im Ziergarten. Feuerbohnen bilden nicht nur dichte grüne Blättervorhänge, sie bezaubern auch durch die großen feuerroten Schmetterlingsblüten, denen sie ihren Namen verdanken. Einige Sorten blühen auch weiß. Diese Nutzpflanze aus dem Gemüsegarten können Sie deshalb auch zur Zierde im Blumengarten oder auf dem Balkon aussäen. Sie eignet sich als Sicht- und Windschutz.
Die Kulturmaßnahmen sind im Übrigen die gleichen wie bei Stangenbohnen. Die Reifezeit dauert etwa 2 Wochen länger.
Sorten: 'Weiße Riesen' (weiß blühend), 'Preisgewinner' (rot blühend), 'Butler' (fadenlos, rot blühend).
Ernte: Die kräftigen langen Schoten müssen unbedingt jung und zart geerntet werden. Später werden sie hart und »wollig«. Feuerbohnen eignen sich vor allem für kräftig-würzige Suppen. Sie sind gesund wegen ihres hohen Eiweißgehaltes. Die Körner können Sie trocknen.
Biologische Tipps und Mischkultur:
Vorbeugender Pflanzenschutz besteht auch in der Wahl derjenigen Gemüsearten, die dem

■ Gekreuzte Stangen bieten den rankenden Bohnensorten eine standfeste Kletterhilfe.

Der Nutzgarten

Klima angepasst sind. Bauen Sie deshalb in rauen Lagen lieber Feuerbohnen als die Wärme liebenden Stangenbohnen an. Saatgut können Sie leicht selber ziehen, wenn Sie die großen Bohnen trocknen.

Vorsicht: Rohe Bohnen sind giftig! Beim Kochen verschwindet das Gift. Sie dürfen nie als grüne Rohkost verzehrt werden, weil sie Phasin enthalten. Warnen Sie deshalb Ihre Kinder – nicht vom Bohnenbeet naschen!

Puffbohnen
(Dicke Bohnen, Pferdebohnen, Ackerbohnen, Saubohnen)

Anbau: Puffbohnen gab es in Europa schon lange, bevor die anderen Arten aus Süd- und Mittelamerika eingeführt wurden. Diese Bohnen sind überhaupt nicht kälteempfindlich, im Gegenteil, frühzeitige Wärme macht sie anfällig für Schwarze Läuse. Säen Sie Puffbohnen so früh wie möglich, in milden Gegenden schon im Februar, in raueren Landschaften Anfang März. Der Boden soll mit Kompost versorgt sein, darf aber nicht frisch gedüngt werden. Diese robuste Bohnenart gedeiht auch noch in schwerem, kalkhaltigem Boden. Sie sammelt wie alle Leguminosen Stickstoff in Zusammenarbeit mit den Knöllchenbakterien, und sie lockert den Untergrund mit tief reichenden Wurzeln.

Der Reihenabstand beträgt 40 cm; stecken Sie alle 20–25 cm zwei Bohnenkörner 5 cm tief. Sie können die dicken Samenkörner vorher in Wasser oder feuchtem Sägemehl vorquellen lassen. Die jungen Pflanzen werden ausgedünnt, so dass sie frei stehen; sie müssen angehäufelt und bei Trockenheit rechtzeitig gegossen werden. Bis zur ersten Ernte dauert es 120–150 Tage. Sie beginnt Ende Mai und ist bis Ende Juni abgeschlossen. Dann ist das Beet frei für eine Nachkultur.

Sorten: 'Con Amore', 'Hangdown grünkernig', 'Dreifachweiße'.

Ernte: Die halbreifen grünen Hülsen werden gepflückt, wenn sie mittelgroß sind und die »Naht« noch hell gefärbt ist. Gekocht werden die zarten, weißlichen, dicken Körner, die man auch einfrieren kann.

Biologische Tipps und Mischkultur: Puffbohnen sind anfällig für Schwarze Läuse. Vorbeugend wirken: frühe Aussaat, weiter, luftiger Stand und später das Auskneifen verlauster Spitzen. Spinat als Zwischenkultur hält den Boden feucht. Gute Nachbarn sind Pflücksalat und Kohlrabi. Ernten Sie auch von diesen Bohnen Samen.

Zwiebelgemüse – die heilkräftigen Scharfmacher im Gemüsegarten

Die Zwiebeln und ihre Verwandten gehören wahrscheinlich zu den ältesten Gemüsen der Erde. Sie werden in jahrtausendealten ägyptischen Dokumenten ebenso erwähnt wie in historischen chinesischen Quellen. Die »beißenden« Früchte, die der Köchin die Tränen in die Augen treiben, könnten aber auch zu den Gewürz- oder Heilpflanzen gerechnet werden. Zwiebeln enthalten außer Vitaminen und organischen Säuren vor allem schwefelhaltige ätherische Öle. Sie haben antiseptische und desinfizierende Eigenschaften. Der Knoblauch wirkt sogar als eine Art natürliches Antibiotikum. Wo viel Knoblauch gegessen wird, da gibt es auch auffallend viele Hundertjährige.

■ Dicke Bohnen müssen jung geerntet werden, wenn die Körner noch weißlich grün sind.

■ Zur Zwiebelfamilie gehören sehr verschieden gestaltete Mitglieder: gelbe und rotschalige Steckzwiebeln, weiße Frühlingszwiebeln, Winterheckezwiebel auf dem Korb und Lauch im Vordergrund.

SALATE UND GEMÜSE

So viel Gesundheit muss man sich einfach in den Garten holen!

Zwiebeln

Anbau: Zwiebeln wachsen in zweiter Tracht, also nach den »Düngerfressern«. Der Boden soll locker, humusreich und warm sein. Das möglichst sonnig gelegene Beet wird im Herbst mit Kompost gedüngt und gemulcht. Wenn zusätzliche Nahrung nötig ist – je nach Bodenzustand –, verwenden Sie einen kalihaltigen Dünger, zum Beispiel Holzasche. Diese bekommt auch der Mischkultur mit Möhren gut. Stark stickstoffhaltige Dünger sollten Sie meiden, die Zwiebeln reifen sonst schlecht aus. Niemals mit frischem Mist düngen!
Die Pflegearbeiten auf dem Zwiebelbeet beschränken sich darauf, den Boden locker und unkrautfrei zu halten. Vorsicht beim Hacken, Zwiebeln haben flach wachsende Wurzeln!
Beim Säen und Pflanzen müssen Sie zwischen den verschiedenen Zwiebelarten unterscheiden.
Steckzwiebeln sind etwa haselnussgroße Zwiebeln, die im April in Reihen mit 20 bis 25 cm Abstand gesetzt werden. Untereinander benötigen sie 10 cm Zwischenraum. Aus jeder kleinen Saatzwiebel wächst eine große, dicke Einzelzwiebel heran.
Eigenes Steckzwiebel-Saatgut gewinnen Sie, wenn Sie Zwiebelsamen dicht und breitwürfig auf ein kleines Extrabeet säen.
Schalotten-Saatgut ist wesentlich größer, jede Zwiebel hat etwa Walnussgröße. Sie werden wie die Steckzwiebeln gepflanzt, benötigen aber in der Reihe einen größeren Abstand, weil rund um die »Mutterzwiebel« ein Nest von mittelgroßen Nachwuchszwiebeln entsteht. Schalotten wachsen auch gut, wenn die Reihen zu kleinen Hügeln angehäufelt werden. Vor allem in schweren Böden bewährt sich diese Methode. Steckzwiebeln und Schalotten werden hoch gepflanzt, so dass ein Drittel des Zwiebelbäuchleins über den Boden herausragt.
Saatzwiebeln werden ab Mitte März aus Samen gesät. Der Reihenabstand beträgt 20 cm. Die feinen Körnchen werden in flachen Rillen ausgestreut, nur dünn mit reifem Kompost übersiebt und festgeklopft. Die Keimung kann sich über 3 bis 4 Wochen hinziehen. Zu dicht stehende Pflanzen werden auf 5–10 cm Abstand vereinzelt. Diese jungen Zwiebelchen können Sie schon für die Küche benutzen. Saatzwiebeln reifen etwas später, sind dafür aber besonders haltbar und lagerfähig.
Weiße Frühlingszwiebeln werden im August in Reihen mit 20–25 cm Abstand gesät und auf 3 cm Zwischenraum verzogen. Sie sind im nächsten Mai als früheste Zwiebeln ernteif. Über Winter müssen sie in rauen Lagen durch eine Fichtenreisigabdeckung geschützt werden.
Lauchzwiebeln treiben lauchähnliches, zierliches Laub; sie bilden keine Zwiebeln, sondern nur einen verdickten Schaft, der weiß oder bei besonderen Züchtungen auch rot gefärbt ist. Die würzigen Lauchzwiebeln können sowohl im Frühling als auch im Sommer ausgesät werden; einige Sorten sind winterhart.
Winterheckezwiebeln sind mehrjährig. Sie bilden röhrenförmiges Laub und weiße Verdickungen am Stängelende. Diese »ewige Zwiebel« dient als schnittlauchähnliche Würze; richtige Zwiebeln entwickelt sie nicht.

■ Die zarten Lauchzwiebeln, hier die Sorte 'White Lisbon', werden frisch verbraucht.

■ Eine amüsante Rarität aus dem Bauerngarten ist die Etagen- oder Luftzwiebel.

■ Schalotten bilden ein typisches Nest. Das vergilbte Laub zeigt, dass sie ernteif sind.

Der Nutzgarten

Etagenzwiebeln sind eine Kuriosität: Ihre Zwiebeln bilden sich nicht am Fuß der Pflanzen in der Erde, sondern »in der oberen Etage«. Im Sommer sind die hohen Stängel an der Spitze mit einem Nest kleiner Zwiebelchen gekrönt. Diese Luft- oder Brutzwiebeln können als Würze in der Küche und als Steckzwiebeln für neue Pflanzen verwendet werden.
Sorten: Saatzwiebeln: 'Stuttgarter Riesen', 'Zittauer gelbe', 'Braunschweiger blutrote', 'Piroska' (dunkelrot), Überwinterungszwiebel 'Senshyu Yellow' (winterhart), 'Weiße Frühlingszwiebeln' (winterhart), 'Weiße Königin' (Perlzwiebeln, Frühlingsaussaat), 'Barletta' (Silberzwiebel).
Lauchzwiebeln: 'Milda' (weiß), 'Toga' (roter Schaft).
Steckzwiebeln: 'Stuttgarter Riesen', 'Braunschweiger blutrote', 'Birnenförmige' (länglich, fein).
Schalotten: 'Golden Gourmet' (mildwürzig), 'Red Sun' (rot, innen weiß-rosa), 'Longor' (länglich schmal, rosa Fleisch).
Ernte: Zwiebeln sind reif, wenn das Laub vergilbt und sich von selbst umlegt. Saatzwiebeln werden ab August bis September geerntet, Steckzwiebeln früher. Wählen Sie einen warmen Tag und lassen Sie die Zwiebeln an der Luft trocknen, nachdem Sie die Erdreste aus den Wurzeln und lose Schalen entfernt haben. Am besten breiten Sie sie auf Obsthürden aus. Die trockenen Früchte werden dann gebündelt, oder Sie flechten aus den Röhren Zöpfe. Hängen Sie Ihre Zwiebeln an einem trockenen, luftigen Ort auf.
Biologische Tipps und Mischkultur: Folgen Sie nicht dem verbreiteten Ratschlag, das Zwiebellaub im Sommer niederzutreten, damit es gelb wird. Sie leiten damit nur eine Notreife ein; diese Früchte sind nicht so haltbar. Späte Zwiebelaussaaten wachsen gut nach Kartoffeln. Auf Sandböden beeinflusst die Kamille die Zwiebeln günstig.
Die klassische Mischkulturen-Nachbarschaft ist die Möhre. Beide Gemüse vertreiben sich gegenseitig die Zwiebel- und die Möhrenfliege. Andere gute Kombinationen zu Zwiebeln sind Bohnenkraut, Dill, Erdbeeren, Gurken, Kopfsalat und Zichoriensalate.

Knoblauch

Anbau: Im Großen und Ganzen gleichen Bodenvorbereitung und Pflege derjenigen beim Anbau von Zwiebeln. Knoblauch ist als Kind südeuropäischer und orientalischer Heimatländer aber noch sonnenhungriger. Er liebt warme, leichte Böden. Als Saatgut verwenden Sie die »Zehen«, in die Sie eine große Knoblauchzwiebel zerteilen können. Sie werden einzeln mit 15 cm Abstand 4–5 cm tief gepflanzt. Ab März/April kann dieses Zwiebelgewächs schon im Freiland ausgepflanzt werden. In nicht zu kalten Gegenden können Sie Knoblauchzehen auch im Herbst, von September bis Oktober, stecken. Knoblauch braucht nicht unbedingt ein eigenes Beet. Er kann an vielen Stellen im Garten als Mischkultur und »Gesundheitsdienst« verstreut werden.
Sorten: 'Blanc de Lautrec' (weißer französischer Knoblauch), 'Rose de Lautrec' (rosa, mildes Aroma).
Ernte: Genau wie Zwiebeln, wenn das Laub gelb und trocken wird, etwa von Juli bis August; die Herbstpflanzung reift bereits im folgenden Frühling. Knoblauch sollten Sie zu dekorativen Zöpfen flechten und neben den Zwiebeln kühl und trocken aufhängen.
Biologische Tipps und Mischkultur: Knoblauch wirkt vorbeugend gegen Pilzkrankheiten, Mäuse und Schnecken, sowohl in der Zwischenpflanzung als auch in schädlingsabwehrenden Pflanzenbrühen. Setzen Sie ihn zu Erdbeeren, Himbeeren, Obstbäumen, Tomaten, Roten Beten, Möhren und Gurken; aber auch im Blumengarten zu Rosen, Tulpen und

■ Möhren und Lauch bilden eine schädlingsabwehrende Mischkultur, die Möhren- und Zwiebelfliegen vertreibt. Diese Gemüse ergänzen sich auch gut im Wachstum.

SALATE UND GEMÜSE

Lilien. Legen Sie einige feste Zwiebeln als Saatgut zurück.

Lauch, Porree

Anbau: Lauch enthält ebenfalls schwefelhaltige, ätherische Öle und wirkt sanft abführend. Dieses gesunde Gemüse wächst gleichfalls in zweiter Tracht, ist aber anspruchsvoller als seine Verwandten, die Zwiebeln. In nährstoffreichem, tiefgründigem Boden gedeiht es am besten. Bereiten Sie das Lauchbeet im Herbst mit Kompost und organischem Dünger vor. Gut verrotteter Rinder- oder Schweinemist eignet sich besonders gut.

Säen Sie den schwarzen Lauchsamen ab März/April ins Frühbeet oder im April ins Freiland. Ab Mai können Sie, für frühe Ernten, die Pflanzen aufs vorbereitete Beet setzen. Für den Winterverbrauch säen Sie noch einmal Porree von Mai bis Juni aus. Bis Anfang August können diese späten Pflanzen noch versetzt werden, zum Beispiel als Nachfrucht auf das Frühkartoffelbeet.

Lauchsetzlinge benötigen 20–30 cm Reihenabstand und 15 cm Zwischenraum in der Reihe, damit sie sich kräftig entwickeln können. Ziehen Sie tiefe Furchen und sieben Sie reifen Kompost hinein. Blätter und Wurzeln werden vor dem Pflanzen etwas eingestutzt. Bei trübem Wetter werden die Lauchsetzlinge mit verdünnter Brennnessel-Brühe angegossen. Auch später, während der Hauptwachstumszeit, erhält das Gemüse noch eine Kopfdüngung aus Pflanzenjauche. Sorgen Sie immer für genügend Feuchtigkeit. Während der normalen Pflegearbeiten, beim Durchhacken der Reihen, wird die Furche langsam zugeschüttet, und später werden die Pflanzen noch zusätzlich angehäufelt, damit sie hohe weiße Schäfte bekommen.

Sorten: 'Elefant' (für die Herbsternte), 'Blaugrüner Winter', 'Carentan' (alle winterhart), 'Genita' (winterhart, Ernte bis Ende Mai), 'D'hiver de Saint-Victor' (wohlschmeckende Traditionssorte).

Ernte: Ab Herbst bis weit ins nächste Frühjahr, je nach Sorte. Lauch sollte möglichst im Freiland überwintern (richtige Sorte wählen!) und stets frisch geerntet werden. Nur in sehr rauen Lagen mit lange gefrorenem Boden müssen Sie die Schäfte im Herbst rechtzeitig ausgraben und im Frühbeet oder an einem anderen geschützten Platz einschlagen.

Biologische Tipps und Mischkultur: Lauch muss kräftig ernährt, sollte aber nie übermäßig angetrieben werden, er verliert sonst sein gutes Aroma. Biologisch angebauter Lauch schmeckt feinwürzig und leicht süß. Er riecht niemals unangenehm beim Kochen!

Lassen Sie im Frühling einige Porreepflanzen stehen, und schneiden Sie die Blütenansätze ab. Am Fuß bilden sich dann kleine weiße Perlzwiebeln.

Vorbeugend gegen die Lauchmotte wirkt vor allem eine rechtzeitige Abdeckung mit Gemüsefliegennetzen zur Flugzeit der Motten von April bis Mai. Befallene junge Pflanzen werden tief zurückgeschnitten. Sie treiben dann neu aus. Gute Nachbarn sind vor allem Möhren, aber auch Sellerie, Tomaten, Salat, Kohlarten und Erdbeeren.

Wurzelgemüse – die Vorratskammern der Natur

Unsere Wurzelgemüse bestehen aus »aufgeblähten« Wurzeln und manchmal auch aus Verdickungen des unteren Stängels. In diesen natürlichen Behältern lagern die Pflanzen Nährstoffvorräte ein. Vitamine, Spurenelemente und andere gesunde Inhaltsstoffe sind hier reichlich gesammelt. Was eigentlich zum Überleben der Pflanzen in mageren Zeiten gedacht war, machen sich die Menschen zunutze, indem sie die Wurzeln als Nahrungsmittel verwenden. Diese Gemüsearten könnte man als Medizin im Kochtopf bezeichnen. Durch gärtnerische Züchtungen wurden die »Speicher der Natur« noch umfangreicher und gehaltvoller.

Sellerie

Anbau: Dieses Gemüse braucht nährstoffreichen, feuchten Boden in erster Tracht. Versorgen Sie das Beet bereits im Herbst mit Kompost und Dünger, zum Beispiel mit verrottetem Mist oder groben Hornspänen. Sellerie liebt Kali; mit Hilfe von Holzasche oder gut verrottetem Schweinemist können Sie ihm diesen Nährstoff zukommen lassen. Auch Algenkalk und Steinmehl bekommen den Pflanzen gut.

Sellerie ist kälteempfindlich. Er wird deshalb auf der Fensterbank oder im warmen Frühbeet im Februar/März in Kistchen ausgesät. Die kleinen Pflänzchen müssen ein- bis zweimal pikiert werden und dürfen erst nach den Eisheiligen, Mitte Mai, ins Freiland. Selleriepflanzen, die zuviel Kälte abbekommen, neigen später zum Schossen. Einfacher ist es, sich kräftige Setzlinge bei einem guten Gärtner zu besorgen. Geben Sie dem Sellerie 40 cm Abstand nach allen Seiten. Die Pflanzen werden so hoch gesetzt, dass sie in den ersten Tagen etwas »wackelig« auf den Beinen stehen. Tief gepflanzter Sellerie bildet keine Knollen! Später ragt der obere Teil der würzigen Wurzel ein wenig aus der Erde.

■ Sellerie bildet große würzige Knollen, wenn er in nahrhaftem, feuchtem Boden wächst.

Der Nutzgarten

Wichtig ist, dass die Pflanzen während der Hauptwachstumszeit immer ausreichend mit Wasser und Nährstoffen versorgt sind. Gießen Sie ein- bis zweimal mit Brennnessel-Jauche, und mulchen Sie zwischen den Reihen, aber so, dass die Knollen frei bleiben!
Manche Biogärtner benutzen auf dem Selleriebeet Comfrey- oder Farnblätter als schützende Decke. Beide Pflanzen enthalten Kali, das für die Entwicklung des Selleries besonders wichtig ist.
Sorten: 'Magdeburger Markt' (alte Sorte, siehe Bezugsquellen), 'Dolvi' (verbesserter 'Magdeburger Markt', widerstandsfähig gegen Blattflecken und Rost), 'Monarch' (robust), 'Bergers Weiße Kugel' (widerstandsfähig gegen Blattflecken).
Ernte: Spät im Herbst von Oktober bis November, auf jeden Fall aber bevor stärkere Nachtfröste einsetzen. Sie können die Knollen im Keller in feuchten Sand einschlagen. Vorher werden die Wurzeln eingekürzt und die Außenblätter »abgedreht«. Zarte Sellerieblätter können Sie frisch als Würze verwenden, aber auch einfrieren oder trocknen. Sellerie wirkt entwässernd; er ist gesund wegen seines hohen Vitamin- und Mineralstoffgehaltes. Sie können ihn roh und gekocht verwenden.
Biologische Tipps und Mischkultur: Luftiger Stand wirkt vorbeugend gegen Schädlinge. Spritzen Sie Ackerschachtelhalmtee, ebenfalls vorbeugend, gegen Pilzkrankheiten.
Gute Nachbarn sind Lauch und Buschbohnen. Auch mit Kohl, vor allem Blumenkohl, gedeiht er gut. In dieser Kombination wehrt der strenge Selleriegeruch die Kohlweißlinge von seinem gefährdeten Partner ab.

Stangensellerie, Bleichsellerie

Anbau: Dieser Sellerie wurde nicht auf Knollen, sondern auf Stängel gezüchtet. Die Bodenvorbereitung ist die gleiche wie beim Knollensellerie. Säen Sie ab Ende April in 2 cm tiefe Furchen, oder ziehen Sie die Pflanzen wie Knollensellerie vor. Der Abstand der Setzlinge beträgt etwa 30–35 cm. Die Pflanzen werden später mit Erde hoch angehäufelt oder mit dunkler Folie umwickelt, damit sie bleichen. Neue Sorten entwickeln von selbst gelbe Innenblätter. Pflege sonst wie Knollensellerie.
Sorten: 'Golden Spartan' (gelb-grüne Stiele), 'Tall Utah 52/70' (dunkelgrünes, würziges Laub).
Ernte: Ab August; wenn herbstliche Nachtfröste drohen, sollten Sie den Stangensellerie mit einem Folientunnel schützen. Im Winter hält sich das Gemüse eine Zeit lang im Sandeinschlag im Keller. Sie können diesen Feinschmeckersellerie roh oder gedünstet essen. Die hellen Blattrippen lassen sich wie Spargel zubereiten. Die Blätter eignen sich zum Würzen.
Biologische Tipps und Mischkultur: Wie Knollensellerie.

■ Stangensellerie gehört zu den feinen Delikatessen, die einen Anbauversuch wert sind.

Möhren und Karotten

Anbau: Als Karotten werden die kleinen rundlichen Sorten bezeichnet, während die langen orangeroten Wurzeln allgemein Möhren genannt werden, im Süden auch Gelbe Rüben. Sie wachsen auf Beeten zweiter Tracht und sollten niemals mit frischem Mist gedüngt werden, auch nicht im Herbst vor der Aussaat. Denn in diesem organischen Dünger können sich Würmer und Fliegenmaden ansiedeln, die zu den »Feinden« der Möhren gehören.
Dieses Wurzelgemüse liebt einen tiefgründigen, humusreichen Boden. In warmer, lockerer, sandiger Erde gedeihen Möhren leichter als in schwerem Lehm. Hier kann Gründüngung, die über Winter als Mulchdecke liegen bleibt, helfen, den Untergrund zu lockern. Im Normalfall versorgen Sie das Beet im Herbst mit Kompost und decken es mit Mulchmaterial ab. Im Frühjahr dürfen Sie in die Saatrillen nur noch feinen reifen Kompost geben. Da Möhren Kali brauchen, können Sie auch mit Holzasche düngen.
Die Samen der nahrhaften Wurzeln sind nicht kälteempfindlich und werden schon ab März gesät. Sowohl die runden Karotten als auch lange Sorten eignen sich für den frühen Termin. Spätere Wintersorten kommen von Ende Mai bis Ende Juni in den Boden. Die ersten runden Karotten können Sie bei günstiger Witterung schon nach 75 Tagen ernten, die langen Wurzeln brauchen länger.
Möhrensamen keimt sehr langsam und braucht manchmal 3–4 Wochen, bis er aufgeht. Mischen Sie deshalb als »Markierung« einige Körner Radieschen darunter. Sie kommen schnell heraus und zeigen Ihnen beim Hacken oder beim Säen der Nachbarpflanzen, wie die Möhrenreihe verläuft. Die Rillen werden etwa 3 cm tief gezogen, zwischen den Reihen genügt ein Abstand von 20 cm. Außer mit fein gesiebtem Kompost können Sie das Saatbett mit etwas Algenkalk oder Steinmehl überstäuben. Nachdem Sie die Samen wieder mit Erde oder Kompost zugedeckt haben,

SALATE UND GEMÜSE

drücken Sie die Oberfläche mit dem Rücken des Rechens fest und gießen gut an.
Wenn die Möhren aufgehen, zupfen Sie alle überflüssigen Sämlinge heraus, so dass die Pflanzen im Abstand von 3–5 cm weiterwachsen. Nur so bekommen Sie starke, gesunde Wurzeln! Sie können es auch einmal mit Saatbändern versuchen; darin sind die Samenkörner bereits im richtigen Abstand »eingebaut«. Für Möhren ist es wichtig, dass sie gleichmäßig feucht gehalten werden; bei großen Unterschieden zwischen Trockenheit und plötzlichen Regengüssen platzen die Früchte sonst auf. Dünne, luftdurchlässige Mulchschichten halten die Erde feucht und locker.

Sorten: 'Pariser Markt' (bewährte frühe, runde Karotte), 'Nantaise 2' (früher 'Marktgärtner', mittellang, für frühe und späte Aussaat), 'Rote Riesen' (haltbare Wintermöhre), 'Lange, rote stumpfe, ohne Herz' (späte Sorte, haltbar im Winter), 'Rotin' (frühe bis mittelfrühe Sorte mit hohem Carotingehalt), 'Juwarot' (»Gesundheitsmöhre« mit hohem Carotingehalt, späte Sorte), 'Ingot', 'Buror' (beide F_1-Hybriden, süß und wohlschmeckend). 'Flyaway' F_1 (tolerant gegen Möhrenfliege, zuckersüß, konventionelle Auslese), 'Purple Haze' F_1 (»Ur-Möhre« violett-orange gefärbt, orientalische Vorfahren).

Ernte: Möhren können über einen längeren Zeitraum immer frisch herausgezogen werden, so wie man sie braucht. Die Haupterntezeit liegt je nach Sorte im Sommer, Herbst oder Frühwinter. Lassen Sie die gesunden Wurzeln so lange wie möglich im Freiland, sie schmecken dann viel aromatischer. Eine dicke Stroh- oder Laubdecke kann das Beet noch längere Zeit frostfrei halten. Bevor strenge Kälte einsetzt, lagern Sie die Wintermöhren in einer Miete, im strohverpackten Frühbeet oder im Sandeinschlag im Keller.
Möhren können Sie auch einfrieren, einwecken oder in Form von Saft konservieren. Sie sind roh oder behutsam gedünstet sehr gesund, weil sie Carotin enthalten, das die Vorstufe zu Vitamin A darstellt. Erst im menschlichen Körper entsteht in Verbindung mit Fett das wertvolle Vitamin A.

Biologische Tipps und Mischkultur:
Möhren aus gutem, naturgemäßem Anbau fallen durch ein besonders süßes Aroma auf. Sie haben keinen erdigen Geschmack. Für Biogärtner kann der Biss in eine Möhre deshalb zum privaten Bodentest werden. Ihre Würze verrät viel über die Humuspflege! Ein möglichst freier, etwas windiger Standort, reichlich Abstand untereinander und Vliesabdeckung schützen die Möhren vor der gefürchteten Möhrenfliege. Sehr frühe Aussaaten im März oder sehr späte im Juni wirken vorbeugend gegen diese Schädlinge, weil die Zeit der Eiablage umgangen wird. Bewährt ist auch die Mischkultur mit Zwiebeln und Lauch. Sie bewirkt, wahrscheinlich auf Phytonzidbasis, gegenseitige Schädlingsabwehr. Allgemein günstig wirkt es sich aus, wenn Sie ein paar Körner Dill zwischen den Möhrensamen mischen. Gute Nachbarn sind auch Erbsen (die den Boden lockern!), Mangold, Radieschen, Schnittsalat, Tomaten, Zichoriensalat.

Pastinaken, Hammelmöhren

Anbau: Eine uralte Gemüsepflanze, die in Europa heimisch ist, die Pastinake, wird wieder als Saatgut angeboten. Die langen Wurzeln haben auch eine lange Entwicklungszeit. Säen Sie im März oder April mit 40–60 cm Reihenabstand; Sämlinge auf 10–15 cm Zwischenraum ausdünnen. Pastinaken keimen langsam. Sie brauchen lockeren Boden, Kompost, organischen Vorratsdünger und Brennnessel-Jauche.

Sorten: 'Halblange Weiße'.

Ernte: Erst ab Oktober sind die Hammelmöhren ausgewachsen. Sie sind frosthart und können unter Strohabdeckung auch im Winter geerntet werden. Bevor der Boden aber tief gefroren ist, werden die Pastinaken wie Möhren eingelagert. Die würzigen, sehr gesunden Rüben können Sie roh, als gedünstetes Gemüse oder als Suppenwürze verspeisen.

Biologische Tipps und Mischkultur:
Mit Vliesen gegen die Möhrenfliege schützen und mulchen, damit der Boden immer feucht bleibt. Als Bodendecker eignen sich auch Gurken, für Randpflanzung Salate und Kohlrabi.

Rote Bete, Rote Rüben

Anbau: Die Roten Rüben sind anspruchslos und einfach zu ziehen. Sie gehören zu den Mittelzehrern und nehmen ohne weiteres auch mit einem halbschattigen Beet vorlieb. In einem gepflegten Boden ist zusätzliche Düngung nicht nötig. Kompostversorgung und Mulchabdeckung im Herbst genügen als Vorbereitung.
Ab April können Sie Rote Bete im Freiland aussäen. Die großen Samenkörner lassen sich gut dosieren. Wenn Sie alle 10 cm je 2 Körner

■ Pastinaken (Mitte) sind ein uraltes Gemüse, das mit den Möhren verwandt ist.

Der Nutzgarten

legen und später nur die stärksten Pflanzen wachsen lassen, ersparen Sie sich die Mühe des Vereinzelns. Die Rüben lassen sich zwar auch verpflanzen, aber sie machen dann leicht »schlapp«. Wählen Sie für diesen »Umzug« auf jeden Fall einen feuchten, bedeckten Tag. Die Reihen sollten 25 cm auseinander liegen. Rote Bete brauchen stets genügend Feuchtigkeit, um zarte rote »Kugeln« zu entwickeln. Wo der Boden noch nicht genügend »Gehalt« hat, können Sie mit Pflanzenjauche nachdüngen. Comfreybrühe enthält Kali, das für die Wurzelbildung wichtig ist. Späte Aussaaten von Mai bis Juni bringen besonders zarte Früchte.

Sorten: 'Rote Kugel', 'Forono' (walzenförmig, besonders ertragreich), 'Ägyptische Plattrunde' (flache Form, frühe Ernte). 'Lollipop'-Mischung (farbenfrohe Sorten-Mischung aus: 'Burpee's Gold', gelb; 'Chioggia', hellrot, innen rosa-weiß gestreift; 'Mona Lisa', rot.

Ernte: Bei etwas dichterer Aussaat können Sie die kleinen Früchte bereits während des Sommers laufend herausziehen und verwerten. Späte Aussaaten werden im Oktober – vor dem ersten Frost – ausgegraben. Drehen Sie die Blätter vorsichtig ab, so dass das Herz erhalten bleibt. Rote Rüben dürfen niemals, an keiner Stelle, verletzt werden. Sonst läuft der kostbare rote Saft aus, sie »verbluten«!

Wintervorräte können Sie in feuchtem Sand im Keller einschlagen oder in einer Miete aufbewahren. Rote Bete lassen sich sehr gut in Essig konservieren. Nehmen Sie dazu hübsche Steinguttöpfe. Dieses bescheidene Wurzelgemüse sollte in keinem Biogarten fehlen. Es ist reich an Mineralsalzen und Vitaminen und wirkt blutbildend.

Biologische Tipps und Mischkultur: Mulchen hält die Bodenfeuchtigkeit, die die Rüben brauchen. Gute Nachbarn sind Buschbohnen, Gurken, Kohlrabi und Pflücksalat.

Speiserüben

Anbau: Zu den ältesten Gemüsen, die heute wieder Verbreitung finden, gehören die Speiserüben. Empfehlenswert für Garten und Küche sind die zarten Mairübchen und die später reifenden Teltower Rübchen. Mairüben werden von März bis April mit 20 bis 25 cm Reihenabstand gesät. Nach 4 bis 6 Wochen können sie schon geerntet werden. Teltower Rübchen sät man meist als Nachfrucht im August aus. Von dicht gesäten Mairüben werden die Blätter als »Stielmus« geschnitten. Für dieses Frühlingsgemüse gibt es auch spezielles Saatgut. Die bescheidenen Speiserüben können ähnlich wie Kohlrabi behandelt werden.

Sorten: 'Schneeball', 'White Ball' F_1 (runde, weiße Mairübchen), 'Teltower Rüben' (gelbe, runde Rüben), 'Petrowski/Teltower Rüben' (Goethes feinste Rübenart), 'Teltower Kleine' (kegelförmige Rüben für Herbsternte), Mairübstiel (echtes rheinisches Stielmus), 'Nameria' (starkwüchsiger Rübstiel).

Ernte: Die Mairübchen jung und zart von Mai bis Juni, die länglichen Teltower Rübchen im Spätherbst. Diese können auch wie Möhren gelagert werden. Rübstiel wird nach etwa 6 Wochen geschnitten; das zarte Blattgemüse wächst mehrmals nach.

Biologische Tipps und Mischkultur: Mairübchen mit Netzen vor der Kohlfliege schützen. Alle Rüben nicht nach Kohlarten anbauen; Mischkultur wie Kohlrabi.

■ Die Speiserübe ist eine alte Gemüseart, die heute wieder geschätzt wird.

■ Die anspruchslose Rote Bete gehört zu den gesündesten Wurzelgemüsen. Achten Sie beim Ernten darauf, die Rüben nicht zu verletzen, denn sie »bluten« sehr leicht.

SALATE UND GEMÜSE

Schwarzwurzeln

Anbau: Schwarzwurzeln können ein- oder zweijährig angebaut werden. Man nennt die langen, wohlschmeckenden Wurzeln auch »Winterspargel«. Eine wichtige Voraussetzung ist tiefgründig lockerer Boden. Kartoffeln oder wurzelreiche Gründüngung sind deshalb gute Vorkulturen. In biologischen Gärten, die bereits längere Zeit mit Kompost und Mulch versorgt werden, ist die Humusschicht meist gut vorbereitet für die langen schwarzen Wurzeln. Geben Sie, wo es nötig ist, zusätzliche Nährstoffe bereits im Herbst auf das Beet. Schwarzwurzeln sind Mittelzehrer. Ein langsam wirkender Dünger wie zum Beispiel Hornspäne eignet sich gut für die lange Kulturdauer. Je nach Bodenzustand können Sie im Sommer auch mit Pflanzenjauche gießen. Schwarzwurzeln werden schon früh im März ausgesät. Die Reihen sollten 25–30 cm Abstand haben. Säen Sie die großen, stäbchenförmigen Samen dünn in 3 cm tiefe Rillen. Die jungen Pflanzen werden später auf 7–10 cm Abstand verzogen. Schwarzwurzeln brauchen viel Feuchtigkeit. Auch Spätsommer-Aussaat ist möglich.

Sorten: 'Verbesserte Riesen', 'Hoffmann's Schwarze Pfahl'.

Ernte: Vorsichtig im Herbst ausgraben, weil die langen Wurzeln leicht abbrechen. Sie können sie im Keller in feuchtem Sand einlagern. Schwarzwurzeln sind aber ganz winterhart. In Gegenden, in denen der Boden nicht tief zufriert, können Sie durch eine Stroh- oder Laubschicht die Erde lange offen halten und stets frisch aus dem Freiland ernten. Wer die Blüten herausbricht, kann die Wurzeln noch ein zweites Jahr stehen lassen. Schwarzwurzeln sind mit dem Beinwell oder Comfrey verwandt und haben viele heilkräftige Eigenschaften. Sie enthalten unter anderem Inulin (kein Insulin!) und sind für Zuckerkranke sehr empfehlenswert.

Biologische Tipps und Mischkultur: Die zarten Wurzeln sind bei Mäusen und Wühlmäusen sehr beliebt. Beachten Sie die Spezialtipps im Kapitel »Weit verbreitete Plagegeister«. Gute Nachbarn sind Kohlrabi, Kopfsalat, Lauch und Pflücksalat.

Rettiche und Radieschen

Anbau: Rettiche und Radieschen gibt es in vielerlei Sorten. Sie wachsen in zweiter oder dritter Tracht. Kompostdüngung reicht für ihre Nährstoffansprüche aus. Sorgen Sie für gleichmäßige Feuchtigkeit. Trockenheit lässt die zarten »Wurzeln« pelzig und scharf werden. Beide Früchte brauchen kein eigenes Beet. Sie laufen als willkommene Mischkultur »nebenbei«. Schon ab März können Sie Frühlingsrettiche und Radieschen für die erste Ernte unter Folientunneln aussäen. Wenig später ist auch die Freilandaussaat möglich. Ab Mai müssen Sie Sommersorten wählen, die mehr Hitze vertragen und nicht platzen. Ab Anfang Juli können Sie auch den schwarzen Winterrettich aussäen, der sich zum Lagern in der kalten Jahreszeit eignet.

Die großen runden Samenkörner der Rettiche und Radieschen lassen sich gut dosieren. Säen Sie gleich im richtigen Abstand, damit sich große »Kugeln« oder »Zapfen« entwickeln können. Bei den verschiedenen Rettichsorten sollten 10–25 cm Platz zwischen den Pflanzen bleiben. Achten Sie immer auf die Hinweise, die auf die Samentüten gedruckt sind. Bei Radieschen genügt es, wenn sie etwa 5 cm auseinander stehen. Bei zu dichter Saat bilden sie keine runden Knollen! Zupfen Sie deshalb zu eng stehende Sämlinge aus. Die Rille, in die die Körner gelegt werden, soll etwa 1 cm tief sein. Füttern Sie sie mit fein gesiebtem Reifekompost aus.

Sorten: Frühlingsradieschen: 'Saxa' (altbewährt), 'Knacker' (verbesserte 'Saxa'), 'Prinz Rotin' (für Frühjahrs- und Sommeraussaat, widerstandsfähig gegen Pelzigwerden).
Sommerradieschen: 'Rundes, halb weiß, halb rot', 'Eiszapfen' (längliches, weißes Radieschen), 'Parat' (groß und saftig), 'Riesenbutter' (groß und würzig).
Frühlingsrettiche: 'Rosa Ostergruß', (rosa, halblang), 'Hilds roter Neckarruhm' (leuchtend rot, zart und wohlschmeckend).
Sommerrettiche: 'Rex', (schnellwüchsig, mildwürzig), 'Minowase Summer Cross' (Riesenrettich, mild).
Späte Rettiche: 'Münchner Bier', 'Runder Schwarzer Winter', 'Hild's blauer Herbst und Winter' (Traditionssorten).

Biologische Tipps und Mischkultur: In schweren, undurchlässigen Böden gedeihen Rettiche schlecht. Sie sind deshalb auch ein Test für die Qualität des Humus in Ihrem Biogarten. Wächst der Rettich gerade, glatt und saftig, so haben Sie jenen lockeren, feuchten, humusreichen Bodenzustand erreicht, der das Ziel aller naturgemäßen Methoden ist. Gegen Erdflöhe hilft gleichmäßige Feuchtigkeit, die kleinen Fresser lieben eher einen trockenen Untergrund. Mulchen Sie regelmäßig. Auch Salatpflanzen als Zwischenkultur wehren die Erdflöhe ab.
Radieschen und Rettiche sind ideale Partner in zahlreichen Kombinationen. Gute Nachbarn sind unter anderem Bohnen, Kohl, Kresse, Möhren, Salat, Spinat und Tomaten.

■ Kerzengerade wachsen die Schwarzwurzeln nur, wenn der Boden locker und durchlässig ist.

Der Nutzgarten

Kohl mit Köpfchen – Deftiges und Feines zur Wahl

Die vielgestaltigen Kohlgemüse stammen alle von bescheidenen Wildformen *(Brassica oleracea)* ab, die noch heute in Mittelmeerländern, an den Küsten des Atlantiks und auf Helgoland wachsen. Sie gehören in die Familie der Kreuzblütler. Kohlgerichte waren schon bei den »alten Römern« geschätzt. In der Antike und im Mittelalter wurde dieses Gemüse nicht nur als gesunde Kost, sondern geradezu als Medizin angesehen. Man nannte es den »Arzt der Armen«. Nach heutigem Wissen erscheint uns diese Ansicht gar nicht mehr so abwegig: Kohl enthält alle wichtigen Vitamine, vor allem Vitamin C, reichlich Mineralsalze und Schwefel. Roh oder gekocht sind Kohlgemüse gesund und nahrhaft.

Sie schmecken allerdings genau so, wie sie selbst ernährt wurden. Weißkohl oder Rosenkohl aus einem guten biologischen Anbau hat niemals einen ordinären Beigeschmack und riecht auch nicht unangenehm aus dem Kochtopf. Wer falsch düngt – mineralisch oder mit rohem Mist –, der wird es sofort an den »Düften« merken!

Es gibt eine große Auswahl verschiedener Kohlarten: Kopfkohl (Weißkohl, Rotkohl und Wirsing), Blätterkohl (Grünkohl), Sprossenkohl (Rosenkohl), Blumenkohl und Stängelkohl (Kohlrabi). Immer dient dabei ein anderer Teil der Pflanze als Gemüse. Für jede Gartengröße und für jeden Geschmack findet sich darunter eine passende Sorte.

Kein Biogärtner sollte ganz auf dieses wichtige Nahrungsmittel verzichten. Für kleine Gärten eignen sich vor allem Kohlrabi, Chinakohl, Brokkoli und Palmkohl. Wählen Sie Kohl mit Köpfchen aus!

Weißkohl, Rotkohl und Wirsing

Anbau: Alle Kohlarten, außer Kohlrabi, sind große Düngerfresser und stehen immer in erster Tracht. Vor allem die drei Kopfkohlarten müssen ja gewaltige Blattmassen erzeugen. Dazu brauchen sie natürlich reichlich Nährstoffe und Wasser. Weißkohl, Rotkohl und Wirsing beanspruchen außerdem sehr viel Platz; sie eignen sich nur für große Gärten. Wer mit dem Platz sparsam umgehen muss, sollte Spitzkohl, eine schlanke Variante des Weißkohls, oder andere Kohlarten pflanzen. Das Kohlbeet muss mit Kompost und organischem Dünger schon im Herbst gut vorbereitet werden. Vermeiden Sie aber jede Überdüngung, auch auf naturgemäßer Basis, sie führt unweigerlich zu einer Qualitätsverschlechterung! Gut verrotteten Mist, getrockneten Rinderdung, Hornspäne oder Rizinusschrot können Sie wahlweise als Nährstoffzugabe verwenden. Steinmehl und Brennnessel-Jauche dienen während der Wachstumszeit als zusätzliche Düngung. Nur in sehr humusreichen Gärten kann man es wagen, Kohl nur mit Kompost großzuziehen.

Kohl können Sie leicht selbst aussäen: frühe Sorten ab März ins Frühbeet, Spätkohl im April auf ein Saatbeet im Freien. Versuchen Sie es zuerst mit kleinen Mengen, denn Kohl braucht viel Platz. Ab April setzen Sie die Frühkohlpflanzen mit 40 × 40 cm Abstand. Sie werden tief gepflanzt und später etwas angehäufelt. Die Spätkohlsorten sind bis Anfang Juni nachgewachsen und werden mit 50 × 50 cm Abstand ausgepflanzt. Ende Juni ist der späteste Termin. Halten Sie den weiten Zwischenraum unbedingt ein, auch wenn die Setzlinge noch so klein dabei wirken. Enge Pflanzung ergibt nur kleine Köpfe und fördert Krankheiten. Die »Lücken« können Sie durch rasch wachsende Zwischenkulturen vorübergehend füllen.

■ Die Kohlfamilie hat für jeden Geschmack etwas zu bieten: Rotkohl (oben), Wirsing, Rosenkohl, grüner Blumenkohl 'Romanesco' und Grünkohl (von links nach rechts).

SALATE UND GEMÜSE

Wichtige Pflegemaßnahmen für Kohlbeete: Sorgen Sie immer für reichlich Feuchtigkeit; düngen Sie zwei- bis dreimal mit Flüssigdünger nach und halten Sie den Boden locker. Eine Mulchdecke hilft dabei am besten.

Sorten: Früher Weißkohl: 'Dithmarscher Früher', 'Erstling' (Spitzkohl), 'Cape Horn' F_1 (kleiner, früher Spitzkohl), 'Filderkraut' (schwäbische Spezialität mit spitzen, schweren Köpfen, gut für Sauerkraut!).
Früher Rotkohl: 'Marner Frührot'.
Früher Wirsing: 'Eisenkopf', 'Vorbote'.
Später Weißkohl: 'Braunschweiger' (Herbststernte), 'Marner Lagerweiß' (gut zum Lagern).
Später Rotkohl: 'Marner Lagerrot', 'Langedijker Herfst' (lange lagerfähig).
Später Wirsing: 'Marner Grüfewi' (sehr frosthart), 'Vertus' (Herbststernte), 'Advent' (August-Aussaat, Ernte im Mai).
Ernte: Die frühen Kohlsorten sind für den frischen Verbrauch bestimmt, sie lassen sich nicht lagern. Pflanzen Sie deshalb nicht zu viel. Späte Sorten bleiben so lange im Freiland, bis Frost angesagt wird. Vor Ende Oktober soll möglichst nicht geerntet werden. Für den Winter können Sie die Köpfe nach verschiedenen Methoden einlagern, wie es im Kapitel »Ernten und Konservieren« beschrieben ist. Suchen Sie immer nur trockene, gesunde Kohlköpfe dafür aus. Weißkohl können Sie auch kleinhobeln und als Sauerkraut im Steintopf einlegen.
Biologische Tipps und Mischkultur: Es empfiehlt sich, etwas Algenkalk ins Pflanzloch zu streuen, um der Kohlhernie vorzubeugen. Das Stäuben mit Holzasche oder Urgesteinsmehl hilft gegen Läuse. Einzelne Tomatenpflanzen oder Sellerie zwischen die Kohlreihen gesetzt, verhindern den Anflug der Kohlweißlinge. Die Falter werden durch den strengen Geruch irritiert und vom Duft der Kohlpflanzen, der sie sonst anzieht, abgelenkt. Viele Hinweise zur Vertreibung spezieller Kohlschädlinge finden Sie außerdem in der Tabelle auf Seite 129 ff.

Gute Nachbarn für die großen Kopfkohlarten und alle anderen Familienangehörigen sind Erbsen, Kartoffeln, Lauch, Salate, Sellerie, Spinat und Tomaten. Kräuter als Rand- und Zwischenpflanzung verbessern das Aroma; versuchen Sie es mit Kamille, Koriander und Kümmel. Schlechte Nachbarschaft bedeutet Senf. Benutzen Sie ihn nie als Gründüngung auf Beeten, die mit Kohl bepflanzt werden. Hier hat das »Mädchen für alles« Hausverbot!

Blumenkohl

Anbau: Blumenkohl wirkt mit seinen »Rosen« neben den bäuerlichen Kohlköpfen wie feiner Landadel. Er ist ebenso wohlschmeckend wie anspruchsvoll. Bodenvorbereitung und Pflege gleichen derjenigen beim Weiß- und Rotkohl. Frühe Blumenkohlpflanzen müssen Sie im warmen Frühbeet oder im Kleingewächshaus vorziehen. Die Aussaat beginnt im März. Im April und Mai können Sie für eine spätere Ernte im Freiland Samen aussäen. Verwenden Sie nur kräftige Setzlinge, die zügig weiterwachsen.

Der Abstand zwischen den Setzlingen auf dem Beet beträgt 50 × 50 cm. Dieser Kohl darf niemals im Wachstum stocken, also nicht unter Wasser- oder Nährstoffmangel leiden. Damit die Blumen weiß bleiben, müssen sie vor starker Sommersonne geschützt werden. Binden Sie die Blätter zusammen, oder knicken Sie 2–3 Blätter nach innen; unter diesem Schirm hält sich die vornehme Blässe.
Sorten: 'Erfurter Zwerg' (bewährte Sorte für frühe und späte Ernte), 'Neckarperle' (Sommeranbau), 'Romanesco', 'Minaret' (dekorativer grüner Blumenkohl mit spitz-pyramidenförmigen Röschen), 'Rosalind' (lilarosa Blumen, die sich beim Kochen grün färben).
Ernte: Frisch, sowie er reif wird, auf jeden Fall solange die »Blumen« fest und geschlossen sind. Bei früher Aussaat beginnt die Ernte Ende Juli bis Anfang August, späte Kulturen reifen noch im Oktober. Blumenkohl können Sie zerteilen und blanchiert einfrieren oder mit gemischtem Gemüse-Allerlei sauer einlegen.
Biologische Tipps und Mischkultur: Besonders gut gedeiht Blumenkohl zusammen mit Sellerie.

■ Zart und weiß bleibt der Blumenkohl, wenn der Kopf vor der Sonne geschützt wird.

■ 'Romanesco' ist eine ebenso attraktive wie wohlschmeckende Blumenkohlzüchtung.

Der Nutzgarten

- Oben: Brokkolisprossen treiben immer wieder nach.
- Unten: Rosenkohl schmeckt erst im Winter.

Brokkoli, Spargelkohl

Anbau: Der Brokkoli ist eine aparte grüne Variante des Blumenkohls – ein feines Gemüse ohne »Star-Allüren«. Sein Anbau lohnt sich auch in kleinen Gärten, weil die bläulich grünen, lockeren Blumen immer wieder nachwachsen. Bodenvorbereitung und Pflege sind die gleichen wie beim Kopfkohl. Säen Sie Brokkoli mit den Spätkohlsorten im April ins Freiland. Ende Mai/Anfang Juni setzen Sie die Pflanzen mit 50 × 50 cm Abstand auf das vorbereitete Beet.

Sorten: 'Green Valiant' F_1 (anpassungsfähig, lange Erntezeit), 'Calabrais'/'Calabrese' (früh, große Köpfe).

Ernte: Die noch geschlossenen grünen Blumen werden mit einem fingerlangen Stück Stiel abgeschnitten. Diese Stiele schmecken wie Spargel! Passen Sie auf: Brokkoli schießt rasch in Blüte! Aus den Blattachseln treiben immer wieder neue Sprossen nach. Die Ernte beginnt je nach Sorte und Pflanzung im Juli und reicht bis spät in den Herbst.
Da Brokkoli einige Grad Frost unbeschadet übersteht, kann man oft noch im Winter die letzten Blumen schneiden. Unter einem Folientunnel dauert die Ernte noch länger. Sie können Brokkoli, wenn er im Überfluss reift, auch einfrieren. Das lohnt sich, weil der Spargelkohl reichlich Mineralstoffe und Vitamin C enthält.

Biologische Tipps und Mischkultur: Wie Blumenkohl.

Rosenkohl

Anbau: Auch der Rosenkohl gehört zu den feineren Verwandten innerhalb der deftigen Kohlfamilie. Er stellt die gleichen Ansprüche an den Boden und die Pflege. Sie müssen sich aber bei diesem Gemüse besonders vor einer Überdüngung hüten, denn Rosenkohl bringt sonst nur lockere Röschen zustande, die nicht viel wert sind. Als ausgesprochene Nachkultur kann er gut nach Frühkartoffeln oder Erbsen gepflanzt werden. Bis Mitte Juni soll der Rosenkohl allerdings ausgepflanzt sein, deshalb müssen Sie ihn von Mitte April bis Anfang Mai aussäen. Der Abstand der Setzlinge beträgt 50 × 50 cm. Im September sollten Sie die Spitzen der Pflanzen herausbrechen, damit die letzten Wachstumskräfte sich auf die Rosen konzentrieren.

Sorten: 'Fest und Viel' (altbewährte Sorte), 'Hilds Ideal' (gut zum Einfrieren, bewährte alte Sorte, winterhart), 'Cavalier' (F_1-Hybride, feste Rosen, widerstandsfähig gegen Mehltau und Fäulnis), 'Rubine' (dunkelrote Röschen, feiner Geschmack, nur bei Spezialisten, siehe Bezugsquellen).

Ernte: Rosenkohl ist in den meisten Gegenden winterhart. Er braucht sogar Frost, damit die Röschen schmackhafter und zarter werden. Deshalb ernten Sie ihn möglichst immer im Freiland, denn er gehört zu den wenigen Gemüsen, die im Winter frische Vitamine in die Küche bringen. Nur in sehr kalten Landschaften müssen Sie die Pflanzen im Frühbeet oder an einer schützenden Wand einschlagen und mit Fichtenreisig abdecken. Sie können Rosenkohl auch einfrieren.

Biologische Tipps und Mischkultur: Holzaschedüngung bewirkt feste Rosen; Schädlingsabwehr und Nachbarschaften allgemein wie beim Kohl.

Grünkohl

Anbau: Dieser Winterkohl ist bescheidener in seinen Ansprüchen, bietet dafür aber einen besonders hohen Gehalt an Vitaminen und Mineralstoffen. Grünkohl gedeiht auch an halbschattigen Plätzen und kann gut nach Kartoffeln gepflanzt werden. Der Abstand beträgt 40 × 50 cm. Säen Sie ihn von Mai bis Juni aus, und verpflanzen Sie ihn nach und nach, sowie Platz auf den Beeten frei wird, von Juni bis Anfang August. Versorgen Sie das Beet vor der Pflanzung mit Kompost und einem organischen Dünger.

SALATE UND GEMÜSE   183

Sorten: 'Niedriger grüner Krauser', 'Halbhoher, grüner Krauser', 'Lerchenzungen'/'Hamburger Markt' (schmale Blätter), 'Redbor' F_1 (dunkelrote, attraktive Blätter, hochwachsend), 'Nero di Toscana' (wohlschmeckender italienischer Palmkohl).
Ernte: Grünkohl ist winterhart und bleibt im Freiland; er braucht ebenso wie Rosenkohl den ersten Frost, damit er besser schmeckt. Ernten Sie zuerst die unteren Blätter und zuletzt das Herz. Im Frühling bilden sich am Stamm noch einmal zarte Sprossen.
Biologische Tipps und Mischkultur: Wie beim Kopfkohl.

Chinakohl und Pak-Choi

Anbau: Der zarte chinesische Weißkohl hat eine sehr kurze Wachstumszeit von nur 10 bis 12 Wochen. Er darf erst in der zweiten Julihälfte ausgesät werden, Nachsaaten sind bis Anfang August möglich. Frühere Aussaaten schießen leicht, weil es sich um eine Kurztagspflanze handelt. Säen Sie den Chinakohl auf einem abgeernteten Beet in Reihen mit 30 cm Abstand und lichten Sie später die Pflanzen so aus, dass sie 25 cm auseinander stehen. Kompost und ein rasch wirkender organischer Dünger, wie zum Beispiel Hornmehl, dienen als Bodenvorbereitung. Sorgen Sie auch immer für genügend Feuchtigkeit. Schützen Sie die Pflanzen im Spätherbst durch Folientunnel! Ein »lockerer« Verwandter des Chinakohls ist der Pak-Choi. Dieser chinesische Senfkohl bildet keine geschlossenen Köpfe. Glänzende grüne Blätter und breite weiße Rippen sind charakteristisch für die Pflanzen. Die Kultur gleicht der des Chinakohls.
Sorten: Chinakohl: 'Hongkong', 'Kasumi', 'Osiris'; alle F_1-Hybriden.
Pak-Choi: 'Joi Choi' F_1 (dunkelgrün, weiße Stiele), 'Mei Qing Choi' F_1 (Baby Pak-Choi, einfarbig grün, für Frühjahrs- und Herbstaussaat).
Ernte: Chinakohl kann bis zu – 5 °C im Garten bleiben. Später können Sie ihn im Keller in Sand oder auch in Zeitungspapier einschlagen. Vorher die äußeren Blätter entfernen. Chinakohl ist ein Mittelding zwischen Gemüse und Salat. Er ist gesund, delikat und bläht weniger als die anderen Kohlgemüse. Bereiten Sie ihn, ebenso wie Pak-Choi, roh als Salat oder zart gedünstet zu.
Biologische Tipps und Mischkultur: Schützen Sie die Pflanzen vor Schnecken und Erdflöhen durch die in der Tabelle auf Seite 129 beschriebenen Maßnahmen gegen die Käfer und durch die Schneckentipps ab Seite 124. Gute Nachbarn sind Möhren, Salate und Spinat.

Kohlrabi

Anbau: Sie sind die Leichtgewichte in der behäbigen, deftigen Kohlfamilie und brauchen kein eigenes Beet. Kohlrabi sind überall willkommene »Lückenbüßer« und Zwischenfrüchte. Sie benötigen weniger Nährstoffe als die großen Kohlköpfe und kommen auch als Mittelzehrer – ähnlich wie Salat – über die Runden. Säen Sie öfter kleine Partien aus, dann können Sie immer frische zarte Knollen ernten. Genügend Wasser ist wichtig, sonst werden die Früchte holzig. Die ersten Kohlrabi reifen schon unter Folien. Setzen Sie frühe Sorten auf 25 × 30 cm und späte Sorten

■ Der Grünkohl ist ein vitaminreiches Gemüse, das Frost und Schnee erträgt.

■ Sehr attraktiv wirkt die Grünkohlsorte 'Redbor' mit ihren dunkelroten, krausen Blättern.

■ Breite weiße Rippen kennzeichnen den chinesischen Senfkohl Pak Choi.

auf 30 × 40 cm Abstand. Pflanzen Sie nicht zu tief!
Sorten: Für **Frühlingsaussaat** und **Treibbeet:** 'Blaro' 'Lanro' (bewährte Standardsorten blau und weiß), 'Azur-Star' (tiefblaue, plattrunde Knollen).
Sommer- und Herbstsorten: 'Delikatess weißer', 'Delikatess blauer', 'Blauer Speck' (Traditionssorten).
Neu für experimentierfreudige Gärtner ist die **Riesen-Züchtung** 'Superschmelz'. Ein einziger Kohlrabi bringt bei guter Ernährung bis 8 kg auf die Waage und bleibt trotzdem ganz zart!
Ernte: Stets frisch und möglichst jung. Biogärtner mit gesunder Küche verwenden auch die zarten Blätter, die viel Eisen enthalten. Kohlrabi sind roh oder gedünstet eine Delikatesse.
Biologische Tipps und Mischkultur: Kohlrabi sind dankbar für verdünnte Brennnessel-Jauche. Gegen Schnecken helfen die Tipps ab Seite 124.
Gute Nachbarn sind unter vielen anderen Bohnen, Radieschen und Salat.

Saftige Delikatessen aus der Kürbisfamilie

Sie stammen alle aus tropischen Kontinenten und lieben deshalb die Wärme und die Feuchtigkeit: Gurken, Zucchini und Kürbisse. Wo sie gute Bedingungen vorfinden, da entfalten sie auch bei uns wuchernde Üppigkeit wie in ihren Ursprungsländern. Etwas von diesem »Heimatgefühl« muss ein guter, einfühlsamer Gärtner diesen Gewächsen vermitteln, damit sie sich auch in unserem relativ kühlen Klima wohl fühlen.

Die Gurken waren ursprünglich in Südasien und Vorderindien zu Hause. Vitamine und Mineralsalze machen sie zu einer ebenso gesunden wie erfrischenden Sommerdelikatesse.

Zucchini stellen im Garten und in der Küche ein Mittelding zwischen Gurken und Kürbissen dar. Botanisch zählen sie zu den Gartenkürbissen *(Cucurbita pepo)*. Sie gehören zu den uralten Kulturpflanzen, die in Mittel- und Südamerika zu Hause sind. Zucchini haben in den letzten Jahren in vielen interessanten Varianten Einzug in unsere Gärten gehalten. Sie sind leicht zu ziehen und bereichern den Speiseplan durch überraschende Genüsse.

Die Kürbisse dagegen, die einmal der Stolz jedes Kleingärtner-Wettbewerbs waren, nehmen viel Platz ein und sind trotz ihres Vitamin-C-Gehaltes und ihres Reichtums an Carotin nur dort zu empfehlen, wo es Gartenland im Überfluss gibt.

Gurken

Anbau: Dieses Tropengemüse darf nie vor den Eisheiligen ins Freiland. Es braucht ein sonniges, windgeschütztes Beet. Der früheste Aussaattermin liegt in milden Landschaften Anfang Mai. Wenn dann um die Monatsmitte die ersten Keimblätter erscheinen, ist die Gefahr kalter Nächte meist vorüber. Gurken lassen sich leicht in Töpfchen auf der warmen Fensterbank vorziehen. Wenn Sie einige vorgetriebene Pflanzen mit der normalen Aussaat mischen, können Sie besonders früh und lange ernten!

Gurken gehören zu den Starkzehrern. Bereiten Sie das Beet im Herbst oder im zeitigen Frühling mit reichlich Kompost, organischem Dünger und Mulchabdeckung vor. Auch Gründüngung, im Sommer des Vorjahres ausgesät, ist eine nahrhafte Grundlage. Heben Sie im Frühling in der Mitte des Beetes einen Graben aus, der mit Pferdemist gefüllt wird. Darüber schichten Sie den Erdaushub, vermischt mit Kompost, zu einem Hügel auf. So erhalten die wärmebedürftigen Gurken eine »Fußbodenheizung«. Manche Biogärtner bereiten für den Hügel einen nahrhaften Spezialkompost aus Rasensoden und Pferdemist zu.

Auf dem Rücken des etwa 30 cm breiten Walls ziehen Sie eine Rinne und drücken die Gurkenkerne in Abständen von 10 cm in die Erde. Sie können auch alle 20 cm je 3–4 Samen legen. Später werden die kräftigsten

■ Kohlrabi sind die »Minis« unter den Kohlarten. Für sie ist überall noch ein Plätzchen frei.

■ Gurken klettern gern an Rankgittern hoch; hier es ist die Salatgurke 'Klaro'.

SALATE UND GEMÜSE

Pflanzen auf 30–40 cm Zwischenraum vereinzelt. Wenn Sie nach dem Erscheinen des dritten oder fünften Blattes an den jungen Pflanzen die Spitzen herauskneifen, sorgen Sie für viele reich tragende Seitentriebe. Halten Sie das Gurkenbeet immer gleichmäßig feucht. Gießen Sie aber mit abgestandenem, warmem Wasser. Trockenheit bewirkt Wachstumsstockungen und als Folge davon bittere Früchte. Zwei- bis dreimal während der Hauptwachstumszeit sollten Sie auch mit verdünnter Brennnessel-Jauche düngen.

Gurken sind von Natur aus Rankpflanzen, das können Sie leicht in jedem Gewächshaus beobachten. Auch im Garten »ergreifen« sie gern jede Gelegenheit zum Hochwachsen. Versuchen Sie einmal, Ihren Gurken ein Klettergerüst anzubieten. Dazu eignen sich zum Beispiel weitmaschige Eisengitter, wie sie auf Baustellen zur Betonverstärkung verwendet werden. Von den hochgewachsenen Gurken können Sie viel leichter ernten. Die Früchte bleiben sauber und sind für kriechende Schädlinge nicht mehr erreichbar. In rauen Landschaften sollten Sie das Tropengemüse lieber im Kleingewächshaus, im Frühbeet oder unter Folienabdeckungen großziehen, wo es wärmer und geschützt vor rauen Winden wächst.

Schon vor der Aussaat müssen Sie sich überlegen, ob Sie lange Salatgurken, kleine Einmachgurken oder eine mittlere Sorte, die für beide Möglichkeiten geeignet ist, anbauen möchten.

Sorten: Treibgurken für Kästen: 'Bella' (F_1-Hybride, widerstandsfähig gegen Pilzerkrankungen, rein weiblich), 'Passandra' (Mini-Treibgurke, viele kleine Salatgurken, rein weiblich, frühtragend).

Freilandgurken: 'Chinesische Schlangen' (lange Salatgurken), 'Riesenschäl' (traditionsreiche Sorte, große, dickfleischige Früchte, die als Salat-, Schmor- oder Senfgurke verwendet werden kann). 'Delikatess' (halblang für Salat und zum Einlegen, alte, robuste Sorte), 'Bimbostar' F_1 (gute neue Einmachgurke, resistent gegen Gurkenkrätze und Mehltau), 'Vorgebirgstrauben' (kleine, traditionsreiche Einlegesorte, widerstandsfähig), 'White Wonder' (weißschalige, milde Salatgurke).

Ernte: Laufend frisch je nach Sorte und Aussaat von Anfang Juli bis September. Pflücken Sie die Früchte vorsichtig mit beiden Händen, damit keine Ranken abreißen. Frische Gurken können Sie als Salat oder Schmorgemüse zubereiten. Für den Winter sollten Sie kleine und mittlere Früchte als Salz- oder Essiggurken einlegen. Tiefgefroren verlieren sie an Geschmack.

Biologische Tipps und Mischkultur: Da Gurken anfällig sind für Pilzkrankheiten, sollten Sie diejenigen Sorten auswählen, die Ihrem Klima angepasst sind, und öfter vorbeugend mit Schachtelhalmbrühe spritzen. Säen Sie neben dem Gurkenbeet als Windschutz Dill, Zuckermais oder Erbsen. Tipps gegen spezielle Krankheiten und Schädlinge finden Sie in der Tabelle ab Seite 129. Aus ganz reifen Früchten können Sie auch eigenes Saatgut gewinnen. Die herausgekratzten Kerne müssen zuerst gewaschen, abgetropft und auf Küchenpapier getrocknet. Gute Nachbarn sind als Randpflanzen Bohnen, Kohl, Lauch, Rote Bete, Salat und Sellerie. Dill können Sie gut zwischen den Gurkenranken wachsen lassen. Tomaten und Gurken sind keine gute Kombination.

Kürbis

Anbau: Bodenvorbereitung und Pflege gleichen derjenigen von Gurken und Speisekürbissen. Nur braucht der riesige Kürbis von allem noch ein bisschen mehr: noch reichlicher Dünger, Wasser und vor allem Platz. Eine einzige Pflanze kann leicht 3–4 m² überwachsen. Pflanzen Sie diese prachtvollen »goldenen Riesen« nur, wenn Sie genügend Raum dafür haben!

Sorten: 'Gelber Zentner', 'Roter Zentner', 'Atlantic Giant' (Rekordgröße).

Spezialitäten: Ölkürbis (Kugeln von 30 cm Durchmesser, essbare Samen, die keine harte Schale haben), 'Hokkaido' (japanische Züchtung, ein kleiner orangeroter Kürbis, der lange haltbar ist).

■ 'White Wonder' ist eine weißschalige Gurke für Salat und Schmorgemüse.

■ Die kleinen Hokkaido-Kürbisse und die großen 'Roten Zentner' sind beliebte Speisekürbisse.

Der Nutzgarten

Ernte: Kürbiskugeln können bis zu 50 kg schwer werden. Die Riesenfrüchte sind reif, wenn sie beim Anklopfen hohl klingen. Aus dem frischen Fruchtfleisch können Sie Suppe oder Kompott zubereiten. Klein gewürfelt wird Kürbis für den Winter süßsauer eingemacht. Ingwer schmeckt gut als Würze dazu.

Biologische Tipps und Mischkultur: Legen Sie unter die reifenden Früchte, ehe sie zu schwer werden, Holzbrettchen. So faulen sie nicht auf nasser Erde. Wo ein größeres Stück Land einen Sommer lang mühelos unkrautfrei gehalten werden soll, da sind Kürbisranken phantastische Bodendecker. Ein guter Nachbar ist, soweit das überhaupt möglich ist, Zuckermais als Randpflanzung.

Zucchini

Anbau: Außer den walzenförmigen Zucchini, die in der Schweiz Zucchetti genannt werden, gibt es eine große Formenvielfalt aus der südamerikanischen Verwandtschaft. Sie werden unter den Bezeichnungen Patisson, »Melonenkürbis« oder Squash gehandelt. Ganz allgemein werden die Zucchini und ihre »Vettern« auch Speisekürbisse genannt.

Alle diese Mitglieder der Kürbisfamilie sind Starkzehrer wie die Gurken. Bereiten Sie das Beet genauso vor. Auch die Anzucht und die Pflege gleichen sich. Zucchini sind aber weniger empfindlich, und sie treiben keine langen Ranken. Eine einzelne Pflanze braucht mit ihren breiten saftigen Blättern 1–2 m Platz im Quadrat. Legen Sie im Abstand von 1 m je 2–3 Körner aus oder setzen Sie eine vorgezogene Pflanze. Zucchini gedeihen auf Hügeln oder flachen Beeten. Sie brauchen viel Wasser und zusätzliche Düngung mit Pflanzenjauche, der Sie einen organischen Dünger zusetzen können. Auf dem Kompost sollten Sie – entgegen manchem Ratschlag – keine Zucchini pflanzen. Sie laugen ihn zu sehr aus. Setzen Sie die robusten »Fresser« höchstens an den Fuß des Haufens. Sie ernähren sich dort von ausgespülten Nährstoffen und beschatten den Hügel mit ihren großen Blättern.

Während die Zucchini einen kompakten Busch bilden, verzweigen sich die Patisson-Arten stärker. Der Spaghettikürbis klettert gern an einem Rankgitter hoch, wenn Sie ihm dazu Gelegenheit bieten. Die Speisekürbisse bringen mit ihren ausgefallenen Formen und ihrem sehr wohlschmeckenden Fleisch viel Abwechslung auf die Gartenbeete und in die Sommerküche.

Sorten: Zucchini: 'Cocozelle von Tripolis' (grün gestreift), 'Diamant' (F_1-Hybride, grün), 'Gold Rush' (F_1-Hybride, gelbe Früchte).

Andere Arten: Spaghettikürbis, fadenförmiges Fruchtfleisch), 'Early Butter Nut' (rankender Moschuskürbis mit glockenförmigen, aprikosenfarbigen Früchten, sehr wohlschmeckend und haltbar), 'Custard White' (auch als 'Ufo' bekannt, weißer, flacher Patissonkürbis, feines Aroma), 'Tondo Chiaro di Nizza' (Rondini-Kürbis, melonengroße runde Früchte, stark wachsend), Hokkaido-Kürbis 'Uchiki Kuri' (orangerote Kugel, Nussaroma).

Ernte: Zucchini schmecken besonders zart, wenn sie nur 10–20 cm lang sind. Aber auch in allen anderen Wachstumsstadien sind die Früchte essbar. Wer nach dem Urlaub Riesenkeulen vorfindet, der kann sie aufschneiden, füllen und schmoren.

Spaghettikürbisse sollten immer ausreifen, sonst bilden sich keine Fäden.

Alle Speisekürbisse lassen sich einfrieren. In kühlen Räumen können sie wochenlang lagern, nachdem ihre Schale einige Tage im warmen Zimmer aushärten durfte.

■ Spaghettikürbisse haben fadenförmiges Fruchtfleisch; hier die Züchtung 'Tivoli'. Man gart den halbierten Kürbis im Ofen und zieht dann die »Spaghetti« mit einer Gabel heraus.

■ Junge Zucchinifrüchte schmecken besonders zart; auch die Blüten sind essbar.

SALATE UND GEMÜSE

Biologische Tipps und Mischkultur: Gegen Pilzkrankheiten mit Schachtelhalm-Brühe spritzen; mit halbverrottetem Kompost rings um die Pflanzen mulchen. Von reifen Früchten können Sie Samen sammeln wie bei Gurken. Die großen Körner müssen trocken aufbewahrt werden bis zum nächsten Frühling. Vergessen Sie nicht, die verschiedenen Arten und Sorten rechtzeitig mit Namensschildern zu kennzeichnen.

Gute Nachbarn sind Stangenbohnen, Mais, Spinat und Kapuzinerkresse.

Kartoffeln – die braunen Äpfel aus der Erde

Sie stammen wie die Tomaten aus Südamerika und sind bei den Indianern seit mindestens 2000 Jahren in Kultur: die Kartoffeln oder Erdäpfel. Spanische Eroberer brachten das Nachtschattengewächs nach Europa, wo es bald zum »Brot der Armen« wurde. Heute wissen wir die braunen Knollen wieder hoch zu schätzen. Sie enthalten weit weniger Kalorien als Reis und Nudeln. Dafür bieten sie reichlich Vitamin C, Vitamin B_1, B_2, B_6 und Vitamin A sowie viele Mineralsalze. Vor allem aber sind sie sehr eiweißreich. Kartoffeln zählen deshalb nach modernen Erkenntnissen zu den ausgesprochen gesunden Nahrungsmitteln.

Ein Genuss sind sie allerdings nur, wenn sie aus gutem Anbau stammen. Bei der Massenproduktion in Monokulturen sank ihre geschmackliche Qualität zeitweise unter den Nullpunkt. Deshalb begannen viele Freizeitgärtner, wieder Kartoffeln im eigenen Garten anzubauen. Und siehe da: Sie schmecken »wie früher«. Selbst die Anhänger mineralischer Düngemethoden geben oft zu, dass Kartoffeln den größten Wohlgeschmack entwickeln, wenn sie mit Kompost angebaut werden. In naturgemäßen Gärten können die braunen Erdäpfel wegen ihres Wohlgeschmacks wieder zu den echten Delikatessen gezählt werden. Wer wenig Platz hat, der sollte es wenigstens mit zwei Reihen Frühkartoffeln versuchen!

Ein Experiment wert sind auch die alten, zum Teil farbigen Kartoffelsorten, die von Sammlern wieder vermehrt und angeboten werden (Bezugsquellen finden Sie im Anhang). Biogärtner können dazu beitragen, dass die Vielfalt der Sorten, die früher den lokalen Standortbedingungen hervorragend angepasst waren, erhalten bleibt.

Anbau: Reservieren Sie für den Kartoffelanbau möglichst ein Stückchen Land, das etwas breiter ist als die üblichen Gemüsebeete. Im Herbst düngen Sie mit Kompost und nach Bedarf mit verrottetem Mist, Hornspänen oder Rizinusschrot. Mulchen Sie sorgfältig, denn Kartoffeln lieben lockeres, humusreiches Land in erster Tracht.

Die Saatknollen – möglichst aus biologischem Anbau – werden in Kisten vorgekeimt. Der Raum soll mäßig warm und hell sein. Stellen Sie Kartoffeln auf den Nabel, so dass das Kronenende mit den meisten Augen nach oben weist. Die Pflanzzeit ist abhängig vom Frühlingswetter. In milden Landschaften kann sie Ende März beginnen, meist verschiebt sie sich in den April. In kalten, höher gelegenen Regionen können Kartoffeln oft erst im Mai in die Erde gelegt werden. Als Faustregel gilt: Die Bodentemperatur soll mindestens 7 °C betragen. Kräftiges, gesundes Saatgut gibt eine gewisse Garantie für eine reiche Ernte. Schneiden Sie die Knollen nicht durch, sie bieten sonst Angriffsfläche für Schädlinge und für plötzliche Kälte.

■ Alte farbige Kartoffelsorten gehören zu begehrten Raritäten. Links die Sorte 'Linzer Rose' mit roter Schale und hellem Fleisch, rechts eine Spezialität mit dunkel violettem Fleisch.

■ Zartlila leuchten die Blüten einer alten Kartoffelsorte, die violette Knollen hat.

Der Nutzgarten

Ziehen Sie die Kartoffelfurchen mit einem Mindestabstand von 40–50 cm. Bei 75 cm Zwischenraum haben Sie Platz für Mischkulturen. Legen Sie die Saatknollen 30–50 cm voneinander entfernt höchstens 5 cm tief, denn die Pflanzen sollen schnell Blattwerk treiben, das dann die Ernährung der Kartoffelstaude übernimmt. Füttern Sie die Reihen mit reifem Kompost aus und schließen Sie sie vorsichtig, damit die Keime nicht brechen. Nach dem Aufgehen werden die Reihen meist angehäufelt. Dies ist aber keine Muss-Regel. Kartoffeln gedeihen auch gut auf flachen Beeten, vor allem, wenn Mischkulturen dazwischen die Erde feucht und unkrautfrei halten. Achten Sie beim Hacken oder Anhäufeln darauf, dass die heranwachsenden Knöllchen nicht verletzt werden und nicht ans Licht geraten.

Bis Ende April/Anfang Mai sollten auch die mittelfrühen und späten Sorten gepflanzt sein. In rauen Landschaften oder in außergewöhnlich kalten Frühlingswochen ist dies aber auch noch bis gegen Ende Mai möglich. Als Nachfrucht für Frühkartoffelbeete eignen sich Grünkohl, Rosenkohl und Chinakohl. Die Erdäpfel hinterlassen bei guter Kultur einen garen, lockeren Boden.

■ Eine der beliebtesten alten Kartoffelsorten ist die gelbfleischige 'Sieglinde', die früh reift.

Sorten: Frühe Sorten, langoval, festkochend: 'Nicola', 'Cilena', 'Rosella' (rotschalig), 'Sieglinde' (beliebt und wohlschmeckend);
Mittelfrühe Sorten, rund oval, überwiegend festkochend: 'Grata', 'Grandifolia', 'Linda' (tiefgelb, guter Geschmack), 'Hansa' (langoval, festkochend);
Späte Sorten: 'Aula' (rundoval, halbfestkochend, mittelspät), 'Ackersegen' (robust, ertragreich, mehlig kochend), 'Désirée' (rote Schale, gelbes Fleisch, mehlig kochend), 'Bintje' (rundoval, mehlig kochend), 'Vitelotte noir' (dunkelblaue Schale, violett marmoriertes Fleisch).

Ernte: Frühkartoffeln sind reif, wenn sie eine feste Schale haben, die sich nicht mehr abreiben lässt. Bei späteren Sorten zeigt das Welken des Kartoffelkrautes den Reifebeginn an. Frühkartoffeln können von Mitte Juni bis Mitte Juli geerntet werden, mittelfrühe Sorten im August, späte Sorten von August bis September.

Lagern Sie Kartoffeln in einem luftigen, möglichst etwas feuchten Raum bei Temperaturen von 7–8 °C. In warmen Räumen keimen die Knollen schnell. Wo es kälter wird, da setzt eine Umwandlung von Stärke in Zucker ein: Die Knollen schmecken süß. Der Lagerraum muss unbedingt dunkel sein. Unter Lichteinfluss färben sich Kartoffeln grün und entwickeln dabei das Gift Solanin. Solche Stellen müssen Sie auf jeden Fall beim Schälen herausschneiden! Im Übrigen gelten für die Vorratshaltung die Regeln, die im Kapitel »Ernten und Konservieren« beschrieben sind.

Biologische Tipps und Mischkultur:
Schachtelhalm-Brühe wirkt vorbeugend gegen Pilzerkrankungen. Kartoffelkäfer rechtzeitig absammeln. Weitere Tipps finden Sie in der Pflanzenschutz-Tabelle ab Seite 129. Spinat und Melde können als Zwischenkultur und ihre Reste als Mulch dienen.
Gute Nachbarn sind: Dicke Bohnen, Kapuzinerkresse, Kohlarten, Meerrettich, Ringelblumen und Tagetes. Kümmel wirkt sich günstig auf das Aroma der Kartoffelknollen aus.

Tomaten – Liebesäpfel und Indianerfrüchte

Tomaten stammen aus den tropischen Ländern Süd- und Mittelamerikas. Ihren heimatlichen Indianernamen »Tumatl« brachten die spanischen Eroberer im 16. Jahrhundert zusammen mit den roten Früchten aus dem Reich der Aztekenkaiser nach Europa. Hier traute man sich anfangs nicht, die leuchtenden roten Fruchtkugeln zu essen, und betrachtete sie lange Zeit als Zierfrüchte. Später nannte man sie in Ungarn und Südeuropa »Liebesäpfel« oder »Paradiesäpfel«.

Erst seit Beginn des 20. Jahrhunderts zogen die Aztekenfrüchte in unsere Gärten ein und entwickelten sich innerhalb weniger Jahrzehnte zu einem der beliebtesten Gemüse. Ihr reicher Gehalt an Vitaminen, vor allem an Vitamin C, an Mineralsalzen und natürlichen Fruchtsäuren macht sie zu einem besonders gesunden Genuss. Für das »Tomaten-Verständnis« des Gärtners ist es noch wichtig zu wissen, dass diese Pflanze zu den Nachtschattengewächsen gehört. Sie ist verwandt mit Kartoffeln, Paprika, Tabak, Tollkirschen und den Petunien im Balkonkasten.

Anbau: Tomaten tanzen als einziges Gemüse aus der Reihe der Fruchtfolge. Sie möchten einen Stammplatz haben! Am besten gedeihen sie, wenn sie Jahr für Jahr auf dem gleichen Beet wachsen. Sie bleiben gesund, wenn sie mit ihren eigenen Abfällen gedüngt werden. Niemand kann bisher erklären, warum Tomaten sich in ihrem »eigenen Dunstkreis« am wohlsten fühlen. Die Erfahrung beweist nur, dass es sich eindeutig so verhält.

Die Indianerfrüchte sind außerdem sehr sonnenhungrig, sehr durstig und sehr anspruchsvoll in der Ernährung. Bereiten Sie das Beet schon im Herbst mit reichlich Kompost und Dünger vor. Sie können als Nährstoffquelle gut verrotteten Mist oder auch getrockneten Rinderdung verwenden. Hornspäne, Rizinusschrot und Niemdünger eignen sich ebenfalls. Decken Sie alles mit Mulch über Winter zu. Im

SALATE UND GEMÜSE

Frühling, vor der Pflanzung, können Sie – je nach Bedarf und Bodenzustand – noch Gesteinsmehl und etwas Holzasche streuen. Mit den käuflichen Tomatenpflanzen erwerben Sie meist nur rundfrüchtige Sorten. Wenn Sie die vielen interessanten Züchtungen ausprobieren möchten, die heute angeboten werden, dann müssen Sie die Samen ab März auf der Fensterbank oder im warmen Gewächshaus selber aussäen. Es lohnt sich, vor allem für naturgemäße Gärten, die aromatischen »knubbeligen« Fleischtomaten, die würzigen Buschtomaten oder die süßen kleinen Kirschtomaten auszupflanzen. In den Spezialkatalogen der Sortensammler finden Sie darüber hinaus eine Fülle alter »Tomaten-Schätzchen«, wie zum Beispiel 'Schwarze Pflaume', 'Berner Rose', 'Pfirsichtomate' oder Johannisbeertomaten mit kleinen orangeroten Früchten. Härten Sie die pikierten Jungpflanzen rechtzeitig im Frühbeet oder unter Folienschutz ab. Tomatensetzlinge müssen kräftig und gedrungen wachsen. Sie dürfen erst in der zweiten Maihälfte ins Freiland, wenn kein Frost mehr zu befürchten ist. Bei unsicherem, kaltem Wetter warten Sie besser etwas länger.
Als Stammplatz wählen Sie ein sehr sonniges, geschütztes Beet aus. Vor einer weißen Südwand, die die Wärme reflektiert, gedeihen die Pflanzen besonders gut. Spezialzüchtungen wachsen übrigens auch in großen Blumentöpfen und Balkonkästen. Auf dem Gartenbeet brauchen Tomaten in der Reihe einen Abstand von 50–80 cm und zwischen den Reihen 80–100 cm Platz. Füttern Sie das Pflanzloch mit reifem Kompost aus, und setzen Sie die Tomaten etwas schräg und sehr tief – bis zum Blattansatz – hinein. Sie bilden dann Seitenwurzeln, die für zusätzliche Ernährung sorgen können. Gießen Sie zum Schluss mit verdünnter Brennnessel-Jauche an.
Neben jede Pflanze treiben Sie einen Holz- oder Welldrahtstab in den Boden zum Anbinden. Tomaten können aber auch an Drähten oder Gittern befestigt werden. Lassen Sie nur zwei, höchstens drei Haupttriebe wachsen, die

■ Die leuchtend roten Trauben der kleinwüchsigen Kirschtomaten verlocken zum Anbeißen. Diese ertragreichen, würzigen Züchtungen werden auch in gelben Sorten angeboten.

Der Nutzgarten

laufend mit Bast festgebunden werden. Aus den Blattachseln müssen Sie den ganzen Sommer die Seitentriebe regelmäßig ausbrechen. Man nennt das »entgeizen«. Während der Hauptwachstumszeit, von Juli bis September, düngen Sie mehrmals mit Pflanzenjauche nach. Bei Trockenheit müssen die Tomaten durchdringend gewässert werden. Gießen Sie immer mit abgestandenem, warmem Wasser in den Wurzelbereich – nie über die Blätter! Eine Mulchschicht hält die Feuchtigkeit. Besonders günstig für Tomaten sind Bodendecker aus kalireichen Beinwellblättern und klein geschnittenen Geiztrieben.

Im Spätsommer, Ende August bis Anfang September, brechen Sie die obersten Blütentriebe ab, damit alle Kraft in den vorhandenen Fruchtansatz geleitet wird. Schneiden Sie aber niemals einen Teil der grünen Blätter ab, wie es manchmal empfohlen wird!

In rauen Gegenden – und allgemein in nasskalten Sommern – sollten Sie die Südländer mit einer einfachen Foliendachkonstruktion schützen. Sie hält zu viel Nässe ab und sorgt für mehr Wärme. Seitlich muss sie offen bleiben, damit die Luft zirkulieren kann, sonst entstehen leicht Pilzkrankheiten.

Sorten: Runde Früchte: 'Harzfeuer' (F_1-Hybride, rote, aromatische Früchte, robust), 'Hellfrucht'/'Moneymaker' (früh und reichtragend), 'Goldene Königin' (goldgelb, mild), 'Tigerella' (grün, gelb, rot gestreift).

Unregelmäßige Formen: 'Marmande' (würzige, große »knubbelige« Früchte), 'Ochsenherz' (herzförmig).

Länglich eiförmige Früchte: 'Roma' (saftig, gut für Soßen), 'San Marzano' (roh und für Soßen).

Buschtomaten: 'Balkonstar' (kleinwüchsig, buschig, auch für Balkonkästen), 'Hoffmanns Rentita' (reichtragend, Geiztriebe dürfen wachsen).

Kleinfrüchtige Obsttomaten: 'Sweet 100', 'Sweet Million', 'Benarys Gartenfreude' (rote Kirschtomaten an langen Rispen); Johannisbeertomaten (alte Sorten, süße kleine Früchte, üppig wachsend, nur bei Spezialisten) 'Yellow Pearshaped' (gelb, birnenförmig), 'Mirabell' (gelb, rund), 'Gnom' F_1 und 'Minibel' (niedrige Kirschtomaten für Topf- und Balkonkultur).

Ernte: Laufend frisch von Juli bis Ende Oktober. Biogärtner haben den Vorteil, voll ausgereifte Früchte ernten zu können, die viel würziger und aromatischer sind als gekaufte Ware. Letzte grüne Tomaten, die nicht mehr rot werden, können Sie im Haus nachreifen lassen. Schneiden Sie den ganzen Zweig ab! Tomaten können Sie süß-sauer einlegen oder zu Pürree eindünsten und dann einfrieren. Dünne Tomatenscheiben lassen sich dörren.

Biologische Tipps und Mischkultur: Die »gefräßigen« Tomaten wachsen gut auf dem Rücken eines Hügelbeetes. Düngen Sie die Pflanzen mit Tomatenkompost (aus den Pflanzenresten hergestellt). Mulchen Sie mit Tomatenlaub und spritzen Sie öfter mit Schachtelhalm-Brühe, die vorbeugend gegen Pilzkrankheiten wirkt. Gegen spezielle Tomatenkrankheiten übersprühen Sie die ganze Pflanze mit einer Magermilch-Brühe (1 Liter Milch auf 6 Liter Wasser). Weitere Tipps gegen Tomatenkrankheiten in der Pflanzenschutz-Tabelle ab Seite 129.

■ Die alte Fleischtomatensorte 'Marmande' oder deren Nachzüchtungen wie diese 'Belriccio' sind hocharomatisch und daher besonders beliebt für Salate und frischen Genuss direkt aus dem Garten.

■ Geiztriebe erscheinen in den Blattachseln der Tomaten; sie müssen ausgebrochen werden.

SALATE UND GEMÜSE

Tomatensamen können Sie aus reifen Früchten (keine F_1-Hybriden) herauslösen. Kurz in Wasser gären lassen, im Sieb ausspülen und trocknen.

Gute Nachbarn sind: Neuseeländer Spinat als Bodendecke, Kapuzinerkresse, Knoblauch, Kohlarten, Lauch, Mais, Petersilie, Salate und Sellerie. Pflanzen Sie Tomaten nicht neben Fenchel oder Kartoffeln!

Delikatessen aus dem eigenen Gemüsegarten

Gesunde Nahrung muss nicht langweilig sein. Auch in einem naturgemäßen Garten können Sie ein paar nicht alltägliche Spezialitäten anbauen, die den Speiseplan abwechslungsreicher gestalten. In solchen Feinschmeckergemüsen vereinen sich Wohlgeschmack und wertvolle Inhaltsstoffe zu einer genussreichen Kombination. Versuchen Sie es einmal mit den folgenden Delikatessen aus dem Biogarten.

Grünspargel

Anbau: Der grüne Spargel ist die ursprüngliche und natürliche Form des Anbaus für dieses Gemüse. Ungebleicht schmeckt er würziger und enthält auch mehr Vitamin C und Spurenelemente. Er wächst ganz unkompliziert auf flachen Beeten, die im Herbst mit reichlich Kompost, organischem Dünger (möglichst verrottetem Mist) und einer Mulchabdeckung vorbereitet werden. Wählen Sie einen sonnigen Platz aus, die Erde muss locker und möglichst etwas kalkhaltig sein, stauende Nässe vertragen die Pflanzen nicht. Ab März/April werden die fleischigen Wurzelstöcke gepflanzt. Heben Sie dazu einen 40 cm breiten Graben 25 cm tief aus. In der Mitte häufen Sie einen niedrigen Kompostwall auf. Darauf werden die seesternähnlichen Spargelwurzeln mit 40 cm Abstand gebettet. Die ausgehobene Erde wird dann mit Kompost, bei schwerem Boden zusätzlich mit etwas Sand vermischt und wieder aufgefüllt. Zum Schluss sollen die Wurzelköpfe etwa 15 cm unter der Erdoberfläche liegen. Zwischen den Reihen halten Sie 1 m Abstand ein. Gießen Sie tüchtig an und geben Sie Ende Juni noch einmal eine Flüssigdüngung. In den beiden ersten Jahren bestehen die Pflegemaßnahmen im Düngen, Wässern und in der Bodenlockerung, am besten durch Mulchen. Das fast 2 m hohe Spargellaub wird im November abgeschnitten.

Vom dritten Jahr an dürfen Sie endlich ernten. Die Pflanzung kann insgesamt 10–15 Jahre genutzt werden, der Ertrag lässt aber immer mehr nach. Wenn Sie im Frühling Folientunnel über die Reihen decken, sind die Spargelstangen 14 Tage früher erntereif. Grünspargel gedeiht in fast jedem Garten. Er macht viel weniger Arbeit als das weiße Luxusgemüse, weil er nicht angehäufelt wird und kein Sandbett braucht.

Sorten: 'Steiner's Steiniva' (beste, durchgezüchtete Sorte, als Jungpflanzenwurzeln im Handel), 'Steiner's Violetta' (violette Züchtung).

Ernte: Von Mai bis Ende Juni (Johanni) wird der Spargel geerntet. Sobald die grünen Stangen etwa 20–30 cm hoch gewachsen sind, werden sie einfach über dem Boden abgeschnitten. Auch dünne Stängel können verwendet werden. Grünspargel wird ungeschält (höchstens am unteren Ende etwas wegschneiden) 10–15 Minuten gekocht. Er lässt sich auch ausgezeichnet einfrieren.

■ Für die Grünspargel-Pflanzung wird in einem 40 cm tiefen Graben Kompost aufgehäuft.

■ Darauf breitet der Gärtner behutsam die seesternähnlichen Wurzeln aus.

■ Grünspargel wächst auf flachen Beeten; die Stangen werden am Boden geschnitten.

Der Nutzgarten

Biologische Tipps und Mischkultur:
In den beiden ersten Jahren ist Mischkultur mit Gurken, die gleichzeitig als Bodendecke dienen, und Salat möglich. Später nur mulchen.

Fenchel

Anbau: Dieses gesunde Gemüse, das dem Magen und den Eingeweiden wohl tut, wächst als Nachkultur in zweiter Tracht. Säen Sie Fenchel erst ab Juni bis Mitte Juli aus. Frühere Versuche sind meist zum »Schießen« verurteilt. Eine Ausnahme machen die neuen Züchtungen.
Das Gemüse gedeiht besonders gut nach Kartoffeln oder Erbsen. Versorgen Sie das Beet noch einmal mit Kompost und begießen Sie die jungen Pflanzen später mit Brennnessel-Jauche. Auf einem Beet mit 1,20 m Breite haben 3 Fenchelreihen Platz. Lichten Sie die Pflanzen später auf 20–25 cm Abstand aus. Als typisches Mittelmeergemüse liebt der Fenchel einen warmen Standort. Häufeln Sie die Knollen leicht an, und sorgen Sie stets für reichlich Feuchtigkeit. In einem trockenen, sonnigen Herbst müssen Sie gießen. Leichte Nachtfröste verträgt der Fenchel, aber wenn es wirklich kalt wird, müssen Sie die letzten Knollen in den Keller holen.
Sorten: 'Perfektion', 'Selma' (schossfeste Sorte, Vorkultur in Töpfen empfohlen), 'Fino' (Wädenswiler Zucht, kann schon ab Februar im Gewächshaus vorkultiviert werden; Pflanzung im Freiland vom Frühling bis zum Sommer), 'Finale' (große Knollen, Anbau ab Frühling).
Ernte: Ab Oktober bis Ende November, je nach Witterung, frisch aus dem Freiland. Die neuen Züchtungen reifen bereits früher.
Bei Frostgefahr können Sie die Knollen einige Wochen, in Sand eingeschlagen, im Keller oder im Frühbeet aufbewahren.
Der aromatische Knollenfenchel schmeckt roh als Salat und gedünstet als Gemüse zubereitet. Verwenden Sie auch die zart gefiederten Blätter!
Biologische Tipps und Mischkultur:
Sprühen Sie die Kultur mit Schachtelhalm-Brühe, und wenden Sie gegen Schnecken, die den Fenchel lieben, Tipps aus dem Kapitel »Plagegeister«, Seite 126 bis 128, an. Legen Sie im späten Herbst eine dicke Laubdecke aus, die die Knollen vor Kälte schützt.
Gute Nachbarn sind Feldsalat und Zichoriensalate, die zur gleichen Zeit wie die Spätsommerkulturen wachsen. Bei früher Pflanzung eignen sich Erbsen, Gurken und Kopfsalat. Halten Sie Abstand von Tomaten und Dill!

Gemüsepaprika

Anbau: Paprika stammt, wie die Tomate, aus der Familie der Nachtschattengewächse und ist ebenfalls in Mittel- und Südamerika zu Hause.
Die Bodenvorbereitungen und die Düngung entsprechen derjenigen der Tomaten: reichlich Kompost, organischer Dünger, Mulchabdeckung, zusätzliche Düngung während des Sommers mit Pflanzenjauche und gleichmäßige Versorgung mit Wasser. Der grüne Gemüsepaprika ist noch ein wenig sonnenhungriger als seine rote Schwester, die Tomate. Pflanzen Sie ihn vor eine Südwand oder in ein Frühbeet. Auch ein Lattenrost mit Foliendach kann die Pflanzen über Sommer mit zusätzlicher Wärme versorgen.

■ Der würzige Knollenfenchel ist eine delikate Nachfrucht für abgeerntete Beete.

■ Die Paprikasorte 'Goldflame' bringt aparte Farben in den Garten und die Küche.

■ Es gibt auch längliche Gemüsepaprikaschoten, die zuerst gelb, dann rot gefärbt sind.

SALATE UND GEMÜSE

Die Samen weichen Sie am besten über Nacht in Wasser ein, damit sie etwas quellen. Ab März können sie in kleine Töpfe gelegt und auf die warmen Fensterbank zum Keimen gebracht werden. Die jungen Pflanzen werden noch einmal umgetopft und ab April in einem Frühbeet oder in einer geschützten Balkonecke abgehärtet. Nach dem 20. Mai können Sie den Paprika dann ins Freie pflanzen. Er braucht nach allen Richtungen 40 cm Platz, um sich kräftig zu entwickeln.

Sorten: 'Szegediner' (grün), 'Merit' (grün, später rot), 'Puszta Gold' (gelb, später rot), 'Gourmet' (gelbe Früchte, robust), 'Pinokkio' F_1 (länglich spitz, hellgelb, später orangerot, süß aromatisch) 'Bell Boy' (F_1-Hybride, grün, später rot, mosaikresistent), Tomatenpaprika 'Liebesapfel' (tomatenförmig, erst grün, später rot), 'Mavras' (F_1-Hybride, rot, später schwarzviolett); alle Sorten sind sowohl für Frühbeet als auch für Freiland geeignet.

Ernte: Die fleischigen, gerippten Früchte des Paprikas besitzen den höchsten Vitamin-C-Gehalt aller Gemüse. Die Schoten sind anfangs grün und färben sich erst bei günstigem Wetter, wenn sie voll ausreifen, rot oder gelb. Dann erreichen sie auch den höchsten Vitamingehalt. Ab Ende Juli bis Anfang August können bereits die grünen Früchte geerntet werden. Sie schmecken roh und gedünstet. Paprika können Sie auch in Essig eingelegt konservieren.

Biologische Tipps und Mischkultur: Keine besonderen Erfahrungen. Experimentieren Sie selbst!

Auberginen

Anbau: Man nennt sie auch Eierfrucht. Sie ist als Nachtschattengewächs mit Tomaten und Paprika verwandt. Für Anzucht und Pflege gelten die gleichen Regeln wie beim Gemüsepaprika. Ziehen Sie die Auberginen aber, um Enttäuschungen vorzubeugen, auf jeden Fall unter Folie, im Frühbeet oder in einem Kleingewächshaus. Nachdem die Pflanzen angewachsen sind, lassen Sie ihnen nur 3 bis 4 Triebe; schneiden Sie die übrigen Ranken ab. Sie können auch die Triebe wachsen lassen und stattdessen die Fruchtansätze durch Ausskneifen auf etwa 5 Stück reduzieren. In beiden Fällen erhalten Sie schöne große violette Eierfrüchte.

Sorten: 'Black Beauty' (schnellwüchsig, dicke violette Früchte), 'Ophelia' F_1 (Mini-Aubergine), 'Early Long Purple' (lange, schwarzviolette Früchte).

Ernte: Ab August, wenn die Früchte sich violett färben, können sie frisch geerntet werden. Sie schmecken sehr gut gedünstet oder überbacken.

Biologische Tipps und Mischkultur: Auch für dieses Gemüse liegen noch keine Nachbarschaftserfahrungen vor. Experimentieren Sie selbst!

Honigmelonen/Zuckermelonen

Anbau: Die süßen Melonen sind rundliche Schwestern der Gurken. Sie stammen aus Asien und brauchen noch mehr Wärme als ihre grünen Verwandten. Für die Bodenvorbereitung gelten die gleichen Regeln wie bei den Gurkengewächsen: reichlich Kompost, zusätzlicher Dünger und viel Feuchtigkeit. Säen Sie die Melonenkerne im April in kleine Töpfe, und ziehen Sie die Pflanzen auf einer warmen Fensterbank groß. Nach dem 20. Mai werden sie mit 1 m Abstand ausgepflanzt – am besten in ein Frühbeet oder unter ein Foliendach. Am sichersten ist die Kultur im Kleingewächshaus. Die schützenden Gehäuse dürfen aber nicht geschlossen sein, denn die Melonenblüten werden von Bienen bestäubt. Das Wichtigste bei der Melonenkultur ist der Schnitt: Zuerst wird der Haupttrieb nach dem vierten Blatt entspitzt. Dann bilden sich Seitentriebe, von denen etwa 4 Stück erhalten bleiben, die gleichfalls nach dem vierten bis fünften Blatt entspitzt werden. Nur an den Seitentrieben zweiter Ordnung, die sich nun bilden, bringen die Melonen weibliche Blüten hervor, die befruchtet werden können. Von den Früchten lassen Sie pro Ranke höchstens 6 Stück reifen. Diese wachsen dann rund und süß heran und sollten durch ein Brettchen, das Sie unter die Früchte legen, vor Feuchtigkeit und Fäulnis geschützt werden.

■ Auberginen gedeihen am besten im Gewächshaus.

■ Honigmelonen wie 'Benarys Zuckermelone' gehören zu den süßen Verführungen.

Der Nutzgarten

Sorten: 'Masada' F_1 (mittelgroß, genetzte Früchte, saftig und süß), 'Charantaise' F_1 (orangerotes Fleisch), 'Agora' F_1 (reichtragend, gut für Gewächshäuser); alle Sorten sind resistent gegen Fusariumwelke.
Ernte: Melonen sind reif, wenn sie sich gelb färben und der Stiel trocken wird. Sie duften dann süß und verlockend. Diese Früchte sollten Sie als besondere Sommerdelikatesse frisch verspeisen.
Biologische Tipps und Mischkultur:
Als Nachbarn werden Radieschen und Rettiche empfohlen. Richten Sie sich im Allgemeinen nach den Gurkentipps und experimentieren Sie selbst.

Zuckermais

Anbau: Diesen zarten, süßen Delikatess-Mais dürfen Sie nicht mit dem normalen Futtermais verwechseln. Zuckermais braucht viel Sonne und kräftigen Boden, der mit Kompost und organischem Dünger versorgt wird. Er ist ein ausgesprochener »Vielfraß«. Wenn Sie die heranwachsenden Pflanzen als Windschutz oder einjährige Hecke im Garten einsetzen, können Sie das Angenehme mit dem Nützlichen verbinden und sparen außerdem ein Extrabeet.
In der ersten Maihälfte können Sie die gelben Samen aussäen. Legen Sie in eine etwa 5 cm tiefe Furche mit 10 cm Abstand je 2–3 Körner in die Erde. Lassen Sie später nur die kräftigsten Pflanzen stehen, die auf 30–40 cm Zwischenraum verzogen werden. Zwischen den Reihen bleibt 80 cm Platz. Säen Sie wenigstens eine Doppelreihe aus, denn der Mais wird durch den Wind bestäubt und braucht deshalb Nachbarschaft der eigenen Art. Häufeln Sie die Reihen über Sommer etwas an, und düngen Sie während der Wachstumszeit mit Pflanzenjauche aus Comfrey und Brennnesseln.
Sorten: 'Golden Beauty' (frühe Sorte), 'Tasty Sweet', 'Tasty Gold', 'Sweet Nugget' (F_1-Hybriden). Die neuen Hybridzüchtungen sind besonders süß im Geschmack.
Ernte: Die Erntezeit liegt im August bis September. Die Kolben werden halbreif und zart geschnitten, wenn die heraushängenden Haarbüschel sich an den Spitzen braun färben. Die Körner müssen noch weich und milchig sein. Zuckermais wird von den Kolben abgeknabbert. Sie können ihn roh essen, dünsten oder grillen. Dazu schmeckt am besten frische Butter. Die Körner lassen sich auch gut einfrieren oder süß-sauer einlegen.
Biologische Tipps und Mischkultur:
Legen Sie zwischen den Reihen eine Bodendecke aus halbverrottetem Kompost aus. Sprühen Sie mit Schachtelhalm-Brühe. Als gute Nachbarn zwischen den Reihen oder nebenan eignen sich Bohnen, Gurken, Melonen, Tomaten und Zucchini. Mais steht auch gut am Rand eines Kartoffelfeldes.

Topinambur, Erdschocke

Anbau: Man nennt diese Knollenfrucht auch Diabetiker-Kartoffel. Sie enthält Inulin (nicht Insulin!) und ist für Zuckerkranke sehr bekömmlich. Die mehrjährigen Topinamburstauden (*Helianthus tuberosus*) sind mit den Sonnenblumen verwandt; sie wachsen 2–3 m hoch und bilden dichte grüne Hecken mit gelben Blüten. Topinambure sind anspruchslos; es genügt, den Boden mit Kompost zu düngen. Im Frühling legen Sie die Knollen etwa 20 cm tief mit 1 m Abstand in den Boden.
Sorten: 'Bianca', 'Gute Gelbe' (nicht blühend), 'Rozo' (rote, runde Knollen).
Ernte: Im Herbst und den ganzen Winter hindurch können Sie die Knollen bei frostfreiem Wetter aus der Erde holen, denn Topinambur ist ganz winterhart. Ihr Eiweiß-, Vitamin- und Mineralstoff-Reichtum macht sie zu einer gesunden Ergänzung des Speisezettels in der kalten Jahreszeit. Roh haben die saftigen Knollen einen feinen, nussartigen Geschmack. Sie können unter Salat geschnitten oder auch als Gemüse gedünstet werden.

■ Mais und Bohnen sind eine uralte Indianer-Kombination. Die Kolben werden halbreif und zart geerntet, wenn die Haarbüschel sich an den Spitzen braun färben.

SALATE UND GEMÜSE

Biologische Tipps und Mischkultur:
Topinamburpflanzungen wuchern; geben Sie den Erdschocken deshalb lieber einen Extraplatz. Sie eignen sich hervorragend als Sichtschutzhecke, die den Kompostplatz abschirmt, oder als Windschutz am Zaun. Die Knollen sind bei Wühlmäusen beliebt und können als »Ablenkung« vom Gemüsegarten dienen. Stängel und Blätter können als Viehfutter verwendet werden, zum Beispiel für Schafe. Mischkultur ist nicht empfehlenswert.

Nachtisch aus dem Gemüsegarten

Rhabarber

Ein prachtvolles vitales Familienmitglied der Knöterichgewächse ist der Rhabarber. Die ausdauernde Staude ist seit alten Zeiten im Gemüsegarten heimisch. Als erfrischendes Frühlingsdessert sollte sie nirgends fehlen. Der feine säuerliche Geschmack des Rhabarbers entsteht durch den hohen Gehalt an Fruchtsäuren, vor allem durch die Apfelsäure. Hinzu kommen Vitamine und Spurenelemente.
Anbau: Rhabarber bildet mächtige Büsche mit riesigen Blättern und tief reichenden, starken Wurzeln. Er braucht dafür Saft und Kraft. Geben Sie ihm einen etwas feuchten Platz, auf dem er es lange aushalten kann. Denn diese Staude gedeiht außerhalb der Fruchtfolge und kann bis zu acht Jahren und länger am gleichen Standort bleiben. Der Rhabarber verträgt auch leichten Schatten unter Obstbäumen. Er kann im Frühling oder im Herbst gepflanzt werden.
Bereiten Sie den Boden mit Kompost, verrottetem Mist oder einem anderen organischen Dünger und einer Mulchdecke gut vor. Die Pflanzen brauchen 1 m Abstand. Verwenden Sie nur Wurzelstücke. Samenvermehrung lohnt sich nicht, sie fällt meistens nicht sortengerecht aus. Nach der Ernte, etwa Ende Juni/Anfang Juli, brauchen die Pflanzen noch einmal kräftige Nahrung, um wieder aufzubauen, was der Gärtner ihnen wegnahm. Düngen Sie mit verrottetem Mist, Hornspänen, Rizinusschrot, Niemsamen oder mit einer kräftigen Pflanzenjauche, der Sie organischen Dünger beifügen.
Eine frühe Ernte und schnelles Wachstum im Frühling erreichen Sie, wenn Sie über die ersten Triebknospen einen Eimer stülpen. In diesem warmen Gehäuse beginnt der Rhabarber rasch zu treiben. Schon Ende März/Anfang April können Sie dann das erste Kompott kochen! Für den Garten eignen sich vor allem die rotstieligen Sorten, die eine milde Säure besitzen.
Sorten: 'Holsteiner Blut', 'Vierländer', 'Rotstieliger' (alle rotstielig, milde Säure).
Ernte: Im zweiten Jahr nach der Pflanzung können Sie ernten. Die Stiele werden vorsichtig am Wurzelhals abgedreht. Nehmen Sie nur so viele, wie die Pflanze ohne Schaden entbehren kann. Sie soll ja weiter wachsen! Blütenansätze schneiden Sie während der Erntezeit, die von April bis Ende Juni dauert, ab. Falls Sie aber eine besondere Spezialität probieren möchten: Die dicken, geschlossenen Blütenknospen sind essbar! Sie werden wie Brokkoli gedünstet. Rhabarberstangen können Sie als Kompott zubereiten oder mit anderen Früchten zu Marmelade verarbeiten.
Biologische Tipps und Mischkultur:
Mulchen Sie den Boden rings um die Rhabarberstauden stets mit halbverrottetem Kompost und einer Laubdecke. Vorhandene Pflanzen können Sie durch Teilung der kräftigen Wurzelstöcke leicht vermehren. Als Mischkultur eignet sich Spinat. Rhabarberstauden können sehr alt werden!

■ Topinamburknollen können bei frostfreiem Wetter auch im Winter geerntet werden.

■ Die prachtvollen Blütenknospen des Rhabarbers lassen sich wie Brokkoli dünsten!

■ Unter einem Eimer oder einem Tontopf können Sie Rhabarber im Frühling vortreiben.

Der Nutzgarten

DER KRÄUTERGARTEN

Ein biologischer Garten ohne Kräuter wäre undenkbar. Sie haben sicher schon in vielen Kapiteln bemerkt, dass diese aromatischen Pflanzen einfach dazugehören: zur Mischkultur, zur Pflanzenjauche und zur Schädlingsabwehr. Natürlich gehören sie auch auf den Tisch eines Gärtners, der mit seiner Familie gesund leben möchte. Denn alle Kräuter – auch diejenigen, die vor allem als Würze in der Küche bekannt sind – besitzen Heilkräfte. Wer ständig kleine Mengen dieser duftenden Blätter, Blüten oder Früchte im Essen zu sich nimmt, der betreibt sicherlich eine der angenehmsten Formen der Krankheitsvorsorge. Salate, Soßen oder Gemüse, die mit Kräutern verfeinert werden, üben nebenbei wohltuende Wirkungen auf den Magen, die Verdauung, den Kreislauf oder die Nerven aus. Diese heilsamen Eigenschaften der aromatischen Gewächse sind zum Teil seit Jahrhunderten als Erfahrungswissen bekannt. Die Wissenschaft hat die Heilwirkung vieler Kräuter bestätigt und zahlreiche Wirkstoffe wurden auch in modernen Analysen gefunden.

Im Kräutergarten müssen Sie unterscheiden zwischen den ein- und zweijährigen Arten und den ausdauernden Stauden. Die kurzlebigen Kräuter werden jedes Jahr neu ausgesät, die langlebigen bleiben mehrere Jahre am gleichen Platz. Sie können sie entweder als vorgezogene Pflanzen beim Gärtner kaufen oder auch selber durch Samenaussaat großziehen. Ausdauernde Gewürze lassen sich, wenn sie einmal im Garten heimisch sind, auch durch Teilung der Wurzelstöcke, durch das Abtrennen von Wurzelausläufern oder durch Stecklinge vermehren. Die Teilstücke werden im Herbst oder im Frühling verpflanzt, nachdem Sie die oberirdischen Pflanzenteile und even-

■ Die blauen Blüten und die purpurvioletten Blätter des Salbeis verleihen diesem Kräutergarten farbenfrohe Fülle.

DER KRÄUTERGARTEN

tuell auch die Wurzeln eingekürzt haben. So können Sie zum Beispiel im Handumdrehen mehr Schnittlauch, Sauerampfer, Oregano, Zitronenmelisse, Estragon und Pfefferminze gewinnen.

Stecklinge schneiden Sie im Sommer von Juni bis August. Dazu eignen sich die frischen, noch nicht verholzten Triebspitzen. Diese 5–7 cm langen Zweigstücke werden mit einem scharfen Messer abgetrennt. Entfernen Sie die unteren Blätter, und stecken Sie die Stiele dann in kleine Blumentöpfe, die mit einem mageren Kompost-Sand-Gemisch gefüllt sind. Bis sich die ersten Wurzeln bilden, müssen die Stecklinge feucht und warm gehalten werden – am besten im Frühbeet oder unter einem Folientunnel. Den ersten Winter verbringen sie vorsichtshalber an einem mäßig warmen Fenster im Haus. Für diese Art der Vermehrung eignen sich zum Beispiel Rosmarin, Salbei, Ysop und Lavendel.

Mit der Düngung sollten Sie im Kräutergarten sehr vorsichtig umgehen, denn viele unserer Gewürzpflanzen waren ursprünglich an sonnigen Felsenhängen rund um das Mittelmeer zu Hause. Sie gedeihen besser in mageren Böden! Zu viel Stickstoff fördert nur die Bildung grüner Blattmassen, während die Aromastoffe leiden. Für würzige, inhaltsreiche Kräuter sind deshalb Sonne, Wärme und maßvolle Kompostgaben die wichtigsten Voraussetzungen.

Ein phantasievoll angelegtes Gewürzgärtchen kann sehr reizvoll sein. Aber auch im Steingarten oder im Staudenbeet ordnen sich die duftenden Gewächse, die sich oft auch mit hübschen Blüten schmücken, harmonisch ein. Sogar am Rand der Gemüsebeete oder unter die nützlichen Kulturen gemischt, finden sie einen sinnvollen Platz. So lässt sich selbst im kleinsten Garten irgendwo noch eine Ecke für heilsam-würzige Kräuter finden – zum Wohl des Gärtners und der Köchin.

Ein- und zweijährige Kräuter

Basilikum
Ocimum basilicum

Anbau: Das Basilikum stammt aus dem tropischen Indien und ist schon seit Jahrhunderten in den Mittelmeerländern zu Hause. Es ist sehr wärmebedürftig, deshalb müssen Sie es auf der Fensterbank vorziehen. Die Pflänzchen keimen rasch und werden büschelweise in kleine Töpfe pikiert. Dabei setzen Sie sie etwas tiefer, als sie zuvor gestanden haben. Erst in der zweiten Maihälfte darf das Basilikum in den Garten umziehen. Geben Sie ihm einen sehr sonnigen, geschützten Platz und pflanzen Sie mit 25 × 25 cm Abstand. Der Boden muss locker, humusreich und warm sein. Gedüngt wird mit feinem, reifem Kompost. In trockenen Sommerwochen müssen Sie die Pflanzen reichlich gießen. In regnerischen, kühlen Jahren gedeiht das Kraut besser im Blumentopf auf der Fensterbank.
Es gibt im Handel Kleinblättriges Basilikum, das zierlich buschig wächst und ein feines Aroma besitzt, oder Großblättriges Basilikum, das kräftiger und widerstandsfähiger ist, aber etwas derber im Geschmack. Neuerdings wird auch Saatgut von rotblättrigen Sorten angeboten, zum Beispiel 'Opal', 'Rubin' und 'Purple Delight'. Diese Züchtungen sind robust und dekorativ. Der Geschmack der großen bräunlich roten Blätter ist etwas rustikaler als das feine Aroma der grünen Sorten. Außerdem verlocken noch verschiedenartige Duftnoten wie 'Zitronenbasilikum', 'Zimtbasilikum' und viele andere zum Ausprobieren (Bezugsquellen finden Sie im Anhang).

Ernte und Verwendung: Basilikumblätter können Sie während des ganzen Sommers frisch pflücken, solange sie zart und weich sind. Das Kraut wird möglichst nicht mitgekocht; es sei denn, Sie füllen ein Hähnchen mit den aromatischen Zweigspitzen. Basilikum schmeckt und duftet feurig-würzig, ein wenig süß und ein wenig pfeffrig. Man muss es einfach auf der Zunge kennen lernen! Das Kraut enthält reichlich ätherische Öle, wirkt entkrampfend auf den Magen-Darm-Bereich und beruhigt die Nerven. Verwenden Sie es zu Salat, Tomaten und südländischen Gemüsen. Bei allen Konservierungsmethoden ver-

■ Die südländische Würze des Basilikums darf in keiner Sommerküche fehlen.

Der Nutzgarten

liert Basilikum sein charakteristisches Aroma. Halten Sie es über Winter lieber im Blumentopf.
Biologische Tipps und Mischkultur: Basilikum passt auch im Garten gut zu Tomaten. Es fördert als Nachbar die Gesundheit der Gurken.

Bohnenkraut
Satureja hortensis

Anbau: Auch das Bohnenkraut braucht als Kind des Mittelmeerraumes ein sonniges Beet. Sie können es aber im Frühling direkt ins Freiland säen. Ab Mai, wenn die Erde sich erwärmt hat, ziehen Sie Reihen von 20–25 cm Abstand. Die Pflanzen brauchen später einen Zwischenraum von 25 cm. Es muss also ausgelichtet werden. Noch bis Anfang Juni sind Folgesaaten möglich. Die Samen werden nur dünn mit Erde bedeckt, denn Bohnenkraut gehört zu den Lichtkeimern. Als Düngung reicht reifer Kompost aus. Das Kraut verträgt viel Trockenheit und soll nur bei großer Hitze gegossen werden.

Außer dem einjährigen Bohnenkraut gibt es auch das ausdauernde **Bergbohnenkraut** *(Satureja montana)*, das im Aroma kräftiger und herber ist.

Ernte und Verwendung: Frische grüne Blätter während des ganzen Sommers. Die größte Würzkraft hat das Kraut kurz vor und während der Blüte. Dann können Sie es büschelweise abschneiden und trocknen. Die dürren Blättchen werden später von den Stängeln gestreift und in verschlossenen Gläsern aufbewahrt. Sie bleiben auch in getrocknetem Zustand sehr würzig.
Bohnenkraut hat ein kräftiges, leicht pfeffriges Aroma. Es ist reich an ätherischen Ölen, wirkt krampfstillend, magenstärkend und hilft, schwere Speisen besser zu verdauen. Verwenden Sie das Kraut zu Eintopfgerichten, Kartoffelgerichten und natürlich zu Bohnen. Es wird mitgekocht. Bohnenkraut-Tee ist wohltuend für den Magen.

Biologische Tipps und Mischkultur: Beste Nachbarschaft mit Buschbohnen; Bohnenkraut hält von diesem Gemüse die Schwarzen Läuse ab. Samen können Sie selbst gewinnen.

Borretsch
Borago officinalis

Anbau: Der Borretsch stammt zwar aus den Mittelmeerländern, ist aber bei uns so akklimatisiert, dass er sogar verwildert. Im Gegensatz zu den meisten anderen Kräutern liebt diese saftstrotzende, kräftige Pflanze feuchten und nahrhaften Boden, der aber locker und durchlässig sein soll. Unter günstigen Bedingungen wird der Borretsch leicht 80 cm hoch. Er wächst auch buschig in die Breite. Geben Sie dem Gurkenkraut, wie es auch genannt wird, deshalb einen Platz, wo es sich ungeniert ausbreiten kann. Die Pflanzen brauchen einen sonnigen bis halbschattigen Standort und viel Luft. Wo sie zu eng stehen, sind sie anfällig für Mehltau und Läuse.
Im Übrigen ist der Borretsch ganz und gar unkompliziert. Bereiten Sie den Boden mit Kompost vor. Das Kraut verträgt auch ein wenig organischen Dünger oder Brennnessel-Jauche. Von April bis Juni können Sie die schwarzen Samen ins Freiland säen. Sie werden gut mit Erde zugedeckt und etwas festgedrückt. Verziehen Sie die Pflanzen später auf einen Zwischenraum von 30–50 cm. Ein Versetzen ist wegen der langen Wurzeln und der weichen Blätter nicht empfehlenswert. Die kleinen Pflanzen machen leicht schlapp. Wo der Borretsch sich wohl fühlt, da samt er sich von selber aus.

Ernte und Verwendung: Pflücken Sie laufend die jungen samtweichen Blätter ab. Alte Blätter werden hart und rau. Aus den Blattachseln großer Borretschbüsche wachsen immer zarte Jungtriebe nach. Auch die hübschen himmelblauen Blüten sind essbar und eignen sich als reizvolle Dekoration zu sommerlichen Salaten. Verwenden Sie den Borretsch immer frisch; konservieren lässt er sich nicht.
Die Blätter schmecken etwas gurkenähnlich und säuerlich. Sie sind ein ausgesprochenes Salatgewürz. Die alte Heilpflanze enthält wenig ätherisches Öl, dafür aber Schleim-

■ Für den Salat ernten Sie nur zarte, junge Borretschblätter. Die blauen Blüten sind als essbare Dekoration und als Bienenweide beliebt.

DER KRÄUTERGARTEN

stoffe, Gerbsäure, Saponine und Kieselsäure. Borretsch wirkt herzstärkend und übt auf rheumatische Krankheiten einen lindernden Einfluss aus.

Biologische Tipps und Mischkultur: Borretsch durchwurzelt und verbessert schwere Böden. Er soll von Kohlrabi und Kohlpflanzen Schädlinge abhalten. Die großen, eckigen Samenkörner können Sie leicht zur Gewinnung biologischen Saatgutes ernten. Als guter Nachbar passt das Kraut auch zu Zucchini. Die blauen Blüten sind eine beliebte Bienenweide!

Dill
Anethum graveolens

Anbau: Dieses Kraut aus Südeuropa und dem Orient ist schon lange bei uns heimisch. Es wächst leicht und macht dennoch manchmal durch unergründliche »Primadonna-Allüren« den Gärtnern das Leben schwer. Geben Sie dem Dill einen sehr sonnigen Platz, denn er muss vor allem ätherische Öle entwickeln. Im Wurzelbereich lieben die Pflanzen aber gleichmäßige Feuchtigkeit. Kompost und eine Bodenbedeckung durch Mischkultur oder Mulch sind deshalb wichtig. Wer Dill zwischen Gurken sät, sorgt gleichzeitig für günstige Nachbarschaft, die die Erde mit langen Ranken feucht und schattig hält. Dillreihen brauchen 25–30 cm Abstand. Die Sämlinge werden ausgelichtet, denn sie lassen sich wegen ihrer langen Pfahlwurzeln nicht allzu gut versetzen. Ab April können Sie die Samen ins Freiland streuen. Es lohnt sich, in Abständen mehrmals nachzusäen. Von diesem Kraut sind auch **Sorten**-Züchtungen auf dem Markt, zum Beispiel die blattreiche Sorte 'Tetra' oder die starkwachsende 'Elefant'.

Ernte und Verwendung: Die zarten aromatischen Blätter können Sie während des ganzen Sommers frisch pflücken. Sie schmecken zu Salaten, Krabben und Aal. Dillsamen wird geerntet, wenn sich die Körner zu bräunen beginnen. Sie werden beim Einlegen von Gurken oder zu Kräuteressig verwendet. Dill enthält 2,5–4 % ätherische Öle und bis zu 18 % fettes Öl. Daher kommt das intensive Aroma der Blätter, die frisch-würzig schmecken. Dill lässt sich einfrieren, verliert aber sehr an Geschmack. Die Samenkörner behalten dagegen ihr kümmelartiges Aroma. Dill wirkt beruhigend, entkrampfend und erwärmend. Ähnlich wie Fenchel löst er Blähungen.

Biologische Tipps und Mischkultur: Besonders empfehlenswert ist die Mischkultur mit Gurken. Dill beeinflusst aber auch günstig das Aufgehen verschiedener Gemüsesaaten: zum Beispiel Möhren, Kohl, Rote Bete, Salat und Zwiebeln. Säen Sie einfach ein paar Körner Dill dazu. Saatgut können Sie leicht selbst gewinnen.

Kapuzinerkresse
Tropaeolum majus

Anbau: Diese hübsche Würz- und Blütenpflanze sollte in keinem Biogarten fehlen. Sie stammt aus Südamerika und ist frostempfindlich. Ziehen Sie einige Pflanzen warm vor, damit sie früher blühen. Ab Mai können Sie die großen Samenkörner auch im Freiland aussäen. Die Erde sollte humusreich, aber nicht zu nahrhaft sein. Bei zu reichlicher Ernährung wuchert die Kapuzinerkresse ins Blatt und entwickelt weniger Blüten. Düngen Sie deshalb mit Kompost. Die Saatreihen brauchen 20 cm Abstand. Legen Sie in eine 2 cm tiefe Rille alle 10 cm eines der großen Körner. Die »Kresse aus Peru« gedeiht in der Sonne oder in lichtem Halbschatten.

Sie können wählen zwischen Sorten, die lange Kletterranken treiben, und solchen, die runde Büsche bilden. Es gibt auch gefüllte Züchtungen. Die nicht rankende Kapuzinerkresse eignet sich für Einfassungen.

Ernte und Verwendung: Blätter, Blüten, Knospen und Samen der Kapuzinerkresse sind essbar. Blätter und Blüten haben ein kresseartiges, leicht süßlich-scharfes Aroma und passen, frisch gepflückt, zu Salaten oder zu Quark. Grüne unreife Samen und geschlossene Knospen können Sie als Kapernersatz in Essig einlegen. Die »Kresse aus Peru« enthält Vitamine, antibiotische Substanzen

■ Dillblüten brauchen Sonne, dann duften sie aromatisch und dienen als Gurkenwürze.

■ Mit den leuchtenden Blüten der Kapuzinerkresse können Sie Salate schmücken.

Der Nutzgarten

und Schwefel. Sie wirkt kräftigend und leicht abführend.

Biologische Tipps und Mischkultur: Kapuzinerkresse wird auf Obstbaumscheiben gesät und hält die Blutläuse ab. Sie wirkt auch abwehrend gegen Raupen, Schnecken, Ameisen und Mäuse. Gute Nachbarschaft zu Kartoffeln, Tomaten, Stangenbohnen und Rosen. Saatgut gewinnen Sie sehr leicht. Unter günstigen Bedingungen säen sich die Pflanzen oft selbst aus.

Kerbel
Anthriscus cerefolium

Anbau: Kerbel stammt aus Südosteuropa und Westasien. Er ist nicht kälteempfindlich und kann schon ab Ende März ins Freiland gesät werden. Ein halbschattiger Platz und mäßig feuchter, kompostgedüngter Boden sind ihm am liebsten. Die Reihen benötigen 10 cm Abstand. Die Entwicklung ist rasch, schon nach 6–8 Wochen können Sie ernten. Wer Kerbel liebt, sollte deshalb alle 14 Tage eine neue Reihe aussäen. Sie können wählen zwischen glattblättrigen und krausblättrigen Sorten.

Ernte und Verwendung: Nur die zarten jungen Blättchen schmecken gut. Sie haben das typisch würzig-süße Kerbelaroma, das ein wenig an Anis erinnert. Es passt zu Suppen, Soßen, Omeletts und Salaten. Kerbel enthält ätherische Öle, Glykosid und Bitterstoffe. Er wirkt als Stoffwechsel anregende Frühjahrskur.

Biologische Tipps und Mischkultur: Säen Sie Kerbel zu den Salatpflanzen: Er schützt sie vor Läusen, Schnecken und Ameisen. Da das Kraut schnell in Blüte schießt, können Sie leicht Samen ernten.

Kresse
Lepidium sativum

Anbau: Die aus dem Vorderen Orient stammende Kresse ist sehr anspruchslos. Sie verträgt Schatten und kann schon ab März im Freiland ausgesät werden. Kompostdüngung reicht aus. Säen Sie die roten Samenkörner in Reihen mit 10 cm Abstand. Die Kresse ist bekannt dafür, dass sie schnell keimt und rasch wächst. Schon nach 10 Tagen können Sie die ersten Blätter schneiden. Sorgen Sie deshalb öfter für Nachschub. Im Sommer gedeiht sie besser im Schatten, weil sie dort nicht so leicht schießt. Es gibt glattblättrige und krausblättrige Sorten. Im Winter können Sie Kresse auch auf der Fensterbank im Blumentopf oder im Suppenteller auf feuchter Watte aussäen!

Ernte und Verwendung: Ernten Sie stets frisch und nehmen Sie nur junge, zarte Blätter. Sie passen zu Salat, Quark, Eiern und kalten Platten. Das Kraut schmeckt typisch kresseartig, pikant und etwas scharf. Die Hauptursache dafür ist der Gehalt an Senföl.
Hinzu kommen Vitamin C und Bitterstoffe. Kresse wirkt gegen Frühjahrsmüdigkeit und Blutarmut; sie ist auch im Winter als Vitaminspender sehr willkommen.

Biologische Tipps und Mischkultur: Kresse und Radieschen sind gute Nachbarn, die sich gegenseitig im Aroma günstig beeinflussen. Gegen Erdflöhe beachten Sie die Tipps aus der großen Schädlingstabelle, Seite 131. Samen können Sie auch leicht selbst gewinnen.

Kümmel
Carum carvi

Anbau: Der Kümmel gehört zu den ältesten heimischen Gewürzen Europas. Er wächst bis nach Norwegen hinauf wild auf feuchten Wiesen. Dieses Kraut gehört zu den zweijährigen Pflanzen. Im ersten Jahr erscheint nur eine Blattrosette. Im zweiten Jahr treibt der Kümmel bis zu 1,20 m hohe Stängel, die die weißen Doldenblüten und die Früchte tragen. Der Standort sollte feucht und tiefgründig sein. Versorgen Sie das Beet mit Kompost, etwas Algenkalk und wenig organischem Dünger. Aussaat im April oder im Spätsommer. Die Samen werden nur dünn mit Erde bedeckt, denn Kümmel ist ein Lichtkeimer. Der Reihenabstand beträgt 30–35 cm.

Ernte und Verwendung: Schneiden Sie die Dolden mit den Samen ab, wenn sie sich zu bräunen beginnen. Die Körner werden über einem Tuch ausgeschüttelt und trocken in einem Schraubglas aufbewahrt. Kümmel hat eine charakteristische, leicht beißende Würze. Er passt zu Fleischgerichten, Kohl, Käse und Quark. Die Körner enthalten 3–7 % ätherische Öle, außerdem Gerbstoffe, Harz, Kieselsäure und Mineralstoffe. Kümmel macht schwere Speisen verträglicher. Er wirkt magenstärkend und vertreibt Blähungen.

Biologische Tipps und Mischkultur: Kümmel und Fenchel können sich »nicht riechen«. Zwingen Sie sie nie zur Nachbarschaft. Geschmacksfördernd wirkt Kümmel bei Frühkartoffeln, Kohl, Gurken und Roten Beten.

Löffelkraut
Cochlearia officinalis

Anbau: Das robuste Löffelkraut ist im Norden zu Hause. Es wächst wild in Küstennähe, an sumpfigen, salzigen Stellen. Auch im Garten braucht das zweijährige Kraut feuchten Boden. Sonst ist es sehr anspruchslos und unkompliziert. Düngen Sie mit Kompost und mulchen Sie. Der Reihenabstand beträgt 20 cm. Sie

■ Erst im zweiten Jahr entwickelt der Kümmel weiße Blüten und würzige Samendolden.

DER KRÄUTERGARTEN

können von März bis April oder von August bis September aussäen.

Ernte und Verwendung: Die löffelförmigen Blätter können während des ganzen Jahres – auch im Winter! – frisch gepflückt werden. Sie schmecken kresseartig, etwas scharf, aber auch bitter-salzig. Sie passen zu Salaten und klein geschnitten aufs Butterbrot. Dieses wintergrüne Kraut ist sehr gesund. Es enthält reichlich Vitamin C sowie Senföl, Gerb- und Bitterstoffe. Löffelkraut wirkt als Stoffwechsel anregende Frühjahrskur.

Biologische Tipps und Mischkultur: Keine besonderen Erfahrungen.

Majoran
Origanum majorana

Anbau: Majoran liebt viel Wärme, so wie er es aus seiner Heimat am Mittelmeer gewohnt ist. Geben Sie ihm ein sonniges Beet. Der Boden soll leicht, durchlässig und humusreich sein. Versorgen Sie ihn mit reifem Kompost und – je nach Situation – mit ein wenig organischem Dünger. Sie können Majoran ab März im Frühbeet oder auf der Fensterbank vorziehen. Ab Mai werden die feinen Samen direkt ins Freiland gesät und nur sehr dünn mit Erde übersiebt, denn Majoran ist ein Lichtkeimer. Die Reihen sollen 20–25 cm auseinander liegen. Die jungen Pflanzen werden später büschelweise mit 15 cm Abstand versetzt. Sie erreichen 30–50 cm Höhe. Wenn der Majoran angewachsen ist, verträgt er auch Trockenheit.

Im Handel erhalten Sie den kräftigen, blattreichen **Französischen Majoran** und den **Deutschen Majoran**, der in unserem Klima schnell wächst. Meist wird das Kraut aber einfach unter der Bezeichnung Majoran angeboten.

Ernte und Verwendung: Frische Triebspitzen und Blättchen können Sie den ganzen Sommer ernten. Kurz bevor die kugeligen grünen Blütenknospen sich öffnen, wird das Kraut zum Trocknen geschnitten. Am frühen Morgen und am Abend haben die Pflanzen den höchsten Aromagehalt. Wenn Sie die duftenden Zweige nicht zu tief abschneiden, wächst noch eine zweite Ernte nach.

Majoran behält auch getrocknet sein intensives süß-würziges Aroma. Er passt zu Gänsebraten, Hackfleisch, Leber, Kartoffelgerichten, Eintopf und Tomaten und darf mitgekocht werden. Das Kraut enthält reichlich ätherische Öle sowie Gerb- und Bitterstoffe. Es wirkt nervenstärkend, krampflösend und magenberuhigend.

Biologische Tipps und Mischkultur: Das stark duftende Kraut gehört zu den Pflanzen, die eine gewisse Abwehrwirkung auf Insekten ausüben. Die Nachbarschaft zu Zwiebeln ist günstig. Junge Majoranpflanzen sind sehr durch Schnecken gefährdet!

Petersilie
Petroselinum crispum

Anbau: Die in Südosteuropa heimische Petersilie gehört zu den zweijährigen Kräutern. Sie ist nicht kälteempfindlich und kann schon ab März ins Frühbeet gesät werden. Geben Sie ihr einen feuchten, halbschattigen Platz. Der Boden soll humusreich, nahrhaft und durchlässig sein. Streuen Sie bereits im Herbst Kompost und etwas organischen Dünger. Frische Düngung verträgt die Petersilie nicht.

Da die Samen sehr langsam keimen, mischen Sie ein paar Körner Radieschen als Markiersaat dazwischen. Leichter und rascher keimen Sommeraussaaten im August. Die Reihen brauchen 10–15 cm Abstand. Bei Trockenheit müssen Sie die Petersilie kräftig gießen. Über Winter decken Sie das grüne Kraut am besten mit Kiefernreisig zu, damit Sie auch bei Schnee ernten können.

Im Handel sind verschiedene Petersiliensorten: Die **glattblättrige Bauernpetersilie** ist besonders aromatisch und vitaminreich. Unter den **krausblättrigen Sorten** können Sie wählen: 'Mooskrause' (altbewährte Sorte), 'Grüne Perle' (dicht gekraust, dunkelgrün), 'Smaragd' (dicht gefüllt, ertragreich und sehr winterhart). Außerdem gibt es noch die Wurzelpetersilie, die mit den Möhren im Keller überwintert.

Ernte und Verwendung: Ganzjährig frisch vom Beet. Nach der Blüte werden die Blätter ungenießbar. Petersilie können Sie trocknen oder einfrieren, aber sie verliert dabei viel Aroma. Die zerkleinerten Blätter werden nicht

■ Vom Löffelkraut können Sie auch im Winter vitaminreiche Blätter ernten.

■ Majoran verschenkt ein intensives süß-würziges Aroma, besonders die blühenden Triebe.

Der Nutzgarten

gekocht, sondern frisch über Kartoffeln, Salate, Gemüse, Suppen und Soßen gestreut. Sie schmecken herb-würzig, ein wenig scharfbitter. Petersilie enthält reichlich ätherische Öle, Mineralstoffe sowie vor allem Vitamin C. Vorsicht: Das Kraut enthält in allen Teilen den giftigen Petersilienkampfer Apiol. Gefährlich hoch ist die Konzentration aber nur in den Samenkörnern. Verwenden Sie Petersilie maßvoll.

Biologische Tipps und Mischkultur: Petersilie ist mit sich selbst unverträglich, deshalb müssen Sie sie jedes Jahr an eine andere Stelle säen. Halten Sie dabei Abstand zu Salat. Gute Nachbarn sind Radieschen, Rettiche, Tomaten und Zwiebeln. Eine Mischkultur mit Tagetes hält Wurzelälchen fern.

Portulak
Portulaca oleracea

Anbau: Der aus Vorderasien stammende Portulak wurde bereits von den Römern nach Germanien gebracht. Er braucht viel Wärme. Säen Sie ihn im Mai auf ein sonniges Beet. Der Boden sollte durchlässig und etwas sandig sein. Düngen Sie nur mit Kompost. Die Reihen benötigen 20 cm Abstand, die Samenkörner werden nur dünn mit Erde übersiebt und leicht festgedrückt. Portulak wächst rasch, schon nach 3–4 Wochen können Sie das Kraut zum ersten Mal schneiden. Die Pflanzen brauchen immer genügend Feuchtigkeit. Je nach Standort werden sie 15–30 cm hoch. Sie können die Pflanzen einzeln auseinander setzen oder wie Spinat in der Reihe auflaufen lassen.

Ernte und Verwendung: Frisch während des ganzen Sommers: Nach dem Schnitt wächst der Portulak wieder nach. Die fleischig-saftigen Blätter können als spinatartiges Gemüse oder als Zutat zu Salat, Kräutersoßen und Quark verwendet werden. Sie schmecken erfrischend säuerlich und ein wenig salzig. Portulak enthält vor allem reichlich Magnesium und Kalium, außerdem hat er auch Vitamin C zu bieten.

Biologische Tipps und Mischkultur: Keine besonderen Erfahrungen.

■ Nach dem Schnitt wachsen die erfrischend säuerlichen Portulakblätter wieder nach.

■ Die feine Würze zarter Estragontriebe müssen Sie unbedingt probieren!

Ausdauernde Kräuter

Estragon
Artemisia dracunculus

Anbau: Die Heimat des Estragons liegt in Süd- und Mittelasien. Das Kraut braucht einen warmen, geschützten Platz. Es verträgt Sonne und lichten Halbschatten. Die Erde muss humusreich und feucht sein. Düngen Sie mit Kompost und etwas organischem Dünger. Pflanzen Sie den Estragon ab April mit 30 × 40 cm Abstand. Er wird 80–150 cm hoch und muss im Wurzelgrund immer feucht gehalten werden. Durch Wurzelausläufer oder Blattstecklinge können Sie Ihre Bestände vermehren. In rauen Lagen brauchen die Pflanzen einen Winterschutz aus Fichtenreisig. Unterscheiden Sie zwei Sorten: Der **Russische oder Sibirische Estragon** ist robust und widerstandsfähig, dafür weniger aromatisch. Er kann auch ausgesät werden. Der **Französische oder Deutsche Estragon** ist empfindlicher, aber viel würziger. Er kann nur durch Wurzelausläufer vermehrt werden.

Ernte und Verwendung: Während des ganzen Sommers können Sie frische grüne Triebspitzen ernten. Getrocknet verliert der Estragon sehr an Würze. Konservieren Sie sein Aroma lieber, indem Sie einige Zweige in Essig oder Öl legen. Estragonessig ist eine Feinschmecker-Delikatesse! Das feinwürzige Aroma der grünen Blätter muss man einfach probiert haben. Sie enthalten ätherische Öle, Harz, Gerb- und Bitterstoffe. Estragon wirkt appetitanregend und wassertreibend.

Biologische Tipps und Mischkultur: Estragon gedeiht gut mit Liebstöckel.

Lavendel
Lavandula angustifolia

Anbau: Der Lavendel ist in den Mittelmeerländern heimisch, aber bei uns seit langem akklimatisiert. Er liebt einen sonnigen Standort und leichten, etwas kalkhaltigen Boden. In

DER KRÄUTERGARTEN

einem Steingarten gedeiht er ausgezeichnet. Wichtig ist guter Wasserabzug. Im Gewürzgarten düngen Sie den kleinen verholzenden Halbstrauch, der 30–60 cm hoch wird, nur mit gut verrottetem Kompost. Lavendelpflanzen bekommen Sie beim Gärtner. Sie können das Kraut aber auch im März auf der Fensterbank in Schalen aussäen. Ab Mai werden die jungen Setzlinge ins Freiland mit 30 × 30 cm Abstand ausgepflanzt. Nach der Blüte schneiden Sie die Lavendelbüsche leicht zurück. In rauen Lagen brauchen sie Winterschutz.

Ernte und Verwendung: Die duftenden blauen Lavendelblüten werden gebündelt und getrocknet. Die Sträußchen vertreiben Motten im Schrank und Fliegen in den Wohnräumen. Junge Blattspitzen können Sie frisch in der Küche verwenden als Würze zu Fisch, Hammelfleisch, Hühnchen und Soßen. Sie schmecken ein wenig herb-bitter, ähnlich dem Rosmarin. Lavendel enthält reichlich ätherische Öle sowie Harz, Gerbstoffe und Saponin. Er wirkt beruhigend, krampflösend und nervenstärkend.

Biologische Tipps und Mischkultur: Lavendel vertreibt im Garten Ameisen und Läuse. Gesund und hübsch ist die Kombination mit Rosen.

Liebstöckel
Levisticum officinale

Anbau: Diese robuste Staude stammt ursprünglich aus dem Iran. Sie ist aber schon lange bei uns heimisch und sehr unempfindlich. Liebstöckel kann 2–3 m hoch werden. Geben Sie ihm einen feuchten, tiefgründigen, nährstoffreichen Standort. Er verträgt auch Halbschatten. Dieses kräftige Kraut braucht außer Kompost auch organischen Dünger. Mulchen Sie stets rings um die Pflanzen. Im März oder im August können Sie den Liebstöckel selber aussäen. Verpflanzen Sie mit 50 cm Abstand, und bedenken Sie, dass das Kraut 10–15 Jahre am ausgesuchten Platz stehen bleiben kann.
Über Winter frieren die Blätter alle zurück. Im Frühling treibt die Pflanze aus dem Wurzelstock neu aus. Da der Liebstöckel in kurzer Zeit zu einer mächtigen Staude heranwächst, genügt meist eine Pflanze für den Bedarf einer ganzen Familie.

Ernte und Verwendung: Pflücken Sie zarte junge Blätter den ganzen Sommer frisch. Das Kraut kann mitgekocht werden. Beim Trocknen verliert der Liebstöckel einen Teil seines kräftigen Aromas. Die Blätter schmecken sehr würzig, ähnlich wie die Suppenwürze »Maggi«. Verwenden Sie sie sparsam zu Suppen, Eintöpfen und Soßen. Liebstöckel enthält ätherische Öle, Harz- und Bitterstoffe. Er wirkt harntreibend und löst Blähungen.

Biologische Tipps und Mischkultur: Liebstöckel hemmt Schädlinge, aber auch die Nachbarpflanzen. Am besten geben Sie ihm einen Extraplatz.

Melisse
Melissa officinalis

Anbau: Man nennt sie auch Zitronenmelisse. Für dieses duftende Kraut aus den Mittelmeerländern müssen Sie einen sonnigen, geschützten Platz aussuchen. Der Boden soll humusreich und durchlässig sein. Düngen Sie mit reichlich Kompost. Von April bis Mai können Sie die Melisse im Freiland aussäen. Die kleinen Pflanzen brauchen später 30 cm

■ Lavendel liebt einen warmen, trockenen Standort. Auf einem Steinmäuerchen fühlt er sich wie zu Hause und treibt seine stark duftenden Blüten in großer Fülle.

■ Die Blätter der Melisse besitzen ein herrlich frisches Zitronenaroma.

Der Nutzgarten

Abstand nach allen Seiten. Durch Teilung der Wurzelstöcke oder Stecklinge können Sie Ihre Bestände vermehren. Die Pflanzen samen sich auch aus. Unter günstigen Bedingungen ist für Nachwuchs immer gesorgt.

In rauen Gegenden braucht die Melisse etwas Schutz. Die Stauden wachsen 50–70 cm hoch und frieren im Winter zurück. Aber im nächsten Frühling treibt die Melisse aus dem Wurzelstock zeitig wieder aus.

Ernte und Verwendung: Vom Frühlingsaustrieb an können Sie zarte junge Blätter frisch verwenden. Sie besitzen ein ausgeprägtes Zitronenaroma und passen zu Salat, Tomaten, Quark und Kräutersoßen. Zitronenmelisse darf nicht mitgekocht werden. Auch beim Trocknen verliert sie einen Teil des Aromas. Dann wird sie am besten als herz- und nervenberuhigender Tee verwendet. Das Kraut enthält ätherische Öle, Gerb- und Bitterstoffe.

Biologische Tipps und Mischkultur: Zitronenmelisse verträgt sich nicht mit der Goldmelisse *(Monarda)*! Das blühende Kraut ist eine hervorragende Bienenpflanze.

Origano
Origanum vulgare

Anbau: Unter dem Namen Staudenmajoran oder Dost ist dieses Kraut auch bekannt. Es stammt aus den Mittelmeerländern, wo es an warmen, trockenen Plätzen wild wächst. Sorgen Sie deshalb auch im Kräutergarten dafür, dass der Origano einen sonnigen Platz bekommt. Die Erde sollte sehr durchlässig und eher mager sein. Düngen Sie nur mit reifem Kompost. Auch im Steingarten ist dieses Gewürz gut untergebracht. Ab April können Sie Origano in Reihen mit 25 cm Abstand aussäen. Einfacher ist es, Jungpflanzen zu kaufen. Sie brauchen 20 × 25 cm Abstand. Wo das Kraut heimisch geworden ist, sät es sich leicht selber aus.

Ernte und Verwendung: Während des Sommers können Sie ständig junge Blätter und Triebspitzen pflücken. In der Blütezeit hat das Kraut die größte Würzkraft. Dann schneiden Sie es handhoch über dem Boden ab und hängen es gebündelt zum Trocknen auf. Der Origano behält auch gedörrt sein Aroma. Allerdings entwickelt er nur in warmen Sommern seinen vollen würzigen Geschmack, der etwas pfeffrig-scharf ist. Das Aroma liegt zwischen Thymian und Majoran. Sie können ihn zu Pizza, Tomaten, Fleisch, Käse, Suppen und südländischen Gemüsen verwenden. Er wird mitgekocht.

Origano enthält ätherische Öle, Gerb- und Bitterstoffe. Er löst Krampfzustände im Unterleib, im Magen und bei Husten.

Biologische Tipps und Mischkultur: Keine besonderen Nachbarschafts-Erfahrungen. Die Origanoblüte ist bei Bienen und Schmetterlingen sehr beliebt.

Pfefferminze
Mentha × piperita

Anbau: Einige wild wachsende Minzarten sind in Europa heimisch, wie zum Beispiel die **Wasserminze** *(Mentha aquatica)*, die **Ackerminze** *(M. arvensis)* und die **Poleiminze** *(M. pulegium)*. Die im Garten meist gepflanzte **Edelminze** *(M. × piperita)* ist eine Kulturform, die nur durch Wurzelausläufer vermehrt werden kann. Ähnlich wie an ihren natürlichen Standorten lieben die Minzen auch im Garten einen feuchten Platz. In lichtem Schatten gedeihen sie gut. Lehmighumose Erde, aber auch mooriger Boden sind eine gute Grundlage. Düngen Sie mit reichlich Kompost und ein wenig organischem Dünger. Sorgen Sie immer für genügend Feuchtigkeit. Pfefferminze wird nur durch Wurzelableger vermehrt, die Sie im Frühling mit etwa 30 cm Abstand flach in die Erde legen. Das Kraut wuchert stark. Pflanzen Sie es dort, wo Sie einen Bodendecker brauchen, der jedes Unkraut unterdrückt, oder sperren Sie es in einen Kasten ein, der den Wandertrieb bremst. Im Winter frieren die oberirdischen Pflanzenteile aller Minzenarten zurück.

Im Handel sind zahlreiche Arten und Varietäten, zum Beispiel: **Echte Mitcham-Minze**, **Apfelminze**, **Ananasminze**, **Orangen-**

■ Mit kräftiger Würze bereichert Origano die Küche; die Blüten locken Bienen und Falter.

■ Edelminzen entfalten ein reichhaltiges Aroma mit unterschiedlichsten Duftnoten.

DER KRÄUTERGARTEN

minze, **Gewürzminze, Krauseminze** und **Poleiminze**.

Ernte und Verwendung: Frische Minzenblätter können Sie den ganzen Sommer abpflücken. Die Haupternte liegt im Juni kurz vor der Blüte. Dann schneiden Sie die oberen Triebe des Krautes ab und hängen es gebündelt zum Trocknen auf. Bei warmer Witterung wächst im Spätsommer eine zweite Ernte nach. Die Pfefferminze behält ihr Aroma auch nach dem Dörren.

Mit grünen Minzenblättern würzen Sie Soßen und Hammelfleisch. Getrocknet dient das Kraut als Tee. Der frische typische Pfefferminzgeschmack ist überall bekannt. Die Pflanzen enthalten bis zu 2,5 % ätherische Öle, zu deren Bestandteilen auch Menthol gehört. Hinzu kommen Gerb- und Bitterstoffe. Pfefferminze wirkt krampflösend und durchwärmend. Sie beeinflusst vor allem den Magen-Darm-Bereich bei Übelkeit, Blähungen und Krämpfen.

Biologische Tipps und Mischkultur: Ein schlechter Nachbar für die Pfefferminze ist die Kamille. In der Nähe von Brennnesseln entwickelt die Minze mehr ätherische Öle. Neben Kohl soll sie den Kohlweißling abhalten. Gute Nachbarn sind Möhren, Salat und Tomaten. Allerdings ist es nicht ratsam, das wuchernde, ausdauernde Kraut auf ein Gemüsebeet zu pflanzen.

Gegen den Pfefferminzrost hilft radikaler Rückschnitt. Der Neutrieb ist dann wieder gesund.

Pimpinelle
Sanguisorba minor

Anbau: Der Kleine Wiesenknopf, wie dieses Kraut auch genannt wird, wächst in vielen Landschaften Mitteleuropas wild auf trockenen Wiesen. Auch im Garten gedeiht er an trockenen, etwas kalkhaltigen Stellen besser als in fetter, feuchter Erde. Die Pflanzen brauchen Sonne. Düngen Sie nur mit reifem Kompost. Ab März können Sie die Samen der Pimpinelle im Freiland aussäen. Die Reihen brauchen 30 cm Abstand, die Pflanzen werden später auf 20 cm Zwischenraum verzogen. Wegen der langen Pfahlwurzel lassen sie sich schlecht verpflanzen. Wenn Sie die Blüten herausschneiden, können Sie länger zarte Blätter pflücken. Die Ernte dauert oft bis in den Herbst.

Ernte und Verwendung: Die hübschen gefiederten Blättchen können Sie laufend frisch abpflücken. Das Kraut lässt sich nicht konservieren. Sein Geschmack ist kühl-würzig und erinnert ein wenig an Gurken. Das Aroma passt zu Salat, Quark und Eiern. Pimpinelle ist reich an Vitamin C. Außerdem enthält sie Gerbstoffe und Flavone.

Verwechseln Sie das Kraut nicht mit der **Bibernelle** (*Pimpinella saxifraga* oder *P. major*). Diese hat ähnliche gefiederte Blätter, sie unterscheidet sich aber deutlich durch ihre Doldenblüten. Die wilde Bibernelle ist die berühmte alte Heilpflanze, von der in vielen historischen Quellen berichtet wird!

Biologische Tipps und Mischkultur: Keine. Machen Sie selber Versuche, und sammeln Sie Erfahrungen.

Rosmarin
Rosmarinus officinalis

Anbau: An sonnigen Felsenhängen im Mittelmeerraum ist der Rosmarin zu Hause. Bei uns ist der wärmebedürftige kleine Strauch nicht winterhart. Nur im Weinbauklima kann er draußen bleiben. Halten Sie das aromatische Kraut deshalb im Blumentopf und pflanzen Sie es nur im Sommer in den Garten oder vor eine Südwand am Haus. Die Pflanzen brauchen sehr durchlässige, humusreiche Erde. Rosmarin können Sie in Gärtnereien kaufen oder auch selber in Saatschalen auf der Fensterbank aussäen. Von älteren Pflanzen lassen sich leicht Stecklinge schneiden. Im Frühsommer bekommt das Würzkraut im Topf eine organische Düngung, zum Beispiel Pflanzenjauche. Ab August werden die Pflanzen mager und trockener gehalten, damit das Holz ausreift. Den Winter verbringen sie an einem kühlen, hellen Platz im Haus. Sie bekommen dann nur wenig Wasser, der Ballen darf aber nie austrocknen.

Ernte und Verwendung: Blätter und Triebspitzen größerer Pflanzen können Sie frisch und getrocknet verwenden. Rosmarin behält sein intensives Aroma, das herb-würzig schmeckt und ein wenig an Kampfer und Nadelholz erinnert. Er passt zu Hähnchen, Tomatensuppe, Hammel und pikanten Soßen. Die nadelartigen Blätter enthalten bis zu 2,5 % ätherische Öle sowie Harz, Gerb- und Bitterstoffe. Rosmarin wirkt kreislaufanregend.

Biologische Tipps und Mischkultur: Ein guter Nachbar ist Salbei.

Salbei
Salvia officinalis

Anbau: Der kleine, verholzende Strauch ist an den sonnigen Felsenhängen des Mittelmeerraumes zu Hause. Geben Sie ihm auch im Garten einen warmen Platz, durchlässige Erde, etwas Kalk und als Düngung Kompost.

■ Zur Blütezeit ist ein Salbeibusch eine Zierde jedes Kräutergartens.

Der Nutzgarten

Im Steingarten gedeiht der Salbei ebenfalls sehr gut.

Im April können Sie das Würzkraut in einer Schale auf der Fensterbank aussäen. Vorgezogene Pflanzen bekommen Sie beim Gärtner. Sie benötigen auf dem Beet 30 × 40 cm Abstand. Von älteren Pflanzen können Sie leicht Ableger gewinnen durch heruntergebogene Zweige, die sich bewurzeln. In rauen Gegenden braucht das Mittelmeergewächs etwas Winterschutz. Im Frühling schneiden Sie die Sträucher leicht zurück. Ein Tipp zum Ausprobieren: **buntblättrige Salbeiformen** und der kraftvolle **Muskatellersalbei**.

Ernte und Verwendung: Zarte, graugrüne Blätter können Sie jederzeit pflücken. Kurz bevor die blauen Blüten sich öffnen, hat das Kraut den größten Aromagehalt. Schneiden Sie dann Vorräte zum Trocknen. Salbei bleibt auch gedörrt sehr würzig. Sein Geschmack ist ein wenig streng und kampferartig. Das Kraut passt zu Fleisch, Spießchen, Schinken, Käse, rustikalen Suppen und zu Aal.

Die Blätter enthalten reichlich ätherische Öle sowie Harz, Gerb- und Bitterstoffe. Salbei hat kräftigende, antiseptische Eigenschaften, die vor allem bei Halsschmerzen, Zahnfleischbluten und Nachtschweiß wirksam werden.

Biologische Tipps und Mischkultur: Der stark aromatische Salbei wehrt Raupen, Läuse und Schnecken ab. Pflanzen Sie die Stauden an den Rändern des Gemüsegartens und zu den Rosen. Gute Nachbarn sind Bohnen, Fenchel, Kohl, Möhren und Rosmarin. Bei strengem Frost ist eine Abdeckung empfehlenswert.

Thymian
Thymus vulgaris

Anbau: Der Thymian ist ursprünglich eine Pflanze der Felsenheide im Mittelmeerraum. Er braucht im Garten unbedingt einen sonnigen, trockenen Platz. Wo lehmiger Boden vorherrscht, sollten Sie dem Kraut einen mit Sand und Steinen vermischten Hügel bauen. Düngen Sie den Thymian nicht. Er bekommt nur etwas reifen Kompost. Am besten besorgen Sie sich beim Gärtner Pflanzen, die dann mit 20 × 20 cm Abstand verteilt werden. Das Kraut bleibt über Winter grün und wird im Frühling leicht zurückgeschnitten.

Sie können wählen zwischen **Französischem oder Sommerthymian**, der rasch wächst, aber frostempfindlich ist, und **Deutschem oder Winterthymian**, der langsam wächst, aber widerstandsfähiger ist. Außerdem gibt es noch **Zitronenthymian** und andere Duftvarianten.

Ernte und Verwendung: Frische Zweige können Sie während des ganzen Sommers pflücken. Kurz vor der Blüte ist das Kraut besonders würzig, dann schneiden Sie es zum Trocknen. Der Thymian behält dabei sein kräftig-würziges Aroma. Er passt zu Fleisch, Eintopf und Kartoffelgerichten.

Die Blätter enthalten reichlich ätherische Öle sowie Saponine, Harz, Gerb- und Bitterstoffe. Thymian wirkt desinfizierend. Er lindert Husten und krampfartige Magenbeschwerden. Brühen Sie einen kräftigen Tee auf, der bei Erkältungen mit Honig gesüßt wird.

Biologische Tipps und Mischkultur: Ähnlich wie Salbei wehrt auch Thymian Kohlweißlingsraupen und Läuse ab. Er kann als schützende Randpflanze eingeplant werden.

Wermut
Artemisia absinthium

Anbau: Der bittere Wermut ist in ganz Europa als Wildpflanze verbreitet. Er wächst an steinigen, trockenen Plätzen. Auch im Garten ist er sehr anspruchslos. Geben Sie ihm einen sonnigen Standort, etwas sandigen, kalkhaltigen Boden und guten Wasserabzug. Die Stauden werden 60–150 cm hoch und sehr ausladend. Die strengen Düfte des Wermuts machen den meisten Nachbarpflanzen das Leben schwer. Setzen Sie das Kraut deshalb nicht in den Gewürzgarten, sondern an einen Extraplatz. Dort kann die Staude als »Einzelgänger« gedeihen und ihre für die Hausapotheke und für die Schädlingsabwehr wertvollen Inhaltsstoffe entwickeln.

Ernte und Verwendung: Die bitter-aromatischen Wermutblätter können Sie frisch pflücken und zu fettem Fleisch, Wild oder

■ Buntblättrige Salbeiformen bieten nicht nur einen schönen Anblick – sie sind auch alle essbar und heilkräftig!

■ Zitronenthymian bezaubert mit seinem frischen Duft und den bunten Blättern. Das Aroma bleibt nach dem Trocknen erhalten.

DER KRÄUTERGARTEN

Eintöpfen hinzufügen. Sie machen die Speisen leichter verdaulich. Zum Trocknen schneiden Sie das Kraut kurz vor und während der Blüte. Sie gewinnen so einen guten Magentee. Die Blätter enthalten ätherische Öle, Absinthin, Gerb- und Bitterstoffe, Harz, verschiedene Säuren und Vitamine. Wermut hilft bei Magenbeschwerden, Völlegefühl und Stauungen im Leber-Galle-Bereich.
Biologische Tipps und Mischkultur: Wermut neben Johannisbeeren gepflanzt, schützt die Sträucher vor dem Säulchenrost. Getrocknetes Kraut wird auch für Wermutbrühen zur Schädlingsabwehr gebraucht (Rezepte Seite 115).

Ysop
Hyssopus officinalis

Anbau: In seiner Heimat in Südeuropa und Vorderasien wächst der Ysop an sonnigen, steinigen, kalkhaltigen Plätzen. Pflanzen Sie ihn auch im Garten unter ähnlichen Bedingungen, und pflegen Sie ihn wie Thymian. Mit seinen hübschen blauen Blüten bildet der Ysop ein Schmuckstück des Kräutergartens. Sie können ihn im Frühling in Schalen auf der Fensterbank aussäen oder beim Gärtner kaufen. Im Mai setzen Sie die Pflanzen mit 25 × 30 cm Abstand ins Freie. Durch Stecklinge können Sie später für Nachwuchs sorgen.
Ernte und Verwendung: Blättchen und junge Triebe können Sie den ganzen Sommer frisch pflücken. Zum Trocknen schneiden Sie das Kraut kurz vor und während der Blüte. Die stark würzigen, ein wenig bitteren Blätter werden in kleinen Mengen zu Salat, Soßen, Bohnen, Kartoffelsuppe und Ragout verwendet. Sie enthalten ätherische Öle, Bitter- und Gerbstoffe sowie Harz. Ysop wirkt magenstärkend und fördert die Verdauung.
Biologische Tipps und Mischkultur: Ähnlich wie Salbei und Thymian wehrt das stark aromatische Kraut Raupen, Läuse und Schnecken ab. Ysop ist eine gute Bienenweide!

Die Wildkräuter-Ecke

Große und Kleine Brennnessel
Urtica dioica und U. urens

Anbau: Geben Sie der Brennnessel am Kompost oder in einem Gartenwinkel einen Platz. Sie wächst überall, liebt aber humosen Boden. Achten Sie nur darauf, dass sie nicht zu stark wuchert.
Ernte und Verwendung: Die zarten Blätter des Frühlingsaustriebs sollten Sie zu Salaten geben oder als Spinatgemüse dünsten. Von Juni bis Juli können Sie Brennnesseln trocknen und später als Tee verwenden. Frisch oder getrocknet sind die Blätter ein ausgezeichnetes Mittel zur Anregung des Stoffwechsels. Sie enthalten unter anderem Nesselgiftstoff, Histamin, Ameisensäure, Vitamine und Mineralsalze.
Biologische Tipps und Mischkultur: Für naturgemäße Gärten sind Brennnesseln ein unentbehrliches Mittel der Gesundheit. Sie liefern hervorragendes Mulchmaterial und dienen als Grundlage für flüssige Dünger und Spritzbrühen. Brennnesseln halten Gärten und Gärtner gesund!
Trotzdem sollten Sie Brennnesseln nicht nur »verwerten«. Die Blätter dieses Wildkrautes dienen mehreren Schmetterlingsraupen, zum Beispiel dem Kleinen Fuchs und den Tagpfauenaugen als lebensnotwendige Nahrung. Lassen Sie einige Brennnesselstauden ungestört wachsen als wichtigen Bestandteil des Ökosystems.

Beinwell und Comfrey
Symphytum officinale und *S. asperum*

Anbau: Die Staude liebt tiefgründig-feuchten Boden und nährstoffreichen Kompost. Ein Platz im lichten Schatten von Obstbäumen oder Sträuchern ist günstig. Auch am Rand des Kompostplatzes oder rund um die Jauchetonnen können Sie Beinwell pflanzen. Geben Sie den Setzlingen 40–50 cm Abstand, da die blattreichen Stauden sich üppig ausdehnen. Kompost und ein wenig organischer Dünger verhelfen bei der Pflanzung zu einem guten Start. Sonst ist Beinwell sehr anspruchslos. Er bleibt jahrelang am gleichen Platz. Die Blätter können öfter geschnitten werden; sie wachsen immer nach.
Ernte und Verwendung: Zarte junge Blätter können Sie in den Salat schneiden oder als Gemüse dünsten. Aus getrockneten Blättern gewinnen Sie einen Tee. Frisch und gedörrt hilft Beinwell innerlich gegen Rheuma, Magenkatarrh und Darmgeschwüre. Die stärkste Heilkraft haben aber die Wurzeln. Sie können getrocknet werden oder dienen als frische Breiauflage zur Heilung von Quetschungen, Wunden und rheumatischen Verspannungen. Beinwell enthält unter anderem Gerbstoff, Schleimstoffe, Asparagin und Allantoin. Der letzte Wirkstoff fördert die Zellbildung und erklärt die guten Erfolge bei der Wundheilung.

■ Ysop gehört zu den Schönheiten im Kräutergarten. Dieses uralte Heilkraut lohnt die Wiederentdeckung!

Der Nutzgarten

Biologische Tipps und Mischkultur: Comfrey wirkt auch heilend auf den Garten. Die Blätter liefern Mulchmaterial und dienen zur Herstellung einer kalireichen Pflanzenjauche.

Johanniskraut
Hypericum perforatum

Anbau: Überall in Europa wächst dieses uralte Heilkraut an sonnigen, trockenen Hängen und am Waldrand wild. Auch im Garten braucht das Johanniskraut viel Sonne und einen durchlässigen Boden. Sonst ist es ganz anspruchslos und ausdauernd.
Beim Pflanzen mischen Sie etwas Algenkalk unter eine Hand voll Kompost. Zwischen den jungen Stauden halten Sie 30–40 cm Abstand ein. Das Kraut bildet später nach allen Seiten Ausläufer; dann ist stets für Nachwuchs gesorgt! Die ersten Jungpflanzen bekommen Sie in Kräuterspezialgärtnereien.

Ernte und Verwendung: Geerntet und getrocknet wird das ganze blühende Kraut. Blüten und Knospen können Sie auch frisch in Öl ansetzen. Sie gewinnen dann das berühmte blutrote Johannisöl. Die Pflanzen enthalten vor allem ätherische Öle, aber auch Gerbstoffe, Säuren und den roten Farbstoff Hypericin. Johanniskraut beruhigt die Nerven und vertreibt Depressionen. Es regt die Leber und die Galle an. Mit dem roten Öl können Sie sich einreiben. Es hilft gegen Rheuma- und Nervenschmerzen, kleine Brandwunden und Sonnenbrand.

Biologische Tipps und Mischkultur: Besondere Mischkulturen wurden noch nicht erprobt. Es lohnt sich aber zu experimentieren, um die Eigenschaften dieses wertvollen Heilkrautes auch im Biogarten zu nutzen! Sehr hübsch wirken die gelben Blüten neben blauem Ysop und Lavendel.

Kamille
Matricaria recutita

Anbau: In ganz Europa wächst die Echte Kamille an sonnigen Feldrändern wild. Auch im Garten kann sie als Randpflanze ausgesät werden. Sie wird 20–50 cm hoch. Samen sind im Handel erhältlich. Säen Sie das uralte Heilkraut ab April in Reihen mit 30–40 cm Abstand oder breitwürfig auf ein Beet. In humusreicher, etwas lehmiger Erde fühlt sich die Kamille besonders wohl. Verbessern Sie Ihre Gartenerde mit Kompost und bei leichten Böden auch mit Tonmehl.
Wenn Sie die Pflanzen später auf 20–30 cm Abstand vereinzeln, können sie sich gut verzweigen. Günstige Wachstumsbedingungen und möglichst viel Sonne sind wichtige Voraussetzungen für eine harmonische Entwicklung der heilkräftigen Inhaltsstoffe, die die Kamille so wertvoll machen.

Ernte und Verwendung: Während des ganzen Sommers können Sie die Blütenköpfchen pflücken und trocknen. Sie gewinnen so einen Tee, der als bewährtes Hausmittel bei Entzündungen und Erkältungen gebraucht wird. Er wirkt krampflösend, antibakteriell und entzündungshemmend. Kamille enthält ätherische Öle, Flavon, Glycoside und Cumarine.

Biologische Tipps und Mischkultur: Kamille ist ein guter Kohlnachbar und kann auch zwischen Kartoffeln, Sellerie und Lauch gesät werden. Sie gehört zu den Pflanzen, die den Kompost aktivieren. Kamillentee dient im Garten zur Kräftigung der Kulturen und als Samenbeize.

■ Das Johanniskraut gehört zu den wertvollsten heimischen Heilkräutern. Aus den Blüten können Sie das blutrote Johannisöl ansetzen, das Brandwunden heilt.

■ Die Echte Kamille erkennen Sie am Hohlraum im Inneren des aufgebrochenen Blütenbodens.

DER OBSTGARTEN

Die saftigen Früchte von Beerensträuchern und Obstbäumen runden das gesunde Nahrungsangebot aus dem eigenen Garten ab. Als süße Ergänzung zu herzhaftem Gemüse und würzigen Kräutern sollten sie nirgends fehlen. Es muss ja nicht unbedingt eine Obstplantage sein. In einem kleinen Küchengarten genügen schon zwei Reihen Erdbeeren und ein Johannisbeer-Hochstämmchen, die für vitaminreichen Nachtisch sorgen. Die runden Büsche der Monatserdbeeren können sogar am Rand eines Blumenbeetes gepflanzt werden. Sie dienen dort als dekorative Einfassung und als Quelle süßer Naschereien im Vorübergehen. In einem größeren Nutzgarten sollten Sie verschiedenartige Beeren und einige Obstbäume einplanen. Wählen Sie auch hier nach den Regeln des naturgemäßen Anbaus stets diejenigen Sorten, die sowohl der Grundstücksgröße als auch den Klima- und Bodenverhältnissen am besten angepasst sind.

Erdbeeren – süß wie der Sommer

Der würzig-süße Geschmack der kleinen Walderdbeeren gehört für viele Menschen zu den unvergesslichen Kindheitserinnerungen. Groß ist dagegen oft die Enttäuschung, wenn Sie in die roten Prachtfrüchte beißen, die im Supermarkt angeboten werden: Das Erdbeerfleisch schmeckt fast nur noch nach Wasser! Wo ist das unvergleichliche Aroma geblieben? Es fiel den Transportproblemen zum Opfer, weil die empfindlichen Beeren halb reif geerntet werden müssen. Es leidet auch unter den Anbaumethoden und unter dem Wahn, der nach immer größeren, gigantischeren Zuchtformen ruft.

■ Der ganze Reichtum eines Gartenjahres füllt im Herbst Keller und Vorratsräume. Das Obst aus dem eigenen Garten ist im Winter eine vitaminreiche Ergänzung des Speisezettels.

Der Nutzgarten

Die Erdbeer-Ahnengalerie

Im naturgemäßen Garten können Sie dagegen leicht das süße Erdbeeraroma aus Großmutters Garten wiedergewinnen. Machen Sie sich nur einmal klar, wo diese Beeren aus der Familie der Rosengewächse ursprünglich beheimatet waren. In Europa gab es lange Zeit nur die kleinen aromatischen Walderdbeeren. 1623 reiste die nordamerikanische Scharlach-Erdbeere zum ersten Mal über den Atlantik in die »Alte Welt«. Sie schmeckte süß, hatte aber kleine Früchte. 1712 folgte ihr die Chile-Erdbeere, die große Beeren, aber weniger Aroma mitbrachte.

Aus Kreuzungen mit diesen beiden amerikanischen Ahnen entstanden alle unsere Gartenerdbeersorten. Je nach Erbmischung sind sie groß, aber weniger aromatisch oder kleinfrüchtiger und süßer. Direkt verwandt mit unseren wilden Walderdbeeren *(Fragaria vesca)* sind die Monatserdbeeren *(F. vesca var. semperflorens),* die einen runden Busch ohne Ausläufer bilden. Während des ganzen Sommers tragen sie gleichzeitig Blüten und Früchte, die sehr süß und aromatisch schmecken.

Die schwierige Kreuzung zwischen Walderdbeeren und Gartenerdbeeren erforderte 30 Jahre Forschungsarbeit. Die neue Art *(F. × vescana)* kam erst 1989 mit der Sorte 'Florika' auf den Markt. Diese Züchtung scheint wie geschaffen für den Biogarten: Die Beeren besitzen das süßwürzige Aroma der Walderdbeeren, die Früchte werden aber größer. Sie hängen büschelweise an hohen Stielen. Deshalb können sie leicht gepflückt werden und sind relativ sicher vor Schnecken und Schimmelpilzen. 'Florika' bildet mit einem dichten Ausläufernetz bald einen Blätterrasen. Diese Ranken sollen nicht entfernt werden, im Gegenteil, die geschlossene Bodendecke entspricht der Natur dieser Sorte. Der naturgemäße Wuchscharakter und das herrliche Fruchtaroma werden Gärtner und Kinder gleichermaßen begeistern. Auf dieser Erdbeerwiese zergeht Ihnen die Erinnerung an die Sommerfreuden der Kindheit auf der Zunge!

Ein neues Erdbeerbeet

Günstige Vorkulturen für Erdbeeren sind Bohnen oder Kartoffeln, die gare Erde hinterlassen. Bereiten Sie den Boden rechtzeitig mit reichlich Kompost und einem organischen Dünger vor. Gut verrotteter Rindermist eignet sich hervorragend. Sie können aber auch getrockneten Rinderdung, Hornspäne, Traubentrester oder Niemsamen-Produkte verwenden. Im Handel werden auch verschiedene biologische Spezialdünger für Erdbeeren angeboten. Mulchen Sie das vorbereitete Beet mit Laub- oder Nadelstreu.

Die beste Pflanzzeit für Erdbeeren liegt im August bis September. Je früher Sie beginnen, desto größer wird die Ernte im ersten Jahr. Wählen Sie einen sonnigen, aber geschützten Platz, und denken Sie immer daran, dass Sie für ein wenig heimatliche Waldatmosphäre sorgen müssen. Der Boden soll zum Zeitpunkt der Pflanzung humusreich, locker, feucht und leicht sauer sein. Wo die Gartenverhältnisse noch ungünstig sind, können Sie Ihre Erdbee-

■ Erdbeerfrüchte, die auf einem Teppich aus Holzwolle liegen, bleiben trocken und sauber. Sie sind weniger durch Pilzinfektionen, wie zum Beispiel Grauschimmel, gefährdet.

■ Unvergleichlich süß schmecken die kleinen Walderdbeeren. Sie können sie auch im Garten pflanzen als fruchttragende Bodendecker unter lichten Gehölzen.

DER OBSTGARTEN

ren auf ein Hügelbeet pflanzen. Dort finden sie gute Bedingungen, selbst wenn ringsum noch Schwierigkeiten der Umstellung auf naturgemäße Methoden herrschen. Auch in feuchten Gegenden und in Gärten mit schwerem Boden ist diese Methode von Vorteil.

Pflanzung

Für die erste Erdbeerpflanzung sollten Sie sich gute Züchtungen vom Gärtner oder von einem Spezialversand besorgen. Später können Sie Ihre Bestände eine Zeit lang durch Ableger selbst vermehren. Die Erdbeerreihen sollten weit auseinander liegen. Auf einem 1,20 m breiten Beet haben 2 Reihen Platz. Untereinander brauchen die Pflanzen 25–30 cm Abstand.

Füllen Sie das Pflanzloch mit reifem Kompost und mischen Sie auch etwas Steinmehl darunter. Zum Schluss wird mit verdünnter Brennnessel-Jauche angegossen. Dem Waldbodencharakter kommen Sie besonders nahe, wenn Sie das Erdbeerbeet mit halbverrottetem Laub oder mit holzigen Abfällen mulchen. Kleine Zweige, Hobelspäne, Rindenstückchen und Nadelstreu verschaffen den Beeren die naturgemäße Grundlage, auf der sie gut gedeihen und besonders aromatische Früchte entwickeln. Wenn es Ihnen an solchem Material mangelt, können Sie sich auch durch eine Senfsaat helfen, die im Spätherbst abfriert und über Winter als Bodendecke liegen bleibt. Auch Rindenkompost eignet sich gut zur Verbesserung der Bodenbedingungen auf einem Erdbeerbeet, wenn Sie noch keine eigenen Humusvorräte besitzen.

Mischkulturen und Mulchen

Der weite Zwischenraum bei der Pflanzung hat den Vorteil, dass Sie Mischkulturen anbauen können, die zur Gesundheit der Erdbeerkulturen beitragen. Wenn Sie den Boden durch eine ständige Mulchdecke feucht und locker halten, brauchen Sie wenig zu hacken und zu jäten. Dadurch werden die flach wachsenden Wurzeln der Beeren nicht gestört. Muss in trockenen Zeiten doch einmal gewässert werden, so sollten Sie morgens mit abgestandenem Wasser direkt in den Wurzelbereich gießen. Feuchtigkeit am Abend fördert Pilzkrankheiten!

Zur Reifezeit der Erdbeeren sollten Sie den Boden um die Pflanzen mit besonders sauberem Material abdecken, zum Beispiel mit Nadelstreu, Stroh oder Holzwolle. Dann werden die Früchte nicht mit Erde bespritzt und können einwandfrei geerntet und ungewaschen gegessen werden. Besonders reich tragende Pflanzen kennzeichnen Sie für die Vermehrung.

Einmal- und öfter tragende Sorten

Bei der Wahl der Sorten müssen Sie noch darauf achten, ob Sie einmal oder öfter tragende Züchtungen pflanzen möchten. Die einmal tragenden Gartenerdbeeren bringen eine reiche Ernte im Frühsommer. Bei mehrmals tragenden Sorten verteilt sich der süße Segen auf Frühsommer und Herbst. Es ist natürlich sehr reizvoll, zu solch später Jahreszeit noch einmal frische Erdbeeren zum Nachtisch ernten zu können. Die Portionen sind dafür aber etwas bescheidener.

Monatserdbeeren blühen und fruchten ununterbrochen von Juni bis zum späten Herbst. Pflanzen können Sie sich aus Samen selber heranziehen; sie werden aber auch in Gartencentern angeboten. Die neue Sorte 'Florika' reift im Frühsommer. Die Pflanzen werden relativ dicht (4–5 Stück pro m^2) gesetzt. Anfangs muss Unkraut sorgfältig entfernt werden. Sobald sich die Blätterdecke geschlossen hat, ist die Kultur sehr pflegeleicht. Nach der Ernte wird das Laub abgemäht. Dünger streuen Sie am besten im Frühling aus. Eine

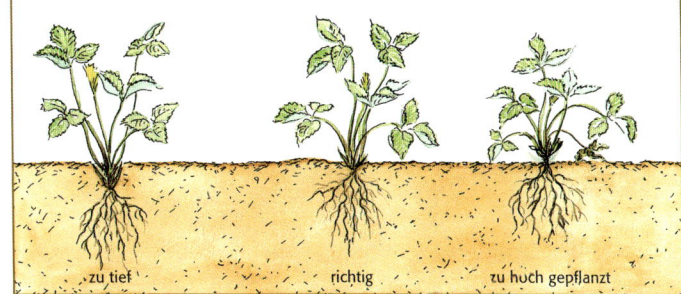

■ Richtige Pflanzung der Erdbeeren (Mitte). So werden Erdbeeren vermehrt: Ableger in eingegrabene Töpfchen pflanzen. Nach dem Bewurzeln die Nabelschnur zur Mutterpflanze durchtrennen (unten).

Der Nutzgarten

eingewachsene Erdbeerwiese ist trittfest. Sie liefert 5–8 Jahre gute Ernten. Es gibt keine Probleme mit Krankheiten und Schädlingen. Die ungestörte Teppichpflanzung bietet auch zahlreichen Nützlingen Lebensraum.

Die Sorte 'Florika', die öfter tragenden Erdbeersorten und die Monatserdbeeren können auch im Frühling von April bis Mitte Mai gepflanzt werden.

Nach der Ernte:
Düngen und Vermehren
Nach der Ernte kann man auch auf den »normalen« Erdbeerbeeten das Laub ganz abschneiden, nur das Herz darf nicht beschädigt werden. Auch alle überflüssigen Ranken werden hier entfernt. Sie nehmen den Pflanzen nur Kraft weg. Von den ausgesuchten Mutterpflanzen nehmen Sie die stärksten Ableger ab. Sie können zuerst auf ein Extrabeet oder auch in Töpfe gepflanzt und dort einige Wochen lang feucht und schattig gehalten werden, bis sie kräftige Wurzeln gebildet haben. Dann legen Sie mit den »Kindeln« ein neues Beet an.

Alte Pflanzungen brauchen nach der Ernte eine kräftige Nährstoffversorgung mit Kompost und organischem Dünger. Sie bilden in den folgenden Monaten nämlich noch die Blütenansätze für das nächste Jahr aus. Dies ist auch die Zeit, in der die Blätter und Wurzeln kräftig wachsen. Bei guter naturgemäßer Pflege kann eine Erdbeerpflanzung 2–3 Jahre, manchmal sogar länger stehen bleiben. Wenn der Ertrag spürbar nachlässt, legen Sie rechtzeitig ein neues Beet an.

Biologische Tipps und Mischkultur: Erdbeeren sind anfällig für Pilzerkrankungen. Beachten Sie dazu die Empfehlungen aus dem Kapitel »Biologische Mittel zur Schädlingsabwehr«. Vorbeugende Spritzungen mit Schachtelhalm-Brühe haben sich bewährt. Gießen Sie außerdem mit Brennnesseljauche, die mit Zwiebel-Brühe gemischt wurde. Auch die Mischkultur mit Knoblauch beugt Pilzerkrankungen vor. Tipps gegen Schnecken finden Sie auf Seite 126–128 im Kapitel »Weit verbreitete Plagegeister«.

Zur Gesundheit der Erdbeeren trägt auch eine Mulchdecke aus Stroh bei, auf der die Früchte sauber und trocken liegen.

Gute Nachbarn für die Mischkultur sind Borretsch, Buschbohnen, Lauch, Salat, Spinat und Zwiebeln.

Empfehlenswerte Sorten

Einmal tragende: 'Senga Sengana' (robuste, reich tragende Sorte, mittelfrühe Reifezeit), 'Senga Litessa' (mittelspät, reicher Ertrag, mittelgroße Früchte), 'Elvira' (mittelspät, süß, nicht krankheitsanfällig), 'Korona' (mittelfrüh, dunkelrot und aromatisch), 'Tenira' (mittelspät, große aromatische Früchte, gut für leichte Böden), 'Florika' (Walderdbeer-Aroma, robuste Dauerpflanzung. Die Pflanzen bilden die sogenannte Erdbeerwiese, pflegeleicht und reichtragend).
Mehrmals tragende Sorten: 'Ostara', 'Hummi Gento' (reiche Herbsternte), 'Gärtner Pötschkes verbesserte Jubilar' (Ernte von Juni bis Herbst), 'Mara des Bois' (mittelgroße Früchte, köstliches Waldbeeraroma, lange Ernte bis zum Herbst).
Monatserdbeeren: 'Rügen', 'Sperling's Bowlenzauber'.
Alte Sorten: 'Mieze Schindler' (berühmte Sorte aus Großmutters Garten, herrliches Aroma; die rein weiblichen Blüten benötigen eine Befruchtersorte, pflanzen Sie 'Ostara' in die Nähe). 'Königin Luise' (hundertjährige Sorte, wegen des süßen Aromas auch »Zuckerkönigin« genannt).

Andere alte Sorten werden nur noch von Spezialisten angeboten; Adressen finden Sie unter: Alte Obstsorten Seite 398 und alte Sorten Seite 394.

Ernte: Zur Reifezeit können Sie ständig frisch pflücken. Seien Sie behutsam, damit die nachwachsenden Früchte nicht beschädigt werden. Sie können Erdbeeren einfrieren und einkochen. Die frischen Früchte sind besonders gesund, weil sie noch mehr Kalzium und Silizium. Die Beeren gehören auch für Diabetiker zu den erlaubten süßen Freuden. Erdbeeren wirken harntreibend und entschlackend.

Beeren von Sträuchern und Ranken

Die wilden Vorfahren unserer Stachel- und Johannisbeeren waren in Nord- und Mitteleuropa zu Hause. Sie wuchsen in Auwäldern, auf Lichtungen und am Waldrand. Dort fanden sie genügend Licht oder auch angenehmen hellen Schatten. Die Bäume standen weit genug entfernt, um die Sonne nicht zu verdecken, aber doch nahe genug, um raue Winde von den Beerensträuchern fern zu halten. Den Boden bedeckte in dieser heimatlichen Umgebung ein Teppich aus bunt gemischten Wildkräutern. Sie hielten die Erde darunter feucht und locker. Alle unsere reich tragenden modernen Beerenobstzüchtungen stammen aus den Kreuzungen verschiedener Wildarten. Wenn Sie in Ihrem naturgemäßen Garten dafür sorgen, dass sie ähnliche Lebensbedingungen vorfinden, wie sie es gewöhnt waren, dann haben Sie schon wichtige Voraussetzungen für gesundes Wachstum erfüllt. Viele Krankheiten entstehen dadurch, dass die Sträucher nicht ihrer Natur gemäß gepflanzt und behandelt werden.

Ähnliche Regeln gelten auch für Himbeeren und Brombeeren, die ja noch heute in unseren Wäldern wild wachsen. Suchen Sie für Ihre Beerenpflanzungen also einen sonnigen oder halbschattigen Platz aus, der vor rauen Winden geschützt ist. Und sorgen Sie das ganze Jahr hindurch dafür, dass der Boden immer mit einem Mulchteppich bedeckt ist.

DER OBSTGARTEN

Er kann, wie im Wald, aus niedrigen Pflanzen bestehen oder aus Laub und Rinde.

Das gesunde Beerenobst sollte in jedem Biogarten eingeplant werden. Es macht Spaß, die Früchte im Sommer frisch vom Strauch zu essen. Für den Winter können Sie Saft, Gelee oder Kompott daraus einkochen.

Rote und Weiße Johannisbeeren

Anbau: Johannisbeeren gehören zu den Steinbrechgewächsen. Sie gedeihen auch an Hängen und zwischen Obstbäumen. Je sonniger sie stehen, desto reicher tragen sie und desto höher ist der Gehalt an wertvollen Inhaltsstoffen. Rote Johannisbeeren enthalten Vitamin C sowie reichlich Fruchtsäuren und Pektin.

Die Sträucher können im Herbst oder im zeitigen Frühling gepflanzt werden. Es ist günstig, wenn Sie vorher eine tief wurzelnde Boden lockernde Gründüngung einsäen, denn später kann das Land unter den Büschen nicht mehr intensiv bearbeitet werden. Die flach wachsenden Wurzeln der Johannisbeeren lassen dies nicht zu. Setzen Sie die Pflanzen etwas tiefer, als sie zuvor standen, damit sie im Boden reichlich neue Triebe bilden. Die Wurzeln tauchen Sie vorher in Schachtelhalm-Tee, der mit Lehm verrührt wurde. Bei roten und weißen Sorten beträgt der Abstand 1,50 bis 1,80 m; bei Reihenpflanzung müssen Sie 2–3 m Zwischenraum einhalten. Das Pflanzloch füttern Sie mit reifem Kompost aus, der mit Steinmehl vermischt wurde. Nach der Pflanzung schneiden Sie die Triebe um zwei Drittel zurück, so dass nur das letzte Drittel erhalten bleibt.

■ Für Beerenhochstämmchen findet sich auch in kleinen Gärten noch Platz. Die Früchte wachsen wunderbar »mundgerecht« und können im Vorübergehen gepflückt werden.

Der Nutzgarten

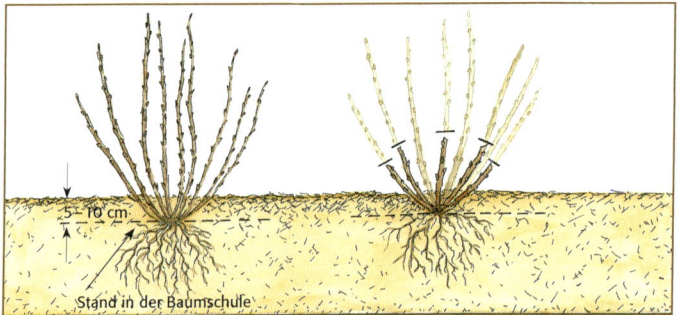

■ Johannisbeersträucher werden tief gesetzt und nach der Pflanzung zurückgeschnitten.

Gedüngt werden die Beerensträucher im naturgemäßen Garten mit verrottetem Mist oder halbverrottetem Kompost, die im Herbst oberflächlich ausgestreut werden. Auch Rindenkompost, Hornspäne, Traubentrester, Holzasche, Algenkalk und Brennnessel-Jauche eignen sich zur Ernährung. Wichtig ist aber vor allem eine Mulchdecke. Sie kann aus Stroh, Brennnesseln, Comfrey, Laub, holzigen Abfällen, Rindenmulch oder Gründüngung bestehen. Diese Schicht muss ständig erneuert werden. Sie erhält die Bodenfeuchtigkeit, die die Sträucher lieben, und schützt die flach wachsenden Wurzeln.

Schnitt: Rote und Weiße Johannisbeeren tragen am zwei- bis dreijährigen Holz. Alle Äste, die älter als 4 Jahre sind – Sie erkennen sie am dunklen Holz –, werden tief am Boden abgeschnitten. Den Rückschnitt können Sie nach der Ernte oder im frühen Herbst durchführen. Wenn die Blätter fallen, lässt sich das Gerüst des Strauches besser durchschauen. Jedes Jahr lassen Sie 2–3 kräftige Jungtriebe nachwachsen und entfernen ebenso viele überalterte Zweige. Auch den überflüssigen Nachwuchs schneiden Sie weg. Insgesamt sollte der Strauch 8–12 kräftige Triebe behalten. So wächst er luftig und gesund.
Von den überflüssigen einjährigen Zweigen können Sie übrigens Stecklinge gewinnen. Schneiden Sie ein 15–20 cm langes Stück unterhalb eines Auges schräg ab. Diese Triebspitzen stecken Sie einfach schräg in die Erde. Sie bewurzeln sich und können im nächsten Jahr verpflanzt werden.

Sorten: Von allen Johannisbeeren gibt es Sträucher, Halbstämmchen und Hochstämmchen. Die Sträucher lassen sich auch als Spalier an Drähten ziehen. Für kleine Gärten eignen sich die Hochstämmchen besonders gut. Sie nehmen weniger Platz ein und sehen bezaubernd altmodisch aus, wenn sie am Weg entlang gepflanzt werden. Die Ernte können Sie bequem im Stehen durchführen. Wenn die Kronenbäumchen reichlich Früchte ansetzen, brauchen sie allerdings eine stabile Stütze.

Rote Sorten: 'Heros' (große Beeren, ertragreich, früh reifend), 'Jonkheer van Tets' (stark wachsend, früh reifend), 'Rondom' (große Beerentrauben, mittelspät, robust und reichtragend), 'Rote Holländer' (altbewährte Sorte, robust, mittelfrüh), 'Heinemanns rote Spätlese' (starkwüchsig, späte Ernte im August!), 'Rovada' (gute neue Sorte, lange Trauben, intensives Aroma).

Weiße Sorten: 'Weiße aus Jüterbog' (robust, mittelfrüh), 'Weiße Versailler' (besonders lange Trauben, süß-säuerlich, reich und früh tragend). Weiße Johannisbeeren haben ein

■ 'Heinemanns rote Spätlese' gehört zu den seit langem bewährten Johannisbeerzüchtungen.

■ Die 'Weiße Versailler' ist eine Johannisbeere mit köstlichem Weinaroma. Sie zählt zu den bewährten frühreifenden Sorten.

DER OBSTGARTEN

feines weinartiges Aroma. Sie schmecken am besten frisch von der Hand in den Mund.
Biologische Tipps und Mischkultur:
Eine Unterpflanzung mit Wermut schützt die Johannisbeeren vor dem Säulchenrost. Auch Farn hält sie gesund. Spritzen Sie mehrmals vorbeugend gegen Pilzkrankheiten mit Schachtelhalm-Brühe (vom Frühling bis zum Herbst). Im Frühling (etwa Mai) mit Brennnessel-Brühe gießen. Zwiebelschalen-Brühe hilft als Spritzung ebenfalls gegen Pilzkrankheiten.
Zerschnittene Knoblauchstücke, in einem Säckchen aufgehängt, vertreiben zeitweise die Vögel, wenn sie an den Knospen picken wollen. Beachten Sie auch alle speziellen Tipps in der Pflanzenschutz-Tabelle ab Seite 129.

Schwarze Johannisbeeren

Anbau: Sie lieben noch mehr Bodenfeuchtigkeit (aber keine Staunässe!) als die Roten Johannisbeeren und vertragen auch mehr Schatten. Schwarze Johannisbeeren bewähren sich auch in rauen Gegenden. Sie wachsen robust und kräftig und benötigen 2,00 bis 2,50 m Abstand. Im Übrigen gelten die gleichen Anbauregeln wie bei den roten Sorten. Die schwarzen, herb-würzigen Beeren enthalten außergewöhnlich viel Vitamin C. Ihr Saft stärkt die Widerstandskraft, vor allem im Winter, wenn die Grippe droht. Selbst die Zweige der Sträucher verströmen, wenn Sie sie zwischen den Fingern reiben, noch den typischen strengen Geruch dieser Beeren.
Schnitt: Die Schwarzen Johannisbeeren tragen hauptsächlich am einjährigen Holz. Der Strauch muss also ständig verjüngt werden. Nach der Ernte schneiden Sie die abgetragenen Ruten dicht über dem Boden heraus und lassen jährlich 2–3 starke Neutriebe nachwachsen. Insgesamt sollte der Busch nicht mehr als 8 Hauptäste haben. Nehmen Sie alles weg, was nach innen wächst oder sich kreuzt und aneinander scheuert. Beerensträucher brauchen Luft und Sonne!

Sorten: 'Rosenthals Langtraubige' (große Beeren, hoher Vitamin-C-Gehalt), 'Silvergieters Schwarze' (ertragreich, mild, aber weniger Vitamin C). Beide Sorten fördern sich gegenseitig in der Befruchtung. 'Titania' (neue Sorte aus Schweden, große Beeren, guter Geschmack), 'Ometa' (sehr gesund, lange Trauben, spät; beide Sorten resistent gegen Rost und Blattfallkrankheit).
'Josta' ist eine starkwüchsige Kreuzung zwischen Schwarzen Johannisbeeren und Stachelbeeren mit sehr großen, aromatischen schwarzen Beeren. Gut für Saft und Konfitüren.
Biologische Tipps und Mischkultur:
Schwarze Johannisbeeren gedeihen gut in der Nachbarschaft von Sauerkirschen. Gegen die Gallmilbe mit Rainfarn-Tee oder Pyrethrum-Mitteln spritzen. Sonst wie die roten Sorten.

Stachelbeeren

Anbau: Auch Stachelbeeren sind Steinbrechgewächse. Im Großen und Ganzen gelten die gleichen Regeln wie bei Johannisbeeren. Stachelbeeren sind sogar noch etwas anspruchsloser und vertragen etwas mehr Schatten. In der Sonne reifen aber süßere Beeren. Die Sträucher lieben etwas kalkhaltigen, lehmigen Boden. Auf Kalkmergel gedeihen sie besonders gut. Der Abstand zwischen den Büschen sollte 1,50 m betragen. Bei Hochstämmchen genügen 1,20–1,30 m Zwischenraum. Die Kronen brauchen einen Stützpfahl oder ein Gerüst.
Wenn Sie einen Teil der halbreifen Früchte ernten und zu Kompott einkochen, entlasten Sie die Stachelbeerbäumchen und erhalten später besonders schöne, ausgereifte Beeren.

■ Links: Ein Gerüst stützt die fruchtbehangene schwere Krone des Stachelbeerbäumchens, damit sie nicht abknickt. Rechts: Regelmäßiger Schnitt sorgt dafür, dass die Krone luftig bleibt.
■ Unten: Stachelbeer-Ableger wachsen leicht aus Zweigen, die mit Erde bedeckt werden.

Der Nutzgarten

Die Früchte enthalten, ähnlich wie die Roten Johannisbeeren, viel Fruchtsäure und Vitamin C. Sie wirken, roh gegessen, verdauungsfördernd und blutreinigend.

Schnitt: Erwachsene Sträucher sollen 8 bis 12 ein- und zweijährige Triebe haben. Nach der Ernte oder im Herbst schneiden Sie (ähnlich wie bei den Roten Johannisbeeren) die alten, dunklen Äste dicht am Boden ab. Dafür lassen Sie jedes Jahr einige kräftige Jungtriebe nachwachsen. Der Schnitt der Kronenbäumchen geschieht sinngemäß ähnlich, auch hier müssen Sie für den Rückschnitt alter Äste und eine Verjüngung durch Neutriebe sorgen. Achten Sie dabei auf die kugelige Kronenform. Wo der Stachelbeermehltau verbreitet ist, müssen vor allem die Triebspitzen bis ins gesunde Holz eingekürzt werden, denn in diesem Teil der Zweige überwintern die Pilzsporen!

Sorten: Gelbfrüchtige Beeren: 'Hönings Früheste' (altbewährte Sorte, nicht mehltauanfällig).

Weißfrüchtige Beeren: 'Weiße Triumph' (zuverlässig, ertragreich, mittelfrüh, gut für Hochstämmchen).

Grünfrüchtige Beeren: 'Grüne Kugel' (früh, reichtragend, anfällig für Mehltau), 'Lady Delamere' (robust, auch für raue Lagen, ertragreich, mittelfrüh).

Rotfrüchtige Beeren: 'Rote Triumph' (seit über 100 Jahren bewährt, spät reifend, kräftig, aber anfällig für Mehltau), 'Maiherzog' (früh, reichtragend, geeignet für Hochstämmchen).

Neue mehltauresistente Züchtungen: 'Rokula' (dunkelrote, aromatische Früchte), 'Rolanda' (wenige Stacheln, dunkelrote Früchte mit glatter Schale, späte Reifezeit), 'Invicta' (reichtragend, gelbgrüne Beeren, süßsäuerliches Aroma), 'Hinnonmäki' (finnische Züchtung, süße, wohlschmeckende gelbe oder rote Früchte).

Biologische Tipps und Mischkultur: Stachelbeeren abwechselnd mit Johannisbeeren pflanzen. Gut gepflegte Sträucher sind weniger anfällig gegen Stachelbeer-Mehltau. Spritzen Sie mit Farnkrautextrakt bei Befall und vorbeugend mit Schachtelhalm- und Rainfarn-Brühe.

Leichte Kaligaben halten die Stachelbeeren gesund: Nehmen Sie kalireiche Beinwell- oder Comfrey-Blätter als Mulch und Jauche, oder streuen Sie Holzasche. Beachten Sie auch die speziellen Hinweise in der großen Pflanzenschutz-Tabelle ab Seite 127.

Himbeeren

Anbau: Süße Himbeeren sind eine Delikatesse, die reich an Vitaminen und Mineralstoffen ist. Noch mehr als alle anderen Beerensträucher hat die Himbeere ihren Charakter als Waldpflanze behalten. Die gefürchteten Krankheiten, wie zum Beispiel die Rutenkrankheit, treten vor allem dort auf, wo Himbeeren nicht naturgemäß behandelt werden. Die Pflanzen gehören an den ursprünglichen Waldstandorten zum Unterholz. Sie lieben lichten Schatten, Windschutz, eine ständige Bodendecke und leicht saure, feuchte Erde, die durchlässig und möglichst lehmhaltig sein sollte.

Sie können Himbeeren am Zaun entlang als Hecke pflanzen oder ein einfaches Spalier aufstellen. Zwischen zwei stabilen Eckpfosten werden zwei Drähte gespannt, durch die Sie die langen Triebe hindurchziehen. Diese Methode erspart sogar das Anbinden. Besorgen Sie sich gutes Pflanzgut aus einer Baumschule. Beste Pflanzzeit sind der Herbst von September bis Oktober und das zeitige Frühjahr. Die Himbeersträucher brauchen untereinander einen Abstand von 40–60 cm, die Reihen benötigen 1,20–1,60 m Zwischenraum. Kürzen Sie beschädigte Wurzeln etwas ein und setzen Sie sie relativ flach, jedenfalls nie tiefer, als sie vorher standen. Im Frühling schneiden Sie die jungen Ruten auf 4–5 Augen zurück.

Vor dem Pflanzen tauchen Sie die Wurzeln in ein Bad aus Schachtelhalm-Tee und Lehm. Das Pflanzloch wird mit reifem Kompost und etwas Steinmehl ausgefüttert. Wichtig ist kräftiges Angießen. Danach streuen Sie die Mulchdecke aus, die von diesem Zeitpunkt an eine Dauereinrichtung Ihrer Himbeerkultur sein muss. Den leicht sauren Waldbodencharakter erreichen Sie mit Nadelkompost, Laubkompost oder Rindenhumus. Sie können aber auch halbverrotteten Kompost, Stroh, Hobelspäne, Laub, Beinwellblätter oder Rindenmulch verwenden.

■ Die Stachelbeersorte 'Rote Eva' reift spät. Sie schmeckt süß und ist widerstandsfähig gegen Mehltau.

■ Die Sorte 'Hinnonmäki' gehört zu den neuen mehltauresistenten Züchtungen. Ihre Früchte reifen ab Mitte Juli.

DER OBSTGARTEN 217

Ganz ausgezeichnet wirkt auch eine Gründüngungseinsaat unter den Himbeeren, die später als Mulch liegen bleibt. Wählen Sie dazu Stickstoff sammelnde Leguminosen wie Perserklee oder Sommerwicken. Als zusätzlichen Dünger können Sie im Herbst etwas Horn-Knochen-Mehl und Gesteinsmehl unter die Mulchdecke streuen. Ausgezeichnet eignet sich auch gut verrotteter Schweinemist, denn Himbeeren lieben Kali!

Die Vermehrung der Kulturen geschieht ganz einfach: Graben Sie Wurzelausläufer aus und pflanzen Sie diese wieder ein.

Schnitt: Junge Himbeerruten treiben im Sommer aus, tragen im folgenden Jahr Früchte und sterben dann ab. Die alten Zweige müssen deshalb jedes Jahr nach der Ernte dicht über dem Boden abgeschnitten werden. Auch alle schwachen Jungtriebe entfernen Sie. Der Himbeerschnitt darf nur dann kompostiert werden, wenn er ganz gesund ist!

Jede erwachsene Pflanze behält 5–7 starke Neutriebe, an jungen Stöcken lassen Sie nur 2–3 wachsen. Bei den zweimal tragenden Himbeersorten schneiden Sie dagegen erst im Frühling alle abgetragenen Ruten zurück. Bei einem Nachschnitt Mitte Juni werden dann noch einmal die schwachen Neutriebe entfernt.

Sorten: 'Preußen-Auslese' (alte Sorte, gutes Aroma, aber anfällig für die Himbeerrutenkrankheit), 'Malling Promise' (reichtragend, große Beeren, stark wachsend, wenig anfällig für die Rutenkrankheit), 'Schönemann' (bewährt und gesund, spät, wohlschmeckend), 'Himbo-Queen' (stark wachsend, ertragreich, süßes Aroma);
'Korbfüller' (zweimal tragende Sorte, von der man noch im Oktober ernten kann), 'Autumn Bliss' (rote, aromatische Beeren), 'Golden Bliss' (gelbe Beeren, beide tragen von August–Oktober).

Biologische Tipps und Mischkultur:
Zur Misch- und Unterkultur eignen sich vor allem Buschbohnen und niedrige Erbsen, die Stickstoff sammeln. Ihr Laub bleibt als wertvolle Bodendecke liegen.

Die Himbeerrutenkrankheit zeigt sich durch anfangs graue, später violett-braune Flecken, die Rinde platzt, und die Triebe sterben plötzlich ab. Kranke Pflanzenteile müssen sofort herausgeschnitten und vernichtet werden. Vorbeugend wirken: ständige Bodenbedeckung, Leguminosen-Gründüngung und Spritzungen mit Schachtelhalm-Brühe. Beachten Sie auch die speziellen Tipps in der großen Pflanzenschutz-Tabelle ab Seite 129.

Himbeerpflanzungen dürfen nie gehackt oder gegraben werden, um die Wurzeln nicht zu schädigen. Als gesunde Unterpflanzung bewähren sich auch Ringelblumen. Das abgefallene Herbstlaub bleibt als Mulch liegen.

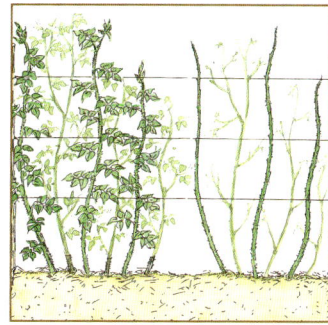

■ Himbeerruten werden an ein einfaches Drahtgestell gebunden, abgetragene Triebe tief am Boden weggeschnitten.

■ Himbeeren tragen reich und gesund, wenn sie ihrer Natur gemäß wie Waldpflanzen behandelt werden. Die Sorte 'Malling Promise' besitzt große Beeren und ist wenig anfällig für die Rutenkrankheit.

Der Nutzgarten

Noch ein besonderer Tipp: Ernten Sie außer den Beeren auch eine kleine Portion junge Himbeerblätter. Getrocknet ergeben sie zusammen mit Brombeer- und Erdbeerblättern einen aromatischen Tee, ein gesundes Getränk für Frühstück und Abendessen.

Brombeeren

Anbau: Die schwarzen Beeren haben einen besonders hohen Vitamin-A-Gehalt. Hinzu kommen wertvolle Mineralstoffe und Fruchtsäuren. Brombeersaft wirkt günstig auf Magen, Darm und Blase. Die Kultur dieser gesunden, vitalen Waldbeeren ähnelt derjenigen der Himbeeren. Brombeeren brauchen aber etwas mehr Sonne. Sie sind im Ganzen anspruchsloser und robuster. Sorgen Sie für waldähnliche Bodenbeschaffenheit und für eine ständige Mulchdecke.

Pflanzen Sie die Wurzelballen etwas tiefer als bei Himbeeren. Die beste Pflanzzeit liegt in den Frühlingsmonaten März bis April. Die jungen Ruten schneiden Sie nach der Pflanzung auf etwa 20–30 cm zurück. Brombeeren brauchen ein stabiles Rankgerüst, das von zwei Seiten zugänglich sein muss. Der Abstand der Pflanzen beträgt bei den rankenden Sorten 3–4 m, bei aufrecht wachsenden Sorten 1,00–1,50 m.

Schnitt: Aus jedem Wurzelstock lassen Sie jährlich 6 Jungtriebe wachsen, die hochgebunden werden. Schwache Zweige entfernen Sie. Die Geiztriebe, die sich in den Blattachseln bilden, schneiden Sie im Sommer auf 2 bis 3 Knospen zurück. So bleibt die Übersicht über die langen dornigen Ranken gewahrt. Im Spätsommer – nach der Ernte – müssen schließlich noch alle abgetragenen Ruten dicht über dem Boden abgetrennt werden. Dann beginnt der Wachstumszyklus der Jungtriebe von neuem. Vernachlässigen Sie den regelmäßigen Schnitt der Brombeeren nie, sonst entsteht sehr schnell ein undurchdringliches Dornengestrüpp!

Sorten: 'Theodor Reimers' (alte rankende Sorte, auch für sandige Böden geeignet, etwas frostempfindlich, aromatische Beeren, reiche Ernte), 'Thornless Evergreen' (Neuzüchtung ohne Stacheln, besonders schönes, geschlitztes Laub), 'Black Satin' (stachellos, aromatische große Früchte); 'Wilsons Frühe' (einzige noch angebotene aufrechte Sorte; wächst ähnlich wie Himbeeren, kleine süße Beeren).

Biologische Tipps und Mischkultur: Brombeeren sind weniger krankheitsanfällig als Himbeeren. Im Frühling sind vorbeugende Spritzungen mit Schachtelhalm- und Brennnessel-Brühe empfehlenswert. Der beste Tipp für gesunde Kultur: stets mulchen!

Weinreben

Anbau: Diese edlen Beeren gedeihen wahrscheinlich schon seit 5000 Jahren in der Obhut der Menschen. Sie enthalten Traubenzucker, Fruchtsäuren, Vitamine und Mineralsalze. Aus eigener Ernte sollten sie am besten frisch als Delikatesse gegessen werden. Aber auch Traubensaft ist natürlich sehr gesund. Im Hausgarten wachsen die Reben am besten an einer Südwand oder als Laubengang an sonniger Stelle. Ganz besonders günstig ist ein Atriumhof. Weinstöcke brauchen warmen,

■ Seitentriebe, die aus den Blattachseln wachsen, werden im Sommer zurückgeschnitten.

■ An einem fest gespannten Drahtspalier können ein- und zweijährige Brombeerranken übersichtlich angebunden werden.

DER OBSTGARTEN

durchlässigen Boden mit etwas Kalkgehalt. Sie wurzeln 6–8 m in die Tiefe und überstehen deshalb problemlos sommerliche Trockenheit. Gründüngung bereitet den Boden für die Pflanzung tiefgründig und gut vor.
An einem Spalier benötigen die Weinreben 3–5 m Abstand. Heben Sie die Pflanzgrube 1 m im Quadrat und 70–80 cm tief aus. Beste Pflanzzeit ist der Frühling. Die Rebe wird schräg zur Wand hineingelegt, so tief, dass 2 Triebaugen mit Erde bedeckt werden. Mischen Sie den Aushub mit reifem Kompost, Gesteinsmehl und Knochenmehl, und füllen Sie die Grube damit wieder auf. Dann müssen Sie kräftig angießen.
Im Winter braucht ein Weinstock reichlich Feuchtigkeit, im Sommer verträgt er Trockenheit. Wichtig sind Licht und Wärme. Gedüngt wird im Herbst mit Kompost und Steinmehl. Kompostierter Geflügeldung, Guano oder Horn-Knochen-Mehl können unter den Kompost gemischt werden. Sehr gut ist Holzasche. Im Frühling können Sie noch einmal Kompost ausstreuen.

Schnitt: Der Aufbau eines Gerüstes und der laufende Pflegeschnitt gehören zu den wichtigsten Arbeiten am Weinstock. Im ersten Jahr entsteht aus dem Mitteltrieb der Stamm, alle Nebentriebe werden auf zwei Augen zurückgeschnitten. Im zweiten Jahr braucht die Rebe ein Spalier, an dem sie festgebunden wird. Der junge Haupttrieb wird auf 5–7 Augen eingekürzt. Er wird senkrecht hochgebunden. Die Seitentriebe werden schräg waagerecht befestigt. Die Nebentriebe aus den Seitentrieben, die man auch Geize nennt, müssen auf 6 bis 8 Blätter eingekürzt werden.
Im Spätwinter, etwa im Februar, wird der Winterschnitt durchgeführt. Er darf nie zu spät erfolgen, sonst »bluten« die Reben und verlieren viel Kraft. Weinstöcke tragen an einjährigen Jungtrieben, die aus dem zweijährigen Holz wachsen; deshalb werden bei diesem Schnitt die zweijährigen Ruten auf 2 Augen zurückgeschnitten. Darüber müssen 1–2 cm Holz stehen bleiben, die so genannten Zapfen, damit die Knospen nicht austrocknen. Die beiden Ruten, die aus diesen Augen treiben, werden sorgfältig waagerecht angebunden. Sie tragen in diesem Jahr Trauben.
Im Sommer müssen Sie noch den »Grünschnitt« ausführen. Alle tragenden Ruten werden über dem obersten Fruchtansatz auf 3 bis 4 Blätter eingekürzt. Die Triebe, die keine Trauben tragen, schneiden Sie ab Juli heraus.

Haupttriebe werden im August/September an der Spitze eingekürzt. Am besten wäre es, wenn Sie die ersten Formschnitte von einem Fachmann ausführen lassen und dabei zuschauen und lernen. Der Pflegeschnitt fällt Ihnen dann später leichter. Wenn Sie bedenken, dass ein Weinstock 50 Jahre alt werden kann, dann lohnt sich eine »gute Erziehung« in der Kindheit bestimmt!

■ Ohne sich die Hände zu zerkratzen, können Sie den reichen Fruchtbehang der dornenlosen Brombeersorte 'Thornless Evergreen' ernten.

Der Nutzgarten

Sorten: 'Früher Malinger' (alte Sorte, auch für raue Lagen, zuckersüße Trauben), 'Weißer Gutedel' und 'Roter Gutedel' (reichtragend, auch im Norden, verlangen aber gute Böden), 'Früher blauer Burgunder' (nicht empfindlich, auch für Sandböden geeignet), 'Phoenix' (neue Züchtung, gelbe Trauben, pilzfest, unproblematisch). Kaufen Sie Topfreben in einer guten Baumschule.

Biologische Tipps: Reben müssen frei und sonnig stehen. Eine Bodenabdeckung mit Steinen oder Kieseln wirkt günstig, weil Sonnenwärme gespeichert und wieder abgestrahlt wird. Ein Lehmanstrich (siehe Obstbäume) schützt das Holz. Abgeschnittenes Rebholz sollten Sie verbrennen und die Asche als Dünger benutzen, sie ist reich an Kali und Phosphorsäure. Weinstöcke sind anfällig für Pilzerkrankungen. Spritzen Sie vorbeugend mit Schachtelhalm-Brühe und beachten Sie die speziellen Tipps gegen Mehltau und Grauschimmel in der großen Pflanzenschutz-Tabelle ab Seite 129.

Obstbäume – Paradiesfreuden

In einem naturgemäßen Garten dürfen Obstbäume nicht fehlen – und wäre es nur ein einziges Apfelbäumchen als symbolischer Abglanz aller vergangenen und zukünftigen Paradiesfreuden. Natürlich ist die Ernte vom eigenen Obstbaum nur möglich, wenn auch genügend Platz für die Pflanzung vorhanden ist. Aber durch die Zucht niedriger, schmal wachsender Baumformen bietet sich auch für kleine Gärten die Möglichkeit, Äpfel oder Birnen mit einzuplanen.

Alle Obstarten sind gesund und ein wichtiger Bestandteil naturgemäßer Ernährung. Vor allem, wenn die Früchte frisch vom Baum gepflückt und gegessen werden, bieten sie ihren ganzen gespeicherten Vorrat an Vitaminen, Mineralstoffen, Zucker und Fruchtsäuren an. Obst aus biologischem Anbau wächst unter ausgewogenen Nahrungs- und Lebensbedingungen auf. Entsprechend fällt auch die Qualität seiner Inhaltsstoffe und des Aromas aus. Wenn Sie nicht mit Gift spritzen, können Sie Kirschen, Äpfel oder Pflaumen ohne Hemmungen jederzeit pflücken und genussvoll hineinbeißen. Hinzu kommt ein weiterer wichtiger Pluspunkt: Sie brauchen Ihr Obst nicht zu schälen. Die festen Bestandteile der Schale und des Kerngehäuses liefern wichtige Ballaststoffe, die den Darm zu normaler Tätigkeit anregen.

Obstbäume sind aber nicht nur nützlich. Sie gehören zu den uralten Symbolen der Fruchtbarkeit und des Lebens auf unserer Erde. Wir sollten im Umgang mit diesen Bäumen, die uns Nahrung schenken, wieder etwas von der Ehrfurcht lernen, mit der man sie früher betrachtete und behandelte. Welch tiefen Sinn hatte zum Beispiel die Sitte, bei der Geburt jedes Kindes einen Baum zu pflanzen! Beide wuchsen dann jahre- und jahrzehntelang miteinander auf. Mensch und Baum entwickelten sich zu unverwechselbaren Persönlichkeiten – jeder auf seine Weise.

■ Die Trauben der Sorte 'Blaue Portugieser' versprechen eine gute Ernte. Groß und gesund sind sie an der warmen Hauswand herangereift.

DER OBSTGARTEN

Obstbäume – Abbilder jedes geträumten Paradiesgartens – schmücken den grünen Lebensraum aber auch durch ihre Schönheit im Wechsel der Jahreszeiten. Ein blühender Apfel- oder Kirschbaum ist »ein Gedicht«. Auch im üppigen Fruchtbehang bildet er einen wunderbaren Anblick. Selbst im Winter, wenn das Gerüst der kahlen Zweige sich gegen den Himmel abzeichnet, enthüllt ein Obstbaum neue reizvolle Seiten seines Wesens. Ein Gärtner, der die festen braun gepanzerten Knospen betrachtet, muss nachdenklich und ehrfürchtig werden. In diesen kleinen rundlichen Gebilden ist bereits die ganze Fülle des kommenden Gartenjahres eingeschlossen: Blüten, Blätter und Früchte – Farben, Formen und Düfte. Der Apfelbaum im eigenen Garten kann uns den Blick für die Wunder, an denen wir täglich vorübergehen, wieder öffnen.

Baumformen und Sortenwahl

Obstbäume gibt es in den verschiedensten Größen, Sie können deshalb eine Auswahl treffen, die genau auf Ihre Gartenverhältnisse abgestimmt ist.

Spindelbuschformen eignen sich hervorragend für die meist nur kleinen oder mittelgroßen Gärten unserer Zeit. Sie haben eine Stammhöhe von 40–60 cm, wachsen insgesamt nur 2–3 m hoch und brauchen in der Reihe einen Abstand von 2,50–3,00 m. Mit diesen Bäumchen, an denen alle Pflegearbeiten leicht durchzuführen sind, können Sie zum Beispiel eine hübsche Fruchthecke anpflanzen. Sie lassen den anderen Gewächsen des Gartens noch genügend Luft und Sonne. In dieser Form werden vor allem Apfel- und Birnensorten angeboten.
Spindelbüsche sind auf bestimmte Unterlagen veredelt, die verhindern, dass der Baum zu stark oder zu schwach wächst. Sie sind durch Buchstaben und Zahlenkombinationen (zum Beispiel Typ M 9) gekennzeichnet. Unterlage und Obstsorte müssen sehr überlegt und fachgerecht zusammengestellt sein. Andernfalls kann es passieren, dass Ihr zierlicher Spindelbusch unvorhergesehen in die Höhe schießt. Kaufen Sie deshalb Obstbäume nur in einer anerkannten, guten Baumschule.

Das Obstspalier: Ein- bis zweijährige Veredelungen, die auf den gleichen Unterlagen wie die Spindelbüsche gezogen wurden, können Sie auch für Spalierobst an einer Hauswand verwenden. Dies ist eine traditionsreiche Form der Obstkultur, die nicht in Vergessenheit geraten sollte. Man nutzt dabei den wärmenden Schutz einer Wand für das Gehölz und schafft gleichzeitig eine wunderschöne Kombination von Architektur und Natur. Besonders empfehlenswert ist das locker und natürlich wirkende Fächerspalier. Für den Aufbau und Schnitt des Spaliers ziehen Sie am besten einen Fachmann vor Ort zu Rate. Hilfreich kann Ihnen auch Spezialliteratur sein, die Sie im Anhang finden. Gut geeignet für eine Kultur an der

■ Quitten werden als Busch- oder Halbstämme gezogen; sie bereichern auch kleine Gärten mit Blüten und Früchten.

Der Nutzgarten

warmen Hauswand sind vor allem Birnen, Pfirsiche und Aprikosen. In rauen Landschaften bietet das geschützte Spalier oft die einzige Möglichkeit, in den Genuss dieser Früchte zu kommen.

Der Buschbaum hat eine Stammhöhe von 60–80 cm. Diese Form eignet sich nur für kleinkronige Obstbäume wie Sauerkirschen und Pfirsiche. In mittleren Gärten haben diese Bäume noch genügend Platz. Sie benötigen 4–5 m Abstand.

Halb- und Hochstämme erreichen Stammhöhen von 0,80–1,50 bzw. von 1,50–1,80 m. Sie müssen frei stehen, brauchen viel Platz und werfen große Schatten. Sie können sie als einzelnes »Schmuckstück« in Ihren Garten pflanzen. Für mehrere große Bäume brauchen Sie aber ein Stück Land, das nur als Obstgarten dient. Bedenken Sie auch, dass die Ernte bei den Hochstämmen sehr reichlich ausfällt – oft gibt es zentnerweise Obst von der gleichen Sorte. Diese Fülle muss auch verwertet werden! Von kleinen Bäumen können Sie dagegen mehrere Sorten anpflanzen, die verschiedene Genüsse zu unterschiedlichen Zeiten bieten.

Sehr wichtig für einen gesunden, ertragreichen Obstanbau ist die richtige Sortenwahl. Pflanzen Sie immer solche Bäume, die dem Klima Ihres Heimatortes und der besonderen Situation Ihres Gartens angepasst sind. Empfindliche Obstsorten sind zum Beispiel in rauen Lagen besonders anfällig für Krankheiten. Sie bringen mehr Enttäuschungen als Früchte. Genieren Sie sich nicht, einen erfahrenen Fachmann in der Nähe zu fragen. Ein privater Obstgärtner, ein Kleingärtnerverein oder eine gute Baumschule können Ihnen aus ihren reichen Erfahrungen Rat geben. An einer guten, widerstandsfähigen Lokalsorte haben Sie manchmal mehr Freude als an einer hochgepriesenen Züchtung.

Alte Obstsorten, von denen viele fast verschollen waren, werden seit einigen Jahren wieder gesammelt, vermehrt und in einigen Baumschulen angeboten. Für Biogärtner lohnt es sich, auf die Suche nach solchen traditionsreichen Apfelsorten oder anderen, seit Generationen beliebten Obstarten zu gehen. Oft zeichnen sie sich durch besonders ausgeprägten Wohlgeschmack und durch robustes Wachstum aus. Bezugsquellen finden Sie im Anhang.

Die Pflanzung

Obstbäume stehen viele Jahre lang, große Bäume sogar Generationen lang am gleichen Ort. Überstürzen Sie deshalb nichts bei den Vorbereitungen, Sie leiten damit ja Entwicklungen ein, die noch lange nachwirken. Säen Sie als Erstes im Frühling eine Gründüngungs-

■ Aprikosen lassen sich besonders gut als Spalier an einer sonnigen windgeschützten Wand ziehen.

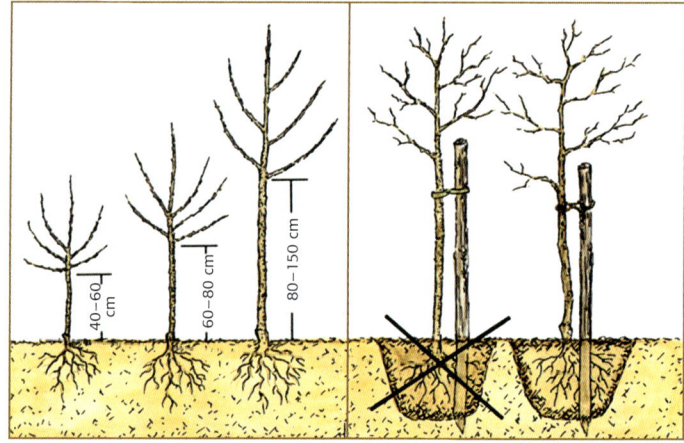

■ Die wichtigsten Baumformen für den Hausgarten: Spindelbusch, Buschbaum und Halbstamm (von links nach rechts).

■ Bei einem richtig gepflanzten Obstbaum muss die Veredelungsstelle, die als Wulst erkennbar ist, über der Erde liegen (rechts richtig).

DER OBSTGARTEN

mischung, die den Boden tief durchwurzelt, lockert und mit Nährstoffen anreichert.

Bereits im frühen Herbst können Sie die Pflanzgruben ausheben. Sie müssen 40 bis 60 cm tief sein und so breit, dass die Wurzeln bequem darin ausgebreitet werden können. Schaufeln Sie 2–3 Spaten voll reife Komposterde in das Loch und vermengen Sie auch die ausgehobene Erde mit solchem Kompost und etwas Holzasche. Sie können noch Steinmehl oder Algenkalk dazugeben. Diese lockere Mischung füllen Sie vorläufig wieder ein und decken alles mit Mulchmaterial zu.

Die beste Pflanzzeit für Obstbäume liegt im Spätherbst. In Landschaften, in denen man mit frühem Frost rechnen muss, ist der Oktober der geeignetere Monat. In milderen Gegenden pflanzen Sie am besten im November. Aber auch im März kann eine Neupflanzung geplant werden. Zuerst heben Sie die Erdmischung wieder aus dem Pflanzloch. Dann wird ein Pfahl in den Boden geschlagen, der dem noch dünnen Stämmchen Halt geben soll. Er darf nur bis zum untersten Ast reichen, soll also nicht in die Krone ragen. Dieser Stützpfahl muss eine Handbreit vom Stamm entfernt sein und an der Südseite vor dem Baum stehen, um ihn vor »Sonnenbrand« zu schützen.

Der junge Baum wird, wenn er aus der Baumschule eintrifft, gründlich in einem Eimer gewässert. Schneiden Sie die Wurzeln etwas kürzer; vor allem gequetschte oder trockene Stellen müssen entfernt werden. Die feinen Faserwurzeln bleiben unberührt. Kurz vor der Pflanzung tauchen Sie die Wurzeln in einen Lehmbrei, wie er im Abschnitt »Düngung und Pflege«, Seite 227, beschrieben ist. Am besten pflanzen Sie zu zweit. Ein Helfer stellt den Baum in die Grube, breitet sorgfältig die Wurzeln aus und hält den Stamm fest. Der andere schaufelt die Erdmischung in das Loch. Der Stamm muss öfter ein wenig gerüttelt werden, damit die Erde sich setzt und alle Hohlräume füllt. Drücken Sie die Humusmischung mit den Stiefeln zum Schluss etwas fest. Aber bitte nicht einstampfen! Dann wird gründlich in eine Rinne rund um den Baum gewässert.

Die Veredelungsstelle, die als Wulst am Stammende deutlich erkennbar ist, muss unbedingt über der Erdoberfläche liegen. Wird sie »vergraben«, so bildet der Baum an dieser Stelle Wurzeln und überwächst die Unterlage. Deshalb muss ein Obstbaum immer etwas höher gepflanzt werden, als er ursprünglich in der Baumschule stand. Schließlich wird der Stamm noch mit einer Schlaufe in Form einer Acht locker am Pfahl festgebunden. Dafür gibt es im Fachhandel Kokosstricke oder Spezialbinder aus Kunststoff. Decken Sie nun noch die Baumscheibe mit Laub, Stroh, Gras oder abgemähter Gründüngung zu. Dann ist Ihr Obstbäumchen über Winter gut versorgt.

Allgemeine Schnittregeln

Der Obstbaumschnitt ist eine Kunst, die Fachwissen und Einfühlungsvermögen voraussetzt. Deshalb kann man allen angehenden Obstgärtnern nur raten, zunächst einmal bei einem Fachmann in die praktische Lehre zu gehen. Sehen Sie einmal eine Zeit lang einem geübten Gärtner beim Schneiden zu. Oder besuchen Sie einen Fachkursus, der von einem Kleingärtnerverein oder einem Gartenbauverein veranstaltet wird. Auch bei den Fachberatern der regionalen Gartenämter können Sie Auskünfte bekommen. Ideal wäre es natürlich, wenn Sie einen Lehrmeister fänden, der den Baumschnitt nach naturgemäßen Gesichtspunkten ausführt. Auch mit Hilfe von Spezialliteratur (siehe Anhang) können Sie sich in den ruhigen Winterwochen ein Grundwissen aneignen.

An dieser Stelle geht es nur darum, Ihnen die wichtigsten Zusammenhänge und Handgriffe klar zu machen. Deshalb ist der Text auch

- Oben: Aufbau eines Obstbaumzweiges und Knospenformen beim Steinobst.
- Mitte: Schnitt eines jungen Spindelbusches: Zuerst wird der Konkurrenztrieb entfernt.
- Unten: Um eine frühe Fruchtbarkeit zu erreichen, werden einige Äste waagerecht gebogen und festgebunden.

Der Nutzgarten

durch viele Zeichnungen ergänzt, die anschaulich zeigen, wie sich eine Baumkrone aufbaut und wo Sie mit Schere und Säge eingreifen müssen. Trotzdem: Das schönste Schnitt-Bild stimmt niemals mit der Wirklichkeit überein, die Sie selbst eines Tages in Ihrem Garten vorfinden. Denn jeder Baum wächst anders – jeder Baum ist eine ausgeprägte Persönlichkeit. Lernen Sie deshalb aus dem Erfahrungsschatz anderer Gärtner, und üben Sie sich im Beobachten.

Wenn Sie ein Grundwissen beherrschen und sich in die Wuchsform eines Baumes einfühlen können, dann wird Ihnen der Schnitt leichter und selbstverständlicher von der Hand gehen.

Merken Sie sich als allgemeine Regel: Eine Baumkrone braucht Luft und Licht. Deshalb werden grundsätzlich alle nach innen wachsenden Äste entfernt. Von Zweigen, die sich kreuzen oder reiben, schneiden Sie einen weg. Achten Sie darauf, dass Sie immer dicht oberhalb eines nach außen weisenden Auges die Schere ansetzen. Stellen Sie sich vor, wie der Zweig an dieser Stelle aus der Knospe weiterwachsen wird. Auch alle senkrecht hochwachsenden Triebe, so genannte Wasserschosse oder Geiltriebe, müssen entfernt werden. Nur manchmal wird einer dieser Äste erhalten und für die Gestaltung der Krone mitbenutzt.

Um nicht die falschen Äste herauszuschneiden, müssen Sie die verschiedenen Knospenformen der Obstbäume unterscheiden können. Die spitzen Formen enthalten Laubaugen, die rundlichen Knospen umhüllen dagegen die Blüten- und Fruchtaugen.

Als allgemeine Richtlinien können Sie sich noch merken: Ein starker Rückschnitt fördert vor allem das Holzwachstum. Ein behutsamer Schnitt, verbunden mit dem Herunterbinden bestimmter Zweige, fördert die Fruchtansätze. In naturgemäßen Gärten werden diejenigen Methoden bevorzugt, die keinen radikalen Eingriff in das Wachstum bedeuten; sie sollen die guten Eigenschaften des Baumes lenken und unterstützen.

Die beste Zeit für den ersten Schnitt der jungen und für den Hauptschnitt der älteren Bäume ist das zeitige Frühjahr (Februar bis März). Ein Auslichtungsschnitt kann nach der Ernte im Sommer durchgeführt werden. Wo die Säge größere Wunden hinterlässt, da müssen die Schnittflächen geglättet und mit Baumwachs oder Lehmbrühe bestrichen und verschlossen werden. Ein solches »Pflaster« schützt den Baum vor Parasiten, die durch die offene Wunde eindringen könnten. Grobes Schnittholz sollten Sie anschließend verbrennen (falls die Gesetze Ihres Bundeslandes dies zulassen), weil sich Schädlinge in der Rinde verstecken und dann wieder ausbreiten könnten. Nur dünne Zweige mit glatter Haut können für den Kompost verwendet werden.

Schnitt der Spindelbüsche

Diese kleine Baumform trägt schon sehr früh, im zweiten oder dritten Jahr. Im ersten Frühling wird nur der senkrecht hochwachsende Mitteltrieb auf 30–40 cm eingekürzt. Ganz weggeschnitten wird der so genannte »Konkurrenztrieb«, der ungefähr parallel zum Haupttrieb steil nach oben wächst. Seitentriebe, die in spitzem Winkel aus dem Hauptstamm treiben, werden ebenfalls weggenommen. Im ersten Jahr bleiben dem Bäumchen 3–5 Seitenzweige, die locker verteilt in möglichst flachem Winkel aus dem Stamm wachsen. Sie werden nicht beschnitten, sondern waagerecht gebunden. So tragen sie früher Früchte.

In den folgenden Jahren schneiden Sie immer regelmäßig den Haupttrieb zurück und entfernen Zweige, die nach innen wachsen. Nur wenn die Fruchtzweige Alterserscheinungen zeigen, werden sie auf ein nach außen weisendes Auge zurückgeschnitten. Dann bilden sich wieder Jungtriebe, die erneut waagerecht gebunden werden. Ein älterer, regelmäßig geschnittener Spindelbusch sollte die Form einer spitz zulaufenden Pyramide haben.

Schnitt der Buschbäume

Apfel- und Birnbuschbäume werden genau wie Halb- und Hochstämme geschnitten. Eine Ausnahme machen die Sauerkirschen- und Pfirsichbuschbäume. Bei der Pflanzung müssen Sie am unteren Teil des Stammes einige

■ Pflanzschnitt einer Süßkirsche: Im ersten Jahr werden alle Triebe kräftig gekürzt, um für ein ausgewogenes Kronengerüst vorzubereiten.

■ Wo ein Ast abgesägt wurde, muss der Wundrand nachgeschnitten und mit Baumwachs sofort verschlossen werden.

DER OBSTGARTEN

so genannte vorzeitige Triebe wegnehmen, so dass eine Stammhöhe von 60 cm entsteht. Darüber bleiben 3–4 Zweige erhalten, die aber scharf zurückgeschnitten werden auf nur 2–4 Augen. Der Mitteltrieb wird eine Handbreit über diesen Seitentrieben auf eine starke Knospe zurückgeschnitten. Der kleine Buschbaum wird nach einem solchen kräftigen Rückschnitt besonders stark durchtreiben. Im nächsten Jahr wird er dann weiter behandelt wie die Hochstämme, damit er eine gut aufgebaute Krone erhält. Besonderheiten beim Schnitt der Pfirsiche und Schattenmorellen sind im Kapitel »Steinobst« erwähnt.

Schnitt der Halb- und Hochstämme

Bei diesen großen Baumformen ist der Aufbau einer Krone wichtig. Auch hier wird in jedem Fall der Konkurrenztrieb entfernt. Neben dem Haupttrieb sollen 3 Leittriebe erhalten bleiben, die das Grundgerüst der Krone bilden. Diese Äste müssen möglichst locker und ausgeglichen am Stamm verteilt sein. Sie sollten Etagen bilden, die 50–60 cm voneinander entfernt sind und möglichst flach aus dem Hauptstamm herauswachsen. An diesen Hauptästen entwickeln sich später die Seitenzweige, die die Früchte tragen.

Beim ersten Schnitt werden alle Triebe des Kronengerüstes kräftig zurückgeschnitten. Die schwächsten Zweige müssen dabei am stärksten eingekürzt werden. In den folgenden Jahren muss so geschnitten werden, dass eine gut aufgebaute Krone entsteht, die trotz reichen Fruchtholzes luftig und sonnendurchströmt bleibt.

Düngung und Pflege

Frisch gepflanzte kleine Bäume sollten nicht zu stark angetrieben werden. Sie sind mit Kompost, Steinmehl und einer Mulchdecke im ersten Jahr gut versorgt.

Dünger: Eingewachsene Obstbäume werden alle 2 Jahre gedüngt, damit ihre Fruchtbarkeit erhalten bleibt. Am besten bekommt ihnen gut verrotteter Mist. Niemals dürfen Sie frischen Dünger oder unvergorene Jauche geben. Sie fördern dadurch nur die Anfälligkeit für Krankheiten und Geilwuchs. Wer keinen Stalldung bekommen kann, der vermische seinen Kompost mit einwandfreiem Geflügeldünger, getrocknetem Rindermist, Traubentrester oder Niemsamen-Produkten.

Steinmehl und Algenkalk sorgen für die nötigen Spurenelemente. Holzasche bringt vor allem Kali als wichtigen Hauptnährstoff mit in die Mischung. Streuen Sie den mit Dünger vermischten Kompost auf die Baumscheiben und decken Sie diese offene Fläche, die dem Umfang der Krone in etwa entsprechen soll, das ganze Jahr mit einer Mulchdecke zu.

Baumscheibe: Im Biogarten spielt sich der wichtigste Teil der Baumpflege auf dieser Baumscheibe ab. Da alle Obstarten sich mit mehr oder weniger dicht unter der Oberfläche wachsenden flachen Wurzeln ausbreiten, darf unter den Bäumen nicht gegraben oder grob gehackt werden. Denn dieses feine Wurzelgeflecht ernährt den Baum, während tiefer

■ Das Wurzelsystem eines Obstbaums reicht über die Kronentraufe hinaus. Düngen und wässern Sie bis zum Rand!

■ Eine gepflegte Baumscheibe ist wichtig für jeden Obstbaum. Im Sommer bildet die Kapuzinerkresse eine blühende Bodendecke, die Schwarze Läuse fernhält. Sie können sie aber auch einfach mit Mulch bedeckt lassen.

Der Nutzgarten

reichende starke Wurzeln ihn im Erdreich verankern. Die gemulchte Baumscheibe schützt also das flach ausgebreitete Wurzelnetz. Sie sorgt für Nahrungs- und Humusnachschub, und sie hält die Erde feucht und locker.

Legen Sie die Baumscheibe deshalb möglichst groß an. Gedüngt und gewässert werden muss ein Obstbaum noch ein wenig über den Rand der Kronentraufe hinaus. In diesem Umkreis breiten sich die feinsten Saugwurzeln aus. In sehr heißen Sommern stechen Sie mit der Grabgabel oder mit einem spitzen Pfahl Löcher in den Boden und leiten die Leben spendende Flüssigkeit so direkt zu den Wurzeln. Auch flüssige Düngerlösungen können auf diese Weise verteilt werden. Sie wirken dann besonders schnell. Im Normalfall wird Jauche aber vor allem auf die großen Baumscheiben gegossen, die die Feuchtigkeit gleichmäßig regulieren. Im naturgemäßen Garten sind es vor allem die Pflanzenbrühen aus Brennnesseln und Comfrey, die die Bäume düngen und gleichzeitig gesund erhalten. Für den Obstgarten sollten Sie auch noch Holunderblätter hinzufügen. Diese gemischte Jauche können Sie zweimal im Jahr verteilen: im Frühling und nach der Ernte.

Anstelle der Mulchschicht kann die Baumscheibe auch mit einer Gründüngung oder einer anderen lebendigen Bodendecke eingesät werden. Dazu eignen sich die käuflichen Mischungen, aber auch Steinklee, Spinat, Senfsaat, Kapuzinerkresse oder ein Wildkraut wie die Gundelrebe. Die abgefrorenen Blätter bleiben über Winter als Mulch liegen.

Stammpflege: Eine wichtige Pflegemaßnahme ist der Stammanstrich, der im Spätherbst oder im Februar ausgeführt wird. Bürsten Sie die Rinde zuerst mit einer Wurzelbürste kräftig ab. Dann streichen Sie mit einer selbst hergestellten Lehmbrühe oder mit einem käuflichen Präparat die Stämme der Obstbäume an (siehe Tabelle der Handelspräparate, Seite 119–122).

Mit einer Spritze kann die Brühe auch über die Äste der Krone fein verteilt werden.

Diese Mittel schützen den Stamm vor Frostrissen, sie heilen Wunden, fördern das Wachstum des Kambiums und glätten die Rinde. Sie beugen Schädlingen und Pilzkrankheiten vor, weil sie Unterschlupfmöglichkeiten verschließen. Das Präparat »Preicobakt« hält durch eine Beimischung von Tiergalle zusätzlich Hasen, Kaninchen und Vögel vom Knabbern und vom Knospenfraß ab.

Aus den folgenden Bestandteilen können Sie eine gesunde Lehmbrühe selbst mischen: Lehm oder Tonmehl wird mit Schachtelhalm-Tee zu einer dicken Brühe verrührt. Dies ist die Grundlage. Nach eigener Wahl können Sie dann noch frischen Kuhdung, eine Hand voll Algenkalk oder Rainfarn-Tee darunter mischen. Zum Spritzen müssen Sie die Flüssigkeit so weit verdünnen, dass sie eine Kalkdüse passieren kann. Zum Stammanstrich benutzen Sie die dickflüssige Brühe und streichen sie mit einem Malerquast oder einem Handfeger gleichmäßig über die Rinde.

Schutz vor Krankheiten und Schädlingen

Viele der beschriebenen naturgemäßen Pflegemittel wirken bereits vorbeugend gegen Krankheiten und Schädlinge. Die humusreiche, stets abgedeckte Baumscheibe trägt zu gesundem Wuchs bei. Ausgeglichene Ernährung und richtiger Schnitt stärken die Gesundheit und Widerstandskraft der Bäume. Auch der Rindenanstrich hält Schäden fern. Selbst mit der Auswahl der Pflanzen auf der Baumscheibe können Sie schon Schädlingsabwehr betreiben. So bewirkt zum Beispiel die Kapuzinerkresse unter Obstbäumen, vor allem unter Apfelbäumen, eine Abwehr der Blut- und Blattläuse.

Selbst hergestellte Spritzbrühen, Jauche und natürliche Stäubemittel beugen rechtzeitig Krankheiten vor oder können im Notfall eingesetzt werden: Holunderblätter-Jauche wehrt Mäuse ab; das Stäuben mit Steinmehl wirkt gegen Blattläuse; Wermut-Brühe hilft gegen Obstmaden und Läuse, Farnkraut-Brühe gegen Schild- und Blutläuse, Rainfarn-Tee gegen Milben und Mehltau. Es hilft auch, wenn Sie bei früh auftretendem Mehltau die Triebspitzen abschneiden und verbrennen. Schachtelhalm-Brühe können Sie vorbeugend gegen alle Pilzkrankheiten einsetzen.

Alle praktischen Anleitungen zur Herstellung und zum Einsatz dieser natürlichen Mittel finden Sie im Kapitel »Biologische Schädlingsabwehr« ab Seite 113 und in der Tabelle ab Seite 127.

■ Ein Stammanstrich schützt die Rinde, der Leimring wehrt die Frostspanner ab.

DER OBSTGARTEN

Ernte und Konservierung

Ernten Sie alle Obstsorten sorgfältig und behutsam. Das saftige Fruchtfleisch wird sonst schnell durch Druckstellen beschädigt. Verwenden Sie luftige Erntekörbe, und legen Sie nicht zu viele Früchte übereinander. Der Zeitpunkt der Ernte und die Lagerfähigkeit sind von den Obstarten abhängig. Beachten Sie bitte die Hinweise dazu in den Sortentabellen auf den folgenden Seiten. Als Faustregel können Sie sich merken: Eine Frucht ist reif, wenn sie sich mühelos vom Stiel abdrehen lässt.

»Frühreife« Äpfel und Birnen, die schon im Sommer geerntet werden können, halten sich im Allgemeinen nicht lange. Sie müssen sie frisch essen oder einkochen. Späte Obstsorten sollten dagegen so lange wie möglich am Baum bleiben. Sie entwickeln oft erst in den letzten Wochen ihr charakteristisches Aroma. Ein leichter Frost schadet solchen späten Äpfeln, Birnen oder Pflaumen nicht.

Zum Lagern eignet sich nur das Kernobst: Äpfel, Birnen und Quitten. Der Raum muss aber möglichst kühl und luftfeucht sein. In trockenen Kellern können Sie sich helfen, wenn Sie den Boden mit Wasser besprengen. Äpfel lassen sich auch in Plastikbeuteln aufheben, die Sie nach ein paar Tagen zubinden. Die Früchte werden darin von »ausgeatmeter« Kohlensäure und Feuchtigkeit eingehüllt und bleiben lange frisch. In wärmeren Räumen müssen diese Beutel mehrmals durchlöchert werden, damit ein Teil des Kohlendioxids, das beim Reifen ausgeschieden wird, entweichen kann. Weitere allgemeine Hinweise für die Lagerung finden Sie unter »Ernten und Konservieren« ab Seite 159.

■ Eine reiche Apfelernte weckt Erinnerungen an verlorene Paradiesfreuden. Wohl dem, der unbesorgt in die frisch gepflückten Früchte hineinbeißen kann!

Der Nutzgarten

Hier noch einige Tipps aus der biologischen Praxis:

- Übersprühen des gelagerten Obstes mit Schachtelhalm-Tee schützt vor Fäulnis und Schimmel (Pilze!).

- Ein Aufguss aus Zwiebelschalen, fein versprüht, erhöht die Haltbarkeit der Früchte.

- Obst nimmt schnell Gerüche an. Lagern Sie Äpfel und Birnen deshalb nicht zusammen mit Kartoffeln, Kohl oder Sauerkraut!

- Steinobst können Sie nicht lagern. Nur Sauerkirschen lassen sich einfrieren. Alle anderen Obstsorten werden durch Einkochen oder Einlegen konserviert.

- Sie können die Früchte auch als Kompott, Marmelade oder Saft haltbar machen.

- Der Rumtopf mit vielen Obstsorten der Saison ist eine besondere Form der Konservierung.

- Zum Trocknen eignen sich Äpfel, Birnen, Aprikosen und Pflaumen.

Kernobst

Zum Kernobst zählt man diejenigen Früchte, deren Fleisch ein Gehäuse mit kleinen Samenkörnern umschließt.

Äpfel

Baumformen und Sorten: Für kleine Gärten sind Spindelbüsche unbedingt empfehlenswert. Besonders unkompliziert in der Pflege sind Buschbäume für mittelgroße Gärten. Apfelbäume können Sie aber auch als Halb- und Hochstämme kaufen, falls Sie genügend Platz dafür haben. Die Tabelle zeigt Ihnen eine Auswahl bewährter Sorten und ihre wichtigsten Eigenschaften.

Besondere Kulturtipps: Apfelbäume gehören zu den Rosengewächsen. Sie sind als Wildformen seit Jahrtausenden bei uns heimisch. Die heutigen Gartensorten sind auf spezielle Unterlagen veredelt. Sie gedeihen am besten in humusreichen, etwas lehmigen Böden. Wichtig ist gleichmäßige Feuchtigkeit im Erdreich und möglichst auch in der Luft. Auf trockenen Südhängen sollten Sie keine Apfelbäume pflanzen. Diese weit verbreitete Obstart ist zwar nicht besonders empfindlich, aber es ist doch besser, wenn Sie diejenigen Sorten wählen, die Ihrem Klima am besten angepasst sind. In milden Weinbaugebieten gedeihen 'Jonathan' und 'Golden Delicious' besonders gut, während in rauen Lagen 'Schöner von Nordhausen', 'Geheimrat Oldenburg' und 'James Grieve' noch erfreuliche Ernten bringen. Beachten Sie in diesem Zusammenhang auch die Hinweise in der Tabelle »Alte Apfelsorten«.

Eine große Auswahl traditionsreicher Apfelsorten wird von spezialisierten Baumschulen wieder vermehrt und angeboten (Adressen finden Sie im Anhang, Seite 396). Vor Ort bemühen sich auch die Naturschutz-Verbände um die Verbreitung alter Obstsorten. Sie kümmern sich besonders um die Erhaltung seltener, lokaler Sorten, die an die Klima- und Boden-Verhältnisse der Landschaft besonders gut angepasst sind. Fragen Sie danach!

Vor allem aber müssen Sie wissen, dass ein Apfelbaum niemals allein stehen darf: Er braucht einen andersartigen Pollenspender, der seine Blüten befruchtet. Äpfel sind Fremd-

Apfelsorten

Sorte	Aroma und Fruchtfleisch	Vitamin-C-Gehalt in mg (auf 100 g Apfelfleisch ohne Gehäuse bezogen)	Erntezeit	Haltbarkeit
'Boskoop'	würzig, süß-säuerlich; festes, grobfaseriges Fleisch, später mürbe	16,3	Mitte Oktober bis November	bis April, ab Januar genussreif
'Cox Orange'	feinwürzig, süß-säuerlich; saftiges Fleisch, später mürbe	10–20	Oktober	bis Februar
'Elstar'	sehr wohlschmeckend, für gute Lagen	3–11	Ende September bis Anfang Oktober	bis März
'Freiherr von Berlepsch'	sehr gutes Aroma, spritzig, säuerlich	23,4	Ende Oktober bis November'	bis März
'Geheimrat Oldenburg'	mittelmäßiger Geschmack; saftiges Fleisch	0–5	September	bis Dezember
'Goldparmäne'	würzig-süß; festes, knackiges Fleisch, später mürbe	18,1	Mitte September bis Mitte Oktober	bis Februar, ab November genussreif
'Golden Delicious'	süß-würzig, Weinaroma; mürbes, saftiges Fleisch	8,0	Mitte Oktober bis Mitte November	bis April, ab Januar genussreif

DER OBSTGARTEN

Apfelsorten

Sorte	Aroma und Fruchtfleisch	Vitamin-C-Gehalt in mg (auf 100 g Apfelfleisch ohne Gehäuse bezogen)	Erntezeit	Haltbarkeit
'Gravensteiner'	würzig, süß-säuerlich; saftiges Fleisch	7,8	Mitte August bis Mitte September	bis Dezember
'James Grieve'	würzig, süß-sauer; saftiges Fleisch, später mürbe	6,8	Mitte September bis Mitte Oktober	bis Ende November
'Klarapfel'	frisch-säuerlich; mürbes Fruchtfleisch, wird mehlig	5,3	Juli	nicht lagerfähig, nur für Frischgenuss
'Ontario'	mild-aromatisch	20,6	ab Ende Oktober	bis April, ab Januar genussreif
'Winterglockenapfel'	frisch, säuerlich-würzig; knackiges, saftiges Fleisch	10–20	Oktober	bis April, ab Januar genussreif

Alte Apfelsorten

Sorte	Aroma und Fruchtfleisch	Erntezeit	Haltbarkeit	Besonderheiten
'Ananasrenette'	sehr edles Weinaroma; goldgelbe Schale, gelbliches Fruchtfleisch	Mitte Oktober	November bis März	anspruchsvoll, braucht humusreichen, warmen Boden und geschützte Lage; Liebhabersorte, gut geeignet für kleine Gärten; Herkunft: Holland
'Jakob Fischer'	säuerlich-frisch mit Weinaroma; große rote Frucht	Anfang bis Mitte September	September bis November	alte Bauerngartensorte aus Oberbayern; liebt leichtere Böden; sonst anspruchslos und frosthart
'Jakob Lebel'	säuerlich-saftig; gelbliches, mürbes Fruchtfleisch; gelbe Schale, schwach rot gestreift	Ende September bis Anfang Oktober	Oktober bis Dezember	anspruchslos und widerstandsfähig; liebt windgeschützte Lagen und nicht zu schwere Böden; Herkunft: Frankreich (um 1850)
'Kaiser Wilhelm'	würzig, fest, saftig; leuchtend rote, geflammte Frucht	Mitte Oktober	Dezember bis März	liebt durchlässigen, lehmhaltigen Boden und warmen, geschützten Standort; Herkunft: Nordrhein (1864)
'Prinz Albrecht von Preußen'	süß-säuerlich, nicht sehr ausgeprägt; gelb bis kräftig rot	Oktober	Oktober bis Januar	liebt feuchten Boden; widerstandsfähig und reichtragend; Herkunft: Schlesien (1865)
'Rote Sternrenette'	süß-säuerlich; tiefrot gefärbte Frucht mit hellen »Sternchen«	Mitte Oktober	Oktober bis Dezember	braucht durchlässigen, feuchten Boden und kühle Lagen; für höhere Regionen geeignet; Herkunft: unsicher, vermutlich Belgien (um 1830)
'Schöner aus Nordhausen'	würzig-spritzig; gelbliches Fruchtfleisch, Schale grün-gelb, rote Sonnenseite	Mitte bis Ende Oktober	Dezember bis April	liebt Luftfeuchtigkeit und humusreichen, lockeren Boden; widerstandsfähig bis 800 m Höhe; Herkunft: Südharz (um 1850)
'Winterrambur'	süß-säuerlich; weißes Fleisch, später mürbe, reich an Vitamin C, Schale grüngelb mit roter Sonnenseite	Mitte Oktober	Dezember bis März	alte, anspruchslose Bauernsorte, für Höhenlagen bis 800 m geeignet; liebt guten, feuchten Boden; Herkunft: Schweiz und Rheinebene (vor 1800)
'Zuccalmaglio'	saftig-aromatisch mit feiner Würze; hellgelbe Schale	Ende Oktober	November bis April	verlangt guten Boden, gedeiht aber noch in höheren Lagen; Herkunft: Rheinland (um 1878)

Der Nutzgarten

■ Eine altbewährte Sorte, die aus der Schweiz stammt, ist der 'Winterglockenapfel'. Die gelblichen Früchte schmecken säuerlich-würzig; sie sind saftig und lassen sich bis April lagern.

bestäuber. Deshalb müssen Sie immer zwei verschiedene Sorten nahe zusammenpflanzen. Es gibt unter den gängigen Zuchtformen auffallend gute Pollenspender und Sorten, die sich besonders harmonisch ergänzen. Fragen Sie danach beim Kauf in der Baumschule. Auch in den Baumschulkatalogen sind solche Sorten meist entsprechend gekennzeichnet. Apfelbäume gehören zu den ausgeprägten Flachwurzlern. Der größte Teil der Saugwurzeln befindet sich in der obersten Erdschicht. Eine gepflegte Baumscheibe, die niemals umgegraben wird, ist für diesen Obstbaum ganz besonders wichtig. Versorgen Sie sie regelmäßig mit Kompost, und decken Sie die Fläche mit Mulchmaterial zu. So werden die Wurzeln immer mit Nährstoffen versorgt, und die Bodenfeuchtigkeit bleibt erhalten. Im Frühling können Sie auch Kapuzinerkresse auf der Bodenscheibe aussäen. Sie dient als lebendige Bodendecke und hält gleichzeitig Blattläuse vom Baum ab.

■ Seit Jahrhunderten gedeiht die 'Goldparmäne' in deutschen Landschaften. Dieser Apfel braucht Wärme; seine edlen Früchte haben einen süßen nussartigen Geschmack.

■ Der 'Winterrambur' ist eine alte saftig-säuerliche Bauernsorte.

DER OBSTGARTEN

Birnen

Baumform und Sorten: Birnen sind meist auf Quittenunterlage veredelt. Die Spindelbuschform eignet sich für kleine Hausgärten besonders gut. Für größere Obstgärten gibt es auch Buschbäume oder Halb- und Hochstämme. Die Wärme liebenden Birnen können gut als Spalier an einer geschützten Hauswand hochgezogen werden. Die Tabelle auf dieser Seite zeigt eine Auswahl bewährter Sorten.

Besondere Kulturtipps: Auch Birnen gehören zu den Rosengewächsen. Sie haben tief und flach reichende Wurzeln. Deshalb brauchen sie tiefgründigeren Boden als Apfelbäume. Auf hohen Grundwasserstand reagieren sie empfindlich. Birnbäume lieben nährstoffreiche, warme, eher leichte Böden. In geschützter, sonniger Lage gedeihen sie am besten. An ungünstigen Standorten entwickeln die Früchte kein gutes Aroma. Birnen brauchen, genau wie Äpfel, stets einen Partner, der für die Bestäubung sorgt. Gute und schlechte Pollenspender sind in den Katalogen der Baumschulen meist bezeichnet.

Quitten

Baumformen und Sorten: Meist werden Quitten als Buschbäume gepflanzt. Es gibt aber auch Halbstämme. Unterscheiden müssen Sie zwischen den Apfelquitten mit rundlichen und den Birnenquitten mit länglichen Früchten.
Die folgenden Sorten sind empfehlenswert: 'Bereczki-Quitte' (birnenförmige, große Früchte, frostempfindlich), 'Portugiesische Birnenquitte' (große, birnenförmige Früchte, reichtragend, für warme Lagen, frühreifend), 'Riesenquitte von Lescovac' (großfrüchtige Apfelquitte, nicht so frostempfindlich), 'Konstantinopeler' (frostharte Apfelquitte, große Früchte mit dicken Wülsten, auch für höhere Lagen).

■ Die 'Köstliche von Charneux' ist eine beliebte, alte Birnensorte mit saftig-süßen Früchten.

Birnensorten *

Sorte	Aroma und Fruchtfleisch	Erntezeit	Haltbarkeit	Besonderheiten
'Gute Graue'	saftig-süß; Zimt-Aroma	September	September bis November	Alte Landsorte, robust, kann sehr alt werden
'Williams Christ'	süß-aromatisch; sehr saftiges, schmelzendes Fleisch	Mitte August bis September	bis Ende Oktober	gute Sorte für kleine Baumformen und zum Konservieren; verlangt gute, geschützte Lagen
'Gute Luise'	sehr gutes Aroma; süß-saftig	September	bis Oktober	reichtragend, aber schorfanfällig; für warme Lagen
'Clapps Liebling'	fein säuerlich-würzig; saftiges Fleisch	Mitte August bis Mitte September	bis Mitte Oktober	stark wachsend; für mittlere Höhenlagen geeignet
'Gellerts Butterbirne'	würzig-süß; sehr saftiges, schmelzend zartes Fleisch	Mitte September bis Anfang Oktober	bis Mitte November	vor allem für größere Baumformen geeignet, schorfanfällig; widerstandsfähig gegen Frost
'Conférence'	süß, feiner Geschmack; saftreiches, körniges Fleisch	Mitte September bis Mitte Oktober	bis Anfang Dezember	reichtragend, das Aroma ist abhängig von gutem Standort
'Alexander Lucas'	süß, würzig-frisch; saftiges Fleisch	Mitte September bis Mitte Oktober	bis Ende Dezember	fruchtbar; für klimatisch günstige Landschaften und warme Böden
'Köstliche von Charneux'	süß, leicht würzig; saftreiches Fleisch	Mitte September bis Oktober	bis Mitte November	reichtragend; für Mittelgebirgslagen geeignet; gut für kleine Baumformen
'Madame Verté'	feines, zimtartiges Aroma	Mitte bis Ende Oktober	bis Januar/Februar (erst in diesen Monaten genussreif)	haltbare Wintersorte; auch für raueres Klima geeignet

* geordnet nach Erntezeit

Der Nutzgarten

Besondere Kulturtipps: Quitten zieren den Garten mit schönen Blüten und leuchtenden Früchten. Sie brauchen Sonne, einen möglichst warmen, geschützten Platz und nicht zu schweren Boden, sonst sind sie sehr anspruchslos. Der Boden sollte allerdings nicht zu kalkhaltig sein, sonst färben sich die Blätter leicht bleichgelb (Chlorose).

Manche Sorten sind frostempfindlich. Da Quitten sich selbst befruchten, können Sie auch einen einzelnen Baum pflanzen. Diese Obstart wird in späteren Jahren beim Schnitt nur noch ausgelichtet.

Die pelzigen Früchte sind nur gekocht genießbar. Sie können ein köstliches Gelee daraus zubereiten. Quitten, die über Winter im Zimmer liegen, verbreiten zauberhaft altmodischen Duft.

Steinobst

Bei diesen Obstarten umschließt das Fruchtfleisch einen »steinharten« Kern, in dem der Same verborgen ist.

Süßkirschen

Baumformen und Sorten: Süßkirschen gibt es nur als Großbaumform. Sie brauchen 6–8 Jahre, bis sie tragen. Wegen des umfangreichen Kronendurchmessers sind sie für kleine Gärten nicht empfehlenswert. Unterscheiden müssen Sie zwischen Herzkirschen mit weichem Fruchtfleisch und Knorpelkirschen mit festem Fruchtfleisch.

Hier eine Auswahl aus dem reichen Sortenangebot: 'Hedelfinger Riesenkirsche' (dunkelbraunrote Knorpelkirsche), 'Schneiders Späte Knorpelkirsche' (dunkelbraune Knorpelkirsche), 'Große Prinzessin' (Herz-Knorpelkirsche gelb-rot).

Besondere Kulturtipps: Süßkirschen brauchen tiefgründigen, lehmhaltigen, aber lockeren Boden. Auf schwerem, nassem Untergrund werden sie krank. Da sie selbst unfruchtbar sind, müssen Sie Platz für wenigstens zwei dieser großen Bäume haben. Als Befruchter kann aber auch ein Kirschbaum in Nachbars Garten oder ein Wildkirschenbaum in der Nähe dienen. Erkundigen Sie sich in der Baumschule genau, welche Sorten zusammenpassen!

Sauerkirschen

Baumformen und Sorten: Sauerkirschen haben kleinere Kronen und wachsen meist als Buschbäume. Sie sind leichter im Hausgarten einzuordnen. Die beste und umkomplizierteste Sorte ist die 'Schattenmorelle' (dunkelrote, säuerlich-herbe Früchte, gedeiht auf schweren und leichten Böden); eine gute neuere Sorte ist auch 'Morellenfeuer' (dunkelrote, sauer-süße, sehr saftige Früchte, robuste, gesunde Sorte für alle Böden).

Besondere Kulturtipps: Sauerkirschen sind selbstfruchtbar, es genügt also, einen Baum zu pflanzen. Sie gedeihen in allen Böden, nur auf schwere, nasse Erde reagieren sie mit Krankheiten. In sonniger Lage werden die Sauerkirschen saftiger und aromatischer. Diese Obstbäume sind nicht so sehr durch Frühlingsfröste gefährdet, weil sie relativ spät blühen. Beim Schnitt müssen Sie eine Besonderheit beachten: Schattenmorellen tragen am einjäh-

■ Links reift die 'Köstliche von Charneux', rechts leuchtet eine reife Apfelquitte.

■ Die Kronen der Sauerkirschen hängen voller Früchte, wenn Sie die langen Peitschentriebe regelmäßig einkürzen. Dieser Obstbaum eignet sich auch für kleinere Gärten.

DER OBSTGARTEN 233

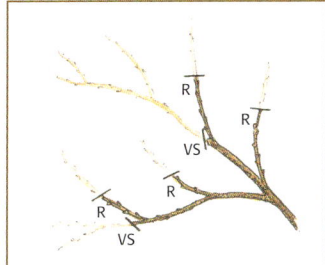

■ Verjüngungsschnitt (VS) und Rückschnitt (R) bei der Sauerkirsche.

rigen Holz. Deshalb werden die abgeernteten Triebe jedes Jahr bis auf einen nachwachsenden jungen Trieb zurückgeschnitten. Durch diese regelmäßige Fruchtholzverjüngung trägt der Baum immer reichlich. Wo dieser Schnitt vernachlässigt wird, bilden die Bäume nur noch an den nachwachsenden Spitzen Blüten und Früchte. Ihre Zweige werden immer länger und verkahlen nach innen. Es entstehen die typischen peitschenartigen Sauerkirschentriebe. Durch kräftigen Rückschnitt auf Jungtriebe können auch solche vernachlässigten Bäume wieder verjüngt werden.

Pfirsiche

Baumformen und Sorten: Pfirsiche werden meist als Buschbäumchen gepflanzt. Halbstämme sind selten. Die folgenden Sorten eignen sich für den privaten Garten: 'Roter Ellerstädter', auch 'Kernechter vom Vorgebirge' genannt (gutes Aroma, späte Blüte, deshalb weniger frostempfindlich, widerstandsfähig gegen Krankheiten), 'Rekord aus Alfter' (widerstandsfähig, gut zum Einmachen), 'Früher Alexander' (alte Sorte, süß und saftig, reiche Ernte).
Besondere Kulturtipps: Der Pfirsich ist eine Obstart, die im Weinbauklima besonders gut gedeiht. Er braucht viel Wärme und einen humusreichen Boden. In rauen Gegenden und auf kalten, nassen Böden sollten Sie auf dieses Obst im Garten verzichten. Am besten pflanzen Sie einen Pfirsichbaum nahe ans Haus oder in einen geschützten Innenhof. Da die Bäume schon sehr früh blühen (März bis April), sind sie besonders frostgefährdet. Beim Schnitt müssen Sie auf einige Besonderheiten achten. Pfirsiche tragen wie die Sauerkirschen am einjährigen Holz und müssen deshalb jedes Jahr zurückgeschnitten werden. Der Baum entwickelt »wahre Fruchttriebe«; an diesen etwa 50 cm langen Zweigen sitzen Blüten- und Holzknospen in Büscheln zusammen. Dies sind die fruchtbarsten Triebe, die jedes Jahr um die Hälfte eingekürzt werden. Die »falschen Fruchttriebe« sind dagegen nur mit Blütenknospen besetzt. Sie tragen nicht und müssen bis auf 1–2 Augen zurückgeschnitten werden.
»Holztriebe«, die nur Laubknospen besitzen, müssen auf 3–5 Augen eingekürzt werden. Dieser Schnitt wird am besten im Frühling zur Blütezeit durchgeführt. Außerdem können Sie an diesen vielseitigen Bäumen noch kurze Triebe mit zahlreichen Blüten entdecken. Sie wirken wie kleine Blumensträuße und werden deshalb Bukett-Triebe genannt. Diese Blütenzweige werden nicht weggeschnitten! Pfirsichbäume können Sie aus kernechten Sorten (zum Beispiel 'Roter Ellerstädter' oder 'Kernechter vom Vorgebirge') selbst großziehen. Andere Sorten fallen nicht echt aus und müssen veredelt werden. Pfirsiche sind selbstfruchtbar und können einzeln stehen.

Aprikosen

Baumformen und Sorten: Aprikosen werden als Buschbäume verkauft und meist als formloses Spalier an warmen Hauswänden gezogen. Empfehlenswerte Sorten sind: 'Ungarische Beste' (frosthärteste Sorte, zum Rohessen und für Kompott), 'Aprikose von Nancy' ('Nancy-Aprikose', über 200 Jahre alte französische Sorte, reiche Ernte, robust und frosthart), 'Mombacher Frühe' (bewährte Sorte, saftiges Fruchtfleisch).
Besondere Kulturtipps: Aprikosen sind noch anspruchsvoller als Pfirsiche. Sie gedeihen nur im Weinbauklima und brauchen einen warmen, leichten Boden, der dennoch

■ Die samthäutigen Pfirsiche sind etwas Besonderes – eine saftig-süße Delikatesse. Pfirsichbäume lieben die Wärme. Am besten gedeihen sie im Weinbauklima.

Der Nutzgarten

genügend feucht und nährstoffreich sein muss. Die Blüte setzt noch früher ein als beim Pfirsich und ist deshalb sehr frostgefährdet. Pflanzen Sie dieses feine Edelobst nur, wenn Sie alle Voraussetzungen für gutes Gedeihen erfüllen können.

Pflaumen und Zwetschen

Baumformen und Sorten: Von diesen Obstarten gibt es nur die großen Formen des Halb- und Hochstammes. Empfehlenswerte Sorten sind: 'Ontariopflaume' (goldgelbe Pflaume, reichtragend, anspruchslos, selbstfruchtbar), 'Zimmers Frühzwetsche' (reichtragend, verlangt guten Standort, nicht selbstfruchtbar, nur zum Rohessen), 'Hauszwetsche' (altbewährte Sorte mit lokalen Varianten; selbstfruchtbar, reichtragend, gut zum Rohessen, für Kuchen und zum Einmachen).

Besondere Kulturtipps: Pflaumen und Zwetschen gehören zu den anspruchslosesten Obstarten, die auch unter weniger guten Bedingungen wachsen. Ideal sind mittelschwere, humusreiche Böden, die genügend Feuchtigkeit besitzen. Achten Sie bei der Sortenwahl auf selbstfruchtbare und selbstunfruchtbare Züchtungen.
Pflaumen sind meist nur für den frischen Verbrauch bestimmt; Zwetschen lassen sich dagegen sehr vielseitig verwenden. Außer für leckeren Pflaumenkuchen und Kompott sind sie auch gut zum Einkochen und Einfrieren geeignet.

Mirabellen und Renekloden

Baumformen und Sorten: Wie bei den Pflaumen wird bei diesen Obstarten meist der Halbstamm gepflanzt. Empfehlenswerte Sorten sind: 'Mirabelle von Nancy' oder 'Nancy Mirabelle' (süß-würzige, kleine, goldgelbe Früchte; gut zum Einmachen, reichtragend, für warme Lagen, selbstfruchtbar), 'Große Grüne Reneklode' (honigsüße gelblichgrüne Früchte, gut zum Einmachen und zum Rohessen; braucht gute Böden und warme Lage, selbstunfruchtbar), 'Graf Althans' (rötlich-violett gefärbte Reneklode, würzig-süß, gut für Frischgenuss und zum Einmachen; nicht sehr anspruchsvoll, selbstunfruchtbar).

Besondere Kulturtipps: Mirabellen und Renekloden wachsen ähnlich wie Pflaumen und Zwetschen, brauchen aber mehr Sonne und Wärme. Guter Humus und gute Ernährung sind für ihr Gedeihen wichtig. Diese vier Steinobstarten können sich untereinander befruchten. Fragen Sie aber in der Baumschule nach denjenigen Sorten, die erfahrungsgemäß die besten Partner sind.

■ Mirabellen wachsen ähnlich wie Pflaumen, brauchen aber mehr Sonne und Wärme.

■ Pflaumen erkennt man an ihren abgerundeten Ende und an der Fruchtnaht. Diese fehlt den Zwetschen.

DER OBSTGARTEN

Schalenobst

So nennt man die verschiedenen Nüsse, weil ihre essbaren Samen von harten, holzigen Außenschalen umgeben sind. Nüsse enthalten nur wenig Vitamine, aber große Mengen Fett und Eiweiß, außerdem Kalzium, Phosphor und Eisen. Sie gehören deshalb zu den sehr wertvollen, aber kalorienreichen Nahrungsmitteln.

Haselnüsse

Die Zuchtformen der Haselnusssträucher stammen alle von unserer heimischen Waldhasel ab. Sie brauchen viel Platz – etwa 3 bis 4 m Abstand in der Reihe. In großen Gärten können sie als Hecken an der Grundstücksgrenze gepflanzt werden. Für auffallende Kontraste sorgen die Bluthaseln mit ihren dunkelroten Blättern. Außer den heimischen Wildsträuchern können Sie auch Züchtungen mit großen Nüssen pflanzen, zum Beispiel 'Hallesche Riesen' oder 'Webbs Preisnuss'. Haselnüsse werden vom Wind bestäubt, brauchen aber einen Partner zur Befruchtung. Sie müssen also mindestens zwei dieser starkwüchsigen Büsche pflanzen. Sonst sind die Pflanzen sehr anspruchslos; sie lieben feuchten Boden. Durch kräftiges Auslichten und Rückschnitt halten Sie die Haselnusssträucher in fruchtbarer Form. 4–6 Hauptäste genügen für eine Pflanze.

Walnüsse

Baumformen und Sorten: Walnüsse gehören zu den größten Bäumen im Obstgarten. Ihre Kronen erreichen im Alter 8–12 m Durchmesser, ihr Wurzelraum breitet sich noch weiter aus. Ein Sämlingsbaum, der selbst aus einer Nuss gezogen wird, trägt erst nach 15 bis 20 Jahren Früchte. Früher pflanzte der Vater einen Walnussbaum, von dem erst die Kinder ernten konnten. Diese Bäume waren natürlich nur für sehr große Gärten geeignet.

Durch ganz spezielle Veredelungsverfahren wurden inzwischen auch kleinere Walnusssorten gezüchtet. Sie werden durch eine schwach wachsende Unterlage »gebremst«. Diese neuen Zuchtformen tragen bereits nach dem zweiten Jahr. Ihre Kronen werden nur 4–6 m breit. Ein großer Vorteil dieser neuen Sorten ist die sichere Weitergabe ihrer guten Eigenschaften. Die Qualität der Veredelung ist immer bekannt und verändert sich nicht. Bei Sämlingen ist man dagegen auf Zufallsmischungen angewiesen. Manchmal bringen sie – nach langem Warten – nur enttäuschende Ergebnisse. Die folgenden veredelten Sorten sind auch für »normale« Gärten geeignet.
'Esterhazy II' (stark wachsend, treibt früh aus, nicht auf Fremdbefruchtung angewiesen, wertvolle Nuss für warme, trockene Gebiete);
'Nr. 139' (mittelstark wachsend, reichtragend, auf Fremdbefruchtung nicht angewiesen, wenig frostgefährdet, für alle Lagen geeignet);
'Nr. 26' (kleinkronig wachsend, reiche regelmäßige Ernte, auf Fremdbefruchtung nicht angewiesen, wenig frostgefährdet).
Besondere Kulturtipps: Die veredelten Walnusssorten stellen keine »gehobenen Ansprüche« an das Klima und den Boden. Sie versagen nur in kalten Gebieten und auf sehr schlechtem Untergrund. Die allgemeinen Dünge- und Pflegeregeln für Obstbäume können auf sie angewendet werden. Am besten gedeihen sie aber in humusreicher, mäßig feuchter Erde auf einem sonnigen Platz. Einen Ernteausfall gibt es nur dann, wenn die Blüte im April/Mai durch einen späten Frost leidet. Unter Walnussbäumen entstehen wunderbare Schattenplätze im Garten. Da im Wurzelbereich keine anderen Pflanzen gedeihen, können Sie – nach alter Tradition – unter einem solchen Baum einen sommerlichen Sitzplatz einrichten. Der strenge Geruch der Blätter vertreibt Mücken und Fliegen. Dies ist ein weiterer Grund, den selten gewordenen Nussbaum wieder in naturgemäße Gärten zu pflanzen.

Richten Sie sich auch bei der Ernte nach dem sanften Rhythmus der Natur: Walnüsse fallen von selbst vom Baum, wenn sie reif sind. Sie sollten sie niemals gewaltsam mit Stöcken herunterschlagen. Das Geräusch der mit leisem Prasseln fallenden Nüsse ist die herbstliche Begleitmusik zur Erntezeit im Obstgarten.

■ Freigiebig verschenken die Haselnusssträucher im Herbst ihre Früchte an Menschen und Tiere.

■ Walnüsse fallen von selbst vom Baum, wenn sie reif sind. Meist dauert es 20 Jahre, bis ein Nussbaum zum ersten Mal Früchte trägt.

Anhang

ADRESSEN, DIE IHNEN WEITERHELFEN

Untersuchungsanstalten für Bodenproben

VDLUFA / Verband Deutscher Landwirtschaftlicher Untersuchungs- und Forschungsanstalten e.V.
c/o LUFA Speyer
Obere Langgasse 40
67346 Speyer
www.vdlufa.de

In Österreich:
Institut für Umwelttechnik
Prof. Brantner
Maygasse 8
A-8010 Graz

In der Schweiz:
Eidgenössische Forschungsanstalt Agroscope
Schloss 1 Postfach
CH-8820 Wädenswil
www.agroscope.admin.ch

Biologische Dünger- und Pflanzenschutz-Produkte

Snoek GmbH
Tannenweg 10
27356 Rotenburg (Wümme)
www.snoek-naturprodukte.de
(Pflanzenschutz- und -pflegemittel, Dünger aus Algen und Trester, Steinmehl)

W. Neudorff GmbH KG
An der Mühle 3
31860 Emmertal
www.neudorff.de
(Dünger, Algenprodukte, Pflanzenpflege, Pflanzenschutz)

Niem-Handel
Waldstr. 3
64579 Gernsheim
www.niem-handel.de
(große Auswahl von Niembaum-Produkten)

Keller GmbH & Co. KG
Konradstr. 17
79100 Freiburg i. Br.
www.biokeller.de
(umfassendes Programm, Schneckenzäune, Steinmehl u.a.)

Oscorna Dünger
Erbacher Str. 41
89079 Ulm
www.oscorna.de
(organische Spezialdünger, Algenprodukte, Pflanzenschutz- und -pflegeprogramm)

In Österreich:
Bio-Furtner
Hauptstr. 5
A-3031 Rekawinkel
www.biofurtner.com
(Pflanzenschutz- und -pflegeprogramm)

In der Schweiz:
Andermatt Biocontrol
Stahlermatten 6
CH-6146 Großdietweil
www.biocontrol.ch
(Pflanzenschutz- und -pflegeprogramm)

Gemüse-Saatgut

Ellenbergs Kartoffelvielfalt
Ebstorfer Str. 1
29576 Barum
www.kartoffelvielfalt.de
(alte Kartoffelsorten)

Gärtnerei Naturwuchs
Bardenhorst 15
33739 Bielefeld-Vilsendorf
www.naturwuchs.de
(alte Kartoffelsorten u.a.)

Dreschflegel
Postfach 1213
37202 Witzenhausen
www.dreschflegel-saatgut.de
(Bio-Saatgut, alte Kulturpflanzen)

Bingenheimer Saatgut
Kronstr. 24
61209 Echzell-Bingenheim
www.bingenheimersaatgut.de
(Bio-Saatgut)

grünerTiger
Felix Lage
Fallerstr. 18
82433 Bad Kohlgrub
www.gruenertiger.de
(Bio-Saatgut, alte Kulturpflanzen/Sorten)

Arche Noah
Obere Str. 40
A-3553 Schiltern
www.arche-noah.at
(Bio-Saatgut: alte Sorten)

Bio-Saatgut Gaby Krautkrämer
Weingartenstr. 58
97252 Frickenhausen am Main
www.bio-saatgut.de
(alte Sorten, Tomaten, Zucchini u.a.)

Kräuter

Rühlemann's
Kräuter und Duftpflanzen
Auf dem Berg 2
27367 Horstedt
www.kraeuter-und-duftpflanzen.de
(große Auswahl heimischer und internationaler Kräuter-Spezialitäten)

herb's
Bioland Gärtnerei
Stedinger Weg 16
27801 Nuttel
www.herb-s.de
(viele Spezialitäten, großes Minzensortiment)

Kräuter- und Wildpflanzenversand
Friedhelm Strickler
Lochgasse 1
55232 Alzey
www.gaertnerei-strickler.de
(Bio-Pflanzen: Kräuter, Stauden, Gemüse, Gehölze)

Syringa
Duftpflanzen und Kräuter
Dipl.-Biol. B. Dittrich
Bachstr. 7
78247 Hilzingen-Binningen
www.syringa-pflanzen.de
(Kräuter und Duftpflanzen)

In der Schweiz:
Maurer Blumen
Bernstr. 17
CH-3110 Münsingen
www.maurerblumen.ch
(Ökogärtnerei, großes Kräuter und Heilpflanzensortiment)

Obstbäume und Beerenobst

Hermann Cordes Baumschulen
Pinneberger Str. 247a
25488 Holm (Holstein)
www.cordes-apfel.de
ww.cordes-apfel.de
(alte Apfelsorten und anderes Obst)

Ganter OHG
Markenbaumschule
Joachim und Frank Ziser
Baumstr. 2
79369 Wyhl am Kaiserstuhl
www.ganter-baden.de
(alte Apfel- und Pflaumen-Sorten)

Baumgartner Baumschulen
Hauptstr. 2
84378 Nöham
www.baumgartner-baumschulen.de
(alte und seltene Sorten)

Baumschule Brenninger
Hofstarring 2
84439 Steinkirchen
www.baumschule-brenninger.de
(Bio-Gehölze)

Bayerisches Obstzentrum
Dr. Michael Neumüller
Am Süßbach 1
85399 Hallbergmoos
www.obstzentrum.de

Rebschule Steinmann
Sandtal 1
97286 Sommerhausen
www.reben.de
(Weintrauben)

STICHWORTVERZEICHNIS

Stichwortverzeichnis

Seitenzahlen mit * verweisen auf Abbildungen

Abele, U. 142
Abfälle, organische 55
Abies 36
Abtei Fulda 143
Abwehrmittel, mechanische 117
Achillea millefolium 143
Ackerbohnen 172
Ackerhellerkraut 109*
Ackerminze 109, 204
Ackerregenwürmer 105
Ackerschachtelhalm 109
Ackerschachtelhalm-Brühe 114
Ackerschnecke, genetzte 124*
Ackersenf 38
Adlerfarn 115*
aerob 20, 23, 50
Älchen 111
Algen 22, 70, 71, 75*
Algen-Mulch 64
Algenkalk 54, 64, 71, 75, 117*
Allelopathie 86, 106
Ameisen 36, 115, 120
Ammoniak 49, 73
anaerob 20, 23, 49, 50
Anbaumethoden, asiatische 146
Andrä, Hermann 94
Anethum graveolens 199*
Anisbasilikum 197
Anthriscus cerefolium 200
Anthroposophie 147
Anzucht 154
Äpfel 160, 161, 227, 227*
Apfelsorten 228/229 T
–, alte 229
Apfelwickler 118
Apothekerrose 309
Aprikosen 161, 222*, 233
Aroma 43, 44, 69, 88
Artemisia
– absinthium 115, 206
– dracunculus 202*
Asseln 23
Assimilation 28, 33
Asternwelke 112
Aubergine 193
Auspflanzen 158, 158*
Aussaat
– auf der Fensterbank 157*
– im Freiland 158*
– unter Glas 158
Aussaattage 141, 142

Bacillus thuringiensis 119
Bakterien 23, 25
Bakterieninfektion 59
Bakterienpräparat 147, 148
Baldrian 143, 147

Balfour, E. B. 147
Basilikum 177*
–, Anis- 162
–, großblättriges 177
–, kleinblättriges 177
–, rotblättriges 177
–, Zitronen- 197
Bauerngarten 92*, 152
Bauernkalender 141
Bauernregeln 141
Baumformen 221
Baumkrebs 112
Baumscheibe 67, 225*
Baumwachs 225*
Beba, Hans 94
Beeteinteilung 152, 153*
Beinwell 78*, 113, 207
Beinwell 126
Beinwell-Comfrey-Jauche 114
Beinwell-Jauche 78
Beinwell-Mulch 217
Beinwellblätter-Mulch 64*
Bentonit 81
Bergbohnenkraut 198
Basaltmehl 81
Bestäubung 37
Bibernelle 205
Bienenfreund 74*
Bierfalle 126
Bio-Grabbeil 66*, 154
Bio-Saatgut 138
biologische Methode 145
biologisch-dynamische Methode 147, 149*
biotechnische Mittel 140
Biozönose 86
Birnen 160, 161, 231*
Birnensorten 231 T
Blattälchen 111
Blattfleckenkrankheiten 112
Blattgemüse 167
Blattläuse 89, 98, 114ff., 118ff.
Blattmangold 168
Bleichsellerie 175*
Blumenkohl 90, 181, 181*
–, grüner 180*, 181
Blütengewächse 142
Blütenspritzung 115
Bluthasel 235
Blutläuse 89, 114, 116
Blutmehl 51, 70, 74
Böden, alkalische 72
–, saure 72
Bodenanalyse 72, 81
Bodenbedeckung 62*
Bodendecken 67, 147, 148, 159
Bodendecker 65
Bodenerosion 61
Bodenfruchtbarkeit 69
Bodenkrümel 24, 25
Bodenleben 19, 21, 62, 67, 68, 69, 83

Bodenlebewesen 49, 50, 66
Bodenmüdigkeit 84
Bodenpflege 138, 145, 146
Bodenproben 72
Bodenreaktion, alkalische 81
Bodensäure 71
Bodenschadpilze 112
Bodenschichten 22*, 66, 96
Bodentester 72
Bodenverbesserungsmittel 80
Bodenverdichtungen 109
Bodenvorbereitung 153
Bohnen 160, 161
Bohnenkraut 89, 162, 198
Bohnenmosaik-Virus 59, 113*
Borago officinalis 198*
Borretsch 198*
Botrytis 113*
Boucher, Jean 47
Brache 96
Branntkalk 71, 81, 82
Braunalgen 75
Breitwegerich 38
Brennessel 38, 77*, 113, 115*, 143, 147, 207
–, Große 207
–, Kleine 207
Brennessel-Brühe 114
Brennessel-Jauche 51, 56, 77*, 87, 114
Brennessel-Kaltwasserauszug 114
Brennessel-Mulch 64*, 214
Brokkoli 182*
Brombeer-Schnitt 218*
Brombeer-Spalier 52, 218*
Brombeeren 218*
Brombeermilben 115
Bruce, May E. 142, 143
Buchsbaumhecke 152
Buschbaum 221*
Buschbohnen 89, 89*, 170, 170*
–, violette 170*
Buschtomaten 190

C/N-Verhältnis 50, 51, 57, 70, 83
Calcitest 81
Caspari 28, 50, 68, 81, 86
Caspari, Fritz 19, 24, 48
Cepaea hortensis 124
Chan, Peter 93
Chemie 11
Chenopodium capitatum 168
Chicorée 165
Chinakohl 183*
Chlorophyll 32, 112
Chloroplasten 32
Chlorose 71, 71*

Chrysanthemum cinerariaefolium 119
Chrysopa carnea 119
Cochlearia officinalis 200
Collembolen 21
Comfrey 80*, 207
Comfrey-Jauche 78
Comfrey-Mulch 214
Cucurbita pepo 184
Cumarin 123
Cynoglossum officinale 122

Darwin, Charles 30, 105
Dauerhumus 25
Deroceras reticulatum 124*
Dicke Bohnen 89*, 172
Dickmaulrüssler, gefurchter 119
Dill 89*, 199*
Dissimilation 32, 48
Ditylenchus dipsaci 111
Dörrbohnen 161, 162
Drahtwürmer 23
Dränage 96
Dreifelderwirtschaft 10, 11, 84
Dryopteris filix-mas 114
Düngemittel 146
Dünger 51, 54, 55
–, flüssige 76
–, organische 10, 73, 154
–, pflanzliche 74
–, synthetische 79
–, tierische 73
Düngesalze 79
Düngung 68, 138, 147, 148, 192
–, chemische 69
–, flüssige 77*
–, organische 69

Edaphon 25
Eichblattsalat 164*
Eichenrinde 143, 147
Eiertomaten 190*
Einfrieren 160
Einkochen 160, 161*
Einlegen 161
Einmachgurke 185
Einschlag 159*
Eisen 71
Eisenia foetida 105
Eissalat 83*, 164
Encarsia formosa 119
Enchytraeiden 21
Endivien 90, 165, 166
Engerlinge 117
Equisetum arvense 114*
Erbsen 170*
Erdäpfel 187
Erdbeeren 209, 210*
Erdbeerblütenstecher 115
Erdbeermilben 115
Erdbeerspinat 168
Erdflöhe 89, 117
Erdkröten 101*
Erdratten 121
Erdschocke 194*

Ernten 159
Erosion 60, 61
Eruca sativa 166
Erwinia amylovora 113
Erysiphe 113
Estragon 202*
–, Deutscher 202
–, Französischer 202
–, Russischer 202
–, Sibirischer 202
Etagenzwiebeln 173*
Euphorbia lathyris 122

Fadenwürmer 21, 111
Fanggürtel 118*
Farnkraut-Brühe 114
Farnkraut-Jauche 114
Faserwurzeln 30, 31
Fäulnis 49, 50, 96, 113
Feldsalat 90, 166
Fenchel 162, 192*
Feuerbohnen 171
Feuerbrand 59, 113
Findhorn 144, 145
Finken 100
Flächenkompostierung 61*, 149
Flammendes Käthchen 28
Fledermäuse 98*
Florfliege 98, 102*, 119
Florfliegenlarve 102*
Folie, geschlitzte 65
–, mitwachsende 155
Folientunnel 155*
Fragaria
– vesca 210
– × vescana 210*
Francé, Raoul R. 25, 31, 48
France-Harrar, Anni 146
Franck, Gertrud 92
Franz, Jost M. 138
Franzosenkraut 109*
Fräsen 66
Fritillaria imperialis 122
Frostgare 66
Frostrisse 226
Frostspanner 117
Fruchtfolge 84*
Fruchtwechsel 11, 84
Frühbeet 154*, 155*, 159
Frühkartoffeln 90
Frühlingszwiebeln 173
Fukuoka, Masanobu 146
Fusariumwelke 112

Gaillardia pulchella 241
Galinsoga parviflora 109*
Gallmücke, räuberische 119
Gamander-Ehrenpreis 38*
Gänsedistel 38
Gare 24
Geflügeldünger 73
Geflügelmist 56, 70
Geiztriebe 190*, 218*
Gelbe Rüben siehe Möhren
Gelbstreifigkeit 113
Gemüse 163

Gemüsefliegen 118
Gemüsefliegen-Netz 118*
Gemüsepaprika 192*
Gesteinsmehl 61, 80*, 81*, 116
Gewächshaus 155*, 156*, 157*
Giersch 59
Gießen 159
Gleichgewicht, biologisches 41, 110
Goethe 98
Goldauge 101
Goldlaufkäfer 102
Goldmelisse 204
Grabgabel 66, 154
Graf, Ursula Rösli 142
Gras 60
Gras-Mulch 63*, 64
Grauschimmelpilze 112*
Greiskraut 38
Grobkompost 154
Grubber 67, 154
Grünalgen 75
Gründüngung 64, 75, 87, 149, 154, 169
Grundwasser 27, 69
Grünkohl 90, 182, 183*
Grünspargel 191*
Grünspargel-Pflanzung 191
Guano 73
Gurken 89*, 161, 184*
–, weißschalige 185*
Gurkenmosaik-Virus 59
Guttation 35*

Hacke 67, 154
Häcksler 54
Haftwurzeln 29
Hahnenfuß 38, 38*
Halbstamm 222, 223*
Haller, Albert von 19, 106
Haltbarkeit 45
Hammelmöhren 177*
Handelsqualität 43
Haselnüsse 52, 160
Hasen 112, 118
Hecke 153
Helianthus tuberosus 123, 194
Helix pomatia 124
Hepar sulfuris 117
Heterodera 111
Heterorhabditis 119
Himbeeren 216, 217*
Himbeerkäfer 115
Himbeerrutenkrankheit 59
Himbeerschnitt 217*
Himmelsschlüssel 270
Hitschfeld, O. 37
Hochbeet 97*
Hochmoortorf 83, 83*
Hochstamm 222, 223*
Holunder 52
Holzasche 70, 76, 79, 82, 117
Holzspäne-Mulch 65
Honigmelone 193
Horndünger 74
Hornkiesel-Präparat 148

Anhang

Hornmehl 51, 70, 74
Hornmist-Präparat 148
Hornspäne 70, 74
Howard, Albert 15, 20, 23, 147
Hügelbeet 93*, 95*, 210
Hügelbeet-Aufbau 94*
Hügelbeet, chinesisches 93*
Hühnermist 74
Hülsenfrüchte 169
Huminstoffe 25
Humofix-Schnellkompostpulver 143*
Humus 17, 17*, 19, 96, 104, 109, 146
Humusbildung 17, 20*, 84, 112
Humuspflege 148
Humusschicht 15, 23, 66
Humusverbrauch 68
Hundszunge 122
Hyperphos 79
Hyssopus officinalis 207

Igel 99
Inkarnatklee 74*
Insekten 101, 110, 121
Insekten-Nisthilfen 103
Insektizide 98
Inulin 195

Jauche 76
Jauchetonne 153
Johannisbeer-Hochstämmchen 213*
Johannisbeeren 115, 213
–, Rote 214*
–, Schwarze 122, 215
–, Weiße 214*
Johannisbeer-Pflanzung 214*
Johanniskraut 208*
Johannisöl 208

Kaiserkrone 122
Kali 23, 70, 115
Kali-Dünger 70
Kali-Magnesiumdünger 78
Kali-Mangel 71*
Kali-Seife 116
Kalimagnesia 71, 79
Kalisalz 79, 116
Kaliumkarbonat 116
Kaliumsilikat 116
Kaliumwasserglas 116
Kalk 24, 54, 71, 73, 79, 81, 116
–, kohlensaurer 71
Kalk-Dünger 116
Kalkgestein 17, 81
Kalkmergel 71, 82
Kalkprüfer 81
Kalksteinmehl 82
Kalkstickstoff 59
Kalktest 71
Kalküberschuß 71*
Kamille 109*, 143, 147, 208*
Kaninchen 112
Kaninchenmist 51, 73
Kapillarsystem 34*, 62

Kapuzinerkresse 52, 89, 90, 97, 1991*, 226
Karotten 176, 177*
Kartoffelblüte 187*
Kartoffelbraunfäule 115
Kartoffelkäfer 117, 118
Kartoffeln 32, 89, 91, 187, 188*
Kartoffelsorten, farbige 187*
Kartoffelvirosen 113
Keimprobe 158
Kerbel 200
Kernobst 228
Kiefer 29
Kieselsalze 116
King, F. H. 146
Kirschfruchtfliege 118
Kirschfruchtfliegen-Falle 140*, 141
Kirschtomate 189*, 190
Kissenstein 259
Kleinklima 153
Knoblauch 122, 160*, 174
Knoblauch-Zwiebel-Jauche 115
Knochenmehl 70, 71, 74, 82
Knöllchenbakterien 24*, 70, 74, 169
Knollen 33
Knollenbegonien 289
Knollenbildung 70
Knollenfäule 112*, 113
Knollenfenchel 192
Knospenfraß 226
Kohl 33, 87, 89, 90, 159, 160, 180*
Kohldioxid 27, 32, 33
Kohlenhydrate 32
Kohlensäure 23, 27, 28, 33, 62
Kohlenstoff 33, 50
Kohlfliegen 118
Kohlhernie 59, 112
Kohlkragen 118
Kohlrabi 90, 183
Kohlweißler 36*, 89, 115
Kohlweißlings-Raupen 110*, 118
Kompost 36, 38, 48, 52*, 146, 147, 148, 153, 197
–, halbreifer 61, 65, 67
–, reifer 57, 58
Kompost-Brühe 78
Kompostaufbau 52*, 54*, 55*
Langham, Derald G.
Kompostbehälter 56*
Kompostbeschleuniger 51, 63
Komposthaufen 55
Kompostkräuter 143
Kompostlege 53, 57*
Kompostmaterial 55*
Kompostmiete 52, 54*, 55*, 60*, 159
Kompostplatz 49*, 52
Kompostpräparate 147, 148
Kompostprobe 60
Kompostsack 53, 56

Kompostsilo 50*
Kompoststarter 56, 58
Kompoststoffe 51
Komposttonne 53, 57*
Kompostverwendung 58*
Kompostwürmer 105
Konservieren 159
Konservierungsmethoden 159
Kopfdüngung 159
Kopfsalat 163
Korallenmehl 71
Kowalewski, Ulrich 144
Krachsalat 164
Kraterbeete 144, 144*
Kräuter 162
–, ausdauernde 202
–, einjährige 197
–, zweijährige 197
–Aktivator 143
–Essig 161*
–Jauche 77, 78, 113, 114
–Mulch 64
–Öl 161*
–Sträuße 160*
Kräuterauszüge 114
Kräuterbrühe 113
Kräutergarten 146*, 147
Kräutertee 113
Krautfäule 112, 117
Krebswucherungen 113
Kreis-Garten 146*
Kreis-Symbole 145
Kreislauf 31, 34
– der lebenden Substanz 31
– der Stoffe 25, 48
– des Wassers 34
Kresse 89, 90, 199
Krieg, Aloysius 140
Kronentraufe 225*
Krümelbildung 25
Krümelstruktur 71, 81
Küchenabfälle 52
Kuhmist 51, 56, 147
Kümmel 200*
Kunstdünger 68, 79
Kupfer 71
Kürbis 161, 184, 185
Kurztagspflanze 28

Lagerung
– im Haus 160*
– im Keller 160
Langham, Derald G. 143
Larven 111
Laub 60*, 67
Laubkompost 56*, 82, 217
Laubmulch 64, 65*, 211, 214, 217
Lauch 90, 174, 175*
Lauchmotte 117
Lauchzwiebeln 173
Laufente, Indische 126
Laufkäfer 102
Läuse 36, 89
Lava-Mehl 81

Lavandula angustifolia 203*
Lavendel 162, 203*
Lebensbaum 36
Lebenselemente 26
Leberblümchen 301*
Leguminosen 24, 70, 74, 75*, 169
Lehane, Brendan 31, 35
Lehmböden 17, 18, 18*
Leimfolie, gelbe 118
Leimringe 117
Lemaire, Raoul 147
Lepidium sativum 200
Lévi-Strauss, Claude 15
Levisticum officinale 203
Lichtreaktion 32
Lichtverhältnisse 138
Liebesäpfel 188
Liebig, Justus von 68
Liebstöckel 163, 203
Liguster 319, 349
Löffelkraut 200
Lokalsorten 138, 222
Löß 17
Löwenzahn 38, 143, 147, 166
Luft 27

Maden 111
Magnesium 24, 36, 71
Magnesiumkalk, kohlensaurer 82
Magnesiummangel 71*
Mairübchen 178
Majoran 162, 201*
–, Deutscher 201
–, Französischer 201
Mangold 168
Marienkäfer 36, 102*
Marienkäfer-Larven 102*
Maßnahmen, biotechnische 118
Matricaria recutita 143, 208*
Maulwurf 91, 100
Maulwurfsgrillen 117
Mäuse 97, 112
Meeresalgenkalk 82
Meerrettich 160
Mehltau 112*, 113, 115, 116
Melde 169*
Melilotus albus 122
Melissa officinalis 203*
Melisse 203*
Melone 193
Mentha
– *aquatica* 204
– *arvensis* 204
– × *piperita* 204*
– *pulegium* 204
Methan 49
Methode Howard-Balfour 147
– Lemaire-Boucher 147
Mikroorganismen 22*, 48, 49, 50, 51, 62, 69
Milben 21, 36, 111, 115
Mineraldünger 10
–, natürlicher 79

Mineralschicht 25
Mineralvorkommen 78
Minze 204, 204*
Mirabellen 234*
Mischkultur 37, 69*, 83*, 86*, 87, 89*, 138, 148, 153
–, Beispiele 89, 90*, 91*, 92
–, schädlingsabwehrende 89*
Mischkulturen-System 92
Mist, flüssiger 78
Mistbeet 155
Misthaufen 73*
Mistkompost 56
Mistwürmer 105
Mittelzehrer 76, 84, 85, 153, 154
Möhren 33, 87*, 90, 159, 162, 176, 177*
Möhrenfliege 90
Molisch, Hans 106
Molybdän 71
Monarda 204
Monatserdbeeren 210, 212
Mond-Tierkreis-Konstellationen 141, 142*
Mondzyklen 148
Monilia 59
Monokultur 11, 37, 84
Montia perfoliata 167*
Moor 82
Moorbeetpflanzen, 72, 82, 117
Moorböden 19
Mulch 38, 87, 154
Mulchdecke 37
Mulchen 61, 74, 97
Mulchkompost 57, 60
Mulchmaterial 61–65*, 67
Mulchteppich 21
Müller, H. 147
Muskatellersalbei 206
Mutterboden 15, 19
Mykorrhiza 23*

Nachbarpflanzen 89
Nacktschnecken 111, 124
Nadelkompost 217
Nadelstreu 211
Nährlösungen 68
Nährstoffe 68, 69, 104
Nährstoffreserven 29
Narzisse 122
Nectria galligena 112
Nekrosen 70*
Nematoden 21, 107, 111
–, räuberische 119
Netze 117*
Niedermoorböden 19
Niedermoortorf 82
Niem 105, 119
Niembaum-Präparate 119
Nistkästen 100
Nitrat 44, 46, 167
Nordmeeralgen 144
Nüsse 235
Nützlinge 36, 98, 110, 116, 140

–, käufliche 119

Obst 160
Obst-Ernte 227
Obst-Konservierung 227
Obstbaum
–, -Knospenformen 223*
–, -Pflanzschnitt 224*
–, -Pflanzung 222
–, -Schnitt 223
–, -Unterlagen 221
Obstbäume 89, 220
Obstgarten 209*
Obstsorten, alte 222
Obstspalier 222
Obsttomate 190
Ocimum basilicum 197*
Ohrwürmer 102, 118
organisch-biologische Methode 148
Origano 162, 204*
Origanum
– *majorana* 201*
– *vulgare* 204*
Osmose 34
Oxalsäure 167

Pachysandra terminalis 303
Pak-Choi 183
Papier-Mulch 67
Paradiesäpfel 190
Parasiten 111, 112
Pastinaken 177*
Patentkali 70, 79
Patisson 186
Peitschentriebe 233
Peronospora 113
Perserklee 217
Petersilie 201
Petersilienwurzeln 160
Petroselinum crispum 201
Pfahlwurzeln 29
Pfefferminze 89, 162, 204*
Pfefferminzrost 205
Pferdebohnen 172
Pferdemist 55, 73, 155
Pfirsiche 233
Pflanzen-Nachbarschaften 89, 106, 107
Pflanzenjauche 76, 149, 159
Pflanzennahrung 68
Pflanzenschutz 9
–, integrierter 140
–, vorbeugender 138
Pflanzenschutz-Tabelle 127–137
Pflanzenschutzpräparate, käufliche 119–122
Pflanzenstärkungsmittel 119
Pflanzholz 159
Pflanzlöcher 159
Pflaumen 234
Pflaumenwickler 118
Pflücksalat 164, 164*
pH-Wert 71, 81, 82, 83
Phacelia 75*

STICHWORTVERZEICHNIS

Phazelia, 74*
Phasin 171
Pheromonfalle 118, 140*
Phosphor 23, 70
Phosphor-Dünger 70
Photosynthese 32, 33, 70
Phyllitis siehe *Asplenium*
Phytonzide 86, 106
Phytophthora infestans 112*
Phytoseiulus persimilis 104, 119
Pilze 23, 25, 112
Pilzkrankheiten 112, 114, 115, 116, 119
Pilzmycel 23, 112
Pilzsporen 117
Pimpinella
– *major* 205
– *saxifraga* 205
Pimpinelle 205
Plastikfolie, schwarze 65
Poleiminze 204
Porree 174, 175*
Portulaca oleracea 202*
Portulak 202*
Pottasche 17
Pratylenchus-Arten 112
Prunkbohnen 171
Pteridium aquilinum 114
Puffbohnen 172*
Pyrethrum 19
Pyrethrum-Blütenextrakt 119

Qualität 43
Quarz 148
Quassia amara 115
Quassia-Bitterholz 115
Quassia-Brühe 115
Quecke 59
Quitten 160
Quittenbaum 221*

Radicchio 165*
Radieschen 90, 91, 179
Rainer, Roland 15
Rainfarn 115, 115*
– -Brühe 115
– -Jauche 115
– -Tee 115
Ranunculus repens 38*
Rapunzel 166
Rasensoden-Kompost 57
Ratten 112
Raubmilben 36, 98, 104, 111, 116, 119, 118*
Raubwanzen 103, 116
Rauke 167
Raupen 36, 89, 110, 115
Rebe 219
Regenfaß 153
Regenwurm-Kothäufchen 104
Regenwürmer 21, 24, 25*, 48, 51, 58, 62, 104, 104*, 105*
Regenwurmzucht 157
Reifekompost 157
Renekloden 234
Rettiche 179
Rhabarber 195

Rhabarber-Blüte 195*
Rhizomfäule 113
Ribes nigrum 123
Ricinus communis 76
Rinden-Mulch 65, 83, 83*, 211, 214, 217
Rindenhumus 83*, 217
Rindenkompost 210
Rindensubstrat 156
Rindermist 70, 73
Ringelwürmer 21
Rippenmangold 168
Rizinusschrot 70, 76
Rohphosphat 70, 79
Römischer Salat 164
Rosenkohl 182*
Rosmarin 205
Rosmarinus officinalis 205
Rostkrankheiten 113, 115
Rote Bete 87*, 159, 160*, 177, 178*
Rote Melde 169*
Rote Rüben 177, 178
Rote Spinne 98, 111
Roter Zichoriensalat 165
Rotkohl 180*
Rotte 49, 50
Rotteschicht 22, 23, 96
Rotteprozeß 63
Rübenwurzeln 31
Rübstiel 178
Rucola 167
Rusch, H. P. 30, 147
Rußtau 120

Saatgut 138
Saatrille 159
Saattermine 141, 142
Salat 90, 163, 164
Salatgurke 185
Salatmosaik 113
Salatrauke 167
Salbei 89, 196*, 205*, 206*
– buntblättriger 196*, 206
– *officinalis* 205*, 206*
Sandböden 18, 18*, 69
Sanguisorba minor 205
Satureja hortensis 198
– *montana* 198
Saubohnen 172
Sauerampfer 38
Sauerkirschen 232
Sauerstoff 28, 32
Säugetiere 89, 111
Säulenrost 115
Säureausscheidungen 31
Sauzahn 66*, 154
Schachtelhalm 78, 113, 115*, 116
Schachtelhalm-Brühe 114
Schädlinge 36, 98, 110
–, biotechnische 118
–, mechanische 117
Schädlingspopulation 140
Schafgarbe 143, 147
Schafmist 51, 70, 73
Schalenobst 235
Schalotten 90, 173*
Schattenstauden 138
Schermäuse 121

Schildläuse 114, 116
Schlangengurken 185
Schlupfwespen 103, 119
Schmetterlingsblütler 24, 70, 74*
Schmierläuse 116
Schmierseifen-Lösung 116
Schnecken 36, 63, 115, 117, 124
Schnecken-Fallen 124*
Schneckenkragen 126*
Schneckenzäune 118, 125, 125*
Schnittsalat 164
Schnittsellerie 89
Schorf 117
Schredder 54
Schuphan, W. 43, 44
Schwächeparasiten 37, 113, 138
Schwachzehrer 84, 85, 86, 96, 133, 169
Schwarzbeinigkeit 112
Schwarztorf 82
Schwarzwurzeln 178, 179*
Schwebfliegen 103*
Schwebfliegen-Larve 103*, 116
Schwefelleber-Lösung 116
Schweinemist 51, 56, 70, 73
Schweitzer, Albert 15
Seifert, Alwin 66, 147
Sellerie 30*, 32, 159, 160*, 162, 175
Senf 74*, 75
Senfgurken 185
Senfsaat 70*, 211, 226
Solanin 188
Sonnenblume 52
Sonnenenergie 28, 31
Sorten, mehltauresistente 163
–, virusresistente 163
Sortenwahl 138
Spaghettikürbis 186*
Spalierobst 221
Spargelkohl 181*, 182
Spaten 67
Speiserüben 178
Spezialkompost 56, 71
Sphaerotheca 113
Spinat 44, 90, 92, 167
Spindelbusch 221
Spindelbusch-Schnitt 223*
Spinnentiere 103, 111
Spinnmilben 111, 114, 119*
Spiritus-Seifen-Lösung 116
Spitzkohl 90
Spohn, E. 48
Spritzmittel, chemische 140
Spurenelemente 71
Squash 194*
Stachelbeer-Ableger 215*
Stachelbeer-Hochstämmchen 215*
– Schnitt 215*
Stachelbeeren 215, 216*
Stallmist 149
Stammanstrich 226

Stammpflege 226
Standort 85, 138
Stangenbohnen 52, 171, 171*
Stangensellerie 176*
Stanniolstreifen 117
Starkzehrer 70, 73, 74, 85, 96, 153
Stäuben 116
Staudenbeet 197
Staudenkräuter 202
Staunässe 109
Stecklinge 197
Steckzwiebeln 90, 173
Stein-Mulch 65
Steiner, Rudolf 147
Steinklee 226
Steinmehl 55, 71, 73, 82, 148, 160
Steinobst 232
Stellaria media 109*
Stelzwurzeln 29
Stengelälchen 111
Sternkonstellation 141, 142
Stickstoff 23, 24, 27, 50, 70, 73, 74, 138, 169
Stickstoff-Dünger 70
Stickstoffsalz 68
Stickstoffüberdüngung 70*
Stickstoffverwertung 50
Stielmus 178
Stöckli, A. 21
Stoffwechsel 33
Stroh 83
Stroh-Mulch 65*, 70, 211, 217
Strohkompost 57
Strukturverbesserung 83
Studentenblume 107*
Superphosphat 79
Süßkirschen 232
Symbiofuor 148
Symphytum 78*
– *asperum* 78*, 114, 207
– *officinale* 78*, 114, 207
systemische Mittel 140

Tagetes 89
Tanacetum vulgare 115*
Taraxacum officinale 143
Teilung 146
Teltower Rübchen 178
Tennessy Whiggler 105
Theobaldsche Lösung 116
Thermokomposter 57*
Thomasmehl 70, 71, 79, 82, 147
Thun, Maria 141
Thymian 89, 162, 206
–, Deutscher 206
–, Französischer 206
Thymus vulgaris 206
Tiere, nützliche 98ff.
–, schädliche 110
Tierkreiszeichen 142
Tokin, B. P. 106, 107
Tomaten 89, 160, 189*
–, birnenförmige 190*

Tomatenblätter-Auszug 115
Tomatenblätter-Mulch 64
Tomatenfäule 115
Tomatenmosaik-Virus 59
Tomatensorten, alte 189
Tomatenwelke 115
Ton-Humus-Komplex 25, 104
Tonböden 17*, 18*
Tonmehl 55, 81
Topinambur 122, 195*
Torf 71, 82
Torfmischdünger 82
Traubentrester 73, 76
Traubenwickler 118
Treibgurken 185
Trester 76
Trocknen 162*
Tropaeolum 189*
Tusser, Thomas 141

Überdüngung 68, 95
Umfallkrankheit 112
Umgraben 66
Umstellungsprobleme 40
Unkraut 38, 59, 62
Unkraut-Mulch 64
Urgestein 16, 17
Urtica dioica 143, 207
– *urens* 207

Valeriana officinalis 143
Vermehrung 196
Verschlämmung 61*
Verticillium 112
Viren 113
Virtanen, Arttuni 24, 30
Virusinfektion 19
Viruskrankheiten 111, 121
Vliese 117*
Vögel 99
Vogelmiere 38
Voisin, André 39

Wachsbohnen 170*
Wachstumsrhythmen 141
Waksman, Selman 20
Walderdbeeren 209, 210, 211*
Walnüsse 235*
Wasser 26*, 33
Wasserglas 116
Wasserkreislauf 27*
Wasserminze 204
Wasserschosse 224
Wassersoff 32
Wege 152
Wegschnecke, große 124
Weinbergschnecke 124
Weinreben 219*, 221*
Weinstock 219
Weißdorn 52
Weiße Fliege 118, 119
Weißkohl 90, 162, 180
Weißstreifigkeit 113
Weißtorf 82

Wermut 113, 115*, 115, 162, 206
– -Brühe 115
– -Jauche 115
Wicke 52, 217
Wildkräuter 38, 61, 147, 207
Wildsalat 166
Winde 52
Winterheckzwiebel 172*, 173
Winterportulak 167*
Winterpostelein 167*
Winterrettich 159, 179
Wintersalat 33, 90
Winterspinazia 116
Winterthymian 206
Wirsing 90, 180*
Wolfsmilch 122
Wolläuse 116
Wollbohnen 171
Wucherblume 38
Wühlmäuse 97, 112, 117, 121
Wühlratten 121
Wundrand-Verschluß 220*
Wurmfarn 114, 115*
Wurzelälchen 107, 111
Wurzelgemüse 159*, 175
Wurzelgewächse 142
Wurzelhaube 30
Wurzeln 29, 29*, 32
Wurzelpetersilie 201
Wurzelspitzen 30
Wurzelunkraut 59

Ysop 162, 207

Zäune 118
Zeigerpflanzen 38, 109*, 110
Zichoriensalat 165
Ziegenmist 51, 70, 73
Zierkürbis 52
Zinnkraut 114*
Zitronenmelisse 203
Zitronenthymian 206*
Zucchini 186, 186*
Zuchetti 186
Zucker 32, 33, 34
Zuckererbsen 169*
Zuckerhut 165, 165*
Zuckermais 194*
Zweifelderwirtschaft 15
Zweipunkt-Marienkäfer 102*
Zwergwuchs 113
Zwiebel-Knoblauch-Tee 115
Zwiebelfliege 90
Zwiebeln 90, 160*, 172*
Zwiebelschalen-Jauche 115
Zystenälchen 111

ÜBER DIE AUTORIN/IMPRESSUM

Über die Autorin

Marie-Luise Kreuter lernte schon als Kind im elterlichen Garten den Umgang mit Zier- und Nutzpflanzen. Nach ihrem Ethnologie-Studium absolvierte sie beim SWF eine Journalismus-Ausbildung und spezialisierte sich bald auf gärtnerische Themen. Es entstanden zahlreiche Bücher, Artikel sowie Rundfunk- und Fernsehsendungen. 1981 legte sie im Oberbergischen Land einen öffentlichen Bio-Bauerngarten an, der auch als Lehrgarten diente. Im gleichen Jahr erschien auch die 1. Auflage ihres Werkes »Der Biogarten«, das mittlerweile zum Bestseller avancierte und nunmehr in der 26. Auflage vorliegt. 1985 begleitete Marie-Luise Kreuter als Fachberaterin und Autorin den Start der Zeitschrift *kraut & rüben*, die sie viele Jahre als Herausgeberin betreute. Als »Biogärtnerin der Nation« verfasste sie viele Bücher und zahllose Zeitschriftenartikel.

Impressum

Bibliographische Information Der Deutschen Nationalbibliothek
Die Deutsche Nationalbibliothek verzeichnet diese Publikation in der Deutschen Nationalbibliografie; detaillierte bibliografische Daten sind im Internet über http://dnb.d-nb.de abrufbar.

Gekürzte, durchgesehene Taschenbuchausgabe des Titels »Der Biogarten«

BLV Buchverlag GmbH & Co. KG

80797 München

© 2014 BLV Buchverlag GmbH & Co. KG, München

Das Werk einschließlich aller seiner Teile ist urheberrechtlich geschützt. Jede Verwertung außerhalb der engen Grenzen des Urheberrechtsgesetzes ist ohne Zustimmung des Verlags unzulässig und strafbar. Das gilt insbesondere für Vervielfältigungen und die Einspeicherung und Verarbeitung in elektronischen Systemen.

Umschlagkonzeption: Kochan & Partner, München
Umschlagfotos: BLV (vorne); Reinhard (hinten)

Programmleitung Garten: Dr. Thomas Hagen
Herstellung: Hermann Maxant
Layoutkonzept: Kochan & Partner, München
Layout und DTP: Anton Walter, Gundelfingen

Gedruckt auf chlorfrei gebleichtem Papier

Printed in Germany

ISBN 978-3-8354-1325-2

Bildnachweis

BASF: 70r, 71l
Bäßler: 71r
Baumjohann: 54, 55, 58, 66, 72r, 81, 117l,
Bergmann: 70l
Bodenstein: 148o, 148u, 154
Borstell: 5, 10, 14, 139, 150/151, 153, 168
Bross-Burkhardt: 30, 63l, 170r
Dittmer: 40, 60o, 62, 64l, 64r, 65r, 72l, 75r, 77, 81, 83l, 89ul, 113, 115o, 116, 140u, 157u, 185l, 187l, 187r, 190r, 191, 195m, 202u
Eumetsat: 15
Flora Press/GAP Photos Ltd. 11
Flora Press/Flowerphotos 190l
GBA/GPL: 156l
GBA/Nichols: 145
GBA/Noun: 65l
Gross-Blotekamp: 2/3, 6, 61r
Harbauer: 143u
Hartmann: 230ur
Henseler: 89ur, 112ol
Howard: 94
Keller GmbH: 126
Kopp: 61l
Kowalewski: 144
Kreuter: 9, 159, 169l
Laux: 78l
Limbrunner: 98, 100ul, 100um, 101u, 125r
Malotki: 149
Müller, H.-R./botanikfoto: 216l
Pfletschinger/Angermayer: 102ul, 104
Pforr: 21, 23, 26, 32, 36o, 76, 98r, 100o, 101o, 102ol, 103r, 111, 115ur, 140o, 155m, 156r, 162, 171, 202r, 204l, 208r/Einkl., 230ul
Pott: 33
Redeleit: 12/13, 18, 24, 25, 59, 69, 87, 106, 118l, 124, 125, 159, 160r, 160l, 177
Reinhard: 1, 17l, 28, 29, 31, 35, 45, 49, 50, 56r, 56l, 57o, 57u, 63r, 67, 73, 74l, 75l, 78r, 82, 84, 97, 107, 110, 115ul, 117r, 123, 152, 155l, 161, 165l, 166, 167r, 169m, 169r, 173r, 175, 179, 180, 181l, 181r, 182o, 182u, 183m, 184l, 185r, 188, 189, 192l, 192m, 193l, 193r, 195r, 196, 198, 200, 206l, 206r, 207, 208r, 209, 216r, 219, 221, 232l, 233, 234o, 234l, 235l, 235r
Richter: 33
Richberg: 143o, 143m
Robineau: 146
Rohner: 16, 34, 103l, 103m
Sammer: 57m, 60u, 74r, 112ul, 112or, 112ur, 160m
Schimmelpfeng: 210r
Schrempp: 204r
Seidl: 167l, 197, 199l, 201r, 205
Stehling: 89ol, 172l, 186l, 214r, 220
Stein: 8, 37, 39, 86, 92, 93, 163, 170l, 170m, 174r, 173m, 173l, 176, 183l, 183r, 184r, 186l, 192r, 194o/Einkl., 225u
Strauß: 4, 42, 46/47, 95, 164, 199 1r, 210l, 213, 214l, 217, 222, 226, 227, 231
Streicher: 203l, 203r
Sulzberger: 74m, 83r, 89or, 105, 155l, 165r, 174, 178o, 178u, 201l, 225, 230ol, 232r
Wieczor: 17r
Willner: 36u, 38o, 38u, 80, 100ur, 102or, 208l
Zunke: 102ur, 118r

Grafiken: Alle Heidi Janiček, München, außer S. 109: Claus Caspari

Hinweis: Das vorliegende Buch wurde sorgfältig erarbeitet. Dennoch erfolgen alle Angaben ohne Gewähr. Weder Autoren noch Verlag können für eventuelle Nachteile oder Schäden, die aus den im Buch vorgestellten Informationen resultieren, eine Haftung übernehmen.